JOURNAL
DES
GUERRES CIVILES
1648-1652

IMPRIMERIE G. DAUPELEY-GOUVERNEUR

A NOGENT-LE-ROTROU.

JOURNAL
DES
GUERRES CIVILES

DE DUBUISSON-AUBENAY

1648-1652

PUBLIÉ PAR

Gustave SAIGE

TOME PREMIER

A PARIS
Chez H. CHAMPION
Libraire de la Société de l'Histoire de Paris
Quai Malaquais, 15
1883

NOTICE

SUR

FRANÇOIS-NICOLAS BAUDOT

SEIGNEUR DU BUISSON ET D'AMBENAY

HISTORIOGRAPHE DE FRANCE.

L'intérêt du *Journal des guerres civiles* de Dubuisson-Aubenay[1] a été révélé par M. Chéruel dans son introduction au *Journal d'Olivier Lefèvre d'Ormesson*. Le savant historien le signale en quelques lignes dans la notice qu'il consacre à un certain nombre de mémoires inédits concernant l'époque de la Fronde[2].

La lecture de cette notice m'ayant amené à examiner le manuscrit, je pus me rendre compte de l'importance des faits nouveaux que ce *Journal* ajoute à ceux déjà connus sur une époque pourtant si riche en documents historiques. Ce qui me frappa surtout ce fut, non le style, — il n'en faut pas chercher dans des notes rédigées au jour le jour, — mais une précision aussi bien qu'une profusion de renseignements qu'on ne trouve pas ailleurs. Habitant Paris, où il semble avoir mené une vie sédentaire pendant les années dont il rapporte les faits, l'auteur paraît étranger à toutes les passions qui fermentent autour

---

[1]. Quoique j'aie rectifié dans le titre l'orthographe véritable des noms portés par Baudot du Buisson d'Ambenay, je conserve dans le corps de cette notice, dans le titre courant et dans les notes du *Journal* la forme DUBUISSON-AUBENAY, qui est celle sous laquelle l'auteur a été désigné par les historiens qui se sont occupés du *Journal des guerres civiles*, notamment M. Chéruel et M. Feillet.

[2]. *Journal d'Olivier Lefèvre d'Ormesson* : Introduction, p. LXVIII.

de lui. Il note, avec la rigueur et j'ajouterai avec la sécheresse d'un greffier, non seulement les événements dont il est témoin, mais aussi les bruits qu'il recueille, fondés ou faux, dont il constate ensuite avec le plus grand soin la valeur et le caractère ; en sorte que son *Journal* est le reflet exact et scrupuleux des émotions qui agitaient les esprits à Paris dans ces années troublées, émotions notées au passage par un esprit froid, méthodique et paraissant parfaitement renseigné.

Ces qualités me déterminèrent à entreprendre la publication de ce document, et j'en commençai la copie en 1866. Je me heurtai dès le début à d'assez grandes difficultés. Le manuscrit original, rempli de ratures, de surcharges, de notes et de renvois, ne permettait qu'une copie très lente, d'autant plus que l'auteur emploie continuellement des abréviations arbitraires, qu'il enchevêtre ses lettres, n'achève pas ses mots, etc.

J'avais cependant terminé la transcription de l'année 1648 et mené celle de 1649 jusqu'au 13 février, lorsque je fus informé que M. Alphonse Feillet, dont un livre remarquable, *La misère au temps de la Fronde*, obtenait alors un légitime succès, avait déjà pris copie du *Journal des guerres civiles* et en préparait la publication.

Je cessai mon travail et abandonnai mon projet ; M. Feillet était mieux que personne à même de donner une édition intéressante de Dubuisson-Aubenay : les nombreux détails relatifs au prix des choses que donne le *Journal* étaient de nature à être mis en relief avec une compétence toute spéciale par l'écrivain qui venait de faire une étude d'histoire économique si consciencieuse sur le milieu du xviie siècle.

Dix ans s'écoulèrent sans que j'aie de nouveau pensé à ce travail après l'avoir abandonné. M. Feillet mourut en 1872 ; ses jours furent abrégés par la douleur qu'il ressentit de la destruction de ses papiers pendant les événements de mai 1871. Je ne m'étais plus préoccupé du manuscrit des *Guerres civiles*, lorsque j'appris en 1876 que ce manuscrit avait péri dans la bibliothèque de M. Feillet ; et, ce qui aggravait encore cette perte, le même accident avait fait disparaître, me disait-on, une copie ancienne en plusieurs volumes appartenant également à la Bibliothèque Mazarine et dont j'avais ignoré l'existence en 1866.

La partie que j'avais transcrite paraissait donc le seul reste du *Journal des guerres civiles*. J'entrepris alors de rechercher si d'autres personnes n'auraient pas recueilli comme moi quelques fragments, et je dois à l'extrême obligeance et à la générosité de M. E. Halphen la communication d'une copie des deux premiers mois de 1649, au moyen de laquelle j'ai pu contrôler ma transcription jusqu'au 13 février et compléter le texte depuis cette date jusqu'au 1er mars suivant.

Sur ces entrefaites, un examen plus attentif des catalogues de la Bibliothèque Mazarine me fit constater que deux seulement des volumes de la copie contemporaine, à laquelle j'ai fait plus haut allusion, avaient subi le sort de l'original, et qu'à partir du premier janvier 1650 jusqu'à la fin de septembre 1652, c'est-à-dire pour tout le reste du *Journal*, le texte était conservé.

Grâce à ces diverses circonstances, le *Journal des guerres civiles* pouvait être reconstitué à l'exception d'une lacune allant du 1er mars au 31 décembre 1649.

Mon premier soin, en entreprenant la publication d'un document historique qu'on avait considéré pendant quelques années comme perdu, fut donc de chercher à diminuer autant que possible cette lacune.

Les publications de M. Chéruel, qu'on est toujours sûr de trouver quand il s'agit de cette époque, m'ont fourni de nombreux fragments. On peut dire que, pour tout le cours du mois de mars 1649, les citations tirées du *Journal des guerres civiles* et placées en notes dans le *Journal d'Olivier Lefèvre d'Ormesson*, rétablissent la presque totalité du texte. Malheureusement, par une fâcheuse coïncidence, l'œuvre de d'Ormesson est suspendue et contient elle-même une longue lacune à partir du 1er avril jusqu'au 11 décembre, en sorte que cette période est privée à la fois des deux sources d'informations exactes que lui auraient apportées d'Ormesson et notre auteur.

Pour les neuf mois qui s'écoulent ainsi jusqu'à la fin de l'année 1649, c'est encore M. Chéruel qui nous a conservé deux longs et importants passages en citant dans les *Mémoires de Saint-Simon* (tome III, page 458, et tome IV, page 448, édition in-12), puis dans sa belle *Histoire de France pendant la minorité de Louis XIV* (tome III, page 419), les détails très circonstanciés que donne Dubuisson sur l'affaire des tabourets et les assemblées de la noblesse, puis les incidents relatifs à l'éclat dont le marquis de Jarzé fut le héros et la victime en novembre de la même année.

Une citation relative au mois de juin, tirée de *La misère au temps de la Fronde*, et deux fragments que je dois à M. de Boislisle ferment la liste des épaves que j'ai pu réunir et qui remplissent quelques-uns des vides de cette regrettable lacune.

Il ne faudrait pas cependant s'exagérer l'importance de la partie ainsi perdue. Si je m'en réfère à mes souvenirs en ce qui concerne le manuscrit original et aux renseignements assez précis de quelques personnes[1] qui ont eu en mains les deux volumes de copies détruits avec l'original, le texte relatif aux derniers mois de 1649 devait être assez restreint. Le deuxième volume qui contenait cette année n'était

---

1. Je citerai, entre autres, le témoignage de M. Louis Paris, qui voulut bien rassembler en ma faveur les quelques notes qu'il avait conservées sur l'état des manuscrits.

pas, à l'œil, sensiblement plus gros, plus épais, que le premier qui renfermait l'année 1648. Or, si l'on considère que les mois de janvier et de février 1649, si importants à cause des événements tumultueux qui marquèrent le blocus de Paris, ont un texte presque aussi considérable que l'année 1648 tout entière (85 pages de notre tome Ier contre 99), on jugera que la partie relative à l'été et à l'automne de 1649 devait être relativement écourtée. — Et cela s'explique : il y eut pendant ces mois, à Paris, une accalmie, fruit de cette lassitude qui suit ordinairement les grandes fièvres populaires. Le Parlement se taisait[1] ; la cour fut absente une partie de l'été ; les cabales qui s'y croisaient échappaient, pour la plupart, à l'attention publique ; enfin les personnages dans l'intimité desquels vivait Dubuisson, et qui suivaient la cour, se passionnaient médiocrement encore pour les intrigues dans lesquelles Condé et le cardinal Mazarin préludaient sourdement au grand duel des années suivantes.

Les renseignements, les correspondances qui parvenaient à Dubuisson devaient être relativement rares et d'assez peu d'intérêt pour qu'il n'y eût guère matière à grossir ses notes journalières.

Mais avant d'examiner avec plus de détails le *Journal des guerres civiles*, il est nécessaire de présenter au lecteur le personnage resté jusqu'ici oublié et inconnu, intéressant cependant à plus d'un titre, et qui, au milieu de travaux, de recherches et de compilations de tout genre, a laissé le document historique dont la *Société de l'histoire de Paris* a jugé la publication digne de ses Mémoires.

I.

Les manuscrits de Dubuisson-Aubenay, conservés à la Bibliothèque Mazarine, forment un ensemble de cinquante volumes ou portefeuilles, dont trente-trois in-folio, d'une reliure uniforme. Ces manuscrits portent l'estampille de la bibliothèque de Saint-Sulpice d'où ils sont venus à la Révolution.

La variété des études auxquelles ils se rapportent montre que Dubuisson était un de ces chercheurs, comme le XVIIe siècle en a tant produit, qui tentaient d'embrasser toutes les sciences et de réunir dans de patientes compilations l'ensemble des connaissances acquises de leur temps. Chronologie, géographie, archéologie surtout romaine, linguistique, diplomatique, épigraphie, généalogie, mathématiques, fortifications, jusqu'à l'horlogerie, l'alchimie et l'astrologie, tout s'y rencontre un peu pêle-mêle. L'inventaire que l'on trouvera à la fin de cette notice fera juger du nombre et de la variété des recherches

---

1. Le *Journal du Parlement* ne reprend qu'à la Saint-Martin.

qu'il avait entreprises; et si l'on considère que ce qui subsiste est loin de représenter la totalité des papiers laissés par lui[1], on pourra se convaincre que la somme de travail qu'il a donnée ne le cède pas au labeur des grands compilateurs du xviie siècle.

Dubuisson a du reste plusieurs fois laissé dans ses papiers la nomenclature de ses travaux, et cette nomenclature permet de juger, en la comparant avec l'inventaire des recueils conservés, de l'importance des manuscrits perdus. La plus complète de ces listes se trouve dans un projet de lettres patentes déjà dressées et écrites sur parchemin, mais non signées ni scellées, par lesquelles Dubuisson voulait s'assurer en 1650 le privilège pour la publication de ses œuvres[2].

---

1. On a la trace d'un des accidents qui durent anéantir une partie de ces papiers. Un certain nombre périt par le feu chez Le Breton, ami et exécuteur testamentaire de Dubuisson, demeurant rue Saint-Jacques, chez qui il avait fait un dépôt important de ses livres, de ses manuscrits et de ses collections. Cet événement donna lieu à une information faite le 4 octobre 1652, c'est-à-dire quatre jours après la mort de Dubuisson, par Pierre de la Hogue, commissaire au Châtelet. Cette information est visée dans l'arrêt de maintenue de noblesse du 15 novembre 1669 dont il sera plus bas question. — Arch. nat., E 1751.

Beaucoup d'autres papiers ont pu s'égarer lors de la dispersion de la bibliothèque de Saint-Sulpice.

2. Voici le texte de ce projet de privilège :

« Louis, etc., notre amé et féal conseiller historiographe et intendant des devises et inscriptions pour nos bastiments, le s[r] Dubuisson-Aubenay nous a fait remonstrer que durant vingt à trente années qu'il a voyagé par les plus belles parties de l'Europe et mesme depuis quelque temps qu'il est de retour en France et demeurant en ceste ville de Paris, où nous l'avons retenu près de nous, il auroit travaillé à plusieurs ouvrages et traités, par luy composés sous les titres qui ensuivent :

« — Exacta ad universam locorum, temporum gentiumque omnium historiam methodus.

« — Elementa chronologica IV tomis seu partibus distincta.

« — Cosmographia seu geographia generalis Europæ, Asiæ, Africæ, Americæ, ceterarumque sub iis terrarum chorographia.

« — Chronographia generalis, Hebræorum, Samaritanorum, Græcorum, Latinorum Chronica.

« — Antiquissimarum gentium monumenta ex vetustissimis historicis, Hæbreis, Ægyptis, Phœnicibus, Syris, Assyriis, Persis, Chaldeis selecta.

« — Arabia antiqua et nova.

« — Scythia et Sarmatia antiquæ et novæ.

« — Roma antiqua et nova.

« — Commentarius in antiquum itinerarium Antonini Augusti et tabulam itinerarii Theodosii imperatoris.

« — Itineraria nova per Italiam, Rhætiam, Noricum, Vindelicos, in Alpinas gentes, Pannonias, Bojohœmam, et Germaniam magnam, Germanias

Dans ces nomenclatures, ce qui frappe surtout c'est la quantité de voyages qu'il a effectués et qu'il mettait à profit pour ses recherches. A ce compte, la partie la plus intéressante de ses manuscrits consiste dans les *Itinéraires* qu'il a rédigés. Là est sa note originale, sa personnalité, ce qui le distingue parmi les érudits ses contemporains. Aussi est-ce à ce point de vue que la disparition d'un grand nombre de ses papiers est à déplorer.

superiorem et inferiorem, Britannias et Gallias, in quibus principatuum limites antiqui ut novi, principum origines, stemmata et opes, et quæ sunt in res illas ab auctoribus aliis commissa et omissa recensentur.

« — Gallia antiqua, cum tabulis ævi veteris ac delineationibus eorum quæ adhuc extant itinerum ac monumentorum operis romani.

« — De Gallia et Gallis, de Francia et Francis et de Franco-Gallis, id est de Francorum cum Gallis unione et de Galliæ in Franciam mutatione dissertatio.

« — Galliarum flumina, ex optimis tum editis, tum manuscriptis libris litteris et tabulariis atque ipsiusmet auctoris in fontes, decursus, vada, pontes, confluentes et ostia inspectione.

« — Glossarium gallico-francinum, romano-celticum, antiquo-novum.

« — Adversaria critica, historica, poetica, varia et miscella.

« Comme aussy diverses pièces de grammaire et d'éloquence en françois, lettres et poésies, — mélanges, — géographie, — carte des provinces de France et autres parties de l'Europe corrigées sur les lieux, — cours de mathémathiques, — arithmétique complette, — géométrie pratique, — géodésie, — triangles rectilignes et sphériques, — stéréométrie, — usages de divers instruments, — architecture militaire et civile, — notes et observations sur Vitruve, — plans et descriptions de lieux et places, — traités et recueils d'astrologie, — d'astronomie, — de comput ecclésiastique et civil, — de chronologie, — de généalogie et d'histoire, — de médailles et de monnoyes.

« Tous lesquels ouvrages, traités et recueils par luy faits il désireroit mettre en lumière et faire imprimer. Mais parce qu'il craint qu'aucuns imprimeurs et libraires, sitost qu'ils en verront les premières éditions, n'entreprennent de les contrefaire ou réimprimer, etc.

« A ces causes, et mettant en considération les longs travaux et grandes dépenses qu'il a convenu faire audit exposant pour parvenir à la recherche et perfection desdits ouvrages, etc. . . . . .

(Suit le privilège.)

« A Paris, le   jour de juin, l'an de grâce 1650. »

Non signé. — Sur parchemin. — (Bibliothèque Mazarine, manuscrit n° 1777, dernière pièce.)

Avant cette pièce il y en a, dans le même portefeuille, une également en parchemin contenant des lettres du Roi portant permission à un libraire d'imprimer les œuvres du sieur Dubuisson-Aubenay. Cette pièce, signée « par le Roy en son Conseil — MATHAREL, » — est datée du mois de mai 1648. La liste des œuvres de l'auteur y est bien moins complète.

En étudiant en effet les recueils qui nous sont parvenus, en y trouvant relevés avec un soin extrême tout ce qui touche à l'archéologie romaine, à la castramétation, aux voies militaires, aux inscriptions, aux vestiges antiques de toute espèce, on peut juger du nombre de monuments actuellement disparus dont la trace eût été conservée dans des notes si consciencieusement recueillies. Sous ce rapport, la perte de ses itinéraires en Italie et dans les Alpes où il séjourna plusieurs années est surtout regrettable.

Toute une série de ses papiers a complètement disparu : ce sont les transcriptions de ses différents travaux ; car Dubuisson avait dû certainement faire transcrire tout au moins ses itinéraires et leur donner une forme intelligible. L'état dans lequel sont parvenus ses manuscrits offre en effet l'aspect de notes presque sans ordre, et il n'est pas possible qu'il ait songé à demander des lettres de privilège sans avoir entrepris au moins la mise au net de ses travaux. Il suffit pour cela de parcourir les recueils qui subsistent, dans lesquels l'auteur entremêle continuellement des phrases latines au texte français, pour se faire une idée de ce qu'il y avait à faire avant d'arriver à mettre au jour la compilation la moins digérée.

Comment se fait-il qu'un homme qui a tant remué, qui était si apprécié par ses contemporains pour la sûreté de son jugement et de sa science, celui que Du Bouchet appelait son maître[1], que Perrot d'Ablancourt, Ménage, Denys Godefroy, Guichenon citent dans leurs œuvres comme une autorité, soit resté tout à fait oublié et n'ait attiré l'attention d'aucun des auteurs qui se sont occupés de l'histoire littéraire et scientifique du xviie siècle ?

Jusqu'à présent, en effet, tout ce qu'on savait de cet infatigable amasseur de notes c'est qu'il habitait chez M. du Plessis de Guénegaud, qu'il paraissait attaché à sa personne et être son commensal, et que, de l'hôtel de la rue des Francs-Bourgeois, il avait suivi ce secrétaire d'État à l'hôtel de Nevers, lorsque Guénegaud était venu s'y installer au printemps de 1652.

L'explication du silence qui s'est fait autour de Dubuisson-Aubenay peut se trouver en partie dans la destinée de ses manuscrits restés enfouis pendant cent cinquante ans dans la bibliothèque de Saint-Sulpice où ils sont demeurés inaperçus des érudits, en sorte qu'ils ont même échappé au Père Lelong qui ne les cite pas dans sa *Bibliothèque historique*.

Mais il faut dire aussi que, par une fatalité déplorable pour sa mémoire, à part la collection Godefroy, on ne trouve aucune lettre,

---

[1]. Lettre à Dubuisson, de 1644. — (Bibliothèque Mazarine, manuscrit n° 1760.)

aucune mention de sa personne ou de ses travaux dans les correspondances des savants et hommes de lettres, ses contemporains. Il n'est question de lui ni dans les papiers de Pereisc, ni dans ceux de Chapelain[1], ni dans les lettres de Balzac, et si Ménage le cite dans son Dictionnaire, les *Menagiana* ne contiennent aucun article qui le concerne.

La correspondance de Séguier[2], les papiers de Dupuy, ceux de Conrart sont également muets. Et cependant il est constant que Dubuisson était en relations suivies avec la plupart de ces savants ou érudits, qu'il a tiré d'eux ou leur a fourni souvent d'importants renseignements.

A défaut de témoignages contemporains qui eussent jeté quelque lumière sur l'identité de notre auteur, sur sa famille et sur son rôle, on eût pu espérer que son *Journal des guerres civiles* donnerait quelque indication. Mais à part deux ou trois passages où il parle à la première personne[3], Dubuisson ne se met jamais en scène. A la fin seulement du *Journal*, il mentionne la mort de son neveu le 3 juin 1652, et encore sans le nommer, et la visite qu'il reçut du baron de Capres-Bournonville et de son frère, le vicomte de Barlin, le 15 septembre 1652. — C'était, on le verra, une visite *in extremis*.

Avec des renseignements autobiographiques aussi restreints il eût été difficile de se faire de notre auteur une opinion précise, et le double nom sous lequel il est connu n'était pas de nature à apporter quelque lumière sur ce point. On était, sans aucun doute, en présence de deux noms de terre; mais le nom du Buisson, si fréquent sur tous les points de la France, ne pouvait permettre de préciser la province dont celui qui le portait tirait son origine. Quant à celui d'*Aubenay*, il est introuvable, et aucun dictionnaire n'en fait mention.

Il résultait cependant de deux passages du *Journal des guerres civiles* que Dubuisson devait être Normand et très probablement originaire des environs de Breteuil et de Conches. En effet, à l'occasion des feux de la Saint-Jean en 1650, Dubuisson fait la remarque qu'à

---

1. M. Tamizey de Larroque, avec une obligeance dont je ne saurais assez dire ma reconnaissance, a pris la peine de revoir à mon intention toutes ses notes. Le savant éditeur des lettres de Chapelain et des papiers de Pereisc n'a pas une fois trouvé trace de Dubuisson.

2. Il y a dans la correspondance de Séguier (Bibl. nat., fonds français 17378, n° 23, et 17370, n° 87) deux lettres de deux homonymes contemporains, en 1636 et 1640. L'une est de du Buisson, longtemps gouverneur de Ham; l'autre, d'un trésorier général à Moulins. — Ces deux personnages sont souvent cités dans les registres du Dépôt de la Guerre n°⁸ 30, 38, 45, 70, 87, 95.

3. Le 12 septembre 1650, à propos de la détention de don Gabriel de Tolède à Vincennes; le 30 novembre suivant, à propos d'une lettre reçue de Montrond du médecin Bourdelot.

Paris on n'allume pas de feux à la Saint-Pierre « comme en Normandie. »

La même année, à propos de l'assassinat de Saint-Aiglan, gentilhomme de la maison du duc de Beaufort, tué dans le carrosse du duc le 29 octobre, il s'étend assez longuement sur cette terre de Saint-Aiglan « nouvellement fieffée au Roi dans l'*orée* de la forêt de Breteuil « et dans la paroisse de Neaufle. »

Les détails topographiques que Dubuisson donne ainsi, l'emploi de cette locution, l'*orée de la forêt de Breteuil*, les nombreux renseignements dans lesquels, contrairement aux habitudes de son *Journal*, il se complaît, à cette place, sur la famille et la terre d'un particulier par lui-même peu intéressant, tous ces faits me faisaient penser qu'il s'agissait d'un compatriote, d'un voisin, sinon d'un allié, et ma conjecture s'est trouvée bientôt vérifiée.

En cherchant sur la carte, dans les environs de la forêt de Breteuil, le nom de la paroisse d'*Ambenay*, à côté de Neaufle, me frappa. Je vérifiai alors si, dans son *Itinéraire en Normandie*, dans lequel Dubuisson a réuni de nombreuses notes sur le diocèse d'Évreux, il était question de Neaufle et d'Ambenay. Je trouvai alors dans un dépouillement des titres de l'abbaye de Lyre la mention suivante : « Ambe« nay ou plutôt Aulbenay, *Albenacum*, peut venir comme aubier et « aubeau *ab albedine arborum*, comme sont les aulbeaux, trembles « et peupliers blancs qui y sont fréquents. . . . . . . » — Plus loin, Dubuisson passe en revue les titres qui établissent l'histoire d'Ambenay « . . . . . . et par autres chartes que j'ay vues *par les actes et* « *titres que j'en ay*. . . . . . ce moulin, puis après, a été aliéné du « temporel de l'abbaye [de Lyre]. . . . . . et enfin tombé en la pos« session du s^r d'Aubenay *ex familia Baldorum qui* BALDOTI *vulga-* « *riter nuncupantur et nobiles sunt*[1]. »

Ce passage apprenait que le seigneur d'Ambenay ou Aubenay s'appelait Baudot, mais Dubuisson était-il bien de cette famille ; était-il le seigneur du lieu dont il portait le nom ? Cela paraissait fort probable ; néanmoins cette façon de parler du seigneur d'Aubenay à la

---

1. Bibliothèque Mazarine, manuscrit n° 2694 *a*, fol. 58. — On sait que l'attention des archéologues a été appelée en 1834 sur la découverte faite au village d'Ambenay de près de deux cents médailles d'or à fleur de coin appartenant à la fin de la République et à la première moitié du règne d'Auguste. Presque toutes étaient de la plus grande rareté et quelques-unes inédites. L'enfouissement en ce lieu devait remonter à environ dix ans avant l'ère chrétienne (740 de Rome). Ce trésor, dont la trouvaille, faite de son temps, eût comblé d'aise notre Dubuisson, a été décrit par le marquis de la Grange, propriétaire de la plus grande partie de ces médailles. — (Paris, chez Lecointe et Heidelof, octobre 1834.)

troisième personne me laissait quelque hésitation lorsque la lecture d'une note insérée dans le manuscrit n° 1759 est venue dissiper mes doutes.

Soucieux de sa gloire, à défaut de publications personnelles qu'il n'avait pas encore eu le temps de faire sortir du chaos de ses notes, Dubuisson rédigea en 1652, quelques mois avant sa mort, une notice dans laquelle il relève avec soin les ouvrages publiés de son vivant dans lesquels le nom de *Nicolas-François* BAUDOT, *sieur du Buisson et d'Aubenay,* est cité avec honneur[1] ou sa collaboration signalée. C'est le seul endroit de tous ses manuscrits où ce nom patronymique de Baudot se trouve rappelé d'une façon explicite et accolé à ceux de

---

1. Voici cette note autographe qui contient des renseignements bibliographiques intéressants :

« Nicolas-François Baudot, sr du Buisson et d'Aubenay, est celui dont il est parlé en la marge de la pénultième page de la préface faite par le sr Perrot d'Ablancourt sur sa *Traduction française des commentaires de Cæsar,* imprimés in-4° chez la veuve Camusat et Petit, à Paris, au mois de novembre 1649; et aussy à la fin dudit livre, ès remarques faites par ledit d'Ablancourt sur sa traduction, et en plusieurs endroits sur les mots *Bratuspantium, Samarobriva,* etc.

« Comme aussi à la fin de la première préface faite au lecteur par le sr Denys Godefroy sur son édition et illustration des *Mémoires de Philippes de Comines,* imprimés in-fol. en l'Imprimerie Royale à Paris, 1649.

« Item, en la dernière page de l'avertissement au lecteur fait par le susdit Denys Godefroy sur l'édition du premier tome (accompagné du second) du *Cérémonial français,* recueilly par Theodore Godefroy, son père, et imprimé chez le sr Cramoisy à la fin de 1648, quoté 1649 in-fol.

« Semblablement en la 224e page des preuves sur la 2e partie de l'*Origine de la maison royale* mise en lumière par le sr du Bouchet, et imprimée in-fol. à Paris l'an 1646, chez la veuve du Puitz, à la Couronne, rue Saint-Jacques.

« Plus, il est fait mention de lui au livre de la *Science héroïque* du sr Valson de la Colombière, impr. grand in-fol. à Paris l'an 1644, chez Cramoisy, où à la page 431 il y a ainsy : « Nicolas-François Baudot, escuyer, sr du Buisson-Aubenay, porte : *de sable à un chevron d'or accompagné de 3 molettes d'eperon de même,* pour supports *deux chevaux au naturel* et pour cimier *un 1/2 corps de sauvage tenant un dard en sa main droite,* avec cette devise Ἔγκεντρος *acuminatus* ou Ἐγκεντρῶς *cum acumine.* »

« Au livret de la *Vie du R. P. Marin Mersenne, minime,* fait par le P. Hilarion de Coste, aussi minime, imprimé à Paris, in-8°, chez Cramoisy, ès Cigongnes, rue Saint-Jacques, tout à la fin, en l'Epitre à M. le comte d'Alais, duc d'Angoulesme, page 114, il met entre ceux qui ont eu amitié et correspondance littéraire avec cet illustre personne « M. Dubuisson-Aubenay, conseiller et Me d'hostel du Roy, personnage doué de rares et éminentes qualités. »

« De mesme, au livre de *La langue françoise* imprimé in-4° à Paris, chez

Dubuisson et d'Aubenay. Quant à la forme *Aubenay*, elle se trouve constamment sous la plume de notre auteur, au lieu de l'orthographe réelle du nom de la terre dont il était seigneur. Les termes du passage de son *Itinéraire* rapporté ci-dessus prouvent que c'est lui-même qui, par une recherche d'étymologie et peut-être aussi par une raison euphonique, a fait cette modification au second des noms qu'il avait adoptés, et sous lesquels ses contemporains l'ont connu.

Cette indication était suffisante pour mettre sur la trace de la famille et par suite sur celle des titres ou actes qui fussent personnels à Dubuisson lui-même.

Le dossier BAUDOT du Cabinet des titres de la Bibliothèque nationale m'a donné une généalogie très complète de neuf degrés d'une branche collatérale, et, dans les *Pièces originales*, j'ai pu relever nombre de seigneurs d'Ambenay figurant dans des actes de famille. L'une de ces pièces enfin, relative à l'exécution d'un legs, visait le testament et les codicilles de feu *François-Nicolas Baudot, seigneur du Buisson et d'Aubenay*, qu'il me fut alors facile de relever dans les

---

Courbé, 1650, par M. Ménage, il est fait mention dudit Baudot, s^r Dubuisson, sur les mots AAR, BOURBON, etc.

« Plus, il y a dans un petit livre in-12 imprimé en 1650 par Henry le Gras, en la grande salle du palais à Paris, au 3e pilier, à l'enseigne de la Pomme, intitulé *Rolandi Maresii epistolarum philologicarum liber primus*, une épistre dudit s^r des Marais, qui est la XLVe, aud. s^r Dubuisson, contenant une partie de ses ouvrages, assavoir ce qui est de chronologie et de géographie, et des voyes consulaires et militaires des Romains, et aussy des restes de la Gaule antique ou monumens et antiquités, des ouvrages et exploits romains dans les Gaules, etc. — Cette épistre intitulée *Rolandus Maresius Nicolao Francisco Baldo Buissonio Albenao*.

« Item, dans les *Commentaires de César traduits en françois* par le s^r d'Ablancourt-Perrot, et imprimé chez la veuve Camusat et Le Petit, son gendre, à Paris, en 1650, in-4°, en la préface sur la fin, il est nommé le s^r Dubuisson, en marge, avec le s^r Vallois, comme ayant aidé audit ouvrage de traduction ; et à la fin dudit livre, ès remarques de l'auteur, page 9, sur le mot *Aduatici, Adunca, Tungrorum* — (*Dubuisson*), puis, page 10, sur le mot en *Savoie : rien de la Savoie que Genève* — (*Dubuisson*).

« Plus, au livre imprimé in-fol. à Lyon chez Huguetau et Ravaud, 1650, intitulé : *Histoire de Bresse et du Bugey* par S. Guichenon, au chap. des titres, archives et personnes qui ont aidé l'auteur en son ouvrage, est nommé M. Dubuisson-Aubenay, conseiller géographe du Roi, et ce par inadvertence de l'auteur, qui a corrigé les exemplaires restés par devers luy ainsy : conseiller, m^e d'hostel ordinaire du roy, et les autres ont esté corrigés ainsi : conseiller du Roy et intendant des peintures, décorations et inscriptions des bâtimens royaux de France. En d'autres, il a esté plus brièvement corrigé : conseiller et m^e d'hôtel du Roy. »

(Bibliothèque Mazarine, manuscrit 1759, pièce 2.)

minutes du notaire au Châtelet, qui les avait eues en dépôt [1]. Grâce également à ce fil conducteur, j'ai pu retrouver aux Archives nationales un arrêt du conseil portant maintenue de noblesse pour François Baudot, seigneur d'Ambenay chevau-léger de la garde du Roi, neveu et héritier de Dubuisson [2]. Cet important document, qui énumère toutes les pièces produites pour preuves de la noblesse de la famille, complète les documents à l'aide desquels je vais essayer de reconstituer l'état de la famille et une partie de la vie et des actes de l'auteur du *Journal des guerres civiles*.

II.

Nicolas-François Baudot est très probablement né à Ambenay [3]. Le contrat de mariage de ses parents, retenu le 23 mars 1587 par Bertault et Gigot, tabellions royaux en la vicomté de Breteuil [4], qualifie son père « maistre Cyprien Baudot, escuyer, conseiler du Roi, lieutenant du vicomté de Conches et Breteuil. » Sa mère, Marie Le Forestier, était fille d'Estienne Le Forestier, écuyer, sieur de Saptel, verdier, châtelain de Breteuil, et de Guillemine le Bailleur [5].

De ce mariage vinrent quatre enfants. Deux filles, nommées toutes deux Marie, avaient précédé Nicolas-François, en sorte qu'il ne peut être né avant 1590 [6].

Les qualifications attribuées à Cyprien par son contrat de mariage témoignent qu'à la fin du xvi° siècle, la famille Baudot, en possession de charges de judicature, était arrivée à la noblesse. Tout semble prouver qu'elle était originaire du pays. Dès le xiii° siècle, une enquête sur les usages de la forêt de Breteuil cite comme usager, à la

---

1. Ces minutes font partie de celles conservées par M° Du Rousset, notaire à Paris, dans l'étude duquel j'ai reçu un accueil obligeant que j'ai le devoir de rappeler ici.
2. Archives nationales, E 1751, arrêt du 15 novembre 1669.
3. Les registres paroissiaux d'Ambenay ne remontent qu'en 1634. C'est aussi la date la plus ancienne de ceux de Neaufle. — J'ai examiné ceux de Rugles qui ne remontent qu'à 1607, ceux de Breteuil remontant à 1596, et ceux de Conches (paroisse Sainte-Foy) à 1588.
4. Ces renseignements sont extraits de la nomenclature des preuves produites en 1669 par François Baudot d'Ambenay, chevau-léger de la garde du roi, pour la maintenue de noblesse qu'il obtint. (Archives nationales, E 1751.)
5. Le Beurrier, *Notice historique sur la paroisse d'Ambenay* (Annuaire du département de l'Eure, 1868, page 160).
6. *Ibidem.*

haie de Lyre et à celle d'Ambenay, *Baldoinus Baudot*[1]. Ce nom, à la fin du XVIe siècle, était très répandu à Rugles et dans les paroisses environnantes [2].

Malgré ces indices qui en font une des plus anciennes familles du pays, « Cyprien Baudot, lieutenant du prevost général de « Normandie, Nicolas Baudot, sieur du Boschion, conseiller et « maistre des requêtes de la Reyne, notre très honorée dame et « mère, lieutenant magistrat criminel au baillage d'Evreux, siège « de Breteuil, et Esmond Baudot frères » se firent expédier en mars 1628 des lettres de reconnaissance de noblesse qui leur fixaient une origine bourguignonne. D'après cet acte, ils descendraient de Pierre Baudot, maire de Dijon en 1447 et 1461, conseiller et avocat du duc de Bourgogne, fils d'autre Pierre, également conseiller du duc, et de demoiselle de Berbisy. Pierre Baudot aurait été exilé par Charles le Téméraire en même temps que son frère Philippe ou Philibert, devenu depuis conseiller au Parlement de Paris et maître des requêtes de l'hôtel sous Charles VII et Louis XI.

Etabli en Normandie, Pierre aurait fait souche et aurait eu pour fils un troisième Pierre Baudot, mort avant 1519, le plus ancien du nom dont la famille ait pu produire le degré par des actes authentiques [3].

Quoi qu'il en soit de cette prétention tout au moins hasardée [4] et qui paraît bien être le fruit des compilations et des recherches de Dubuisson, l'acte de partage de 1519 relevé ci-dessus qualifie Robert Baudot, fils de Pierre, « ecuyer et sieur de Boschion, paroisse d'Ambe-« nay. » Il possédait des biens assez considérables en cette paroisse et en celle de Boisarnault, qu'il partagea entre ses fils Pierre et Esmond [5]. Il semble que la terre du Boschion, Bohion ou Boyon ait été la plus

---

1. Cartulaire de Philippe-Auguste (Arch. nat., JJ 7-8). Dubuisson a cité ce texte dans son recueil intitulé *Monuments historiques* (Bibliothèque Mazarine, ms. n° 1760, fol. 85 v°).

2. Les registres paroissiaux de Rugles révèlent, de 1607 à 1620, l'existence de trois ou quatre familles de ce nom dans la bourgeoisie de cette ville. J'y ai plusieurs fois relevé les Baudot, seigneurs d'Ambenay et de Neaufle, figurant dans les actes à titre de parrains. Mais je n'ai trouvé aucun acte qui les concerne directement. C'est à Ambenay et à Neaufle qu'ils eussent pu se trouver si les registres paroissiaux existaient pour cette époque.

3. Bibliothèque nationale, Cabinet des titres, *Nouveau d'Hozier*, dossier Baudot, n° 50.

4. Les lettres patentes de 1628 transcrites dans le dossier du Cabinet des titres sont copiées sur l'original en parchemin ; mais le copiste ajoute que ces lettres n'ont pas été scellées.

5. Dossier Baudot, *ibidem*.

ancienne qu'aient possédée les Baudot sur la paroisse d'Ambenay et dans le pays. Leur chapelle de famille était primitivement dans ce hameau, au lieu de la Fleurière [1].

Au commencement du xviie siècle, les petits-fils de Robert Baudot avaient formé deux branches. L'une avait pour chef Esmond, fils d'Esmond Ier, dont descendent les seigneurs d'Ambenay et du Bohion, l'autre, Guillaume Baudot, seigneur de Neaufle, lieutenant général de Breteuil et de Conches, fils de Pierre et cousin germain d'Esmond II [2].

L'importance qu'avait prise la famille Baudot avait en effet amené Esmond et Guillaume à rechercher des possessions seigneuriales. Les aliénations de temporel auxquelles les établissements religieux se trouvèrent obligés à l'époque des guerres de religion permirent aux deux cousins de réaliser facilement cette ambition. En 1577 Guillaume acquit de l'abbaye de Lyre la seigneurie de Neaufle dans l'étendue de laquelle il avait déjà des domaines ; il avait été précédé dans cette voie par Esmond qui, dès 1575, était seigneur d'Ambenay aliéné par la même abbaye.

Le voisinage de ces deux seigneuries, dont les limites dépassaient l'étendue des paroisses et s'enchevêtraient mutuellement [3], occasionna de fréquents démêlés entre les deux cousins, démêlés qui se perpétuèrent pendant plus de trente ans [4].

Des trois fils d'Esmond Baudot, entre lesquels il partagea, le 7 octobre 1594 [5], l'aîné, Cyprien, continua la branche d'Ambenay,

---

1. La Chesnaye des Bois, notice BAUDOT.

2. Cette seconde branche a successivement possédé les seigneuries de Neaufle, Frementel et Senneville dans le pays de Caux. Au xviiie siècle, transplantée sur cette dernière seigneurie, elle avait perdu la tradition du vieux blason des Baudot « *de sable, au chevron d'or accompagné de trois molettes de même,* » pour prendre « *d'azur à l'aigle d'or au vol abaissé, regardant un soleil du même posé au canton dextre du chef et accompagné d'une croisette aussi d'or posée au canton senestre.* » Cette branche était représentée à la fin du xviiie siècle par Nicolas-Anne de Baudot, seigneur de Senneville, marié en 1764 à Marie-Élisabeth de Jarente d'Orgeval, et par sa sœur, demoiselle de Baudot de Senneville, mariée en 1749 à Charles-Louis Marie, marquis d'Houdetot. — Le dossier BAUDOT, dans *Nouveau d'Hozier* du Cabinet des titres, donne tous les degrés de cette branche depuis Pierre III en 1519.

3. Le Prevost, *Études historiques sur le département de l'Eure*, tome II, page 448.

4. Je ne m'étendrai pas davantage sur la consistance des fiefs d'Ambenay et de Neaufle, M. l'abbé Lebeurier ayant consacré à ce sujet une notice des plus détaillées à laquelle j'ai déjà renvoyé. — Voyez aussi Le Prevost, ouvrage cité plus haut, aux mots : *Ambenay, Neaufle, vieille Lyre*.

5. Arch. nat., E 1751, arrêt du Conseil du 15 novembre 1669.

Adrien forma celle de Bohion [1]. Le troisième, Nicolas, qui fut probablement le parrain de son neveu, notre Nicolas-François, ne laissa pas de postérité.

On a vu que Cyprien était lieutenant du prévôt général de Normandie [2]. Outre sa seigneurie d'Ambenay, il possédait celle du Buisson-Morel, paroisse de Neaufle, dont il prend la qualité dans un acte de la justice d'Argentan du 23 décembre 1609 [3]. Tout occupé d'étendre son domaine et d'en accroître l'importance, il fonda en 1613 dans l'église d'Ambenay la chapelle seigneuriale qui devait servir de sépulture à sa famille et où il fut lui-même inhumé le 16 juin 1630 [4].

On a vu plus haut qu'il laissa quatre enfants : ses deux filles furent mariées, l'aînée le 11 septembre 1610 à Etienne le Fay, la cadette le 20 octobre 1613 à Michel Lucas, sieur de la Métairie [5]. L'aîné de ses fils, François-Nicolas Baudot, eut à partager les biens paternels avec son plus jeune frère, appelé comme son père, Cyprien : il le fit par acte passé à Lisieux le 18 septembre 1632 [6]. Il se réservait pour sa part les terres d'Ambenay et du Buisson-Morel : son cadet prit le titre de sieur de Labour.

III.

Tel était l'état de la famille Baudot au commencement du XVIIe siècle, au moment où François-Nicolas était appelé par son âge à prendre figure et à jouer un rôle. La fortune de la famille s'était accrue, sa situation nobiliaire s'affermissait. Les fonctions judiciaires qu'occupaient ses membres devenaient plus importantes et commençaient à dépasser le cercle restreint de la magistrature locale. Déjà Nicolas Baudot, l'oncle de notre auteur, avait un titre à la cour et ajoutait,

---

1. La branche d'Ambenay, constituée par François Baudot, neveu de notre Dubuisson, était tombée en quenouille en 1753. Les Baudot, seigneurs du Bohion, possédaient encore leur seigneurie à la Révolution. (Lebeurier, *op. cit.*, p. 161 à 165, 178 à 181.)

2. Bibl. nat., Cabinet des titres, *Nouveau d'Hozier*, dossier Baudot. C'est la qualité qui est donnée à Cyprien Baudot dans les lettres de reconnaissance de noblesse de 1628, citées plus haut.

3. Arch. nat., E 1751, arrêt cité. — Le Buisson-Morel était un huitième de fief sur la paroisse de Neaufle. (Voyez *Dictionnaire topographique de l'Eure*.)

4. Cette chapelle, construite entre le mur septentrional du chœur et le clocher, auparavant isolé de l'église, sert maintenant de sacristie. (Lebeurier, *op. cit.*, p. 159.)

5. Lebeurier, *ibidem*.

6. Arch. nat., E 1751, arrêt cité.

comme on l'a vu plus haut, à sa qualité de lieutenant général criminel de la vicomté de Breteuil, les privilèges sinon les fonctions de maître des requêtes de la Reine, mère du Roi. Il prend cette qualification le 22 novembre 1623 dans un avis de parents des enfants de son cousin, feu Guillaume Baudot, seigneur de Neaufle, lieutenant général civil ancien de Conches et Breteuil [1].

De son côté, l'aîné, Cyprien, le père de François-Nicolas, se rattachait à la magistrature de Rouen par ses fonctions de lieutenant du prévôt général de Normandie. Il avait, pour cette charge, abandonné celle de procureur du Roi en la vicomté de Breteuil qu'il occupait dès 1591 ; et la fidélité qu'il avait témoignée à la cause royale est consignée dans un ordre du duc de Montpensier du 27 décembre de cette année, lui enjoignant de se jeter dans la tour de Rugles, de s'y maintenir ou de la faire démolir dans le cas où il ne pourrait s'y défendre [2].

L'essor était donné et François-Nicolas quitta probablement de très bonne heure le pays pour chercher fortune sur un terrain plus vaste ; mais il n'a laissé aucune indication des conditions dans lesquelles se fit son éducation et des circonstances qui l'amenèrent à sortir de sa province.

Dans tous les cas il fit de fortes études ; la facilité avec laquelle il se sert de la langue latine au point d'écrire ses notes habituellement en latin, dans une langue correcte, la profonde connaissance des auteurs classiques que démontrent ses recherches d'épigraphie, d'archéologie et de géographie de l'antiquité, l'art avec lequel il choisissait et rédigeait les devises et les inscriptions, tout témoigne d'études premières suivies avec soin. Vint-il à Paris faire ses humanités comme beaucoup de jeunes gentilshommes et des fils de la bourgeoisie avaient habitude de faire alors ? Cela est infiniment probable, car autour de lui aucun élément d'instruction n'existait.

Mais quels furent ses patrons ? quels furent les appuis qui, après avoir revêtu l'oncle d'une charge près de la reine Marie de Médicis, poussèrent le neveu et contribuèrent à en faire un homme distingué ? A défaut de renseignements et d'indications on est réduit aux conjectures, et j'ai été ainsi amené à rechercher les familles influentes habitant dans les environs du lieu où vivaient ses parents, familles qui pouvaient avoir patronné les débuts de notre auteur.

Parmi les quatre ou cinq seigneuries existant sur le territoire de la paroisse d'Ambenay, la plus importante, le fief de Bailly, appartenait au même seigneur que la baronnie de Rugles, également limitrophe. Une partie des terres de la famille Baudot relevait de Bailly. Rugles

---

1. Bibl. nat., Cabinet des titres, Pièces originales, BAUDOT, vol. 219.
2. Arch. nat., E 1751, arrêt cité.

et Bailly avaient eu pour seigneurs pendant le cours du xvie siècle la famille de Poisieux [1]. Michel de Poisieux, dit Capdorat, chevalier de l'ordre du Roi et gentilhomme ordinaire de la chambre, décédé vers 1575, n'avait laissé qu'une fille unique de son mariage avec Catherine d'O, fille de Charles d'O, seigneur de Vérigny, aussi chevalier de l'ordre du Roi, proche parent du surintendant des finances. Catherine d'O se remaria en 1581 à Robert, marquis de la Vieuville, grand fauconnier de France [2].

De cette seconde alliance sortit Charles, marquis, puis duc de la Vieuville, surintendant des finances sous Louis XIII, qui joua un rôle politique important jusqu'à son arrestation en 1624, et qui fut vingt-six ans plus tard réintégré dans cette charge en possession de laquelle il mourut en 1653. Robert de la Vieuville et le surintendant son fils prirent la qualité de barons de Rugles. Il y a là un point assez difficile à expliquer, car en réalité la seigneurie de Rugles et celle de Bailly furent apportées en mariage le 25 juillet 1594 par la fille du premier lit de Catherine d'O, Diane Renée de Poisieux, à René du Plessis-Châtillon, chevalier de l'ordre du Roi, et gentilhomme ordinaire de la Chambre [3].

Il y a beaucoup de raisons de penser que le voisinage, les rapports féodaux existant entre les familles Baudot et les seigneurs de Rugles aient fait que les La Vieuville, grands officiers de la Couronne, aient été les patrons naturels de Nicolas-François Baudot cherchant à se produire à Paris ou y faisant son éducation. C'est là une explication que je crois très plausible [4].

Mais les La Vieuville, les Duplessis-Châtillon n'étaient pas les seuls qui avaient état féodal dans le pays et dont l'influence put se faire sentir sur la destinée du jeune Baudot.

Tout à côté de Rugles, se trouvait la seigneurie des Bottereaux, terre importante dont relevait Bailly. La famille de Péricard, alors très puissante au Parlement de Rouen, en était propriétaire. En 1623, René Duplessis-Châtillon rendait à noble et puissant seigneur Charles de Péricard aveu de la terre de Bailly à cause de sa femme Diane Renée de Poisieux [5]. Or, tandis que de 1613 à 1646 deux prélats de cette famille occupaient successivement le siège épiscopal d'Evreux, et qu'un des

---

1. Lebeurier, *op. cit.*, p. 156, 169.
2. Père Anselme, t. VIII, p. 758, 759.
3. La Chesnaye des Bois, généalogie du Plessis-Châtillon.
4. Les relations de Dubuisson avec le surintendant de la Vieuville pendant sa disgrâce sont certaines. Le manuscrit 1771 de la Bibliothèque Mazarine contient des notes et recherches dont quelques-unes sont antérieures à 1640.
5. Lebeurier, *op. cit.*, p. 220.

derniers actes de Guillaume de Péricard, en septembre 1613, avait été d'autoriser la construction de la chapelle seigneuriale élevée à Ambenay par Cyprien Baudot, un autre membre de la famille, Jean de Péricard, conseiller d'Etat, ambassadeur de France à Bruxelles de 1616 à 1626, occupait une place importante dans la diplomatie.

Les fonctions de lieutenant à la prévôté générale de Normandie qu'exerçait Cyprien Baudot avaient dû amener des rapports étroits avec une famille qui était alliée à toutes les familles parlementaires de Rouen, et c'est une indication qu'il ne faut pas négliger.

Dans tous les cas, est-ce donc par une coïncidence fortuite que le premier document ayant une date certaine, émané de Dubuisson-Aubenay, nous le montre au mois d'octobre 1623 faisant un rapide voyage en Belgique, voyage dont il a rédigé l'itinéraire, au moment où le marquis de La Vieuville venait d'arriver au ministère et où Jean de Péricard était ministre de France auprès des Infants ; n'y faut-il pas voir au contraire la manifestation de cette double influence qui dut diriger dans sa voie l'homme que nous allons voir pendant dix-huit ans, et cela d'une façon certaine, mêlé activement à des négociations diplomatiques [1] ?

On sait combien les relations de voisinage ont joué surtout à cette époque un rôle considérable dans l'histoire des familles. Le mariage du frère cadet de du Buisson devait, en 1627, affirmer encore la situation distinguée à laquelle était parvenue la famille Baudot. Le 27 février 1627, Cyprien Baudot, sieur de Labour, épousait demoiselle Suzanne de La Londe, fille d'Abraham de La Londe, seigneur de la Roche et de Montullé[2], proche parente du marquis de Nonant, seigneur de Beaumesnil. Le mariage se fit en grande pompe au milieu d'un grand concours de noblesse au château de Beaumesnil, d'où les mariés vinrent à Rugles. Le lendemain, les jeunes gens du pays, dit le curé de Sainte Opportune-lès-Rugles, dans les notes de son registre paroissial, « donnèrent une plaisante tragédie avec la farce à la fin « qui donna grande récréation à toute la compagnie[3]. »

Cette alliance apparenta les neveux de Dubuisson à la plus haute noblesse du pays et à des personnages avec lesquels on verra notre auteur en rapports fréquents dans sa carrière. Le marquis de Nonant,

---

1. N'oublions pas non plus que le cardinal du Perron, archevêque de Sens et ancien évêque d'Evreux, était alors abbé commendataire de Lyre et patron de la paroisse d'Aubenay. De ce côté encore François-Nicolas Baudot put trouver un protecteur.

2. Les articles de mariage furent passés par-devant Girard et Berryer, tabellions royaux en la vicomté de Breteuil. (Archives nationales, E 1751, arrêt cité.)

3. Lebeurier, *op. cit.*, p. 160.

Jacques Le Conte, baron de Beaumesnil, lieutenant général au gouvernement de Normandie, appartenait à une famille qui depuis longtemps avait eu des relations avec la famille Baudot. Les Le Conte avaient passé par Ambenay et l'un d'eux, Nicolas, sieur de la Richardière, époux de Renée Le Herrier, était en 1609 seigneur du manoir des Seaulles, dans la seigneurie d'Ambenay. Il en avait fait aveu le 27 novembre de cette année à Cyprien Baudot [1]. Ce Nicolas était un très proche parent du marquis de Nonant, son frère probablement, quoique je n'aie pu constater le fait d'une façon certaine. Il n'en est pas moins certain que les alliés du marquis de Nonant se trouvent être précisément les personnages influents au milieu desquels Dubuisson passa sa vie et auxquels il attacha sa fortune.

Jacques Le Comte avait épousé en 1623 Marie Dauvet des Marets, petite-fille du chancelier de Sillery et sœur de Nicolas Dauvet des Marets, depuis grand fauconnier de France, en 1650 [2]. Elle était nièce du vicomte de Puisieux, secrétaire d'État, marié à Charlotte d'Estampes-Valençay, ce qu'il est utile de rappeler de suite. De ses deux filles, l'une devint comtesse de Chamilly, l'autre, Renée Le Conte, épousa en 1646 précisément André Duplessis-Châtillon, vicomte de Rugles, le fils et héritier de René Duplessis et de Diane Renée de Poisieux, dont on a vu plus haut le mariage. André du Plessis-Châtillon fut, dans la suite, du chef de sa femme, marquis de Nonant [3].

IV.

Mais il est temps de revenir à Dubuisson et aux faits de sa vie tels qu'ils peuvent être rétablis. Les renseignements qu'on peut retirer de ses papiers et ceux qui résultent des sources d'information qui ont

---

1. Lebeurier, *op. cit.*, p. 165.
2. C'est de Marie Dauvet des Marets que parle Loret dans sa *Muse historique* du 15 juillet 1651 :
>> Et la marquise de Nonant
>> Qui se picque de grand ménage,
>> Tant en la ville qu'au village.

Elle était veuve depuis 1641. Le marquis de Nonant mourut d'une chute dans laquelle il se cassa la cuisse. Richelieu et le surintendant Bouthillier l'avaient en particulière estime. On eut quelque espoir de le sauver, et Richelieu s'en réjouit dans une lettre au surintendant du 17 septembre 1641. (Avenel, *Correspondance de Richelieu*, t. VI, p. 869.) — Dubuisson-Aubenay a rédigé l'épitaphe du marquis de Nonant. Le ms. 1771 de la Bibliothèque Mazarine contient jusqu'à cinq projets de sa main pour cette inscription.

3. La Chesnaye des Bois, généalogie du Plessis-Châtillon.

été déjà utilisées le montrent parcourant continuellement les pays étrangers, évidemment par suite des fonctions qu'il remplit. De là ses *Itinéraires* où l'on chercherait cependant en vain à découvrir les causes politiques qui provoquèrent ses nombreux voyages.

Il commença à voyager de très bonne heure. Les lettres de privilège pour la publication de ses œuvres qui figurent plus haut disent qu'il visita « les plus belles parties de l'Europe » pendant vingt à trente ans. Comme il paraît avoir cessé ses voyages vers 1642, cela ferait remonter à 1612 ou 1615 ses premières pérégrinations. Il avait alors de vingt à vingt-cinq ans, et l'on peut supposer qu'il servait de secrétaire à quelque grand seigneur ou diplomate, situation qu'il a du reste occupée presque toute sa vie.

Dix années de cette existence voyageuse nous échappent, pendant lesquelles, si l'on en juge par la nomenclature de ses œuvres, il dut faire de fréquents séjours en Italie. La façon dont il parle des monuments de Rome, l'ouvrage intitulé *Roma antiqua et nova* pour lequel il demande expressément le privilège dans le projet de lettres patentes publié ci-dessus, enfin le nombre de notes qu'il avait recueillies sur les voies romaines de l'Italie centrale et septentrionale, tout montre qu'il dut séjourner plusieurs fois et fort longtemps à Rome et dans les états du centre de l'Italie [1].

Dans tous les cas on est réduit sous ce rapport aux conjectures et l'on peut seulement pour la première fois le suivre dans un voyage en Belgique qu'il fit en 1623.

L'*Iter in Belgicam* [2], le plus ancien de ses manuscrits qui porte une date, nous le montre partant de Paris le 16 octobre 1623, traversant Louvres, Senlis, Roye, Fain, Cambrai, Valenciennes, Mons et Hall, pour arriver le 23 octobre à Bruxelles, le 24 à Anvers, le 25 à Louvain. Faut-il voir dans cette course rapide quelque ordre, quelque dépêche à porter ? Dans l'absence de toute indication, il est impossible de juger des causes de ce voyage, que ses relations de famille avec M. de Péricard, ambassadeur dans les Pays-Bas, auraient bien pu, ainsi qu'on l'a vu plus haut, avoir provoqué.

Du reste, si l'on se rapporte au texte des notes que le voyageur relève dans les villes qu'il visite successivement, à la précision des renseignements historiques qu'il consigne, à la méthode qu'il suit

---

1. Il suffit, pour se convaincre des séjours prolongés de Dubuisson à Rome, de lire sa correspondance avec Rebattu au sujet des monuments d'Arles et son curieux mémoire sur l'incinération des morts dans l'antiquité. — (Bibliothèque Mazarine, ms. 2955.)

2. Bibliothèque Mazarine, ms. n° 2700. Ce manuscrit est incomplet. Le commencement, qui devait contenir un autre itinéraire, a disparu. Il commence au folio 51.

pour classer ses renseignements, méthode déjà rigoureusement identique à celle qu'on retrouvera constamment dans ses autres itinéraires, on sent qu'il n'est pas à ses débuts et qu'il a déjà eu occasion de mettre à profit son expérience des voyages.

Ce premier séjour dans les Pays-Bas espagnols dut se prolonger assez longtemps, si l'on en juge par le genre de notes qu'il relève dans cette première partie de l'*Iter in Belgicam*[1]. Outre de longs détails sur Bruxelles, Louvain, Lille, Dubuisson consacre des notes circonstanciées aux offices de la cour, aux monnaies et mesures, aux académies, à l'état agricole, à la condition des pauvres, etc.

Il ne tarda pas à retourner dans ces contrées, auxquelles il applique la dénomination de *Germania inferior*, région qu'il étend d'Arras à Aix-la-Chapelle, c'est-à-dire toute la rive gauche du Rhin. Quelques dates, consignées par hasard dans le texte de l'*Itinéraire*, prouvent que ses courses dans les Pays-Bas se prolongèrent de 1624 à 1628. Nul doute que, dans les séjours prolongés qu'il put faire, il n'ait établi avec de hauts personnages de ces pays des relations de science ou d'amitié. Peut-être faut-il faire remonter à ce temps la connaissance qu'il avait faite de don Gabriel de Tolède qu'il visita à Vincennes, lorsque ce gentilhomme y fut conduit prisonnier après la bataille de Lens[2], et sa liaison avec les membres de la famille de Bournonville dont quelques années plus tard il allait devenir l'agent actif et désintéressé.

L'*Itinéraire en Belgique* est du reste exclusivement consacré à des recherches historiques et archéologiques où la discussion de la géographie gallo-romaine occupe toujours le premier rang. Il ne laisse pas cependant de contenir des articles développés concernant l'état politique et social, la justice, la milice, les forêts, l'administration[3].

Avec 1629 finit la période pendant laquelle on ne peut juger des faits qui marquent la vie de Dubuisson que par induction. Les certificats qu'il obtint à partir de ce moment, les services qui sont rappelés dans les actes postérieurs, le montrent dès lors, tantôt diplomate, tantôt remplissant des fonctions auprès d'intendants d'armée, tantôt ayant un rôle militaire.

Lorsqu'en 1649 le Roi le fit son Maître d'hôtel ordinaire, les lettres patentes, pour justifier cette récompense, visèrent les services que Dubuisson avait rendus près du prince d'Orange et près du duc de Rohan dans la Valteline et les Grisons[4].

---

1. Ce premier voyage occupe dans le manuscrit 2700 les folios numérotés de 51 à 67 ; mais le n° 66 comprend dix folios.
2. *Journal des guerres civiles* à la date du 12 septembre 1650.
3. Bibliothèque Mazarine, manuscrit n° 2700, folios 143 à 155.
4. Bibliothèque Mazarine, manuscrit n° 1777.

Si l'on s'en tenait à l'ordre dans lequel les lettres patentes rappellent ces services, — et il y a lieu d'en tenir compte puisque la situation de Dubuisson lui permettait alors d'en surveiller la rédaction, — il eût été en Hollande une première fois, avant la guerre de Valteline. Il eût donc fait partie de ces volontaires, de ces corps auxiliaires français qui depuis le temps d'Henri IV passaient au service des Provinces-Unies et du prince d'Orange. Cela n'a rien d'impossible. Pour beaucoup de gentilshommes le voyage de Hollande fut à cette époque un débouché à la mode. Cependant dans son *Itinerarium Batavicum* rédigé à l'occasion du voyage qu'il fit dans l'hiver de 1637-1638 à la cour de la Haye avec le comte d'Estrades et pendant la légation de Jean d'Estampes-Valençay, il semble que Dubuisson aborde pour la première fois un pays qui lui est inconnu.

Quoi qu'il en soit, les mêmes lettres patentes rappellent qu'il avait servi sous les maréchaux de Schomberg et de Thoiras à Casal et en Piémont. Enfin un certificat délivré le 10 décembre 1632 par M. d'Estampes est beaucoup plus explicite ; il constate que « le sieur Dubuisson a servi en l'armée de Piémont pour le secours de Casal au printemps de 1629 et ensuite a été employé au traité de paix et aux négociations relatives aux fortifications de Pignerol[1]. »

La suite des événements montre que Dubuisson était déjà attaché à cette époque à M. d'Estampes[2], comme il continua à l'être pendant plus de dix ans : en sorte que l'histoire de ses services le lie intimement à celle des services de M. d'Estampes.

Des relations que j'ai plus haut signalées établissent par quelle voie Dubuisson s'était rapproché de d'Estampes. Le beau-frère de celui-ci, le vicomte de Puisieux, mari de Charlotte d'Estampes, était oncle par alliance du marquis de Nonant, depuis le mariage de celui-ci avec Marie Dauvet des Marets en 1623 ; et on a vu les relations qui existaient entre les Baudot et les Le Comte dès avant l'alliance contractée en 1627 par le frère de Dubuisson.

Jean d'Estampes-Valençay avait été d'abord intendant de justice en l'armée de Piémont. Lors des événements qui suivirent le secours de Casal et la cessation des hostilités, par suite de l'intervention et de la médiation du Pape, il avait été envoyé auprès du duc de Mantoue pour traiter de la paix qui rétablit le duc dans la possession de son duché et du Montferrat. D'Estampes était en même temps intendant de la justice, police et finances et fortifications à Pignerol.

---

1. Arch. nat., E 1751, arrêt cité.
2. Jean d'Estampes-Valençay, conseiller clerc au Parlement, abbé de Bardelle, président au Grand Conseil, était frère de l'archevêque de Reims et du cardinal de Valançay, général des galères de Malte et ambassadeur à Rome en 1647.

Les négociations du traité de paix de Mantoue avec l'Empereur furent un des points qui provoquèrent la diète de Ratisbonne et qui y furent agités. Dubuisson qui avait pris part aux négociations de 1629 et 1630 se trouve en juin de cette année à Ratisbonne; et si, comme l'aspect du manuscrit de l'*Itinerarium Germaniæ superioris* semble l'indiquer, c'est en cette année et dans un seul voyage qu'il a recueilli toutes les notes qu'il a réunies dans cet itinéraire, il semble qu'il ait parcouru à ce moment la plus grande partie de l'Allemagne. Ses notes en effet montrent qu'il alla en Saxe, en Bavière, à Francfort, qu'il visita la plupart des villes de la Franconie, qu'il se rendit à Presbourg et, plus avant, en Hongrie, qu'il fut à Prague, etc. Enfin il dut faire un séjour prolongé à Vienne, si l'on en juge par l'abondance des renseignements curieux qu'il a recueillis concernant cette ville [1].

Evidemment ce n'était pas seulement en touriste que le gentilhomme attaché à M. d'Estampes-Valençay parcourait l'Allemagne; faisait-il avec son patron un voyage diplomatique, comme Richelieu en confia si souvent aux agents en qui il avait confiance? Ce qu'on sait de d'Estampes n'éclaire pas ce point. A cette époque d'Estampes est toujours envoyé auprès du duc de Mantoue; mais le fait seul de cette mission justifierait très bien qu'il eût été dépêché confidentiellement pour pressentir les dispositions des princes allemands convoqués à la diète et les entraîner dans les intérêts français.

En tous cas, Dubuisson était à Ratisbonne à l'ouverture de la diète, c'est-à-dire près de deux mois avant l'arrivée des ambassadeurs français, M. de Léon-Brûlart et le Père Joseph. Il assista à l'entrée solennelle de l'Empereur, et les détails qu'il donne du voyage de Ferdinand II, qui quitta Vienne le 27 mai 1630, pourraient indiquer qu'il avait suivi l'Empereur depuis cette ville. La relation qu'il a consacrée à cette entrée, à l'arrivée successive des Électeurs et Princes, à celle des ambassadeurs, est peut-être la seule chose sortie de sa plume qui ait été imprimée. Cette relation, dont le manuscrit existe dans ses papiers [2], fut envoyée par lui, d'après une note qu'il a ajoutée à la fin du manuscrit, à Richer, éditeur du *Mercure français*, et insérée *in extenso* dans ce recueil [3]. Richer fait précéder son insertion de cette annotation : « Voicy, dit-il, la relation de l'entrée de « l'Empereur et de ceux qui s'y trouvèrent, faites par un gentilhomme « de qualité, spectateur de tout ce qui s'est passé aux préparatifs et « cérémonies d'icelle. »

Le certificat donné par d'Estampes-Valençay à Dubuisson, à la date

---

1. Bibliothèque Mazarine, manuscrit n° 2700 a.
2. Bibliothèque Mazarine, manuscrit n° 2930.
3. *Mercure français*, année 1630, pages 233 à 253.

du 10 décembre 1632, marque la fin des services du patron et de l'attaché dans l'intendance de Pignerol et aux armées de Piémont.

Les voyages nombreux que Dubuisson fit dans les derniers temps de ses services en Italie l'amenèrent à Rome, où il était au mois de juillet 1631. On a vu plus haut que ce ne devait pas être la première fois qu'il se trouvait dans la ville Éternelle; dans tous les cas il y tomba malade, puisque la trace de son passage nous a été conservée par la consultation de quatre médecins de Rome sur son état [1]. Il y fit la connaissance du cardinal Antoine Barberini, auprès duquel se trouvait alors Bouchard, frère utérin de son ami Hullon, prieur de Cassan [2].

Quatre années se passent sans qu'on trouve trace de nouveaux voyages et de nouvelles missions; mais il est à supposer que pendant cet intervalle Dubuisson ne cessa pas d'être attaché à la personne de Jean d'Estampes.

Ce fut à cette époque que les événements qui suivirent la mort de l'infante Isabelle-Claire-Eugénie amenèrent la disgrâce d'Alexandre de Bournonville, alors gouverneur de Lille. Dans la crainte d'être arrêté sur le soupçon qu'il pouvait être en correspondance avec Richelieu, Bournonville passa en France en 1634, et son exemple fut suivi par le prince d'Espinoy, son beau-frère.

Par le texte de son premier codicille écrit le 2 novembre 1648, Dubuisson fait connaître les services qu'il a rendus à MM. les ducs et marquis de Bournonville « avec ardeur et passion constante en leur « mauvaise fortune et durant tout le cours de leurs affaires *depuis* « *plus de quatorze ans* sans aucun appointement ni espoir de récom- « pense. » Ce fut donc en 1634, c'est-à-dire dès leur arrivée en France, que Dubuisson commença vis-à-vis des Bournonville les services qu'il rappelle ainsi et dont la trace se trouve souvent dans ses papiers [3].

Ces nouvelles obligations n'interrompirent pas son assiduité auprès de M. d'Estampes-Valençay; et cela tendrait à faire penser que ce fut par Jean d'Estampes lui-même qu'il fut mis en relation avec les Bournonville. Il y avait en effet entre les d'Estampes et les Bournonville des relations de famille bien éloignées et très indirectes, mais cependant suffisantes pour justifier cette conjecture.

---

1. Bibliothèque Mazarine, ms. 1778 *b*, pièce 26.
2. Voy. Tallemant des Réaux, édit. Paris-Monmerqué, t. VII, p. 156 et suiv.
3. Le manuscrit n° 1761 contient des minutes de lettres rédigées pour le duc de Bournonville par Dubuisson. La plupart sont de 1651, adressées à Gaston d'Orléans, aux maréchaux d'Hocquincourt, de Guiche, au duc de la Vieuville, etc.

Une tante de Jean d'Estampes-Valençay[1], Madeleine d'Estampes, était veuve dès 1594 de Robert de Bellefourière. Madeleine devait être morte sans enfants avant 1634, mais les relations des d'Estampes avec les Bellefourière étaient restées intimes et Dubuisson vivait par ce fait dans les liens d'amitié avec Geoffroy de Bellefourière, neveu de Madeleine d'Estampes, et avec sa femme, fille de Louis de Bournonville, de la branche française du Quesnoy[2]. Les Bournonville, émigrés des Pays-Bas, entrèrent-ils par l'intermédiaire de leur cousine éloignée en relation avec Jean d'Estampes et par contre-coup avec Dubuisson ? Je donne cette conjecture pour ce qu'elle peut valoir.

La suite des temps montre Dubuisson toujours attaché à la personne de M. d'Estampes. Il était avec lui à Nantes au mois d'octobre 1636, lorsque, en sa qualité de conseiller d'État, d'Estampes alla assister aux états de Bretagne à titre de commissaire du Roi[3]. Il devait bientôt l'accompagner dans une mission plus grave et plus retentissante.

Les événements militaires de la Valteline et des Grisons, brillamment conduits par le duc Henri de Rohan depuis 1635, avaient couvert de gloire la petite armée française qu'il commandait ; mais le duc ne fut pas toujours heureux, surtout au point de vue diplomatique ; abandonné, peut-être de parti pris, par Richelieu, il fut amené à conclure avec les Grisons un traité par lequel il s'obligeait à opérer l'évacuation du pays, traité que l'état d'épuisement des troupes rendait du reste inévitable. Cette conduite, incriminée par des esprits défavorablement disposés contre Rohan, amenèrent en juin 1637 l'envoi de Guébriant chargé de prendre le commandement militaire, et de d'Estampes qui, avec le titre d'ambassadeur près des Grisons et d'intendant d'armée, était en réalité chargé de l'exécution des ordres secrets du Cardinal. On sait la conduite chevaleresque de Guébriant qui reconnut loyalement que, dans l'état où était l'armée, toute autre conduite que celle tenue par Rohan était impraticable[4]. D'Estampes lui-même, présent en Valteline depuis l'hiver, avait envoyé de Coire, dès le 25 avril, les plus désolantes nouvelles de la désorganisation des troupes[5]. Il revenait porteur d'instructions très secrètes[6], datées du 29 juin, le laissant, sous sa responsabilité, juge de l'oppor-

---

1. Père Anselme, tome VIII, page 736.
2. Dans une lettre traitant de matières archéologiques, adressée de Paderborn à Dubuisson, on le charge de respects et compliments pour Mme de Bellefourière. (Bibliothèque Mazarine, manuscrit n° 2700 a.)
3. Lettre adressée d'Arles à Dubuisson. (Ibid., manuscrit n° 2955.)
4. *Mémoires de Rohan*, collection Petitot, 2ᵉ série, t. XIX, p. 205, 206.
5. Archives des Affaires étrangères. *Grisons*, tome IX.
6. Les minutes des instructions et de l'ordre d'arrestation sont aux archives des Affaires étrangères, — *Grisons*, — au même volume que ci-dessus.

tunité d'arrêter Rohan avant que celui-ci ait fait sa jonction avec le duc de Longueville, c'est-à-dire avant qu'il ait conduit ses troupes en Franche-Comté. Les événements tournèrent de façon à ce que d'Estampes ne crut pas devoir donner suite à ces instructions ; du reste Rohan, persuadé qu'il devait être arrêté, évita les occasions de s'exposer [1].

Dubuisson, qui avait un emploi actif dans l'armée des Grisons, avait demandé au duc de Rohan un congé pour vaquer, disait-il, à ses affaires de famille. Le certificat que lui accorda Rohan, le 9 juin 1637, constate que cette permission ne lui fut pas accordée et que sa présence à l'armée fut jugée nécessaire au service du Roi. Il dut en conséquence suivre les troupes dans leur retraite jusque dans le pays de Gex, où elles se séparèrent [2].

Le retour de Dubuisson en France et les intérêts qui l'y attiraient pouvaient être provoqués par quelque ennui suscité à l'occasion de recherches faites sur la situation nobiliaire de sa famille. Cette affaire était déjà ancienne. Dès 1631 une visite avait été faite à la chapelle seigneuriale d'Ambenay, à la requête de sa mère, pour faire constater, par procès-verbal de sergent, l'inscription de la tombe d'Esmond Baudot et les qualifications nobiliaires qui y étaient inscrites. Il intervint à la fin un jugement des commissaires députés par le roi pour la recherche des francs-fiefs, rendu le 25 novembre 1637, au profit et sur la requête de Dubuisson [3].

Il profita d'un temps de repos qu'il semble avoir pris pendant l'été et l'automne de cette année pour mettre ordre à toutes ses affaires. C'est alors qu'il rédigea son testament, le 1er septembre 1637.

A cette époque, Dubuisson habitait rue des Rosiers chez M. d'Estampes-Valençay, dont il paraît avoir été le commensal pendant plusieurs années. Toujours en voyage, il n'avait pas de résidence fixe ; les maisons de ses amis le recueillaient lorsqu'il était à Paris, et c'est là un des traits originaux de sa vie.

Le plus ancien de ceux qui furent ainsi ses hôtes, Jacques Le Breton, était un bourgeois de Paris, habitant rue Saint-Jacques, au coin de la rue Fromentel, paroisse Saint-Etienne-du-Mont. Dès avant 1637, Dubuisson avait chez lui le plus important dépôt de ses manuscrits, de ses médailles et des collections de toute sorte qu'il recueillait.

Ce fut son ami le plus dévoué, celui qui pendant ses absences et ses voyages s'occupait de ses affaires. Aussi Dubuisson le fit-il son

---

1. Voyez à ce sujet la notice de M. de Monmerqué qui précède, dans la collection Petitot, les *Mémoires de Rohan*. Rohan, dans ces Mémoires, se loue vivement de ses rapports avec d'Estampes.
2. Arch. nat., E 1751, arrêt cité.
3. Ibidem.

exécuteur testamentaire, en léguant à son second fils, ainsi que nous le verrons, toutes ses notes et tous ses papiers[1].

Il résulte du reste de son testament que la maison de Le Breton n'était pas la seule où il avait ainsi déposé des papiers ; il en avait dispersé chez plusieurs autres de ses amis.

V.

Quelques mois à peine s'étaient écoulés depuis la fin de l'affaire des Grisons et de la Valteline, lorsque, dans le courant de septembre 1637, M. d'Estampes-Valençay fut choisi comme ambassadeur dans les Provinces-Unies. Il était déjà rendu à son poste à la Haye dans les premiers jours d'octobre[2].

Dubuisson dut accompagner l'ambassadeur quand celui-ci partit pour prendre possession de son ambassade, car le certificat qu'il reçut de M. d'Estampes à l'occasion de ses services en Hollande porte que ces services datent du mois d'octobre 1637. En tous cas Dubuisson n'a pas mentionné dans ses notes ce premier voyage qui dut être fort court : s'il accompagna ainsi M. d'Estampes, il était en effet revenu presque de suite à Paris, puisque son *Itinerarium Batavicum* le montre partant de Paris pour la Hollande le 12 décembre.

Il voyageait alors en compagnie du comte d'Estrades et de M. de Rosberghen, député aux États-généraux, qui, en l'absence d'un ambassadeur à Paris, était venu négocier avec Richelieu une entente de la France et de la Hollande pour la prochaine campagne[3].

Il y avait en effet en ce moment un redoublement d'activité dans les relations diplomatiques de la France et de la Hollande. La nomination de M. d'Estampes et les voyages du comte d'Estrades se rattachaient aux préparatifs que Richelieu faisait pour attaquer sérieusement, pendant l'année 1638, les Pays-Bas espagnols par terre et par mer. L'action combinée de la France et des Provinces-Unies devait s'exercer sur terre par les Français, sur mer par les Hollandais. Le succès de cette campagne dépendait en partie de l'attitude de l'Angleterre, à laquelle l'attaque des ports de la mer du Nord pouvait porter ombrage. Il fallait donc s'assurer de l'acquiescement tacite de Charles Ier, et le comte d'Estrades fut chargé de faire une démarche

---

1. Il est possible que Le Breton soit un compatriote de Dubuisson : j'ai relevé dans les actes de l'état civil de Conches de nombreuses mentions d'une famille notable de ce nom existant dans cette ville au commencement du XVIIe siècle (paroisse Sainte-Foy).

2. Archives des affaires étrangères. — *Hollande*, — volume 20.

3. Bibliothèque Mazarine, ms. n° 2700, fol. 47.

à Londres dans ce but, avant d'aller conclure, de concert avec d'Estampes-Valençay, la convention militaire avec le prince d'Orange.

Dubuisson paraît avoir accompagné M. d'Estrades pendant tout le cours de cette mission et être rentré en France avec lui. Parti de Paris le 12 décembre, on dut attendre à Rouen pendant près d'un mois le moment de l'embarquement. On quitta Dieppe seulement le lundi 11 janvier 1638 sur une frégate hollandaise de vingt canons, commandée par le capitaine Abraham Kreins, de Flessingue. Dubuisson s'étend longuement au début de son *Itinéraire* sur cette navigation qui fut marquée par une violente tempête[1] et surtout par la chasse donnée à la frégate par quatre navires de Dunkerque, qui faillirent la surprendre au mouillage. On échappa en perdant une ancre, et le navire désemparé par la tempête atteignit Margate, à l'embouchure de la Tamise, le 17 janvier.

Le séjour à Londres se prolongea jusqu'au 1er février. On sait que le comte d'Estrades n'obtint rien de favorable par suite de l'hostilité ardente de la reine Henriette de France contre le cardinal de Richelieu. Il arriva à la Haye le 4 février.

La cour du prince d'Orange était en ce moment tout entière aux préparatifs des fêtes données à l'occasion du mariage de M. de Brederode, gouverneur de Bois-le-Duc, avec Louise-Christine de Solms, sœur de la princesse d'Orange. Dubuisson relate avec détail la succession de ces fêtes, pendant lesquelles les comédiens du prince, venus de France, donnèrent une représentation du *Cid* devant une assemblée de gentilshommes où figuraient quantité de Français servant alors dans les régiments de volontaires auxiliaires en Hollande. Toutes les pompes qui furent alors déployées ont été décrites dans une relation publiée en français, à la Haye[2], qui peut, d'une façon très plausible, être attribuée à Dubuisson, puisque l'exemplaire conservé dans ses papiers porte des corrections nombreuses de sa main[3].

Les négociations entamées avec le prince d'Orange aboutirent à un traité signé le 25 mars 1638, par lequel la France s'engageait à assiéger Thionville, Namur ou Mons, tandis que les Hollandais feraient une attaque sur Dunkerque, Anvers ou Hulst.

Les événements étaient du reste favorables ; une conspiration pour

---

1. La première dépêche de d'Estrades, celle par laquelle s'ouvrent ses *Mémoires*, a trait précisément à cette traversée. Elle signale la tempête, sans parler de la chasse que subit le navire qui portait l'ambassade.

2. *Relation de ce qui s'est passé à la Haye au mois de février 1638, les festins, comédies, bals, courses de bague et autres magnificences faites au mariage de monsieur de Brederode et de mademoiselle de Solms.* — A la Haye, de l'imprimerie de Théodore Maire, MDCXXXVIII. In-4°.

3. Bibliothèque Mazarine, ms. n° 1761.

livrer Maëstricht aux Espagnols était déjouée et la nouvelle de la victoire du duc de Weimar, à Rhinfeld, inaugurait brillamment la campagne de cette année.

A cette même date, Dubuisson mentionne dans ses notes de voyage la confirmation de la nouvelle de la grossesse d'Anne d'Autriche, qu'il avait déjà apprise en Angleterre, dit-il, dès le mois de janvier [1].

Il revint en France avec le comte d'Estrades et le nouvel ambassadeur de Hollande en France, M. d'Osterwijck. Le certificat qu'il reçut de M. d'Estampes est du 21 avril [2], date de l'expédition de toutes les dépêches relatives au retour du comte d'Estrades, et M. d'Osterwijck quitta la Haye le 22 [3].

Cette année 1638 semble marquer l'époque où Dubuisson commença à se séparer de M. d'Estampes-Valençay, avec lequel on le trouve constamment depuis 1629. Cependant il dut continuer à faire des voyages et même des séjours assez longs en Hollande pendant les deux années de l'ambassade de M. d'Estampes, s'il faut rapporter à cette époque et non à un temps antérieur, ainsi que je l'ai supposé plus haut, les notes développées de son *Itinerarium Batavicum* et de son *Itinerarium Zelandicum*, sur les monuments, les mœurs, les coutumes et la langue du pays. Il serait également possible que pendant ces deux années il ait parcouru l'Allemagne du Nord et peut-être la Pologne. Les papiers renfermés dans le même portefeuille 1761 contiennent des correspondances ayant trait aux missions diplomatiques du comte d'Avaux à Hambourg et en Pologne en 1639, papiers dont la présence ne s'explique guère que par quelque mission remplie de ce côté par notre auteur.

VI.

On n'a pas oublié que, depuis 1634, Dubuisson s'était attaché aux intérêts de la famille de Bournonville. Celle-ci, réfugiée en France, cherchait à s'employer et à se signaler par des services rendus à la cause française. Alexandre de Bournonville et son beau-frère, le prince d'Espinay, avaient vu leurs biens confisqués dans les Pays-Bas depuis leur fuite, et ils comptaient sur les succès de la France pour rentrer dans les biens et les honneurs qu'ils avaient perdus. Les deux fils

---

1. Ibidem, ms. n° 1761. « Nuncium, jam mense januario acceptum in Anglia, de fecundato Reginæ Franciæ utero, confirmatur. » Le bruit de cette grossesse aurait par conséquent été répandu dès le début puisque la naissance de Louis XIV est du 5 octobre 1638.
2. Archives nationales, E 1751, arrêt cité.
3. Archives des Affaires étrangères. *Hollande*, volume 20.

d'Alexandre de Bournonville prirent du service et levèrent des troupes avec les encouragements du cardinal de Richelieu[1].

Le siège et la prise d'Arras fut un des faits militaires où le marquis de Bournonville[2] se distingua. Il avait une compagnie de son nom dans le régiment de cavalerie du comte de Guiche, et le certificat qu'obtint Dubuisson les 18 et 24 août 1640, à la fin de la campagne, le montre servant comme volontaire dans cette compagnie. Beaucoup de noblesse avait pris part à ce siège, et la relation de ce fait d'armes cite de grands noms parmi les volontaires qui s'y firent remarquer[3].

Dubuisson avait alors environ cinquante ans; il n'eût pas tout à coup pris part aux fatigues d'une campagne à cet âge, s'il n'avait été dans le courant de sa vie aussi bien soldat que diplomate, comme beaucoup de gentilshommes l'étaient alors, et notamment le comte d'Estrades. Ce fait jette donc un certain jour sur le caractère de sa situation antérieure, à l'armée de Piémont, à Casal, dans les Grisons[4].

Quoi qu'il en soit, il semble bien que cet événement de guerre marque la fin de sa vie active; du moins on ne le retrouve plus, à partir de 1640, qu'à Paris ou en voyage dans l'intérieur de la France.

Il avait en 1641 quitté la rue des Rosiers et l'hôtel d'Estampes; il logeait rue des Poulies, à la *Fleur de lis rouge*[5].

Il y a là comme un moment de transition; le soin des intérêts de la famille de Bournonville ne fut du reste qu'une occupation accessoire pour lui : tout indique qu'il ne fut jamais qu'un correspondant et non un commensal, et s'il quitta la maison de M. d'Estampes, avec lequel il conserva jusqu'à la fin de sa vie les liens les plus étroits, ce fut pour s'attacher d'une façon plus sédentaire à un autre patron auprès duquel il put utiliser le résultat de l'expérience qu'il avait acquise dans ses longs voyages et ses occupations multiples. En 1645, on le trouve vivant dans la maison de M. du Plessis de Guénégaud qu'il ne doit plus quitter. Il devait y habiter déjà depuis deux ou trois ans, et c'est encore par des relations de famille que peut s'expliquer cette nouvelle liaison.

---

1. Avenel, — *Correspondance de Richelieu*, V, p. 115, 131.

2. Ambroise-François, marquis de Bournonville, créé duc en 1652.

3. D'Andelot, fils du maréchal de Châtillon, d'Aumont, de Palluau, de la Roulerie, etc. — *Relation de la reddition d'Arras*, 1640, imprimée in-4° (Bibl. Mazarine, ms. 2700, p. 162).

4. Les registres du Dépôt de la guerre contiennent, entre 1635 et 1646, de nombreux ordres, pour la conduite et l'inspection des troupes, adressés à un s^r Dubuisson qui n'est ni le gouverneur de Ham, ni le trésorier-général de Moulins. Beaucoup sont relatifs à des campements en Normandie. Je n'ai trouvé aucun élément pour identifier ce personnage que je crois devoir cependant signaler au moins comme un homonyme.

5. Bibliothèque Mazarine, ms. 1771. Lettres adressées à Dubuisson.

A cette même époque, en effet, Henry de Guénegaud venait d'épouser Elisabeth de Choiseul-Praslin, fille du feu maréchal, mort en 1626, et de Claude de Cazillac. La mère de la maréchale, Claude de Dinteville, était normande et d'une famille du diocèse d'Evreux ; là peut être l'indication d'anciens rapports de voisinage, et Dubuisson se montre de très bonne heure en relations avec la maréchale, puisque en 1642 il composait l'épitaphe de son fils aîné Roger, marquis de Praslin, tué en 1641, à la bataille de la Marfée[1].

Mais une alliance entre les familles de Choiseul et d'Estampes explique l'entrée de Dubuisson dans l'intimité des Guénegaud d'une façon plus plausible. La fille aînée de la maréchale avait épousé Jacques d'Estampes, marquis de la Ferté-Imbault, d'une branche, il est vrai, très éloignée des Estampes-Valençay ; mais le marquis, depuis maréchal d'Estampes, vivait dans des relations étroites avec ses cousins, l'archevêque de Reims et ses frères, l'ambassadeur et le général des galères. Telle doit être la véritable cause de l'introduction de Dubuisson dans la famille de Choiseul. Une sympathie particulière le rapprocha de la dernière fille, Elisabeth[2] ; de là son entrée dans la maison de Guénegaud, lorsqu'Elisabeth de Choiseul eut épousé Henry de Guénegaud, seigneur du Plessis, en 1642.

Sa santé s'était déjà altérée à cette époque. Dès 1642, une enflure persistante de la jambe l'avait retenu dans sa chambre tout l'hiver. Ce dut être à partir de ce moment qu'il s'occupa de réunir et coordonner la quantité de notes de toute espèce qu'il avait recueillies. Installé à l'hôtel qu'occupait M. du Plessis de Guénegaud avec sa mère, rue des Francs-Bourgeois, on peut juger, par les détails qu'il donne dans la relation de sa dernière maladie, de la vie entièrement consacrée au travail de cabinet qu'il y menait.

Il partageait son temps entre les travaux que lui confiait Guénegaud, ses recherches historiques, géographiques, archéologiques, et ses relations avec les personnages appartenant au monde des lettres, à la maison du roi, au Parlement, aux conseils, qui fréquentaient la maison de Guénegaud. Il était particulièrement lié avec Henry de Valois, les Godefroy père et fils, Chantereau le Fèvre, Ménage, Gui-

---

1. Bibliothèque Mazarine, ms. 1776, p. 54. On sait que, suivant la relation romanesque de *la Vie de Frère Jean-Baptiste*, soi-disant comte de Moret, qui aurait échappé à la mort, à Castelnaudary, Roger de Choiseul aurait vécu mystérieusement de longues années après la Marfée comme ermite.

2. Une lettre latine écrite par Elisabeth de Choiseul à Dubuisson et la réponse également en latin de ce dernier montrent les relations d'amitié et presque de professeur à élève qui s'étaient établies entre eux. Dubuisson avait appris le latin à Mme de Guénegaud et la félicite de ses progrès. — Bibliothèque Mazarine, ms. 1776, fol. 21.

chenon, du Bouchet, du Puy, Perrot d'Ablancourt. Deux personnages surtout étaient, dans le monde des lettres, de sa plus étroite intimité, Hullon, prieur de Cassan, que nous verrons cité d'une façon toute particulière dans son codicille, frère utérin de ce Bouchard, secrétaire du cardinal Antoine Barberini, dont Tallemant des Réaux a fait un si triste portrait[1], et Roland des Marets, frère de Jean des Marets de Saint-Sorlin, qui lui adressa la 45ᵉ lettre de ses *Epistolæ philologicæ*[2].

Le temps qu'il ne consacrait pas à l'étude, il l'employait à visiter ses amis, à recueillir des renseignements, à en fournir lui-même que l'on a vus utilisés par plusieurs des savants nommés ci-dessus.

---

1. Édition Paris-Monmerqué, tome VII, pages 158 et suiv.
2. Je reproduis ici cette lettre; le petit volume de Roland des Marets intitulé: *Rolandi Maresii epistolarum philologicarum liber primus*, Paris, 1650, in-12, étant fort rare et la lettre adressée à Dubuisson étant intéressante pour faire connaître l'état des travaux de Dubuisson et les mœurs littéraires du temps.

« Rolandus Maresius Nicol. Franc. Baldo Buissonio Albenaeos.

« Aulae quae te subtraxit studiis, nonnihil succensere debent, quotquot sunt eruditi. Illa enim multa egregia opera, quae jam affecta habebas, tibi e manibus excussit: quibus utique in illo tumultu ultimam manum imponere non licet, non enim sola

Carmina secessum scribentis, et otia quaerunt:

« Sed quaecunque alia scripta in aulica turba, et discursu componi vix possunt: et ea praecipue, ad quae conficienda quamplurimis voluminibus comportatis opus est, qualia sunt illa, quae de temporibus et de rebus Geographicis in manibus tibi sunt: Deus bone, si edantur, quam utilia futura! Chronologia enim, et Geographia sunt historiae quasi oculi: quas qui ignoraverit, in omnium rerum, quae ab orbe condito gestae sunt, cognitione caecutire necesse est: nec alioqui illa historia est dicenda, in qua tempora non scrupulose computantur, nec loca accurate describuntur. Quare qui ex antiquis de rebus tam utilibus scripserunt, semper apud eruditos magnam inierunt gratiam. Nec vero minimam laudem etiam ii merentur, qui hodie in id suam operam conferunt, et de Chronologia, et Geographia magis enucleate scribunt, quod te praestitisse in iis, quae etiamnum supprimis operibus, ex varia tua eruditione, judicio, et ingenii solertia conjecturam facere non est difficile, praecipue vero omnibus valde grata fore confido, quae de viis militaribus Romanorum, quarum etiamnum reliquiae in Galliis supersunt, scripsisti, quae quidem non ex aliorum auditione accepisti, sed ipse variis in regionibus viginti amplius per annos peregrinando inspexisti: more veterum Geographorum, et Historicorum, qui operi suo non ante manus admovebant, quam ea quae describenda habebant, loca adiissent, et ipsi omnium αὐτόπται fuissent. Sed quid dicam de antiqua tua Gallia? quae quin omnibus acceptissima, sed maxime Gallis futura sit, non dubium est. Nobis enim antiquitates patriae nostrae nosse iucundissimum erit: nimirum quae jam Reip. tempore, deinde sub Romanis Imperatoribus urbes extructae essent, quae ex illis nunc supersint, quae nomen servaverint, quae mutaverint:

Une liaison étroite s'établit entre lui et Mme de Guénegaud la mère[1]. Il l'accompagnait fréquemment dans ses courses, dans ses exercices de piété ; il descendait à toute heure dans son appartement, y dînait habituellement ; ce devait être un grand mangeur : il avoue ingénuement qu'il a mangé *ad saturitatem, ad satietatem.*

Si l'on ajoute encore les noms de Lingendes, le père de l'évêque, d'Orgeval, de Bordier, le secrétaire du Conseil, de la marquise de Nonant, Marie Dauvet des Marets, de la présidente de Bernières, la mère du maître des requêtes, enfin de la célèbre Mme Cornuel, on aura à peu près l'idée de l'ensemble des relations habituelles de Dubuisson, sans compter les membres de la famille de Guénegaud, le président du Lonzat, le comte et la comtesse de Miossens[2].

Ces noms, ces relations donnent en partie l'explication du silence qui s'est fait autour de Dubuisson. Ces hommes de lettres, ces érudits, ces gens en place au milieu desquels il vivait ne comptaient pas pour la plupart au nombre des habitués de l'hôtel de Rambouillet. C'était une société à côté et dont les personnalités n'ont pas eu pour transmettre leur souvenir l'éclat qui a rejailli sur tout ce qui a touché à cette illustre réunion. A ce compte, c'est par leurs œuvres seules que les patients travailleurs, les consciencieux compilateurs, parmi lesquels Dubuisson occupa de son vivant une légitime influence, ont conquis leur place dans la postérité. Lui qui ne put faire aboutir la publication d'aucun de ses travaux devait tomber dans l'oubli avec

---

denique varias quae in eruenda locorum antiquitate occurrunt difficultates, enucleatas videre summae erit voluptati, et utilitati. Nec vero est, quod tam egregiis operibus coronidem imponere amplius subterfugias. In secessu enim aestivo amoeni alicujus ruris res confici potes. Cujus non ultra patriae tuae potes esse debitor, alioquin illius gloriam non satis magnae curae habuisse, sed et propriam neglexisse videbere. Vale. »

1. Marie de Lacroix, veuve de Gabriel de Guénegaud, trésorier de l'Epargne dont elle avait eu trois fils et quatre filles : *Henry*, seigneur du Plessis, secrétaire d'Etat, marié en 1642 à Elisabeth de Choiseul-Praslin ; *Claude*, trésorier de l'Epargne, marié à Alphonsine Martel ; *François*, président au Parlement, seigneur du Lonzat ; *Madeleine*, mariée au comte de Miossens, depuis maréchal d'Albret ; *Jeanne*, prieure de l'Hôtel-Dieu de Pontoise ; *Marie*, épouse de Claude Le Loup, seigneur de Bellenave ; *Renée*, mariée à Jean de Sève, seigneur de Plotard.

2. Tous les détails qui précèdent sont tirés du journal autographe intitulé *Morbi relatio*. Ce curieux journal, dans lequel Dubuisson inscrivit minutieusement les moindres incidents de la longue maladie à laquelle il succomba, comprend une période de vingt mois, pendant lesquels il y eut des intervalles de retour à la santé. On s'y forme une idée exacte de la vie et des occupations de Dubuisson depuis son entrée chez du Plessis-Guénegaud. (Bibliothèque Mazarine, ms. 1778b.)

la disparition de la génération qui avait connu et estimé la valeur et la sûreté de son érudition.

A cette époque de sa vie se rapportent les itinéraires qu'il a laissés pour certaines provinces de France. A part un volume consacré à la ville de Paris, dont il rassembla les matériaux au jour le jour [1], à part aussi l'*Itinéraire en Normandie* [2], pour lequel ses notes accumulées sont le fruit de recherches de prédilection faites pendant tout le cours de sa vie, les autres furent le résultat de voyages qu'il entreprit dans les provinces de France en 1646 et 1647.

En 1646, au mois de mai, il était en Champagne, chez la maréchale de Praslin [3], d'où il se rendit aux eaux de Bourbon-l'Archambault au mois de juin [4]. Pendant ce voyage, recueillant au passage, suivant ses habitudes, tous les renseignements historiques qu'il pouvait réunir, il visita successivement la Brie, la Champagne, Troyes, où l'une des filles de la maréchale était abbesse de Notre-Dame, l'Auxerrois, le Hurepoix, le Sénonais, la Beauce, l'Orléanais, le Blaisois, la Touraine et l'Anjou [5].

L'année suivante, ayant suivi M. de Guénegaud à Amiens où séjourna la cour, il visita de la même façon la Picardie, le Ponthieu et le pays de Caux [6].

C'est la dernière trace d'un voyage qu'il ait fait. Il paraît avoir depuis cette époque continuellement séjourné à Paris.

Durant cet intervalle, les intérêts de la famille de Bournonville avaient sollicité ses soins. Les plénipotentiaires des puissances depuis si longtemps en guerre étaient réunis à Munster et les Bournonville, dans l'espoir de voir la paix se conclure avec l'Espagne, firent par l'intermédiaire des relations de Dubuisson des démarches pour figurer au traité. Ils demandaient l'abolition des condamnations dont ils avaient été frappés et la réintégration dans tous leurs emplois, charges, commandements et honneurs. Godefroy était alors conseiller de l'ambassade auprès de M. d'Avaux. Par ses soins, les mémoires rédigés par Dubuisson, son ami, furent accueillis par d'Avaux qui en reconnut la justice. L'échange de lettres qui se fit à cette occasion

---

1. Bibliothèque Mazarine, ms. 2694.
2. Ibidem, ms. 2694 b, 1re partie.
3. Ibidem, ms. 1778 b, pièce 12.
4. Bibl. Mazarine, ms. 1776. — On trouve à la date du 29 avril 1646, dans le ms. 1778 b, une curieuse consultation rédigée pour Dubuisson par le médecin Henault pour l'usage des eaux de Bourbon. — On pourra rapprocher cette consultation de ce que Mme de Sévigné dit de la façon dont elle prit les eaux à Vichy en 1676.
5. Ibidem, ms. 2694 a.
6. Ibidem, ms. 2694 b, 2e partie.

et que Godefroy nous a conservées dans ses papiers montre à quel haut degré d'estime les Bournonville plaçaient les services de Dubuisson, et aussi les liens d'amitié qui existaient entre ce dernier et les deux Godefroy, père et fils[1].

On peut juger que Dubuisson avait auprès de du Plessis-Guénegaud un rôle assez occupé : son expérience ancienne des affaires aussi bien d'administration intérieure que de diplomatie qu'il avait suivies avec M. d'Estampes, les relations qu'il s'était créées à l'étranger, les liaisons ou les rapports d'amitié qu'il avait contractés avec des personnages de marque en Hollande, en Allemagne, en Italie, faisaient de lui un auxiliaire commode et utile[2]. A un autre point de vue, ses services étaient précieux. Tout entier occupé d'épigraphie et de recherches archéologiques, ayant sur l'histoire des arts, des monuments et des institutions une érudition très vaste et très sûre, il avait sa place marquée dans la maison du Roi, principalement pour tout ce qui concernait les bâtiments et surtout les emblèmes et les inscriptions, si fort en honneur à cette époque. Guénegaud avait dans son département le ministère de la maison du Roi; il disposait ainsi de nombreuses charges qui, peu lucratives par elles-mêmes, procuraient cependant des privilèges recherchés. Il fit participer de bonne heure Dubuisson à ces faveurs en lui faisant donner la qualité de gentilhomme ordinaire de la Chambre dès 1645. L'année suivante, il recevait la charge d'historiographe du Roi, dont il obtint le brevet le 15 février 1646[3]. Il partageait ces fonctions avec Marc-Antoine Dominici[4]. En 1649, des lettres de gentilhomme servant ordinaire lui furent expédiées, et enfin, le 26 août de la même année, celles de maître d'hôtel ordinaire du roi[5].

Pendant ces mêmes années, il fut fréquemment sollicité pour la

---

1. Fonds Godefroy. — Bibliothèque de l'Institut. — Cette correspondance et les pièces qui y sont jointes forment quatorze numéros du tome 22 et deux du tome 273. — Dans leur *Dictionnaire des pièces autographes volées, etc.* (Paris, 1851, in-8°, page 114), MM. Ludovic Lalanne et Bordier citent une lettre de Dubuisson à Godefroy, qui doit venir de la même collection, relevée dans le catalogue de la vente Riffet.

2. Citons le cardinal Barberini qu'il semble avoir connu à Rome dès 1631, Vicquefort, agent de l'électeur de Brandebourg, et quantité de correspondants dont les lettres, la plupart signées de simples initiales, existent dans ses portefeuilles, adressées de différents points des Pays-Bas et de l'Allemagne. — (Bibliothèque Mazarine, mss. 1761 et 1778 b.)

3. Bibliothèque Mazarine, ms. 1759, pièce 2, *in fine.*

4. Dubuisson figure en qualité d'historiographe de la Maison du Roi, aux gages de 300 livres, dans l'état de la Maison du Roi pour 1648. — (Archives nationales, Z1a 473.)

5. Bibliothèque Mazarine, ms. 1759.

rédaction d'épitaphes et d'inscriptions ; c'est ainsi qu'on l'a vu dresser, en 1652, l'épitaphe du jeune marquis de Praslin ; il avait fait de la même façon celle du célèbre avocat et juriste Jean Bourdelot, mort en 1638, dont le neveu, le médecin Michon Bourdelot, le fidèle serviteur de la maison de Condé, fut un de ses correspondants les plus assidus[1].

On lui doit également la longue épitaphe du tombeau du maréchal d'Effiat à Chilly, et celle de sa fille la maréchale de la Meilleraye[2]. En 1640, à la prière de Mme de Puisieux qui le lui avait demandé avec la recommandation de M. d'Estampes, son frère[3], il se chargea de l'inscription funéraire du chancelier de Sillery et de celle du marquis de Puisieux, son fils. On a vu sa liaison avec Marie Dauvet des Marets, marquise de Nonant, petite-fille du chancelier, en sorte que le travail considérable qu'il fit sur la généalogie de la famille Brûlart à l'occasion de ces épitaphes dut lui tenir particulièrement à cœur[4]. Sa connaissance approfondie des auteurs classiques lui rendait surtout familiers le choix et la rédaction des devises ; aussi, bien avant d'en avoir officiellement l'attribution, rédigeait-il les légendes des jetons de l'Epargne dont les projets, corrigés de sa main, se retrouvent dans ses portefeuilles à partir de l'année 1646[5]. A la mort de Pierre de Montmaur, le célèbre parasite, qui était pourvu de cette charge, il fut fait le 1er avril 1650 « intendant des devises, emblèmes et inscriptions « pour les jardins, galleries et bâtiments royaux de France ; » il y joignit un brevet « pour faire les devises, légendes et inscriptions pour « l'Epargne, » également à la place de Montmaur. Le portefeuille 1775 est rempli des notes relatives à la rédaction de ces devises.

Beaucoup d'entre elles se rapportent aux événements de la Fronde, notamment à divers retours du roi à Paris, soit après le blocus de 1649, soit après la réduction de Bordeaux en 1650. Le projet de ce dernier jeton est reconnaissable parmi les autres ; il devait représenter « un lion regardant un léopard par terre sans lui faire mal, » avec la devise *magnanimo satis est prostrasse*[6].

---

1. Biblioth. Mazarine, mss. 1776, n° 109, et 1778*b*, p. 56 à 59.
2. Ibidem, ms. 1776, p. 32 et suiv.
3. Lettre de Mme de Puisieux à Dubuisson, alors aux eaux de Bourbon, de juin 1646. — (Ibidem, 1776, p. 93.)
4. Bibliothèque Mazarine, mss. 1771, p. 65, et 1776, p. 91 et suiv.
5. Ibidem, ms. 1775, p. 11 à 26.
6. Bibliothèque Mazarine, 1775, p. 30. — Le léopard est l'emblème héraldique de la Guyenne.

VII.

Nous voici arrivés au temps où Dubuisson commença la rédaction de son *Journal des guerres civiles*. Dans quelles circonstances fut-il amené à consigner ainsi jour par jour les événements, les informations et les bruits qui lui parvenaient ? Il n'y a dans ses mémoires aucune trace qui puisse éclairer ce point. Ce que nous savons de ses habitudes, de son penchant à recueillir des notes de toute espèce suffit pour expliquer comment, au moment où la rupture du gouvernement d'Anne d'Autriche et de Mazarin avec les cours souveraines commença à paraître inévitable, il trouva un intérêt plus vif à enregistrer les événements qui allaient se dérouler.

Il semble cependant qu'une autre raison l'ait amené à rédiger son journal. Cette œuvre, en effet, débute au commencement d'une année et les détails minutieux par lesquels elle s'ouvre montrent que ce n'est pas après coup que l'auteur a fait remonter de quelques mois ou de quelques semaines en arrière le récit des faits pour en faire coïncider le début avec le 1er janvier 1648. Voulait-il, en jetant sur le papier ce procès-verbal succinct des faits dont il était témoin, préparer la rédaction d'un travail historique auquel sa nouvelle qualité d'historiographe le conviait ? Cela paraît d'autant plus probable qu'il avait réuni au jour le jour une importante collection de placards, de transcriptions de correspondance, d'imprimés, classés méthodiquement par lui-même et annotés, collection dont ses mémoires forment comme le lien.

Le milieu dans lequel il vivait devait du reste le porter à conserver le souvenir des événements dont il était témoin ; il était particulièrement bien placé pour être exactement renseigné. Son intimité avec du Plessis-Guénegaud, qui joignait à son département de la maison du Roi celui de Paris, lui fournit de continuelles occasions de connaître, même avant qu'elles fussent publiées, beaucoup de décisions graves du ministère. C'est par ce secrétaire d'État que la plus grande partie des actes les plus importants accomplis ou décidés pendant la Fronde durent passer pour leur exécution ; on peut, dans le journal de Dubuisson, trouver de très fréquents passages où il relève à une date antérieure quelquefois de deux jours à leur divulgation la rédaction de lettres patentes ou de déclarations royales, à la préparation desquelles il avait dû travailler avec Guénegaud ; il était ainsi mieux à même d'étudier l'effet sur l'opinion de bien des actes dont il pouvait juger à l'avance toute la portée.

Informé par son travail même avec M. du Plessis de ce qui se passait dans le ministère et dans la ville de Paris, il trouvait dans le troisième frère du secrétaire d'État, François de Guénegaud, seigneur du Lonzat, président au Parlement, un témoin oculaire des incidents journaliers qui se déroulaient au Palais; à ce compte il est intéressant de rapprocher son *Journal des guerres civiles* du *Journal du Parlement*. On pourra juger de la rapidité et de la sûreté des indications qu'il donne, indications sur beaucoup de points plus exactes, plus nombreuses que celles du *Journal du Parlement* lui-même[1].

Une troisième source de renseignements lui était ouverte et c'était également dans l'intimité immédiate de la maison de Guénegaud qu'il la trouvait. La sœur de Mme du Plessis, Catherine-Blanche de Choiseul, mariée au marquis de la Ferté-Imbault, maréchal d'Estampes, était première dame d'honneur de Marguerite de Lorraine, épouse de Gaston d'Orléans. On sait les relations étroites de Dubuisson avec la maréchale de Choiseul et sa famille, relations probablement antérieures à son entrée chez Guénegaud. Il avait par là un pied dans l'entourage de Gaston et, de ce côté, les avis les plus certains et les plus rapides. Du reste, des relations s'étaient liées entre lui et beaucoup d'officiers ou de serviteurs de Gaston, en particulier avec d'Hozier, et surtout avec Fauvelet du Toc, secrétaire des commandements du prince, érudit lui aussi[2], dont la femme avait été attachée à la personne du Roi et de son frère le duc d'Anjou enfants.

Son journal est donc le résumé journalier des conversations que lui procurait la rencontre habituelle de ces personnages, rencontre dont le centre principal était dans le salon de Guénegaud.

Du côté de la cour ses informations n'étaient pas moins sûres. Il passait peu de jours sans faire des visites rue Neuve-Saint-Louis au comte de Miossens, mari de Madeleine de Guénegaud. Il les retrouvait

---

[1]. On peut s'en rendre compte surtout pendant les événements de janvier et février 1649. Les détails relatifs aux relations de la cour avec le Parlement sont mieux présentés par Dubuisson et plus circonstanciés. — Voyez par exemple ce qui concerne le héraut envoyé par la cour le 7 janvier; aucun mémoire contemporain n'a relevé si complètement cet incident. — D'autres fois, les assertions du *Journal des guerres civiles* redressent et corrigent des récits évidemment intéressés du *Journal du Parlement*; je citerai un seul détail. Lorsqu'en 1650, le 3 septembre, la députation du parlement de Paris conduite par le président de Bailleul quitta Libourne pour aller coucher à Coutras, la publication parlementaire prétend que ce départ fut imposé par la cour et Mazarin afin d'empêcher les communications des députés avec Bordeaux; suivant Dubuisson, qui rédigeait ses notes d'après les correspondances nombreuses qu'il avait sous les yeux, il ne faut voir dans cet incident, qui indisposa grandement les parlementaires, que la crainte manifestée par les députés des maladies contagieuses qui sévissaient à Libourne.

[2]. Fauvelet du Toc est l'auteur de l'*Histoire des secrétaires d'État*. C'est l'arrière-grand-oncle de Bourrienne, lui aussi du nom de Fauvelet.

journellement, lui ou la comtesse sa femme, à l'hôtel de Guénegaud. Le journal de sa maladie le montre faisant fréquemment des promenades avec M. et Mme de Miossens au bois de Vincennes ou dans Paris. Pendant que la cour est à Paris, c'est ordinairement Miossens qui est l'évident porteur des nouvelles de l'entourage d'Anne d'Autriche. On peut s'en convaincre surtout à propos de l'arrestation de Condé, en janvier 1650 ; en lisant attentivement le récit des scènes du Palais-Cardinal, de l'arrestation des princes, de leur transport à Vincennes, tous actes dans lesquels Miossens eut une part des plus actives, on sent que ces incidents sont écrits sous la dictée du comte et que cette partie du journal a été certainement rédigée aussitôt après que Dubuisson en eut recueilli les détails de Miossens lui-même[1].

On a vu, au début de cette étude, que Dubuisson s'était abstenu systématiquement dans son *Journal* de donner aucune indication qui pût concerner sa personne ou sa famille. Il porte la même sobriété dans l'appréciation des faits qu'il relate avec une si minutieuse exactitude. Le texte du *Journal* affecte de ne refléter aucune trace des sympathies et des inclinations de l'auteur ; ce n'est pas que quelquefois on ne puisse démêler ces sympathies ou ces inclinations ; l'arrestation de Condé est un de ces cas ; on peut y voir l'expression des sentiments qui unissaient alors dans une même satisfaction la cour, le ministère et l'entourage de Gaston au Luxembourg.

Les moyens d'information dont se servait Dubuisson, pour la rédaction de son *Journal*, se révèlent dans la partie consacrée à l'année 1550 et au voyage de la cour en Guyenne pendant le siège de Bordeaux. Dubuisson a joint à son journal, pour cette période, un certain nombre de lettres fort curieuses écrites soit à lui-même, soit à Mme de Guénegaud, soit à la duchesse d'Orléans, Marguerite de Lorraine. La plupart sont de Fauvelet du Toc. On y trouve racontées sur le ton familier jusqu'aux petites querelles intérieures de la cour qui marquèrent ce long voyage.

Ces correspondances sont d'un ton bien différent de celui du journal pour la confection duquel elles ont servi de sources. Elles renferment des appréciations dont il est utile de saisir au passage la vivacité. On les trouvera publiées en note à leur date dans le journal. On y constatera les phases diverses de confiance ou d'inquiétude par lesquelles le correspondant passa successivement pendant les incidents de la lutte contre Bordeaux révolté. Les inquiétudes s'y traduisent quelquefois sous une forme si vive, qu'en ce qui concerne la lettre du 12 septembre par exemple, j'ai cru y voir la main d'un autre cor-

---

1. On remarquera ce passage du *Journal* qui est infiniment mieux soigné que le reste, où les personnages mis en scène sont plus vivants et où le récit prend un mouvement plus dramatique.

respondant que du Toc[1]. Peut-être est-ce là une erreur. Il y eut un moment de véritable découragement dans l'armée royale: outre l'indiscipline des troupes, la vigoureuse défense des bourgeois de Bordeaux frappait d'étonnement les chefs de l'armée royale et la lettre du 12 octobre reflète cette impression avec une vivacité tout à l'éloge du courage des Bordelais : « Si ceux de toutes les villes ressembloient « à ceux de Bordeaux les garnisons seroient inutiles. » Pourquoi faut-il qu'un semblable courage fût déployé pour une cause si aveuglément contraire aux premiers intérêts de la France !

C'est surtout pendant l'absence de du Plessis-Guénegaud, qui suivit la cour en Guyenne, que Dubuisson se montre en relations continuelles avec l'hôtel d'Orléans et les habitants du Luxembourg. « J'envoie, » lui écrivait du Toc, le 3 octobre, « les articles de la paix à Madame, vous les pourrez voir. » Cette même lettre montre Dubuisson servant d'intermédiaire pour donner et transmettre les nouvelles entre les officiers de Gaston et les employés de Guénegaud restés à Paris et ceux qui avaient suivi le Roi, Anne d'Autriche et Mazarin.

Dubuisson résumait avec la plus grande exactitude les indications qu'il tirait de sa correspondance. Quelquefois il transcrivait textuellement les billets qu'il recevait. Il suffira pour s'en convaincre de comparer le texte de son journal avec les lettres publiées en note ; mais s'il donnait ainsi une attention particulière aux nouvelles qu'il recevait de la cour, il ne négligeait pas les faits qui se passaient sous ses yeux et les mille petits incidents de la vie de Paris. On sait combien, pendant le blocus de 1649, il s'attacha à tout ce qui concernait le prix des denrées et les approvisionnements. Ce même soin l'occupe pendant tout le reste de son journal, ce qui fait de ce recueil une œuvre essentiellement parisienne.

Avec l'année 1651 l'intérêt du *Journal des guerres civiles* s'accroît; la forme et le style deviennent moins secs et plus habituellement soignés. Il faut dire aussi que l'entourage de Dubuisson se trouve alors plus directement mêlé aux incidents complexes de cette époque troublée. La demi-captivité de la régente et du roi, qui suivit le premier départ de Mazarin et le retour de Condé, concentre du reste dans Paris toute l'activité politique. Ce n'est pas ici le lieu de revenir sur les intrigues de toute sorte qui se croisèrent pendant cette année ; il suffit pour établir l'importance des notes de Dubuisson de rappeler que Guénegaud, tout en restant au second plan, fut mêlé continuellement aux négociations en sens divers d'où sortaient les brusques remaniements ministériels qui se succédèrent alors. Il devient à ce moment facile de suivre dans le *Journal* l'influence des conversations de Guénegaud ; les réflexions y deviennent plus nombreuses, les impres-

---

1. Voyez la note de la page 327, tome I.

sions de l'auteur se font jour plus fréquemment. Mais ce qu'on ne rencontre dans aucun autre mémoire du temps, c'est une quantité de moindres détails sur les mouvements de la rue, sur les violences de la populace contre les partisans avérés de Mazarin, sur les appréhensions que soulevaient les bruits vrais ou supposés à dessein d'enlèvement du Roi[1]. Tout cela mêlé aux détails sur des fêtes, des bals, des spectacles au milieu desquels se tramaient souvent les plus dangereuses intrigues[2].

Aux scènes de la rue succède la peinture des disputes, des querelles, des violentes altercations qui s'élèvent dans le Parlement[3], puis, lorsque la rupture du mariage de Mlle de Chevreuse avec le prince de Conti eut à tout jamais séparé de la Fronde la duchesse de Chevreuse, les notes du *Journal* se pressent : elles sont remplies de révélations faites à la Reine par la duchesse dont l'ambition déçue apporta à Anne d'Autriche et à Mazarin un concours redoutable[4].

Les faits auxquels l'auteur s'attache à mesure qu'on avance dans l'année 1551, surtout après le départ de la cour pour le Poitou et la Saintonge, à la poursuite de Condé, se rapportent de plus en plus à la vie parisienne[5]. Bientôt la sédition sortira des hautes sphères parlementaires pour gagner le peuple ; le Parlement ne dirigera plus, il sera à la merci des mouvements populaires excités secrètement par le parti des princes. Les scènes de la rue deviendront continuelles.

De plus en plus sédentaire à mesure des progrès de la maladie et de l'affaiblissement de ses forces, Dubuisson avait quitté le 10 avril 1653 l'hôtel de Guénegaud de la rue des Francs-Bourgeois pour venir s'installer dans l'appartement que du Plessis lui avait réservé dans l'hôtel de Nevers, acquis en 1648 de la succession de Gonzague[6]. Des fenêtres de l'hôtel, Dubuisson put voir les rixes journalières qui avaient, pour la plus grande partie, le Pont-Neuf pour théâtre ; il les décrit minutieusement : très souvent l'hôtel de Nevers lui-même voit l'émeute l'environner. Viennent l'arrivée de Condé, le combat de Saint-Antoine, les massacres et l'incendie de l'hôtel de

---

1. Voyez le *Journal* aux journées du 10 au 13 février 1651.
2. Ibidem, 27 février 1651.
3. Ibidem, 22-24 mars 1651.
4. Ibidem, 21 avril-2 mai 1651. — On trouve à cette dernière date ce fait resté, je crois, ignoré que la duchesse offrit alors à Mazarin retiré à Brühl son château de Kerpen, près de Cologne.
5. Signalons, parmi ces événements parisiens, à la date du 15 mai 1651, une course entre le prince d'Harcourt et le duc de Joyeuse sur chevaux « nourris au village de Boulogne, ainsi qu'on nourrit les chevaux de course « en Angleterre. » Cette course fut menée de la porte de la Muette, sur le chemin de Saint-Cloud, en revenant par Madrid. — Je ne sache pas que ce fait de *sport* ait été quelque part relevé.
6. Bibliothèque Mazarine, ms. 1778 *b*. — *Morbi relatio*, à la date.

ville; tous ces faits, toutes ces catastrophes trouvent dans son journal leur place avec des détails qu'on ne trouverait pas groupés avec tant de soin ailleurs[1].

Les circonstances dans lesquelles se fit la dislocation du parti des Princes et de la Fronde, périssant sous le poids de leurs excès, sont les derniers événements que le *Journal des guerres civiles* fait revivre. Malheureusement, la rédaction devient, à partir de la fin d'août 1652, plus brève, et cela est d'autant plus fâcheux que l'hôtel de Nevers fut pour le parti royaliste un des centres où les amis de la paix, les gens d'ordre, exaspérés par les honteuses scènes des mois précédents, venaient chercher des encouragements. Absent de Paris où était restée sa femme Élisabeth de Choiseul, Guénegaud dirigeait en partie les agents qui organisaient secrètement le mouvement de réaction.

Dubuisson put à peine suivre cette dernière phase des événements. Son énergie cependant soutint ses forces défaillantes au point que, le 25 septembre encore, c'est-à-dire trois jours avant sa mort, il résumait dans son journal les bruits et les nouvelles qui parvenaient à l'hôtel de Nevers. Dans ces derniers jours, c'est-à-dire le 15 septembre, il mentionne la visite qu'il reçut du baron de Capres-Bournonville et du vicomte de Barlin, son frère : ce sont les dispositions respectives des armées de Turenne, de Condé et du duc de Lorraine qui semblent alors le préoccuper; mais nul doute qu'il ne s'intéressât avec ardeur au rôle actif que les membres de la famille, à laquelle il avait montré tant d'affection, jouaient alors dans la restauration de l'autorité royale. Il note, immédiatement après, les lettres qu'il reçoit de MM. de Bournonville, et si ces lettres avaient probablement trait à l'inquiétude que son état désespéré inspirait à ses amis, nul doute aussi qu'il ne voulût consigner dans son journal la trace de la part brillante que les Bournonville prirent à la fin des troubles.

Ainsi s'arrête avec sa vie la rédaction de ce journal, qui pendant quatre ans fut une de ses occupations journalières, une de celles qu'il a consignées dans la relation quotidienne des progrès de sa maladie pendant les derniers vingt mois de sa vie. Il y répète en effet à chaque ligne, comme le résumé de l'emploi de son temps de chaque jour, « *hæc et alia multa scripsi.* »

J'ai dit au début quel était l'état matériel du manuscrit original écrit ainsi au jour le jour et j'ai décrit le désordre et la confusion de cette accumulation de notes continuellement retouchées. Un pareil

---

1. Notons cependant que certains grands faits, comme le combat de Saint-Antoine et le massacre de l'hôtel de ville, occupent dans le récit une place relativement peu importante. Ce sont surtout les petits incidents qui accompagnèrent ces événements qui sont minutieusement relatés.

état rendait nécessaire une transcription. Cette transcription fut faite ; on lui donna pour format celui des nombreux imprimés in-quarto annotés soigneusement que Dubuisson disposait pour y joindre, en sorte que le tout une fois relié forma sept volumes dont deux sont détruits. Il ne me paraît pas douteux que cette transcription n'ait été faite sous ses yeux. A plusieurs reprises il renvoie lui-même dans le corps du texte aux pièces justificatives : « *Voyez-la, ici, à part, imprimée,* » dit-il en mars 1651, à propos de l'ordonnance relative à la garde des portes de Paris. D'autres passages ne sont pas moins explicites, notamment aux 16 et 19 mars de la même année.

Relevons aussi dans le *Journal des guerres civiles* quelques particularités qui se rapportent aux idées et aux habitudes de l'auteur ; d'abord sa préoccupation de l'astrologie et des horoscopes : il accorde une attention singulière aux observations de ce genre ; on en verra les preuves à propos de la naissance de l'enfant de Mme de Miossens[1], mais surtout à l'occasion de la naissance du duc de Valois, le 17 août 1650, fils de Gaston d'Orléans et de Marguerite de Lorraine, mort en bas âge.

Faut-il attribuer à une préoccupation du même genre l'habitude qu'il prit de mettre à la suite de la date du premier jour du mois un des mots successifs d'un distique de douze mots latins, habitude qui paraît à partir d'avril 1650 ? Ou bien ces mots étaient-ils simplement pris comme signes de classement de ses papiers ; étaient-ce des clefs de chiffres de correspondance dont il se serait servi pour l'expédition de dépêches confidentielles ? Aucune de ces explications ne semble pleinement satisfaisante et je ne fais que signaler cette singularité.

La rédaction du *Journal des guerres civiles* ne fut qu'une occupation presque secondaire de ses dernières années. Il variait à l'infini ses études et ses travaux. S'il faut lui attribuer un écrit politique signé « Dubuisson » intitulé : *Lettre d'un gentilhomme écrite à un sien ami qui est à cour*[2], il aurait, au moins une fois, pris part aux polémiques qui amenèrent alors cette prodigieuse éclosion de pamphlets dont la Fronde donna le spectacle.

Il travaillait continuellement, courant des boutiques des libraires au chartrier de Saint-Germain-des-Prés, de là chez Le Breton, consulter les masses de notes, de transcriptions de manuscrits qu'il y avait amoncelées, rentrant à l'hôtel de Guénegaud pour s'enfermer au milieu de ses livres et de ses papiers.

Une grave indisposition vint entraver cette activité ; à la fin de janvier 1651 il prit froid en entrant dans une église ; il resta long-

---

1. Tome I, p. 121.
2. Citée dans la *Bibliographie des Mazarinades* « à Paris, le trentième décembre 1651, » 8 pages.

temps alité, plus de deux mois, jusqu'au 22 mars. Alors naquit dans son esprit l'idée de consacrer à sa santé un journal aussi exactement détaillé que celui qu'il tenait pour les événements extérieurs.

Rien ne peut donner davantage l'idée des minuties auxquelles il s'attachait en tout. Il paraît s'être alarmé sur son état dès l'origine : écoutant tous les donneurs d'avis, adoptant tous les remèdes qu'on lui signale[1], il se drogue avec une constance qui n'a d'égal que le soin apporté à consigner les effets de ces médicaments[2]. Ce journal contribue beaucoup à faire connaître les habitudes ordinaires de sa vie, la disposi-

---

1. Bibliothèque Mazarine, ms. n° 1778 b. — Notons parmi les recettes de médecine qui s'y trouvent cette note du 23 mars 1652 relative au quinquina introduit depuis 1648 en Europe. « Le cardinal Barberin a fait venir d'une « écorce d'arbre des Indes qui guérit infailliblement la fièvre quarte ou « la tierce. Cela vient des jésuites qui la tirent des Indes, coûte beaucoup, « mais peu pour la vertu. » — Plus loin il cite des remèdes composés par Mlle Pascal « qui se mesle de donner onguents et medecines par charité. » — Le père et la mère de Blaise Pascal habitaient rue de Touraine, suivant le rôle des taxes du Blocus de 1649 (Archives nationales, U 185, fol. 248).

2. Je ne saurais mieux faire pour ce qui concerne la maladie de Dubuisson que de rapporter ici la note que M. le docteur Chéreau a rédigée au sujet du manuscrit où se trouvent réunies les relations écrites par le malade et les recettes et consultations médicales qui y sont jointes. Je dois communication de cette note à mon confrère M. Auguste Longnon, à qui je tiens à adresser ici mes remerciements.

« Ayant examiné attentivement un recueil manuscrit appartenant à la Biblio-
« thèque Mazarine et portant cette cote H 1778 b, j'ai constaté que ledit
« recueil est entièrement composé de notes, consultations, recettes, formules
« médicales, etc., se rapportant à une maladie dont était atteint le nommé
« Dubuisson-Aubenay. Ce qui m'a frappé surtout, c'est un journal écrit par
« ledit sieur Dubuisson-Aubenay, moitié en latin moitié en français, dans
« lequel le malade raconte jour par jour, heure par heure, la marche, les
« progrès, les symptômes de son affection, les traitements qu'il a suivis, ses
« occupations journalières, les visites qu'il recevait, etc., etc.

« Ce journal, commencé le 20 janvier 1651, se termine au 29 septembre 1652.

« Il résulte de sa lecture que ledit sieur Dubuisson a été atteint et est
« mort d'une pleuro-pneumonie chronique, comme on dit en médecine, d'une
« fluxion de poitrine et d'une pleurésie, lesquelles après avoir débuté par des
« caractères aigus se sont transformées en affections chroniques et ont emporté
« le malade au bout de 20 mois de souffrances.

« Tout dans le journal de M. Dubuisson justifie cette interprétation. La
« maladie débute par une « sueur rentrée » à la suite de l'entrée dans une
« église froide, au moment où le corps était en grande transpiration. Il sur-
« vint des frissons, de la sécheresse à la peau, toux, point de côté, expec-
« torations sanguinolentes, insomnies, inappétence, maux de tête, etc.
« Voilà bien la physionomie de la pleuro-pneumonie commençant à l'état
« aigu. Puis affaiblissement progressif, maigreur, toux persistante, douleurs

tion de son appartement rue des Francs-Bourgeois, ses relations. Il eut plusieurs rechutes d'un mal qui au début paraît avoir été une fluxion de poitrine. Il vécut ainsi toute l'année 1651, dans l'appréhension continuelle de nouvelles crises. Il se croyait guéri au commencement de 1652 et il quitta alors la rue des Francs-Bourgeois, le 11 avril, pour s'installer à l'hôtel de Nevers ; il y fut immédiatement repris d'accidents nouveaux et ne sortit plus.

Enfin le 1er octobre 1652, à onze heures du matin, il expirait, ayant conservé jusqu'au bout sa pleine liberté d'esprit ; il avait noté le 25 septembre sa dernière ligne au *Journal des guerres civiles*; il continua à écrire jusqu'au 29 ses observations d'une main ferme dans le journal de sa maladie. Le 30, il fut obligé de faire transcrire, de la main de Le Breton fils, la mention des sacrements qu'il reçut de la main du curé de Saint-André. Il avait lui-même le même jour cherché à tracer quelques lignes absolument inintelligibles.

Mme de Guénegaud était alors seule à l'hôtel de Nevers. Elle ferma les yeux à son vieil ami et comparut à l'apposition des scellés et à la remise du long codicille que Dubuisson avait écrit le 20 juillet précédent. Ce codicille était nécessaire ; de ses deux neveux, institués ses légataires par le testament de 1637 et un premier codicille de 1648, l'aîné était mort chez Le Breton, le 3 juin 1652. Il disposa en faveur du survivant et de sa nièce de ce qui lui appartenait ; il maintint également à maître Jacques Le Breton, docteur en théologie et prêtre de la congrégation de la mission de Saint-Sulpice, le legs qu'il lui avait fait de tous ses papiers.

Suivant ses dispositions de dernière volonté il fut inhumé dans le tombeau de la famille Le Breton, à Saint-Étienne-du-Mont, à côté de son neveu mort quatre mois avant lui. Il avait rédigé son épitaphe

---

« intercostales, crachements épais, glutineux, sanguinolents. Voilà bien la
« même maladie passée à la chronicité.

« Il faut dire que ledit Dubuisson-Aubenay était un bien mauvais malade,
« et que s'il s'était fait soigner convenablement à l'origine, il eût certaine-
« ment guéri sous les soins de Daquin, de Duclos et d'autres médecins renom-
« més. Il commit des imprudences incroyables, profitant d'un peu de mieux
« pour se lever, se promener dans les appartements, sortir en litière, faisant
« même de longues courses à pied, recevant de nombreuses et continuelles
« visites ; attrapant froid aux Carmélites de la place Maubert, où il consultait
« un cartulaire, dînant *ad saturitatem* chez du Plessis-Guénegaud, etc. Ajou-
« tons à cela la manie du pauvre malade de se droguer, se médicamenter de
« toutes façons, saisir au vol tous les conseils que le premier venu pouvait
« lui donner ; tenir son journal au courant pendant tout le cours de sa mala-
« die ; l'on n'est pas surpris de la catastrophe finale ; on s'étonne même qu'elle
« ne soit pas arrivée plus tôt.

« Fait à Paris, le dimanche 20 août 1878.   Dr A. Chéreau. »

ainsi qu'une seconde inscription gravée sur cuivre et destinée à la chapelle d'Ambenay [1].

On trouvera ci-après son second codicille; Dubuisson s'y montre minutieux comme dans tout le reste de ce qu'il a écrit : cette pièce offre la plus intéressante description de ses meubles, de ses papiers, de ses collections; on y voit dans les moindres détails l'intérieur d'un gentilhomme érudit de ce temps.

Jacques Le Breton entra en possession de cette masse de papiers; nous savons cependant qu'une certaine quantité d'entre eux avaient été détruits par un accident chez Le Breton père, rue Saint-Jacques [2]. Tous ces manuscrits furent portés par lui à la bibliothèque de Saint-Sulpice. Il prit le soin de réunir les notes éparses dans les portefeuilles, de les faire relier par nature de pièces et même de faire des tables à la plupart des volumes. Il y ajouta quelquefois des annotations.

De la bibliothèque de Saint-Sulpice ces manuscrits vinrent, après la Révolution, dans les collections de la Bibliothèque Mazarine; on a vu plus haut que beaucoup durent se perdre jusqu'au moment où ils furent ainsi recueillis.

En terminant cette étude, je dois faire connaître au lecteur le mode auquel je me suis arrêté quant à l'orthographe du *Journal des guerres civiles*. En l'absence du monument original, j'ai cru devoir tout ramener à la forme moderne, y compris les noms propres. Du reste Dubuisson ne peut à aucun titre être pris comme un modèle pour la langue, et l'état dans lequel était son manuscrit prouve qu'il n'avait, sous ce rapport, apporté aucun soin.

Je dois également dire deux mots des documents que je joins en appendice au texte du *Journal des guerres civiles* : ils ont trait à l'année 1649 et au blocus dont Paris fut l'objet de la part des troupes royales. Des taxes sur les habitants de la ville furent ordonnées par le Parlement et ces taxes furent réparties par des commissaires de quartier choisis dans le Parlement [3]. Les rôles que le greffier Boileau a conservés dans les minutes du conseil secret du Parlement donnent par quartier et souvent maison par maison l'état des notables

---

1. L'épitaphe de Dubuisson n'a malheureusement pas été conservée dans les divers épitaphiers des églises de Paris. — J'ai cherché en vain à Ambenay la plaque funéraire qu'il y avait envoyée.

2. Enquête de La Hogue, commissaire au Châtelet, du 4 octobre 1652, mentionnée à l'arrêt du conseil de 1669. Archives nationales, E 1751.

3. Archives nationales, U 185.

atteints par ces taxes. Aucun document ne peut ajouter de renseignements plus vivants aux détails circonstanciés que Dubuisson a laissés sur les incidents qui marquèrent l'application de ces taxes; j'y ai joint un état de la division des quartiers de Paris en cette même année, et un rôle de la garde bourgeoise de très peu postérieur[1].

Je ne veux pas non plus terminer sans adresser ici mes remerciements aux personnes qui m'ont apporté pour cette publication le concours de leurs lumières. Je les dois d'abord à l'administration de la Bibliothèque Mazarine qui a facilité avec tant de complaisance l'examen auquel je me suis livré des papiers de Dubuisson; je les dois spécialement — et je répète l'expression d'une gratitude que j'ai témoignée au début de cette étude — à M. Eugène Halphen, qui m'a si généreusement abandonné la copie des deux premiers mois de 1649, au moyen de laquelle j'ai pu contrôler la mienne et compléter la moitié du mois de février.

Mais je tiens surtout à nommer mon excellent ami et confrère Paul Guérin, des Archives nationales, qui a bien voulu m'apporter pendant le temps de l'impression le concours de son érudition et de son inépuisable complaisance, se chargeant de remédier aux difficultés que mon éloignement de Paris apportait à la vérification de bien des points souvent douteux, surtout pour les noms de personnes et les incorrections du texte. En lui rendant ici la part qui lui revient, j'accomplis un devoir en même temps que je cède à un sentiment de cordiale reconnaissance.

G. SAIGE.

---

[1]. Archives nationales, H 1903.

SECOND CODICILLE

DU

TESTAMENT DE DUBUISSON-AUBENAY.

Au nom du Père, du fils, et du Saint-Esprit, amen. — C'est icy le second codicille qui servira pour confirmer le premier, qui est du second jour de novembre mil six cents quarante et huit et mon testament aussy, qui est du premier septembre l'an mil six cents trente sept, sinon en certaines circonstances changées ou adjoustées, ainsy qu'il sera dit et déclaré cy-après. — Premièrement, l'estat et ordre de mes meubles dont j'ay disposé par mesdits testament et premier codicille est tel qu'il s'ensuit. — Il y a dans mon cabinet, séparé par une cloison de bois de chesne d'avec ma chambre, où je couche en l'hostel de Nevers, quatre tablettes de bois peint de vert avec moulures et une cinquième y sera apportée de mon cabinet, rue des Francs-Bourgeois, au premier jour que le temps turbulent permettra le transport des meubles en chariot par les rues, sans péril de pillage. Elles sont toutes cinq de pareille hauteur environ, à savoir de sept piés, peu plus ou moins, mais de largeur fort inégale, une de plus de quatre piés et demi, les trois chascune de près de trois piés, dont il y a une avec pulpitre; et la plus estroite a deux piés aussy avec un pulpitre. Les quatre sont déjà fournies de livres du bas au haut et la cinquième qui viendra sera de mesure. — Oultre ce, il viendra dudit cabinet de la rue des Francs-Bourgeois unes grandes armoires [sic] à deux estages qui se démontent chacun à deux grands guichets, hautes de sept piés environ et larges de cinq, profondes de deux ou prez, et seront mises dans ledit cabinet de l'hostel de Nevers, entre deux croisées, dont l'une est condemnée vis-à-vis de la porte et entrée : et seront dans ladite grande armoire toutes gazettes, libelles et papiers volants de toutes sortes, pour n'estre pas veus et demeurer enfermés sous les clefs desdits guichets. — Dans ma garde-robe qui est au bout de mondit cabinet, vers l'entrée de ma chambre audit hôtel de Nevers, et en laquelle garde-robe mon valet couche, il y a trois bahus de cuir noir.....

Chez M\ le Breton, dans la chambre où M. Euverte, son fils aisné, couche ordinairement, dans le logis de devers la rue, ouvrant pourtant ladite chambre sur la court et vis-à-vis le corps de logis et la chambre mesme où habitent M. et Mme Le Breton, il y a au coin de la cheminée, à la ruelle du lict de ladite chambre, premièrement, un buffet à trois estages qui se démontent et ferment, celuy d'en bas à pandans avec bonne serrure et grosse clef et les deux d'en haut à guichets chascun deux; et tous deux à une clef. Dans le bas estage sont presque tous manuscrits, copies de registres et d'inventaires des chartes du Roi, négociations et traités : au deuxième estage, ce sont médalles, monnoyes antiques et modernes et de divers pays, pièces d'antiquaille romaine et livres de ces matières là; et au troisième estage, ce sont tailles douces et empraintes, livres de chevaleries et choses semblables. — Après ce buffet, il y a le long de ladite ruelle des coffres et bahuz avec escriteaus en parchemin cloués sur les couvertures : POUR LE Sr DUBUISSON-AUBENAI. — Le plus long coffre est d'environ cinq piés de long couvert d'un cuir de veau avec son poil roux, bandé de fer et barré de bois, fermant à deux clefs et serrures, une à chaque bout. Son couvercle est plat et il est plein de cartes roulées faites à la main ou imprimées, autres en feuilles corrigées de ma main, force escripts de géographie de ma composition, avec tous mes voyages; autres escripts de ma main pour la chronologie, et force livres de géographie des plus rares et irrécouvrables ou qui sont commentés et annotés de moi. — Sur ce coffre, un bahu plat est posé un autre à couvercle rond, couvert de cuir noir bandé de fer, barré de bois d'environ quatre piés de long, dans lequel sont toutes les affaires de nostre maison en sacs qui ont leurs étiquettes, en liaces et papiers et un petit pulpitre qui en est plein et autres choses qui sont à costé dudit pulpitre. — Sur ce bahu est posé un troisième qui est une grande malle grosse, de trois à quatre piés de long et ayant une bosse ou porte-chapeau sur son couvercle rond. Elle ferme à deux clefs chacune à l'un des bouts, et sur le milieu il y a pour un cadenat. Il y a dedans encore des sacs, que grands, que petits, qui y sont en attendant que je les puisse aller mettre dans l'autre bahu noir qui est dessous cette malle et dans lequel sont, comme j'ai dit, tous les autres sacs et affaires de nostre maison. Il y a de plus en ladite malle force paquets et portefeuilles pleins de divers papiers escripts de ma main pour l'histoire tant de ce temps que des autres et pour les belles lettres de toute sorte d'érudition. — Enfin il y a une petite malle d'environ deux piés de long fort menüe et couverte de cuir de veau roux, fermant à une seule clef et serrure, toute pleine d'escripts de ma main, en toutes sortes de belles lettres; et est posée au bout des autres bahus et malle grande, tout au fin bout dans le coin dernier de ladite malle. — Or, de toutes ces quatre pièces, malles grande et petite, coffre ou bahu plat et bahu rond avec le buffet pour cinquième, il n'y a que le bahu noir à couvercle rond fermant à deux grosses serrures qui se joignent l'une l'autre sur le milieu qui soit de la donation portée par le testament et premier codicille faicte aus neveus de moi testateur, laquelle je confirme par ce second codicille voulant que ledit bahu plein de sacs et affaires de la famille, et où il y a un pulpitre vert à escritoire, maisme quelque argenterie et bijoux, soit, ainsy qu'il est et se trouve, délivré à mon neveu à présent unique, ou à la demoiselle d'Aubenai sa mère et tutrice, si tant est que je décède avant qu'il soit majeur; et si faute avenoit de luy, à sa sœur, avec les autres sacs qui sont encore en la grande malle et appartiennent audit bahu noir. — A ce mesme mien neveu ou, à son défaut, à ma nièce, je donne encore tous les trois bahus qui sont dans la garde-robe de ma chambre en l'hostel de Nevers, où couche mon valet, avec tous les habits qui sont dedans, comme aussy tout mon linge, dont il a un mémoire dans un des sacs de la malle ou coffre cy-dessus, et aussy un des habits, et mon valet en a des doubles, soit que ledit linge soit encore en ma chambre dans mes buffets verts à fleurons d'or, soit qu'il soit dans l'armoire pour ce préparée dans la garde-robe. — Je luy donne, ou à elle, ma toilette de velour vert avec sa tavayole de taffeta de mesme couleur et le reste des pièces de mesme, coussinets, estuy à peignes, brosses, vergettes, boitte à poudre, etc., qui est dans le creux ou tiroir de la table de ma chambre. — Item, une autre toilette ainsy garnie qui est en un sac de velour rouge pour la campagne, et une troisième pour un dueil dans un sac de drap noir, qui sont dans mon cabinet et se trouveront au bas fons de ma grande armoire, quand elle y aura esté apportée avec autres hardes *que je donne pareillement à mesdits neveu et nièce*, maisme plusieurs paires de bottes et botines de maroquin et vache pendües en la soupente où couche mon valet.....

Le reste de mes livres et hardes appartient, par la donation que j'en ai faite en mon testament et en mon premier codicille, et laquelle je confirme en ce second, à maistre Jacques Le Breton, docteur en théologie, fils de M. Le Breton, mon ancien hoste et ami sus-mentionné, chez lequel il y a partie desdits livres et hardes, comme dit est cy-dessus, et l'autre partie est et sera dans mon cabinet de l'hostel de Nevers, où il y aura droict et faculté, en vertu desdits testaments et codicilles, de s'en saisir et les faire emporter après mon decez, de là ailleurs, où il luy plaira : à la charge et réserve néanmoins de rendre et restituer à monseigneur du Plessis de Guénegaud, secrétaire d'État, en la maison de qui je demeure, une boette ronde et peinte, grosse comme le poin, pleine de médalles d'argent et autres antiques qui est et appartient audit seigneur, et laquelle se trouvera dans le guichet ou armoire du second estage du buffet qui est chez M. Le Breton, son père, à la ruelle du lict au coin de la cheminée, selon qu'il a esté devisé cy-dessus : à la charge aussy de rendre et restituer un paquet envelopé de plusieurs papiers qui se trouvera au bout droict du bahu plat velu qui est tout au-dessous des autres en ladicte ruelle par delà ledict buffet, ledict paquet posé entre des cartes ployées en feuille, ainsy que si c'estoit un simple paquet de papiers semblable à quelques autres qui y sont à costé ou au-dessus : et dans ledit paquet néanmoins, il y a en espèces d'or de louis et pistoles entières et demies, etc., quatre cents escus ou environ, c'est-à-dire douze à quinze cents livres, peu plus ou moins, que je donne à mon neveu pour se mettre en équipage d'aller en l'armée ou faire autre chose en cour ou ailleurs, selon sa condition : à la charge toutefois de prendre et fournir de cette somme ce qu'il faudra pour faire *l'épitaphe de son frère aisné dans Saint-Estienne-du-Mont, et faire aussy le mien et les frais de mes funérailles que j'ordonne estre les plus modiques qui se pourront en ladite église, prez de mondit neveu, où je souhaite et prie messieurs Le Breton, père et fils, dont les deux sont mes exécuteurs testamentaires, que je sois mis en la place qu'ils ont donnée à mondit neveu deffunct, et que je sois posé et porté sans pompe, avec permission du curé de la paroisse en laquelle je décéderai, si je décède en autre que celle-là...*—Parmi cette somme d'argent, il y a un petit bourson de cuir blanc où sont camayeus et pierres gravées qui sont de la donation par moi faicte à *M. le docteur le Breton et luy appartiennent comme tous les livres, cartes et papiers* qui sont dans le bahu plat, dans la petite malle et dans la grande, où toutefois il y a un livre manuscript, couvert de carton blanc, faict par le s^r de Branthome-

Bourdeille, à la louange des dames, qu'il faut rendre à M. le comte de Miossens, gendre de Mme de Guénegaud, auquel seigneur comte appartient aussy un petit sac de toile, escrit en grosse lettre noire du nom dudict s^r comte de Miossens, et est plein des titres de sa maison que ledit s^r docteur lui rendra ou bien mon neveu, si d'aventure ledit sac avoit esté mis avant mon décez dans le bahu noir où sont et doivent estre tous les sacs et choses qui appartiennent à mondict neveu.—Finalement, dans la mesme grande malle se trouvera un livre in-folio, petit, grec-latin, qui est l'histoire de Thucydide de l'édition de Henry Estienne, lequel appartient à M. le président de Guénegaud et luy sera rendu ; comme aussy un paquet de papiers dans une enveloppe bleue jointe avec autres envelopes d'autres paquets, et contient papiers concernant monseigneur le duc de Bournonville, auquel il le faut rendre. — Les autres paquets y joints peuvent estre gardés par ledit s^r docteur, si ce n'est qu'il vueille rendre à monseigneur du Plessis de Guénegaud ce qu'il y a touchant son nom et sa famille et celles de Choiseul et de Cazillac, Marte, etc.—Et y a un grand et large portefeuille ailleurs, à sçavoir dans le bahu des sacs de mon neveu, ou dans le buffet, force pièces qui concernent la maison de Guénegaud, maisme des empraintes et une planche en cuivre de leurs armes et alliances qu'il faut rendre audit seigneur du Plessis, secrétaire d'Estat, et dont le s^r docteur Le Breton demeure chargé de ma part. — Et pour autant que le s^r docteur est pauvre et n'a pour tout bien que sa simple subsistance dans la maison de la mission establie à Saint-Sulpice, je luy donne une rente de cinquante deux livres que j'ai à prendre sur les huit millions des tailles en la maison de ville que j'ai eue du nommé Trouette, de laquelle j'ai faict autrefois un legs et donation à part à M. Hullon, prieur de Cassan ; mais considérant qu'il est très accommodé de biens et dans l'aise et que maisme il ne feroit mise ni compte d'un si petit legs, dont il n'a que faire, je révoque la donation que je lui en ai faite, et, par ce présent codicille, veux que ce soit pour ledit sieur docteur Le Breton, auquel à cet effet j'en cède tous mes droicts, noms, raisons et actions, tant pour le principal de ladite rente que pour les arrérages qui en sont deûs et seront jusques à mon décez ; et parcequ'il se trouvera dans le sac où sera ce présent codicille, ou autre endroict, un testament escript de la main dudit s^r Hullon et cacheté sur soye de trois cachets de ses armes, addressé et mis en garde entre mes mains, je désire et veux qu'il luy soit rendu tout fermé comme il est. — Item, entre mes livres se trouveront un Thucydide grec-latin, in-folio, de l'édition de Portus Cretensis, et un *Ammiani Periplus*, aussy in-folio, avec les commentaires de Stuckius, que ledit s^r Hullon m'a donnés ou prestés, je désire que ledit s^r docteur les luy représente et rende, au moins s'il les veut reprendre : maisme luy face reporter une canne de trois piés environ de bois d'Inde avec une virole et pommette d'argent par le bout d'en haut, que ledit s^r Hullon m'a jadis donnée, et luy dire que je le prie qu'il s'en serve et la garde pour l'amour de moi, qui m'en suis servi quelque temps pour l'amour de luy.

Et voilà ce que j'ai à ordonner et j'ordonne de poinct en poinct par ce présent codicille, faict avec longue et meure délibération, en sens rassis et escrit de ma propre main, le vingtième de juillet l'an mille six cents cinquante deux, que j'y ay travaillé tout le jour entier, et béni en soit Dieu, amen.

N. BAUDOT DU BUISSON-AUBENAI.

La discrétion de mes exécuteurs pour mes funérailles et service de mon âme envers Dieu est que voulant estre porté en leur place, prez de mon neveu et y estre inhumé, s'il se peut, ils facent un annuel pour moi où il soit fait commemoration tous les jours au secret et memento de la messe, pour l'âme de mondict defunt neveu ; à l'effet de quoy ils prendront deux cents francs de l'argent que j'ai dict estre dans le grand bahu plat ou coffre long velu : et que le jour de mon déceds et celuy de mon inhumation, ils distribuent aux mandiants et pauvres, pour y assister honnestement, selon ma condition, le reste, sans excès de montre, pompe ou ostentation et le plus modestement qu'il se pourra.

Lesdits exécuteurs prendront aussy sur ledit argent les frais desdits épitaphes, tant de mon deffunct neveu que du mien et de celuy que j'ai destiné pour estre aussy en lame de cuivre envoyé à Aubenai, et qui se trouvera icy escript de ma main avecque les autres. En foi de quoy j'ai derechef mis mon sceing les jour et an que dessus :

N. Baudot du Buisson-Aubenai.

Aujourd'hui datte des présentes et à mandement de dame Elisabeth de Choiseul-Praslin, espouse de messire Henry de Guénegault, baron de la Garnache et de Saint-Just, seigneur du Plessis-Belleville, Fresne et autres lieux, conseiller du Roy en tous ses conseils et secrétaire de tous les commandements de Sa Majesté, demeurant en l'hostel de Nevers, les notaires du Roy au Chastelet de Paris, soubsignés, se sont transportés audit hostel de Nevers, ou estant en présence du s^r Jacques Le Breton, bourgeois de Paris, demeurant rue Saint-Jacques, paroisse de Saint-Estienne-du-Mont, a dict et déclaré que M. François-Nicolas Baudot du Buisson-d'Aubenay, escuyer, intendant des devises des maisons royalles de France, estant décedé sur heure de onze heures de rellevée, Me Jacques Huguenot, secrétaire dudit seigneur du Plessis, luy ayant dit que le feu Dubuisson leur avoit, ce jourd'huy, sur les cinq heures du matin, déclaré qu'il y avoit en son cabinet, contre lequel le lict où il est décedé est adossé, un codicille escript de sa main et qu'il avoit faict pendant sa malladie, qui contenoit sa vollonté, oultre ce qui est porté par un testament par luy faict il y a longtemps, lequel il avoit déposé aux mains dudict s^r Le Breton, qu'il avoit dict audit s^r Huguenot estre son exécuteur testamentaire, pourquoy et affin de pourvoir à la sépulture dudit feu s^r Dubuisson, ladite dame, ledit s^r Le Breton et Huguenot, avecq lesdits notaires, avoient entré dans le susdit cabinet et trouvé en un portefeuille estant sur la table le présent codicille contenu en trois feuillets devant escripts. Lequel, après que lecture en a esté faicte, seroit du commun consentement de ladicte dame et s^r Le Breton, demeuré en minutte es mains de Charles, l'un des notaires soubsignés, en la conservation de touttes personnes qui y peuvent estre intéressées et aux fins d'en délivrer des expéditions à qui il appartiendra.

[Suit l'apposition des scellés par La Hogue, commissaire au Châtelet.]

Premier octobre mil six cent cinquante-deux.

(Signé :) Isabelle de Choiseul-Praslain — Huguenot — J. Le Breton — Charles de Sainct-Jean.

CATALOGUE

DES

MANUSCRITS DE DUBUISSON-AUBENAY

EXISTANT A LA BIBLIOTHÈQUE MAZARINE.

1592. — Trigonométrie, arpenterie, mesures.
De mensuris variis antiquorum.

1757, 1757 a^1. — Chronographie.
Notes de chronologie tirées surtout des auteurs anciens, sacrés et profanes.

1758, 1758 a, b, c. — Chartes.
Quatre registres de transcriptions de chartes de toute espèce.

1959. — Etude de l'histoire.
Mémoires divers. Notes autobiographiques, listes des ouvrages de l'auteur, etc.

1760. — Monuments historiques.
Recherches principalement relatives à la Normandie; dépouillement de documents intéressant cette province contenus dans un cartulaire de Philippe-Auguste alors en la possession de du Puy. Lettres de divers, particulièrement de du Bouchet, relativement au comté de Madrie.

1761. — Histoire de France.
Pièces historiques de toute nature ; relations imprimées ; lettres d'Allemagne ; documents et correspondances se rapportant aux missions du comte d'Avaux à Hambourg et en Pologne (1639). — Minutes de lettres pour le duc de Bournonville (1650-1651).

1761 a et b. — Histoire de France.
Deux registres ; recueil semblable au précédent volume. — Procès de Cinq-Mars. — Pièces politiques concernant le commencement de la Fronde.

---

1. Les n°s 1757 à 1778 b forment une série de portefeuilles uniformes reliés in-folio. Les titres reproduits sont ceux que portent les manuscrits.

1762. — Normandie.
Transcription des recherches de Montfaut (xve siècle) et de la commission de d'Aligre, sur les recherches de noblesse. — Pouillés, états de revenus de diocèses, etc.

1763. — Provence et Dauphiné.
Notes et transcriptions de documents.

1764. — Lorraine.
Même nature de pièces que ci-dessus.

1765. — Journal des guerres civiles de 1648 à 1652.
Ce numéro est celui que portait le manuscrit original détruit en 1871.

1766. — Guerre de Trente ans.
Notes et documents relatifs aux négociations. Plusieurs des pièces contenues dans ce recueil sont de la main de Godefroy.

1767. — Allemagne, Suisse.
Notes et renseignements, transcriptions de quelques documents.

1768. — Italie.
Même nature de pièces que ci-dessus.

1769 et 1969 *a*. — Espagne.
Même nature que ci-dessus.

1770. — Généalogies de maisons souveraines.

1771. — Généalogies.
Notices et recherches sur un grand nombre de familles; notamment : Maignard de Bernières, Bouthillier, Brisson, Cauchon, Brulard, Hennequin, Le Conte, La Vieuville, etc.

1772. — Alliances royales.
Documents sur diverses maisons souveraines; mémoires sur les droits de don Antonio de Crato et de ses enfants au trône de Portugal.

1772 *a*. — Alliances royales.
Documents relatifs au mariage de Gaston d'Orléans et de Marguerite de Lorraine.

1773. — Ordres royaux.
Renseignements sur l'ordre de Saint-Michel, celui du Saint-Esprit, etc.

1774. — Jeux et spectacles.
Renseignements sans intérêt.

1775. — Devises.
Projets de légendes pour des jetons, pour des médailles.

1776. — Inscriptions.
Longue note sur l'inscription de la statue de Louis XIII sur la place Royale. — Notice historique sur le maréchal d'Effiat pour la rédaction de son épitaphe, à Chilly, par Dubuisson. — Correspondance

relative à la rédaction par le même de l'épitaphe du marquis de Praslin (Roger de Choiseul), tué à Avesnes en 1641 ; celle du chancelier de Sillery et de son fils, le marquis de Puisieux ; celle de l'avocat Jean Bourdelot, etc.

1777. — Suscriptions.
Protocoles à l'usage de Guénegaud, transcription de brevets de charges concernant la Maison du Roi.

1778. — Femmes célèbres.
Compilation d'anecdotes de tout genre.

1778 a. — Généalogie de la famille Brûlart de Sillery.

1778 b. — Biographie.
Recueil de notes médicales.— Relation autographe de la dernière maladie de Dubuisson.

2459. — Arithmétique.
Notes de mathématiques de toutes sortes. — Études pour la construction des horloges, etc.

2692. — Géographie ecclésiastique.
Recueil relatif à la division des diocèses et à leur formation.

2694. — Voyages en France.
Notes sur Paris et le diocèse.

2694 a. — Voyages en France.
Brie, Champagne, Gâtinais, Auxerrois, Hurepoix, Senonais, Beauce, Orléanais, Blaisois, Touraine, Anjou, voyage fait par Dubuisson pendant le cours de l'année 1647.

2694 b. — Itinéraire de Normandie.
Principalement relatif aux diocèses d'Evreux et de Rouen. Sans date d'année. — Itinerarium Franco-Picardo-Normannum, voyage exécuté du 11 mai au 8 août 1647.

2700. — Itinerarium Belgicum, 1623, 1626 à 1628.
        Itinerarium Batavicum, 1637, 1638.
        Itinerarium Zelandicum, 1638.
        Itinerarium Anglicum, 1637.
Plans de villes des Pays-Bas. Siège d'Arras en 1640.

2700 a. — Itinerarium Germaniæ superioris, 1630 (?)

2786 et 2786 a à f. — Journal des guerres civiles.
Transcription accompagnée des documents imprimés (les n°ˢ 2786 et 2786 a ont été détruits avec l'original).

2930. — Diète de Ratisbonne.
Relation faite par Dubuisson-Aubenay, insérée dans le *Mercure François*, 1630, pages 233 à 253.

2931. — **Négociations de Munster.**

Copies de documents relatifs aux traités de Westphalie, quelques notes de Godefroy.

2955. — **Inscriptions antiques.**

Dossiers relatifs aux antiquités d'Arles; lettres de M. de Fontaines, 1636, archidiacre administrateur du diocèse. — Note de Dubuisson sur l'incinération des morts dans l'antiquité. — Correspondance de Dubuisson avec Rebattu à Arles. — Dessins des inscriptions antiques de cette ville envoyés par Rebattu.

JOURNAL DES GUERRES CIVILES

DE 1648 A 1652.

ANNÉE 1648.

Janvier.

M. Henry de Guénegaud, seigneur du Plessis-Belleville, entre en son mois de secrétaire d'État, et, son frère, M. Claude de Guénegaud, seigneur dudit lieu et de Villemongis, trésorier de l'Épargne, sortant d'année, le sieur de Castille-Jeannin y entre.

Premier gentilhomme de la chambre du Roi, M. de Créquy, pour l'année;

Capitaine des gardes du corps servant en quartier, M. de Chandenier;

Maître d'hôtel servant en quartier...;

Maître de la garde-robe, marquis de Roquelaure, aussi pour l'année ou demi-année; le sieur de Monglat est l'autre.

La paulette finit pour le droit des officiers de robe.

— Le 1er jour de l'an, mercredi, le Roi se laisse voir avec son visage bouffi et encore tout rouge de la petite vérole et sa perruque. Le corps de la maison de ville, dont le prévôt des marchands est le chef, le va visiter, conduit par le sieur du Plessis, secrétaire d'État, et porte à Sa Majesté des bourses de jetons, qui pourtant ne lui furent pour lors présentées, mais se réservent pour les mains du trésorier de ses menus plaisirs.

En ce temps, sortit le pain bénit, que, ce jour-là, le Roi faisoit en la paroisse du Palais-Royal, Saint-Eustache, et fut conduit par un maître d'hôtel de Sa Majesté, avec les tambours et trompettes.

La Reine étoit sortie pour s'en aller faire ses dévotions, ayant été confessée en son quartier et complimentée par ledit corps de ville, qui lui fit présent d'une bouteille ou deux d'hypocras et d'autant de boîtes de dragées et confitures sèches.

— Le lendemain, jeudi 2, conseil de guerre et conseil d'État devant la Reine, où fut résolu le retour de M. de Longueville de Münster ici.

L'affaire de la comédie françoise d'*Andromède*, pour l'avancement de laquelle le sieur Corneille avoit reçu deux mille quatre cents livres, et le sieur Torrelli, gouverneur des machines de la pièce d'*Orphée*, ajustandes à celle-ci, plus de douze mille livres, a été de rechef rompue ou intermise, après avoir naguères été remise sus.

— Mercredi matin 8, assemblée de bourgeois de Paris dans le Palais, où ils attaquent de paroles le président de Thoré, fils du sieur d'Émery, surintendant des finances; et comme un valet de chambre qui le suivoit voulut mettre l'épée à la main contr'eux, ils le battirent très bien. L'après-dînée, aucuns d'eux, allant par le pont Notre-Dame, crioient en troupe tout hautement : « Messieurs, ne souffrons plus de monopole ; on nous en a trop fait souffrir. » C'est pour le sujet des maisons qui, dans la ville, sont en la censive du Roi et que l'on taxe à une année de leur loyer ou valeur, payable en deux ans.

Lettres tombent entre mains de l'abbé de la Rivière, du chancelier de Choisy et de l'intendant de la maison, le sieur Dalibert, portant que, si quelqu'un d'eux fait poursuite pour la *capture* (c'est le mot qu'elles portent) de neuf cents pistoles faite le matin de Noël, ils sont dix qui donneront cent coups à celui-là. — Sont fort suspectes de supposition.

— Jeudi matin [9], au Conseil, les maîtres des requêtes n'ont voulu rapporter aucune affaire et ont dit qu'ils n'en avoient point d'autres que la leur propre ; qu'ils ne se soucioient point de la paulette et qu'ils ne la demanderoient point, s'ils n'y étoient engagés par le Parlement, dont ils sont membres, et qu'étant soixante-douze comme ils sont, et leur charge se vendant à présent soixante-douze mille écus, si quelqu'un d'entre eux meurt, ils sont d'accord par ensemble de bailler chacun d'eux mille écus, pour en indemniser la veuve et enfants du défunt ; mais que, pour l'augmentation de leur nombre et taxes nouvelles sur eux, ils n'auroient point de patience et souffriroient, plutôt que cela, toutes les extrémités.

Grand souper ce soir à Luxembourg, où M. le Prince, Cardinal, etc., sont traités.

Le même jour, grand bruit au Palais, et le Premier Président, pensant l'apaiser, fut contraint de se retirer dans la Sainte-Chapelle, de peur du peuple.

L'après-dînée, on manda le Premier Président et gens du Roi au Conseil, devant la Reine.

— Vendredi matin 10, bruit commun de la défaite de l'armate[1] espagnole par la nôtre ; don Juan d'Autriche et le duc de Tursi prisonniers.

Arrêt du Parlement : défenses à toutes personnes de s'assembler, sous peine d'être pris et punis comme séditieux et perturbateurs du repos public.

Accord de mariage entre l'aîné Le Coigneux, conseiller et reçu par survivance en la charge de président de son père, avec la dame Galland, veuve du secrétaire du Conseil, qui lui fait don de quatre cent mille livres. Il l'épouse samedi 11, à fort petit bruit, et loge chez elle.

On parle que le Roi doit aller au Palais.

L'abbé de la Rivière quitte son quartier à madame de la Ferté, dame d'honneur, et va au sien demeurer.

— Samedi, la nuit, vers dimanche, tambour bat par les quartiers de Paris. La bourgeoisie tire force coups de mousquets. Les officiers du régiment des gardes sont éveillés pour faire leurs charges.

— Dimanche matin [12], corps de garde en divers quartiers. En la rue Saint-Denis, on veut prendre le sieur Cadeau. Corps de garde au Grand-Châtelet ; cinq compagnies du régiment françois depuis le Pont-Neuf jusqu'à la porte Dauphine ; autres du régiment suisse dans le faubourg Saint-Germain.

Le Roi va à Notre-Dame, afin de rendre grâces à Dieu pour sa première sortie.

Avis que notre armée navale est arrivée à Naples sans combattre, et que la ville de Messine est révoltée.

La demoiselle de Pons, qui avoit dessein de s'en aller à Naples trouver M. de Guise, est, par le commandement de la Reine, qui fut avertie de son dessein, envoyée, sous la conduite de la duchesse d'Aiguillon, en la religion aux filles Sainte-Marie du faubourg

---

1. *Armada*, flotte, armée de mer.

Saint-Jacques ; et de ce chef est venue la réforme en la chambre des filles de la Reine, qui est fermée à dix heures du soir, et où les hommes ne vont plus.

— Mercredi 15, le Roi fut au Parlement et fit vérifier six édits. Il avoit oublié ce qu'on lui avoit appris pour dire, et il en pleura de honte. M. le Chancelier exhorta le royaume à nourrir par sa subvention les palmes et lauriers de la Régence. M. le Premier Président en loua les fruits et le bonheur aussi. L'avocat général Talon, par sa hardiesse et éloquence à son ordinaire, reprenant que les palmes et lauriers n'étoient point fruits et ne nourrissoient point le peuple et n'empêchoient que le malheur ne tombât sur lui, etc., que les Rois jadis ne venoient jamais au Parlement que pour le consulter sur les affaires, et que François Ier, y étant une fois venu avec des édits, dans les hautes nécessités, par de si grosses guerres où il étoit engagé, après les avoir proposés, se retira et laissa la liberté au Parlement de les vérifier ou non ; que le premier exemple qu'un Roi eût usé d'autorité absolue en tel cas, étoit de Charles IX, en 1563 ou 1569 (*variat enim lectio*), et que c'étoit un grand malheur que, sur un exemple si mal fondé, on eût, depuis vingt-cinq ans, fait passer par contrainte au Parlement plus d'édits qu'il ne s'en étoit passé, à la foule du peuple, en toutes façons, depuis la fondation de la monarchie jusqu'à ce temps ; conclut néanmoins au registrement.

Différend pour la séance entre les ducs de Schonberg et de Brissac, qui plaident pour antiquité. La Reine ordonna de jeter au sort, qui fut pour M. de Schonberg, qui pourtant n'est duc que du 9 décembre 1620, vérifié au commencement de 1621, au lieu que le comté de Brissac est érigé en avril 1611 et vérifié en juillet 1620. Mais M. de Schonberg se prévaut d'une précédente érection faite en faveur du comte de Candalle, épousant la marquise de Maignelais, en février 1611, vérifiée en mars suivant. Dès l'an 1587, le roi Henri III avoit érigé ledit marquisat en duché en faveur de Charles de Halluyn, seigneur de Piennes ; mais, comme il n'avoit eu qu'un fils, marquis de Maignelais, mort avant son père et ne laissant, de son mariage avec Marguerite de Gondy, qu'une fille (depuis mariée à Candalle et à Schonberg), le duché revint en marquisat.

Au reste, il ne fut point crié : « Vive le Roi ! »

M. le duc d'Orléans fut à la Chambre des comptes, porter les mêmes édits.

— Le mercredi 15, le courrier ordinaire de Münster et lettres du 14 de Maëstricht, dont la garnison, aidée de renfort par les États-Généraux, a été prendre sur les Espagnols et les Lorrains la villette et château de Daelhem, qu'ils vont faire sauter par des mines. Cela est en la duché de Limbourg, que le roi d'Espagne a engagée au duc Charles pour les sommes d'argent qu'il lui doit.

— Le jeudi, au conseil d'en haut, devant la Reine, furent mandés les maîtres des requêtes, lesquels, tant parce qu'ils n'avoient voulu rapporter devant M. le Chancelier en un conseil précédent, que parce qu'ensuite ils ne l'avoient voulu, pas un seul d'eux, accompagner, comme c'est leur ordinaire, au Parlement le mercredi, ils furent réprimandés et interdits de leurs charges.

— Vendredi matin 17, nouvelles qu'il y a révolte en Bretagne. Ce même vendredi, les maîtres des requêtes s'assemblèrent, résolurent et signèrent par entr'eux de payer chacun mille écus à la veuve ou héritiers de celui d'eux qui mourroit, dans le défaut où l'on est du droit annuel ; que, à celui d'eux qui, pour le sujet des affaires du temps, seroit exilé, on payeroit, de la bourse commune du corps, six mille livres pour sa conduite et mille livres par mois pour son entretènement. Et furent au Parlement, où les chambres assemblées les reçurent à l'opposition qu'ils firent à l'édit de création de douze de leurs offices.

Grand conseil de guerre sur l'option de paix envoyée de Münster par les médiateurs, commençant par les conditions du rétablissement du duc de Lorraine, dont lesdits médiateurs veulent que le traité, qui se fait ici en cette Cour, demeure nul à l'égard de celui qui se fera, si la paix générale se fait à Münster.

— Samedi 18, le sieur de Serre, lieutenant aux gardes du Roi, fils d'un secrétaire du Roi et frère d'un particulier demeurant rue des Bernardins, enleva la fille du sieur Le Prestre, conseiller en la Cour des aides, de concert entre elle et lui.

Ce jour, au matin, conseil d'État extraordinairement, devant la Reine, où M. du Plessis, étant arrivé trop tard, ne voulut entrer.

M. de Vautorte, intendant de justice en notre armée d'Allemagne, arrive en poste.

— Dimanche 19, au soir seulement, arrivent les lettres de Rome.

— Lundi, après dîner, au conseil d'État, devant la Reine, furent appelés messieurs du Parlement et exhortés par Sa Majesté à faire passer doucement toutes choses.

— Mardi matin 21, ordre du Roi aux gens de la Chambre des comptes de trouver tout ce qu'il y a de titres concernant l'ancienne duché de Lorraine.

Mardi au soir, comédie au palais d'Orléans. Il y en a aussi au Palais-Cardinal un des jours ensuivants; et La Motte, lieutenant ou enseigne des gardes, ayant refusé la porte qu'il gardoit à M. de Schonberg conduit par le marquis de Gesvres, capitaine des gardes, faillit à être tué d'un coup de pertuisane porté par un archer appelé et commandé de ce faire par ce marquis. — Autrement on raconte cette chose.

— Un des jours suivants, la comédie d'*Orphée et Eurydice,* jouée au Palais-Royal tout l'hiver passé, avec machines, se fait françoise par le sieur Corneille, qui, pour cela, a reçu deux mille quatre cents livres d'avance, et Torrelli, conducteur des machines, plus de treize ou quatorze mille livres pour les raccommoder. La maladie du Roi, survenant, a rompu tout le dessein, qui en est demeuré d'en par là; mais les petits comédiens du Marais ont joué la pièce d'*Andromède et Persée, la Délivrance,* un mois ou plus à présent expirant, avec machines imitées de celles de l'*Orphée* des Italiens.

Courrier de Münster, apportant mauvaises nouvelles touchant la paix, que l'Espagnol ne veut point, sinon avec le rétablissement absolu des ducs de Lorraine et autres conditions que nous ne pouvons accorder.

Le sieur de Charmoy enlève la dame de Sainte-Croix, de basse Normandie, à Grosbois, y pensant aussi enlever sa fille, qui est riche héritière et qu'il prétend épouser, soutenu des ducs de Damville, sieur des Ouches et autres de la cour du duc d'Orléans; mais la demoiselle se sauve dans le couvent des Filles-Dieu de la rue Saint-Denis, où elle est.

— Mardi 28, semblable comédie au palais d'Orléans. Un beau froid ce jour-là et le précédent.

— Mercredi 29, comédie au Palais-Cardinal.

— Jeudi 30, grand bal au palais d'Orléans, différé jusqu'au samedi suivant.

Février.

M. Le Tellier en mois de secrétaire d'État.

— Samedi 1er jour de février, le chevalier de Chemerault épouse la fille de Tabouret, partisan, homme venu de peu, qui lui donne cent mille écus comptants et deux cent mille livres d'attente.

Courrier du duc de Lorraine envoyé à Limours, où étoit M. le duc d'Orléans.

Deux Napolitains, dont l'un est moine, arrivent de Messine ici.

— Lundi 3, le Parlement assemblé ordonne que les édits enregistrés en présence du Roi, le 15 de janvier, seroient revus et examinés.

— Mardi 4, le Parlement s'assemble encore.

Ce jour, avant jour, la dame comtesse de la Rocheguyon, jeune douairière, veuve depuis deux ans et n'ayant qu'une petite fille, fut enlevée par ordre de son propre père, le comte de Lannoy, et emmenée à Montreuil-sur-la-Mer, lieu de son gouvernement, par les chevau-légers de la garde du Roi commandés par M. de Schonberg, frère de sa belle-mère, madame de Liancourt. On la soupçonnoit de la hantise de la maréchale de Guébriant, qui l'engageoit en l'amour du jeune marquis de Vardes.

— Mercredi 5, au matin, profession de la fille aînée du président de Sève de Plottard ès Annonciades des Dix-Vertus; et au soir comédie au Palais-Royal.

Différend et plaintes des capitaines aux gardes, de ce que le Roi a pourvu à quelques places de leurs lieutenances vacantes sans leur donner leurs droits, qui sont de quatre mille livres pour chacune.

M. le Prince s'en va, destiné pour la campagne de Flandres, et son lieutenant général sera M. de la Meilleraye, grand maître de l'artillerie.

Après dîner, conseil de guerre au palais d'Orléans, où M. le Cardinal se trouve.

— Vendredi soir 7, un courrier de Münster arrive à Paris, portant que les plénipotentiaires de Hollande ont signé leur paix avec l'Espagne; mais il s'en faut toujours le député de la ville et pays d'Utrecht; et même Dordrecht, Delft, Leyden et Alkmar, en Hollande, ont protesté contre la signature de leurs députés plénipotentiaires de leurs provinces de Hollande.

On est en grande jalousie du colonel Erlach, gouverneur de Brisach, qu'on soupçonne avoir traité de sa place avec le duc de Bavière.

Arrêts du conseil d'en haut, portant qu'il ne sera payé [pension][1] ni gratification à personne pour les années présentes et précédentes.

Le Parlement, continuant à s'assembler pour revoir les édits enregistrés le 15 janvier, en présence du Roi, a passé celui de la taxe des détenteurs du domaine; mais on croit qu'il ne passera celui des maîtres des requêtes.

Avis de M. de Villequier, que les ennemis s'assemblent cinq à six mille hommes vers Landrecies. Entreprise d'eux et attaque à Courtray, faillie.

On dit que le maréchal de Schonberg et M. d'Hocquincourt, comme lieutenant général, iront servir en Catalogne.

Députés de Naples, ici arrivés, font mauvais récit de la conduite de M. de Guise et nous demandent un autre chef.

On parle du retour de M. de Longueville. Le mariage de sa fille aînée est prétexté avec le duc de Mantoue.

— Samedi 8, le Père Desmares de l'Oratoire, prédicateur insigne, est cherché à Saint-Cloud et dans Paris, par ordre de la Reine, pour être arrêté.

Brouillerie entre M. de Beringhen, premier écuyer de la petite écurie, et le marquis de Jarzé, lieutenant des chevau-légers du Roi, pour un valet de pied, à la chasse, près du Roi; mais cela fut sur l'heure accommodé.

Ce même jour, samedi 8, au soir, grande assemblée au palais d'Orléans.

Le maréchal de Gramont, ici attendu en bref, pour servir cette campagne sous M. le Prince en Flandre, arrive jeudi soir 13.

— Jeudi 13, grand conseil d'en haut. Comédie du *Cid* ensuite au Palais-Cardinal, par les grands comédiens. Les petits comédiens du Marais jouèrent aussi, avec leurs machines, leur pièce d'*Orphée*, qui est une belle chose, et ne prennent plus que vingt sous au parterre et quelqu'écu aux loges, où premièrement ils prenoient demi-pistole.

---

1. Il y avait ici un mot en blanc dans le manuscrit : nous l'avons complété en nous reportant à l'original de l'arrêt en question, qui est du 6 février 1648. — Archives nationales, E 1693, fol. 24.

Quantité grande de charrettes chargées de boulets et autres munitions sortent de l'Arsenal et sont menées hors la ville.

Grand ballet du grand chambellan se dansera jeudi 20.

— Samedi 15, le Parlement assemblé vérifie l'édit des francs-fiefs et nouveaux acquêts pour la moitié du temps, c'est-à-dire pour douze ans et demi, et par conséquent pour la moitié de la somme, c'est-à-dire pour une demi-année du revenu.

— Lundi 17, il le vérifie pour tout, au moins déclare qu'il passera la déclaration que le Roi pourroit lui envoyer sur ce sujet.

— Mardi 18, s'assemble pour l'édit des maîtres des requêtes; remis à mercredi 19; de même remis à une autre fois.

La nuit d'entre deux, la duchesse de Bouillon-Sedan accouche d'un enfant mort.

Le duc de Retz part pour s'en aller voir sa femme malade à la mort.

Le duc de Bouillon doit aller commander en Catalogne.

— Mercredi 19, carosses envoyés à Beauvais pour rencontrer M. de Longueville et le mener à Trie, près Gisors.

Madame de Longueville garde le lit pour une colique.

La duchesse de Lesdiguières reçoit là la visite de madame la Princesse.

M. le Prince se confirme déclaré, dès le 15 ou 16 dernier, pour général de l'armée de Flandres.

Fâcheuse affaire à madame de Montausier.

Nouvelles confirmées par lettres du sieur de la Haye-Ventelet, ambassadeur de France en Constantinople, comme le nommé Champagne, coiffeur que la reine de Pologne avoit emmené, a été pris par une irruption des Tartares et mené à Constantinople. Ayant montré comme il savoit coiffer à ravir, a été châtré et mis au sérail, pour coiffer les femmes du Grand-Seigneur.

Le Roi et la Reine vont à Saint-Germain voir la reine d'Angleterre malade, affligée des mauvaises nouvelles du Roi son mari, prisonnier de ses sujets parlementaires en l'île de Wight.

— Jeudi soir, assemblée de ballet d'*Inselin* chez la dame de Nouveau, en la place Royale. *Item*, comédie, bal et ballet chez M. d'Angoulême.

— Samedi 22 ou dimanche 23, le sieur de Fontrailles est mis hors de la Bastille en liberté.

— Dimanche au soir, le grand ballet et bal de dix-neuf dames (autant qu'il y avoit d'hommes au ballet) parées, qui dansèrent chacune une courante avec les hommes du ballet, après qu'ils eurent ôté les masques et pris leurs chapeaux, chacun avec le cordon de pierreries.

— Lundi 24, se marie la demoiselle Goulas, nièce du secrétaire des commandements de M. le duc d'Orléans, avec le sieur marquis de Villandry, de Touraine, et mademoiselle de Cossé-Brissac avec M. de Biron. On parle aussi de mademoiselle de la Grange avec M. de Frontenac, et de madame de la Roche-Guyon, la jeune, avec le comte d'Harcourt-Elbeuf.

— Mardi gras, jour de saint Mathias, bissexte, le ballet fut redansé au Palais-Cardinal.

— Mercredi des Cendres, 26 février, retour du prince de Condé de Trie, où il étoit allé lundi avec madame et mademoiselle de Longueville, pour voir M. de Longueville, que l'on attend ici en cour; et y est arrivé ledit jour, mercredi, ou jeudi 27. On le traite d'*Altesse* communément.

— Jeudi, ballet dansé au palais d'Orléans.

Frétoy fait appel à Montignac, pour raison du mariage qu'il prétend faire avec mademoiselle de Surville, nourrie près madame d'Orléans, et que l'autre prétend faire épouser à son fils, dont la fille ne veut point. M. le duc d'Orléans les accorde.

Mars.

M. de Brienne en mois de secrétaire d'État.

— Dimanche, premier jour de mars, nouvelle toute commune de l'avis arrivé deux ou trois jours auparavant par lettres du sieur de la Haye-Ventelet, ambassadeur à Constantinople, que le Grand-Seigneur demande au Roi secours de vingt vaisseaux de guerre contre les Vénitiens.

— Lundi matin, M. le Prince part pour Bourgogne, et, dès dimanche, M. de Longueville entra comme ministre d'État au conseil extraordinaire tenu dans le cabinet de la Reine. Il y fut encore en l'ordinaire lundi soir.

Mort du duc d'Atri, jadis comte de Châteauvillain, entre les bras de l'abbé de Bourlémont, son neveu.

Mort du comte de Chiverny, près de Blois. On croit que M. de

Monglat Saint-Georges, son gendre, aura sa lieutenance de roi au pays Blaisois.

Bruit que M. de Lionne baille sa charge de secrétaire des commandements de la Reine à M. Payen, son beau-frère, qui la partage avec le sieur Murinet, et entre en celle de secrétaire d'État, par la démission du comte de Brienne, qui en reçoit cent mille écus de récompense. — Faux.

— Mardi 3 mars, le vol de l'argent de l'abbé de la Rivière, fait dans le palais d'Orléans la veille de Noël 1647, découvert comme fait par un valet chirurgien, nommé Champy, du sieur de Franquetot, lieutenant des gendarmes de la Reine, qui s'est sauvé, et par du Fresne, valet de chambre garde-meuble du sieur Goulas, secrétaire des commandements du duc d'Orléans et valet de garderobe de madame la duchesse, qui fut arrêté le mardi soir 3 mars, et de là mené au Grand-Châtelet.

— Samedi 7, meurt au palais d'Orléans la dame abbesse de Remiremont, sœur des défunts ducs Henry de Lorraine et François, et tante des duchesses d'Orléans et de Lorraine. Son cœur est porté à Remiremont, et son corps demeure à Nancy. Elle étoit depuis trois ans logée et nourrie audit palais, non sans souffrance. Elle vendit, peu de jours avant sa mort, qui fut subite et sans être aperçue, en son lit, où l'on la croyoit dormir, un reliquaire d'or, pour avoir deux charges de bois. Les officiers, qui l'avoient nourrie quelque temps par extraordinaire, sont après à recouvrer les frais qu'ils y ont faits.

Mort du sieur Aubery, conseiller d'État, beau-père du marquis de Noirmoutier. Service funèbre lui est fait le lundi 9 mars.

— Lundi 9, mariage du comte d'Harcourt, fils aîné d'Elbeuf, avec la jeune et dernière douairière de la Roche-Guyon, fille héritière du comte de Lannoy-la-Boissière, gouverneur de Montreuil. On les nomme prince et princesse d'Harcourt, pour les distinguer du comte d'Harcourt, grand écuyer, et comtesse sa femme.

Mort du baron de Pontchâteau, père de la comtesse d'Harcourt et de la duchesse d'Épernon. Son gouvernement de Brest en Bretagne commis à Castelnau-Mauvissière par la Reine, qui l'y fait son lieutenant.

— Vendredi 13, Champy, valet du sieur de Franquetot, lieutenant des gendarmes de la Reine, et chirurgien, a été amené lié sur un cheval, au Grand-Châtelet de Paris ; sa femme aussi prise ; tous deux accusés de vol et meurtre commis en la chambre de l'abbé de la Rivière, au palais d'Orléans, et en la personne de son valet : pour raison de quoi du Fresne, valet du sieur Goulas, est de longtemps prisonnier.

— Samedi, le Parlement s'assemble sur l'affaire de l'édit du tarif, autrefois vérifié, et dimanche encore il en est parlé. Lettres de cachet sont expédiées, signées de Guénegaud, qui, le lendemain,

— lundi 16, ont été portées par Sainctot, maître des cérémonies, à messieurs du Parlement, pour venir à onze heures parler à la Reine; mais, au lieu de cela, ils y ont envoyé les gens du Roi, et puis, comme ils ont tardé et passé midi, la Cour s'est levée et séparée, remettant le tout au lendemain. L'autre lettre de cachet est au greffier de la Cour, portant qu'il eût à apporter au Roi la feuille où est écrit l'arrêté fait par les gens du Parlement : à quoi il a fait réponse qu'elle n'étoit en son pouvoir.

On travaille à l'accommodement du comte de Maulévrier-Brèves avec la Tour, fils naturel du feu maréchal de Bassompierre, issu de la princesse de Conti, lequel l'a fait appeler comme ami de l'évêque de Saintes, abbé de Saint-Georges, autre fils dudit feu maréchal et issu de la demoiselle d'Entragues, tante de M. de Metz, autrement dame de Bassompierre, dont ledit Maulévrier est confident. Ces deux frères de père ont jalousie et querelle pour leurs légitimation et nom.

Bruit court de l'accommodement du duc Charles fait en cette cour; de l'envoi d'un exprès à Münster pour l'avancement du traité de paix avec l'Espagne; de la demande que font les Écossois, du prince de Galles, pour être leur roi, et de l'armement que le roi de Danemark fait pour secourir le roi de la Grande-Bretagne contre les Anglois.

La nuit du dimanche 15 au lundi, le chevalier de Roquelaure, prisonnier pour crime d'impiété commis à Toulouse, se sauve de la Conciergerie du Palais de Paris, par le moyen d'une fausse clef. Le geôlier et sa femme furent, pour cela, arrêtés prisonniers : ce que sachant, les autres prisonniers, le lundi 16 après midi, s'attroupèrent, firent effort contre le geôlier qui venoit d'être installé en la place de l'ancien arrêté prisonnier, mirent le feu en divers endroits de la Conciergerie, et voulurent faire fracture aux portes d'icelle. Les marchands du Palais s'émurent, fermèrent les boutiques et portes des galeries, salles et cours du Palais, et réprimèrent les prisonniers, qui ont été mis prisonniers tous dans les cachots, excepté un ou deux qui cependant se sont sauvés.

Biron, autre frère du marquis et du chevalier susdit de Roquelaure, tué en duel par un bâtard de Montauron.

Parlement, assemblé, envoie les gens du Roi vers la Reine; et cependant, midi sonné, se sépare.

— Mardi [17], la Reine envoie [mander] au Parlement assemblé, ou qu'il aille vers Sa Majesté en corps, ou qu'il passe l'arrêt comme elle lui envoie tout écrit, et le renvoie à Sa Majesté signé. Ses termes sont que seront faites au Roi très humbles remontrances à ce qu'il plaise à Sa Majesté révoquer son édit concernant le tarif, et que l'arrêt de la Cour du mois de septembre dernier, sur ce donné, tiendra et sortira son effet. On députa, sur les onze heures, de chaque chambre, pour porter à Sa Majesté cet arrêt signé; et, après que le Premier président eut parlé, disant que tout ce que la Cour avoit fait avoit toujours été sous le bon plaisir du Roi, etc., la Reine les renvoya avec remerciements et douces paroles.

— Mercredi [18], du Fresne et Champy, prisonniers au Châtelet pour être jugés souverainement par le lieutenant civil, confessèrent au sieur de Choisy, chancelier de M. le duc d'Orléans, le crime de meurtre en la personne de Paris, valet de chambre garde-meuble de l'abbé de la Rivière, et le vol de neuf cents et tant de pistoles par eux fait la veille de Noël.

— [Jeudi 19], édit ou déclaration du Roi pour le rétablissement du droit annuel aux officiers du royaume (les seuls Parlements y étant omis), publié dans Paris.

Jeudi soir, M. le Prince, attendu chez le maréchal de Gramont à souper, n'arrive que le vendredi matin 20. Ledit maréchal a gagné cent mille livres de M. d'Orléans au jeu. Une de ses sœurs est au petit Calvaire de la rue Neuve-Saint-Louis, et où la Reine mena le Roi, et le monastère fut ouvert à un chacun; l'autre, appelée mademoiselle d'Aster, fut mariée ces jours gras à Bayonne au baron de Lons.

Mort de M. d'Humières en cinq jours.

— Lundi 23, le Roi part à dix heures du matin, M. son frère avec lui; la Reine part deux heures après; vont coucher à Rochefort-en-Yveline, chez M. de Montbazon, où Leurs Majestés ne sont point défrayées. Le lendemain 24, arriveront à Chartres.

Bruit que l'armade de Hollande pour le Brésil est prise.

— Mardi matin 24, furent jugés à mort les nommés du Fresne et Champy, par le lieutenant criminel, en jugement au Châtelet, où le chevalier du guet se voulut trouver présent comme ayant pouvoir d'assister à tels procès, et condamnés à être rompus sur la roue; la femme de Champy, ayant aidé, non au meurtre de Paris, mais au vol des neuf cents pistoles, à être pendue et étranglée; du Fresne haranguant fort et prenant la mort de gré.

Partement du marquis de la Fare pour Catalogne, où il est maréchal de camp.

De Droué, capitaine aux gardes, a commandement de M. le Cardinal de se retirer et ne plus se montrer à lui, pour lui avoir parlé importunément et avec plainte de n'avoir pas eu part, avec les autres ses compagnons, aux récompenses de quatre mille écus qu'on leur donne à chacun pour chaque charge de lieutenant ou enseigne vacante en leurs compagnies, quand le Roi en dispose à qui il lui plaît.

Bruit de cour portant que M. d'Avaux est mandé pour revenir de Münster.

— Effort fait inutilement au monastère des Filles-Dieu, rue Saint-Denis, de grand matin, avant jour, le mercredi 25, par le sieur de Charmoy, qui se saisit de la demoiselle de Sainte-Croix, là-dedans retirée après l'enlèvement qu'il avoit, il y a deux mois environ, tenté d'elle et exécuté sur sa mère, l'emmenant à Grosbois, d'où M. d'Angoulême l'a rendue. Il prétendoit la ravir et l'épouser. Le Procureur général et le sieur Crépin, avec un autre commissaire député du Parlement, y furent le jeudi, après dîner, recevoir les plaintes de la fille et de la dame de Bauquemare, supérieure, avec les dépositions des religieuses de là-dedans.

— Jeudi matin [26], le Parlement s'assemble et ordonne que très humbles remontrances seront faites au Roi sur l'édit contenant nouvelles créations de maîtres des requêtes. Deux jours auparavant, les maîtres des requêtes furent, par députation, voir M. le Cardinal.

— Vendredi 27, du Fresne et Champy, renvoyés de la Conciergerie, après l'arrêt du Parlement, au Grand-Châtelet, en furent tirés sur les quatre heures après midi et conduits par la Mégisserie et le Pont-Neuf, dans une charrette, avec la femme de Champy, et tous trois exécutés à mort au haut de la rue de Tournon, devant le palais d'Orléans, où ils firent amende honorable avec deux torches; et fut la femme complice pendue et étranglée, et les deux hommes rompus tous vifs de huit coups, puis leurs corps mis sur la roue.

Retour de Chartres du Roi, de la Reine et du duc d'Anjou,

ayant, cette nuit du jeudi au vendredi, couché à Rochefort, et étant tous trois en un seul et même carrosse.

Le prince Thomas ou de Carignan arrive à petit bruit en cette cour.

Bruit que M. Tubeuf est contrôleur général des finances ; que M. d'Avaux est mandé pour revenir de Münster ; qu'à Osnabruck l'accommodement est tout parachevé entre les États catholiques et protestants de l'Empire ; que, l'archiduc Léopold devant, à cette fin du mois, faire son entrée à Anvers, il a fait afficher un placard, dont copies ont été envoyées en Hollande, contenant que tous sujets des États pourroient venir en séjour et puis s'en retourner en toute sûreté, durant les jours de cette entrée ; que le courrier d'Espagne est passé à Paris, portant aux Pays-Bas la ratification du roi catholique. — Voyez nos nouvelles de Münster contre cela[1].

Avril.

M. de la Vrillière en mois.

— Mercredi, premier jour d'avril, on va visiter les demoiselles de Haucourt, du nom d'Aumale, chez la maréchale et comtesse de Saint-Géran, sur la mort de leur mère.

Partement du maréchal de la Meilleraye, grand maître de l'artillerie.

Grande et périlleuse maladie de la princesse de Guémené, avec fièvre continue. Elle prend de la poudre émétique de M. Vautier, premier médecin du Roi, comme abandonnant les autres remèdes.

Mort de l'abbé d'Elbeuf, le vendredi 3 au matin, par apoplexie ou suffocation, survenue d'un abcès crevé en dedans.

— [Mardi 7]. Ce jour, arrive à Paris le marquis de Praslin. Le sieur d'Estrades arrive mardi 7 ou mercredi, en poste, d'Italie, où il étoit près du duc de Modène, en cette ville.

Le président Le Camus déclaré contrôleur général des finances, par la démission du sieur d'Émery, surintendant, son beau-frère.

---

1. Dubuisson fait allusion à son recueil de nouvelles étrangères principalement relatives au congrès de Münster. (Bibliothèque Mazarine, Ms. n° 1767.)

On parle d'un voyage que le prince Pamphilio ou sa femme, la princesse de Rossano, étant prête d'accoucher à Rome, doivent faire en la cour de France, pour, par sa protection, obtenir leur grâce et établissement près du Pape, leur oncle.

La nièce aînée du cardinal Mazarin, étant à Rome, y épouse le prince préfet Barberini, et la demoiselle Barberini, sœur de ce prince préfet, restée à Paris, au Val-de-Grâce, épouse.....[1]

Avis secret que le cardinal de Sainte-Cécile revient de Catalogne ici pour aller à Münster, qui seroit dire la paix, et qu'il est parti dès le lendemain que Launay, capitaine de ses gardes, le fut, par lui dépêché pour venir ici demander son congé. Launay est à Paris dès la semaine sainte.

— Lundi 13, Saugeon, capitaine au régiment des gardes, et frère de la belle Saugeon, fille d'honneur de madame la duchesse d'Orléans, fut mis en la garde du prévôt de Saint-Jean; d'aucuns disent pour avoir appelé le duc de Brissac de la part de Chemerault, pour le sujet de la querelle du sieur de la Bazinière, que M. d'Orléans avoit accordée; autres disent que c'est pour affaires d'État et pour une correspondance de mademoiselle d'Orléans avec l'archiduc Léopold, tendant à se marier ensemble, pour raison de quoi elle fut appelée au conseil d'en haut, où M. son père lui fit une très rude réprimande, en présence de la Reine et de M. le Cardinal; puis on l'a tenue ensuite en sa chambre, sous garde honnête.

— Mercredi 15, M. le Prince part de Chantilly pour Amiens; le maréchal Rantzau est à Dunkerque dès la mi-carême.

Le maréchal de la Meilleraye s'est jeté dans Béthune et a la goutte.

Maréchal de la Meilleraye malade de ses gouttes, remontées à la gorge, en Arras. Sa femme y va en diligence. Son fils reçoit les provisions de la charge de grand maître de l'artillerie par survivance. Avis qu'il se porte mieux.

M. Le Camus, intendant de la justice, police et finances à Paris, quitte sa place à M. Fouquet. Lui est pourvu de la charge de contrôleur général par la démission de M. d'Émery, surintendant des finances, son beau-frère. Ses lettres sont signées en commandement: de Guénegaud, lundi soir 20; et mardi matin il est amené

---

1. Il doit être question de Lucrèce Barberini, née en 1632. Elle ne se maria qu'en 1654 à François-Marie d'Este, duc de Modène.

par son résignataire (moyennant six cent cinquante mille livres), prêter serment au Roi et à la Reine, chez M. le Cardinal [et] M. le duc d'Orléans.

— Vendredi 24, accord fut fait au logis de M. Marc de la Ferté, maître des requêtes, du mariage traité le lendemain samedi entre le marquis d'Ectot, fils aîné du marquis de Beuvron, lieutenant général de roi en la haute Normandie et gouverneur de la ville et vieux palais de Rouen, et mademoiselle de Tourneville, fille du feu sieur Le Tellier et sœur héritière unique de M. Le Tellier-Tourneville, décédé pulmonique en carême dernier, à l'âge de vingt-deux ans environ, conseiller au Grand Conseil. Tellier, originaire de Canappeville, village près Louviers, où il a parents de son nom paysans. M. Picard de Raffetot en est, et son allié.

Le même vendredi, le sieur Le Coigneux, mari de la dame Gallant, veuve du secrétaire du Conseil, se voit, par l'entremise de M. le comte de Miossens, avec M. de Cossé, jadis prétendant à ladite veuve, et offensé de son refus, chez M. le coadjuteur de Paris ; et le lendemain,

— samedi matin [25], ledit sieur de Miossens mena ledit sieur Le Coigneux, reçu président au mortier en survivance à M. son père, en l'Arsenal, voir ledit sieur de Cossé et le duc de Brissac, son frère, lesquels vinrent le jour même, à l'issue du dîner, visiter ledit sieur Le Coigneux ; et demeurèrent bons amis.

Le sieur d'Estrades part, avec dépêches du Roi, en Hollande, le samedi 25. Le sieur de Saint-Quentin, lieutenant de roi à Dunkerque, va avec lui jusqu'à Dunkerque.

Avis que M. Sirmond est mort d'apoplexie en Auvergne. Le prédicateur ordinaire lui a fait une harangue funèbre à Riom.

Bruit que les Espagnols se sont rendus maîtres de Naples et tiennent le duc de Guise prisonnier.

— Dimanche 26, M. le duc d'Anjou, né le 25 septembre 1640, courant la septième année et demie de son âge, est mis hors les mains de sa sous-gouvernante, la dame du Toc, femme de chambre de la Reine et jadis nourrice de la reine d'Espagne, Élisabeth, Madame de France ; et on lui ôte toutes les femmes. On ne lui donne point de gouverneur à part, ni sous-gouverneur, mais seulement un gentilhomme de la manche, comme le Roi en a deux, qui est le sieur de Grave, frère d'un de même nom jadis écuyer d'écurie du cardinal de Richelieu. Il est suivi par l'un des deux sous-gouverneurs du Roi, les sieurs du Mont et de la Bourlie, jadis lieutenant de roi à Courtray, qui sont près de lui *diebus alternis*. Gaboury, tapissier porte-manteau de la Reine régente, est son premier valet de garde-robe, et Blouin, apothicaire des cardinaux Mazarin et de Richelieu défunt, son premier valet de chambre. On avoit donné les chausses et ôté la jaquette à ce prince au voyage de Chartres, pour la Notre-Dame, justement à sept ans et demi de son âge.

— Mardi [28], courrier de Rome confirmant l'avis de la prise du duc de Guise près de Capoue, le 6 d'avril, comme il se retiroit. Il a été mené à Gaëte. On dit que le peuple subsiste en armes néanmoins, et que la France avoue le duc de Guise.

Le même jour, la Reine fut voir madame de Guise en son hôtel, où elle étoit retournée de Montmartre, de chez sa fille la coadjutrice abbesse.

Ce jour, M. d'Orléans fut à la Chambre des comptes et le prince de Conti en la Cour des aides, pour porter les volontés et déclarations du Roi touchant le droit annuel.

— Mercredi matin [29], le marquis d'Ectot-Beuvron est marié à la demoiselle de Tourneville-Le-Tellier.

Retour du cardinal de Sainte-Cécile de Catalogne, où M. de Schonberg va vice-roi.

Mai.

M. du Plessis-Guénegaud secrétaire d'État.

— Samedi, deuxième jour de mai, fête de Saint-Gatien, que le Parlement chôme, ainsi qu'il chôma à pareille fête de Tours, étant, durant la Ligue, transféré en cette ville-là. La Cour des aides s'assemble, contre l'expresse défense du Roi, et se joint à la Chambre des comptes et au Grand Conseil, menaçant de demander une convocation des États Généraux du royaume, pour remédier aux désordres de l'État.

— Dimanche 3, ordinaire de Rome portant la trahison de Gennaro Annese, qui, durant que le duc de Guise étoit à l'île de Nisida, avec sept pièces de canon, tâchant à la reprendre sur les Espagnols, introduisit les autres Espagnols dans le tourillon des Carmes, le 7 avril, et l'a rendu à eux, qui de là s'épandirent à quelques postes de la ville, qu'ils reprirent, et en même temps firent publier amnistie et pardon général de tout le passé, avec l'abolition de tous impôts faits depuis Charles le Quint. Le duc de Guise, averti, se pensa sauver à Bénévent, terre du Pape; mais, suivi de trois cents chevaux espagnols, fut arrêté au passage d'une rivière, mené à Capoue, et de là à Gaëte. Le même peuple en est fort irrité et veut pendre Gennaro, qui est retiré dans l'un des châteaux. On crie à Naples : « Viva Spagna, morte a la gabella ! »

Henry de Belloy, le nommé Saint-Ange, le Suisse, deux autres vêtus d'écarlate chamarré d'or et d'argent, deux jardiniers, l'un des Filles-Dieu et l'autre des filles de l'hôpital Sainte-Catherine, condamnés à être rompus tout vifs et leurs corps mis sur des roues, pour rapt commis en la personne de la demoiselle de Sainte-Croix, retirée au monastère des Filles-Dieu, violence publique, sacrilège, impiété, après avoir fait amende honorable devant ledit monastère, furent mis en un tableau pendu à une potence de la place du Ponceau, par arrêt du Parlement du 29 avril[1].

— Lundi 4, les Chambre des comptes, Cour des aides et Grand Conseil se joignent pour leurs intérêts. Les enquêtes et requêtes du Palais et Parlement leur envoient jonction. C'est sur ce que le Roi leur prend quatre années de leurs gages, et même des épices de ladite Chambre, pour le paiement de leur droit annuel rétabli.

Le comte d'Harcourt s'en va aux eaux de Normandie.

— Mardi soir [5], le Roi envoie une douceur au Parlement : exception de la retenue de ses gages.

— Jeudi [7], les Chambre des comptes, Cour des aides, Grand Conseil et les enquêtes font état de s'assembler par leurs députés en la salle de Saint-Louis, le lendemain vendredi.

— Lundi 11 mai, à trois heures après midi, en la chapelle royale de la galerie du Palais Cardinal, fut faite par M. Séguier, évêque de Meaux, premier aumônier du Roi, la cérémonie de donner le nom à M. le duc d'Anjou, frère unique du Roi (suivi du sieur de la Bourlie, l'un des deux sous-gouverneurs du Roi et qui étoit un de jour à servir de sous-gouverneur à Son Altesse Royale), vêtu d'une moire d'argent blanc, rattachée de rubans blancs *(ut esset in albis)*, par la reine d'Angleterre, exprès venue

---

1. La date de cette exécution en effigie n'est pas exacte; voyez Archives nationales, Xaa, 283, arrêts des 7 avril et 4 mai 1648.

de Saint-Germain-en-Laye, et qui le nomma Philippe, et M. le duc d'Orléans. Le Roi y assista, et la Reine régente, M. le Cardinal et force monde. Après cela, tint le conseil d'en haut.

Ce matin, le Parlement s'assembla, et encore,

— le mercredi 13, et donna arrêt que très humbles remontrances seroient faites au Roi sur le sujet de la rétention de leurs gages et de ceux des autres cours souveraines, pour le paiement du droit annuel, et que si cependant il meurt quelqu'un d'eux, il ne sera reçu en sa place aucun autre pourvu du Roi, que la veuve et héritiers du défunt ne soient remboursés de la charge vacante.

Après dîner, le Roi va à la chasse au bois de Vincennes, y met pied à terre et tire de l'arquebuse sur lièvres et lapins.

M. de Schonberg part pour s'en aller en Catalogne commander les armées, et le maréchal de la Meilleraye, grand maître de l'artillerie, retourne de l'armée de Flandres pour se faire traiter à Paris.

Le sieur de Villequier achète le marquisat ou seigneurie d'Isle, trois lieues par delà Troyes, dont relèvent Praslin, Chappes, etc., par cent mille écus ; M. du Plessis, l'hôtel de Nevers, par six cent mille livres, plus, avec son contrat fait avec le comte de Sanezar, passé plus d'un an, qui étoit de neuf cent mille livres, dont ledit marquisat d'Isle est distrait après, et ce, par le comte Nerly, ambassadeur du duc de Mantoue. Villequier vend sa jolie maison de la place Royale au président des Hameaux, le 12 mai, par cinquante-huit mille écus.

— Jeudi [14], M. le Chancelier dit aux députés des cours souveraines que l'intention du Roi n'étoit point de retenir leurs gages. La Reine, les ayant envoyés querir, leur dit, au plus près, la même chose, assavoir : que son Conseil n'avoit point cru qu'ils dussent se tant émouvoir pour la retenue de leurs gages ; mais, puisque cela les choquoit, elle les laisseroit payer l'annuel, s'ils le vouloient, aux conditions qu'ils ont eues autrefois.

— Vendredi matin 15, assurance, par le courrier du maréchal de Rantzau, qu'Ypres est par nous investie et même assiégée.

Le Parlement ayant été excepté de la rétention des gages, plusieurs ont recommencé à payer le droit annuel, comme ils faisoient avant l'expiration de la paulette ; mais, vendredi matin, le sieur d'Herse Vialart, conseiller, ayant envoyé son argent aux parties casuelles, on lui a refusé de le prendre.

On ne parle plus du voyage de Picardie pour la cour.

Peste à Amiens, à Dunkerque assurément, et même, ce dit-on, en l'armée. La Reine a dit qu'on ne feroit point de voyage.

— Samedi matin [16] se doit tenir encore une assemblée desdites cours souveraines au Palais, et s'est tenue. M. le Chancelier avoit envoyé querir les députés des trois cours souveraines, et dit que c'étoit par erreur que l'on avoit employé la rétention de leurs gages en la déclaration du droit annuel.

— Samedi soir, autre déclaration du Roi se signe de Guénegaud, portant révocation du droit annuel accordé par la précédente déclaration, aux gens du Parlement.

— Dimanche [17], la dernière déclaration, ainsi signée, se porte à M. le Chancelier par M. de Lingendes.

— Lundi matin [18], courrier de l'armée de Flandres. Conseil d'en haut l'après-dîner.

— Mardi [19], publication de la déclaration du Roi touchant le droit annuel accordé au Parlement.

Ce jour, avant la messe, Mademoiselle d'Orléans a vu la Reine pour la première fois depuis son affaire. Monsieur son père lui a fait encore en son particulier, dans sa bibliothèque, une grande réprimande.

Ypres confirmée assiégée du 13.

Ce jour, après dîner, M. et madame de Longueville vont voir la maison de M. le Cardinal.

— Le mercredi 20, au matin, M. et Madame de Longueville partent pour la Normandie.

— Samedi matin 23, les cours souveraines s'assemblent encore. Le soir, arrive à Roissy le comte d'Avaux, retournant de son ambassade pour la paix. Son frère aîné, le président de Mesmes, est en une grande affliction pour son fils, âgé de cinq à six ans et malade à la mort de la petite vérole. Personne ne voit le père, qui se fait dire malade.

La nouvelle de la surprise de la ville de Courtray par l'Archiduc, arrivée le soir, se confirme, le gouverneur Palluau en étant sorti avec deux mille hommes pour le siège d'Ypres, où il est. L'ingénieur Le Rasle se retire en la citadelle, avec ce qui reste de la garnison françoise, et mande qu'il tiendra quinze jours. Le prince de Condé mande qu'il prendra Ypres, et puis ira dégager Courtray.

Ce jour, l'après-dîner, le Parlement fut au Palais-Cardinal trouver le Roi par députés. La Reine, de sa bouche et par celle de

M. le Chancelier, leur reprocha leur peu d'affection vers l'État et la méconnoissance dont ils usent pour les douceurs que l'on leur fait ; et que si toujours, jusqu'à cette heure, on les avoit considérés au devant des autres, dorénavant elle les tiendroit en son estime comme les derniers officiers du royaume ; qu'au surplus le Roi leur défendoit, et sous peine de désobéissance, de plus s'assembler.

— Le mardi 26, l'après dîner, le Grand Conseil, la Chambre des comptes et la Cour des aides furent au Palais-Cardinal, où la Reine leur dit pareilles et plus fortes choses qu'elle n'avoit dites au Parlement.

— Le mercredi matin 27, l'audience tenant, les enquêtes furent s'assembler en la grand'chambre, poussèrent et rudoyèrent les huissiers qui semblèrent ne pas favoriser assez promptement leur entrée, et, entrés, firent taire et sortir les avocats qui plaidoient, et retinrent par la robe le Premier Président, qui s'en vouloit aller.

Mort, du jour précédent, de Voiture, conducteur des ambassadeurs chez M. le duc d'Orléans et servant lors son quartier de maître d'hôtel chez le Roi.

Ce jour, M. d'Avaux se trouve *incognito* à Paris.

— Jeudi 28, messieurs des enquêtes furent encore en la grand'chambre pour s'assembler, et battirent quelques huissiers qui n'ouvrirent pas assez de bonne sorte, et ensuite décrétèrent encore contre eux. Le Premier Président les gagna par paroles et obtint d'eux que l'assemblée fût remise après la Trinité.

— Vendredi 29, d'un grand matin, un exempt vient querir M. du Plessis de Guénegaud chez lui, et les sieurs Turquant-Aubeterre et d'Argouges, conseillers au Grand Conseil, sont exilés et envoyés, un au Mont-Olympe, et l'autre à Mézières. Ils ont envoyé querir le sieur Renaudin, procureur général, qui a fait rapporter leur déclaration à leurs confrères ; après quoi s'est faite résolution d'une assemblée à jeudi, 4 de juin, des trois cours souveraines et du Parlement.

Un valet de pied de M. le Prince, arrivé à Paris du mercredi 25, porte la blessure légère d'Arnauld-Corbeville devant Ypres, et la mortelle de Vieuxpont, qui est à M. le duc d'Orléans et qui si longtemps a été prisonnier chez le chevalier du guet.

Bruit de quinze cents hommes de secours entrés dans Ypres.

La dame présidente Aubry se raccommode et retourne avec son mari.

Brouillerie sourde entre Vardes et le prince d'Harcourt pour le sujet du mariage de cettui-ci avec la veuve de la Rocheguyon, héritière de Lannoy.

— Samedi 30, lettres de cachet signées de Guénegaud, portant que les président au Grand Conseil Lottin, conseillers au Grand Conseil J. Passart, Dreux le jeune, du Thuit Hallé et Bretignères, Amelot de Chaillou le jeune ou de Biseuil sont envoyés à Nancy ; mais Chaillou le jeune est sauvé par l'adresse et résolution de son père, doyen de tous les maîtres des requêtes, du Thuit Hallé par la révocation de l'ordre envoyé en un billet de M. le Cardinal à M. du Plessis de Guénegaud, secrétaire d'État; et les président Dorieux, conseillers Guérin-Fontanges et Pussort.

— Dimanche [31], jour de la Pentecôte, avis à la cour, mais non public, de la prise de la citadelle de Courtray par les Flamands, du peu d'avancement que nous avons au siège d'Ypres et de la venue desdits Flamands devant Furnes ; qu'il y a quatre mille hommes mis en bataille pour entreprise sur le Havre, dont les fortifications sont ruinées, faute de six mille livres ordonnées pour l'entretien, et qui n'ont point été fournies depuis la mort du cardinal de Richelieu. — Faux.

Madame de Guénegaud, avec M. et madame de Miossens et M. du Lonzat, arrivent le soir à Paris, au bout de quatorze jours accomplis de leur voyage du Havre par Rouen, Louviers, Pacy, Gaillon et Saint-Germain.

A midi, le duc de Beaufort se sauve du donjon du bois de Vincennes, tandis que les soldats qui le gardoient étoient allés dîner tous, excepté l'un, nommé Vaugrenan, breton, qui étoit gagné et lequel entra aussi en la galerie où le duc alla se divertir, selon son ordinaire, La Ramée, exempt des gardes, étant avec lui : auquel le soldat et le duc mirent le poignard à la gorge et la serviette au cou, dont ils le serrèrent jusqu'à près de l'étrangler, et lui serrèrent les bras et les jambes, et le laissèrent gisant par terre. Puis le duc se sauva avec le soldat, descendant par la fenêtre de la galerie, avec une corde sur un glacis, et de là dans le fossé, d'où, par échelles, ils remontèrent dudit dans le petit parc, et de là, par-dessus le mur, qui est bas, dans le grand parc, du côté des pins, où ils trouvèrent des chevaux ; et ayant rompu la porte du grand parc, vers Conflans, tirèrent pays. Courriers de toutes parts vers les frontières. Fut vu passer le pont de Charenton, escorté de trente chevaux ; on croit qu'il est allé droit le chemin de Bourgogne en

Franche-Comté. Il dépensoit au Roi trente écus par jour. Bruits divers de sa retraite, aucuns opiniâtrément qu'il est à Vendôme; et est vrai. Un avocat nommé Goiset prédit cette évasion dès la Pâques précédente.

Juin.

M. Le Tellier secrétaire d'État.

— Lundi matin, premier jour de juin, gentilhomme arrivé de la part du maréchal de Turenne, apporte nouvelles comme notre armée, avec la suédoise, a combattu près Augsbourg la bavaroise et impériale, tué son général Milander, avec quatre mille hommes sur le champ, qui nous est demeuré avec seize cents chariots de bagage et six pièces de canon.

Autre avis de la prise d'Ypres, mais avec une circonstance fâcheuse, que M. le Prince est mal.

Les lettres du 29 mai de Provence portent comme le premier conseiller pourvu au nouveau semestre du parlement d'Aix est guéri de sa blessure, et le sieur Étienne de Bourguet, dit Vaillac, suspect d'être l'un de ceux qui l'ont assassiné, transféré avec forte escorte de trois cents hommes à Tarascon, où M. de Sève-Châtignonville, intendant de justice en la province pour l'établissement dudit semestre, assisté de l'intendant de Languedoc et du président, avec deux conseillers, de la Cour des aides de Vienne, lui font le procès.

Le cardinal de Sainte-Cécile, retourné de Barcelone à Aix, où il n'a été ni reçu ni visité de personne, sinon des conseillers du nouveau semestre. Trois autres conseillers pour ledit semestre ont été reçus, dont l'un est des meilleures maisons d'Aix, et l'autre de l'ancienne noblesse de la Provence.

La dame de Sève, femme de l'intendant de justice, a été priée par M. de Lesdiguières de se servir de sa maison de la Tour-des-Aigues, où est le plus beau pavillon de France, où elle est allée prendre l'air après sa maladie.

Madame la comtesse de la Roche-aux-Aubiers, femme de M. Servien, vient à Paris pour s'en aller à Münster trouver son mari. M. le Cardinal lui fait visite.

— Mercredi 3, le Grand Conseil s'assemble, et on dit qu'il est envoyé se tenir à Montreuil-sur-la-Mer. — Est vrai, mais sursis.

— Jeudi [4]; la grande assemblée, qui surprit le Premier Président tenant la grande audience à robes rouges du jeudi et la première d'après les fêtes de la Pentecôte. Néanmoins, il apaise de paroles les enquêtes et les entretient jusqu'à dix heures, qui, venant à sonner, rompent l'assemblée et la font remettre jusqu'à lundi prochain.

L'arrêt contre la maréchale d'Ancre, du 8 juillet 1617, et celui donné contre le sieur Particelli, trouvés de nuit affichés en quelques endroits des rues et sur le Pont-Neuf. Au Change, sous les figures du Roi et de la Reine, un papier ainsi écrit : « Où est mon peuple ? — à la Vallée de Misère. Où mes officiers ? — à l'hôpital, etc. »

Lettres d'Ypres, du 27 mai, portant que M. de Châtillon y est demeuré gouverneur, établi par M. le Prince de Condé.

M. de Valençay emmène de Paris madame sa femme en Berry. Il y a eu quelque bruit d'une promenade par elle faite avec madame Pic ; il y a même quelque discours du marquis de Roquelaure, selon que, dès l'an passé, l'on en avoit parlé.

— Vendredi, cinquième jour de juin, se doit faire la publication de la paix, tant à La Haye et villes autres des Provinces-Unies, qu'à Bruxelles et autres villes des provinces obéissantes à l'Espagne.

M. de la Tuillerie a eu son audience de congé des États Généraux dès avant le 27 mai.

La Reine mène le Roi par beaucoup de stations du Jubilé indict pour la paix générale, et commencé à Paris le lundi 1er juin, pour durer quinze jours. Elle les fait toutes.

Ce jour, le Parlement s'assembla encore, et le président de Mesmes parla. La nuit du 5, sept trésoriers généraux de France furent emprisonnés à la Bastille pour avoir écrit une lettre circulaire à tous les bureaux de France, invitant leurs confrères à se réunir et joindre aux cours souveraines pour les intérêts de leurs charges diminués. Ce fut le sixième jour, et ils sont sept en nombre.

— Lundi 8, l'assemblée du Parlement indicte par le Premier Président se passa en entretiens de sa part, et les gens du Roi vinrent fort tard, et on avança l'horloge, qui sonna dix heures ; et ainsi se départirent.

Ce jour, vint bruit d'un grand combat en Flandres entre les

deux armées, dont la nôtre a perdu trois mille hommes et est restée maîtresse du champ de bataille sur l'ennemi, qui en a perdu six mille. Il y en a lettres de Bruxelles du sixième de ce mois. — Faux.

Autre nouvelle, écrite de Rome, que le procès est fait à M. de Guise, renfermé dans le château de Gaëte, par les Espagnols.

— Mardi 9, le Parlement s'assemble encore.

Bruit que l'on congédie hors de Paris le président de Mesmes, sourd et goutteux.

Le sieur de Champlâtreux Molé, fils du Premier Président et intendant de justice de l'armée de M. le Prince en Flandres, arrive en poste à Paris. On croit que c'est pour l'affaire du gouvernement d'Ypres, dans lequel le sieur de Palluau, lieutenant général en cette armée-là, a été mis et est de par la cour, en récompense de celui de Courtray, qu'il a perdu.

Avis de Naples, par courrier extraordinaire et exprès, comme, les Espagnols ayant voulu désarmer le peuple et emprisonner dans les châteaux, jeter en mer, aux puits, et fait mourir aucuns d'eux, il s'est remis en armes, et Gennaro Annese l'a reçu dans le tourillon des Carmes, en ayant mis hors la garnison espagnole, et qu'il y a quinze cents morts du parti espagnol et deux mille du peuple, qui a cependant repris trois postes dans la ville.

— Mercredi 10, avis que le sieur de Palluau est installé gouverneur dans Ypres, et que Le Rasle, ingénieur, demeuré pour commander dans Courtray, est mené dans Bruxelles, prisonnier du duc Charles, qui dit que ce fut lui qui donna l'avis et moyen de raser la Motte, en Lorraine, et qu'il le lui paiera.

Le cardinal de Sainte-Cécile, venant de Provence ici en cour, a été rencontré par un courrier avec une lettre du Roi, en deçà Lyon, d'où, selon l'ordre, il a rebroussé chemin à Aix, où il n'a pas ci-devant été bien reçu, à cause du semestre du Parlement. Il ne laisse pas de poursuivre et arriver le jeudi soir à Paris.

— Jeudi 11, Saint-Barnabé, remis pour le service, et non pour la fête, au lendemain vendredi 12. Reposoir devant le logis de M. Tubeuf, l'un des quatre intendants des finances, plein de vases d'argent et vermeil doré empruntés de toutes parts; a coûté, en bois et ouvrages, trois mille livres à faire. Au Palais-Cardinal, dans la cour, autre reposoir, où il y avoit une couronne bâtie des diamants de la Couronne, estimée trois millions, plusieurs autres joyaux et pierreries estimés plus d'un million.

Le soir, à neuf heures, conseil d'en haut : arrêt par lequel l'union des cours souveraines est cassée, et défenses au Parlement d'assembler le lendemain.

Au même temps, on envoie chez le lieutenant criminel pour faire sortir du Châtelet le nommé François le Normand, dit ......[1], qui y avoit été mis par un commissaire du Châtelet à la requête du président de Mesmes, devant la maison duquel cettui-ci fut trouvé tout le jour épiant et suivant tous ceux qui y entroient et en sortoient.

— Vendredi 12, matin, le Parlement s'assemble sur ce sujet.

Vendredi soir, le cardinal de Sainte-Cécile arriva *incognito*, nonobstant le courrier qu'on avoit envoyé au-devant de lui pour l'empêcher de venir.

— Samedi 13, au soir, le président de Mesmes part pour s'en aller, lui et sa femme, à Épône, terre d'elle, à huit lieues de Paris, vers Mantes. Tous ses amis vont voir M. d'Irval, son frère. M. d'Avaux est à Roissy. Ledit président retourne à Paris le dimanche soir.

— Lundi matin 15, assemblée du Parlement au matin, où plus de cent opinèrent que l'arrêt du 13 mai, d'union aux autres cours, tiendroit. Les soixante-quatre voix qui étoient à faire seulement des remontrances au Roi, reviennent au plus grand nombre.

L'après-dîner, conseil d'État devant la Reine. On envoie une lettre de cachet au greffier de la Cour du Tillet, qui vient et s'excuse de rendre le primitif[2] résultat de l'assemblée du Parlement sur les quatre commis ou clercs du greffe que le Roi lui a créés en titre d'office. M. du Plessis de Guénegaud, secrétaire d'État, est envoyé vers l'un d'iceux, nommé Boileau, qui fut conduit chez le Premier Président par ledit sieur du Plessis, assisté dudit du Tillet et de Carnavalet, lieutenant des gardes du corps du Roi. Le Premier Président dit que le papier servant de primitif avoit été déchiré, et n'y avoit autre chose que ce qu'il avoit mandé à la Reine. Ledit sieur du Plessis retourne au conseil d'État.

Lettres sont expédiées, trois à chacune des cours souveraines, à chacune une, une au premier président du Grand Conseil, une

---

1. Le nom était en blanc au manuscrit.
2. Ce terme de *primitif* figure dans Ménage, qui dit que le mot *plumitif* n'en est qu'une corruption.

à Messieurs et une aux gens du Roi, autant aux gens des comptes, et autant à la Cour des aides : défenses, sur peine de l'indignation du Roi, de se trouver à l'assemblée indicte par le Parlement le lendemain mardi après dîner, en la chambre Saint-Louis. Une lettre aussi écrite au Parlement, portant qu'il ait à aller trouver le lendemain le Roi sur les neuf heures, par députés.

— Le mardi 16, le Parlement délibère si encore il iroit au Palais-Cardinal ; résolvent d'y aller, et y vont en corps, environ quatre-vingts, à pied, en robes noires et bonnets carrés, depuis le Palais, suivis de beaucoup de peuple. Aucuns veulent qu'ils avoient l'ordre d'y aller comme cela. A l'entrée de la chambre de présence qui est devant le grand cabinet, Sainctot, maître des cérémonies, voulut empêcher qu'une vingtaine d'huissiers et greffiers de la Cour n'entrassent : eux répondirent ne recevoir ordre pour cela de personne que de M. le Premier Président ; qui dit adonc tout haut qu'il en entrât seulement une partie. Environ la moitié se retira, le reste entra, et le Parlement ensuite, dedans le grand cabinet, où étoit la Reine, ayant à son côté droit le Roi, magnifiquement vêtu d'un habit chamarré d'or, assis tous deux sur une estrade de deux marches, en fauteuils pareils, sous un dais, assistés des cardinaux Mazarin et de Sainte-Cécile, son frère, des princes et grands, des princesses et grandes dames de la cour.

M. le Chancelier parla sur la douceur dont la Reine avoit traité le Parlement, et l'opiniâtre résistance qu'il témoignoit à contrarier à ses intentions, qui ne vont qu'au salut de l'État, et, par ce moyen, travailler pour les ennemis, qui en profitent.

Le Premier Président a voulu parler et justifier les intentions et procédés du Parlement ; mais la Reine l'a interrompu, disant être pourtant bien informée de sa prudence et affection au service du Roi, ainsi que de plusieurs autres des plus sages d'entr'eux, mais qu'il y en avoit grand nombre de factieux, dont les voix l'emportoient, non par le poids, mais par le nombre ; que s'ils continuoient en leurs procédés, qu'il en prendroit mal à leurs personnes.

Cela fait, M. du Plessis lut l'arrêt du conseil d'État du jeudi 11 dernier, par lequel l'union des cours faite par arrêt du Parlement, 13 mai, est cassée, et ensuite l'arrêt du même conseil d'État du jour d'hier, lundi 15, par lequel l'arrêt du Parlement du matin de ce jour-là lundi est cassé ; défense, au Parlement de s'assembler aujourd'hui mardi, comme il avoit ordonné, le matin d'hier lundi, qu'il feroit avec les autres cours souveraines. Il étoit midi et plus quand cela s'est fait.

L'après-dîner, toutes les cours s'assemblèrent en la chambre Saint-Louis avec le Parlement, mais ne firent rien, non plus que le lendemain. M. Talon, avocat général, voulut parler ; mais, comme il s'étoit rendu suspect et comme du parti du ministère, il en fut empêché par sifflement, bruit et battement de mains, et s'en alla sans rien dire. La grande assemblée est remise au samedi matin 20.

— Vendredi [19], avis que, l'entreprise faite par nos gens sur Ostende ayant été trahie, il est demeuré des nôtres douze cents, que de tués, que de prisonniers. Autre avis que les ennemis rôdoient vers la Capelle, qu'on croyoit investie, — faux ; un autre qu'ils avoient brûlé Bohain, château appartenant à M. de Rambures, près Saint-Quentin ; autre que nous avions pris Bouchain, entre Cambray et Douay, — faux ; autre qu'ils sont vers la Fère et Chauny.

Ce même jour de vendredi 19, M. de Châteauneuf l'Aubespine fut mandé, vint en cour, et dit à la Reine que ce n'étoit pas comme il falloit traiter les cours souveraines.

— Samedi matin 20, le Parlement ne fait rien sur la proposition que le Premier Président fit d'accommodement.

Avis de la mort du roi de Pologne.

La jeune dame d'Ableiges, veuve d'un conseiller du Parlement du surnom de Maupeou, est enlevée de sa maison d'Ableiges, étant à ouïr la messe en la paroisse, par douze ou quinze cavaliers. On croit que c'est de par son frère le sieur Chouaine.

— Dimanche 21, après dîner, les députés du Parlement se trouvèrent chez M. le duc d'Orléans, qui fait office d'interpositeur. M. le Cardinal s'y trouva, et fut parlé d'accommodement.

— Lundi [22] et mardi [23] s'assemblent encore et crient plus que jamais. M. de Blancmesnil Potier fait une grande harangue et dit qu'il ne faut point de droit annuel, ains montrer que c'est le seul intérêt public et la réformation de l'État qui les fait parler et agir.

— Le mercredi 24, le Roi fut au Louvre, dire l'adieu dernier au prince de Galles, qui s'en va en Écosse, appelé pour faire la guerre aux Anglois ;

— Jeudi 25, s'assemblent encore. M. de Lonzat, de retour des champs, y est. Ils remettent la conclusion au lendemain

— vendredi 26, que, tous ayant opiné, il y eut arrêt portant que celui du 13 mai, touchant l'union avec les cours souveraines, sera exécuté, et que lesdites cours continueront à s'assembler pour délibérer et ordonner des choses concernant les intérêts publics ; que les députés de leur parti iront remercier M. le duc d'Orléans de son entremise, et les gens du Roi vers la Reine pour lui demander jour afin que leurs deputés aillent faire compliment et éclaircissement des motifs qu'ils ont eus à donner l'arrêt du 13 mai et à le soutenir et exécuter comme ils [font], en l'assurant au reste que tout ce qu'ils font et feront est pour le service du Roi. Ils [ont] donc été à la Reine, qui leur a dit qu'après dîner elle assembleroit son Conseil pour savoir à quel jour ils la viendroient trouver. Le Conseil a été [tenu], et on a été dire à messieurs du Parlement, de la part du conseil d'État, du Roi et de la Reine, qu'ils eussent à venir demain au soir.

Le président de Bellièvre y a été [chez M. le duc d'Orléans], et, ayant fait entendre par Montreuil, secrétaire de madame d'Orléans, à M. l'abbé de la Rivière, que, venant député représentant le corps du Parlement, il se couvriroit comme M. le duc d'Orléans, ce prince, voyant entrer le président, jeta son chapeau sur la table et se tint nu-tête, pour y faire tenir aussi le député.

Nouveau ambassadeur de Venise en cette cour, nommé Morosini, fait son entrée par la porte Saint-Antoine et est présenté au Roi par le vieil, nommé Nani, congédié et fait chevalier de l'Accolade.

— Samedi 27, après dîner, les députés du Parlement vont vers la Reine, où le Premier Président parle et dit que le nom de factieux convient à ceux qui ont donné les conseils qui sont causes que l'affaire est en l'état qu'on la voit, et non point au Parlement.

— Dimanche 28, à mi-relevée, furent noyées seize personnes, dont le lieutenant de Melun étoit l'une, dans un bateau de Villeneuve-Saint-Georges, que la corde qui tiroit le grand bateau dit *le coche de Melun* fit renverser en la rivière de Seine. Un petit enfant demeura sauvé sur des joncs en l'eau.

— Lundi 29, à neuf heures du soir, les gens du roi du Parlement furent au Palais-Cardinal prendre la réponse de la Reine, laquelle ils portèrent le lendemain,

— mardi 30, au Parlement assemblé, et qui est que, Sa Majesté ayant été pleinement informée des motifs que le Parlement avoit de s'assembler, et se voyant assurée que ce n'étoit que pour servir le Roi, elle approuvoit leurs assemblées, les prioit néanmoins de faire réflexion sur le long temps qu'il y a qu'elles durent et considérer que, depuis six semaines, toutes affaires avoient cessé, non seulement pour les particuliers, mais même pour celles d'État, et spécialement pour l'armée, à laquelle on n'avoit pu subvenir d'argent, quoiqu'elle en ait extrêmement besoin, étant à deux lieues de l'ennemi, pour empêcher qu'il n'entre en France : à quoi le Parlement doit avoir égard et terminer promptement. Le Premier Président, comme c'est la coutume, récita la harangue qu'il fit à la Reine lors de la dernière députation du samedi 27.

Courrier de M. le Prince, portant comme il a arrêté un gentilhomme picard, nommé Tugny, qualifié et ayant quinze à vingt mille livres de rentes, mais incommodé par ses débauches; sa femme, de lui séparée, est demeurant à Cunières[1], quelque trois ou quatre lieues par delà Chevreuse, vers Beauce. Il a confessé, de son propre motif, avoir pris argent de l'archiduc Léopold et tenu correspondance avec lui, et que, pour expiation, il livreroit ledit archiduc ès mains de M. le Prince. Son frère, qui faisoit les voyages vers ledit archiduc, a été arrêté à Péronne par le vidame d'Amiens.

L'après-dîner, conseil d'en haut, devant la Reine, au Palais-Cardinal. Assemblée des cours souveraines, aussi en la chambre Saint-Louis, au Palais, par leurs députés.

JUILLET.

M. de Brienne en mois de secrétaire d'État.

— Mercredi, 1er jour de juillet, le Parlement s'assemble, et y a été apporté les propositions des trois autres cours souveraines, à savoir : l'une, que toutes commissions extraordinaires (comme des intendances de justice dans les provinces, etc.) seroient révoquées dès à présent; l'autre, que les tailles seroient remises en l'état qu'elles étoient avant intendances[2], et se lèveroient par les voies

---

1. Aujourd'hui *Coignières*, canton de Chevreuse (Seine-et-Oise).
2. Nous reproduisons exactement le texte de Dubuisson; il veut dire que la levée des tailles sera rétablie dans la forme où elle se faisait avant l'établissement des intendances, qu'il explique ensuite.

ordinaires des élus et trésoriers généraux, qui seront remis en pleine fonction de leurs charges et conformément aux anciennes ordonnances; et sera le Roi supplié de remettre à son peuple le quart des sommes, ainsi qu'il fait aux traitans qui en ont le parti.

L'après-dîner, assemblée des députés de toutes les cours souveraines en la chambre de Saint-Louis, où a été mis en propos et délibération savoir si l'on conclura sur toutes les propositions qui seront faites, à mesure qu'elles seront faites, ou si on les passera pour en écouter d'autres, et, après en avoir assez fait, on commencera à les résoudre selon l'ordre que l'on verra le plus commode et plausible.

— Jeudi matin, 2ᵉ jour de juillet, en Parlement assemblé, un conseiller propose que les cours souveraines fassent un effort à ce que chacune d'elles contribue mille francs pour faire une somme à payer l'armée du Roi et subvenir aux nécessités présentes et urgentes de l'État.

M. Pithou, conseiller de la chambre des enquêtes et député de sa chambre, est fait commissaire pour informer contre le sieur Picard, trésorier des parties casuelles, fils de Picard, cordonnier jadis, rue de la Vieille-Boucherie, que le maréchal d'Ancre fit battre à coups de bâton, accusé d'avoir dit que le Parlement, faisant ce qu'il faisoit, avoit pension du roi d'Espagne.

— Vendredi 3, l'ambassadeur vénitien Morosini fait sa première visite chez madame la duchesse d'Orléans. Il a un très beau carrosse, qu'il promène tous les jours au Cours.

Courrier à M. le Prince pour l'empêcher de rien entreprendre ni hasarder. L'abbé Bentivol[1] y est aussi allé de la part de M. le Cardinal.

— Samedi matin 4, assemblée au Parlement et arrêt par lequel les intendants de justice dans les provinces sont révoqués, défenses aux élus de les reconnoître. Cet arrêt-là n'est point signé du Premier Président. Les maîtres des requêtes ont fait compliment au Parlement sur l'assistance qu'ils ont eue de lui et qui a causé leur rétablissement, qui se doit exécuter mardi ou mercredi prochain, 7 du mois, par leur entrée et fonction au Conseil. Leur doyen, le sieur de Chaillou-Amelot, étant allé voir et complimenter M. le Chancelier, en lui disant que leur compagnie lui avoit obligation de sa protection et de leur rétablissement, le Chancelier, après

---

1. *Sic*, pour Bentivoglio.

quelque pause, lui a dit qu'il fallait qu'il fût extrêmement imprudent de parler ainsi à un Chancelier de France. De là, l'on juge que leur rétablissement n'est pas encore si assuré que l'on dit, ou que le Chancelier ne veut pas qu'on croie qu'il y ait part.

Grande rumeur parmi les gens d'affaires, d'un M. Dyonis qui s'est retiré et caché et qu'on croit avoir fait banqueroute. — Faux.

M. de Châteauneuf est une heure ou deux en conférence avec M. le cardinal Mazarin.

Lettres de cachet du Roi, signées Guénegaud et envoyées aux provinces, comme, nonobstant l'arrêt du Parlement de révocation des intendants de justice, le Roi entend qu'ils fassent leurs charges, et commande aux gouverneurs d'y tenir la main.

Conseil d'en haut au Palais-Cardinal, à la nuit.

— Dimanche matin 5, rumeur au Palais-Cardinal sur l'arrêt du jour précédent, donné au Parlement, sur la révocation des intendants.

L'après-dîner, les maîtres des requêtes ont été remercier M. le duc d'Orléans de leur rétablissement, et les trésoriers de l'Épargne ont été trouver M. le Cardinal pour lui dire comme ils ne veulent pas fournir de l'argent pour la dépense de la maison du Roi, à cause du crédit qui leur manque de toutes parts. Le soir, M. du Plessis de Guénegaud va au Palais-Cardinal, où le procureur général se trouve.

Les commissaires des guerres s'assemblent, élisent M. du Pile pour leur syndic, le chargent de leurs affaires et s'adressent au Parlement (mais cela n'a pourtant pas été exécuté),

— le lendemain lundi 6, par requête remplie de plaintes d'avoir été spoliés des gages et fonctions de leurs charges, quoique, depuis quatre mois, ils ont fait profit visible d'un million au Roi ; lequel arrêt M. le Tellier ne leur a pas voulu délivrer.

Mariage de mademoiselle d'Ormeilles-Charron avec M. de Plainbosc, premier président des Comptes à Rouen, homme veuf ; cinquante mille écus d'argent comptant.

Ce même matin, M. le duc d'Orléans fut au Palais, en l'assemblée du Parlement, et pria qu'on sursît la publication et exécution de l'arrêt de révocation des intendants de justice. On délibéra, et,

— le mardi 7, matin, lui étant retourné en l'assemblée, enfin fut résolu que surséance en seroit faite jusqu'à samedi prochain et que, cependant, députés, tant du Parlement que des autres cours, iroient tous les jours au Palais d'Orléans pour conférer en présence de Son Altesse Royale, sans préjudice de l'assemblée de la chambre Saint-Louis, en même temps. Sur le soir, M. le duc d'Orléans fut voir la Reine avec le Roi. Le jour précédent, il avoit été dîner chez M. le Cardinal. MM. le Cardinal et Chancelier s'y trouvèrent.

Bruit que M. le Cardinal doit aller à Liancourt, conférer avec M. le Prince, qui s'y doit rendre. — Faux. — Mais on dit que l'abbé Bentivol y est allé de sa part.

— Mercredi 8, après midi, sur les quatre à cinq heures, tous les présidents au mortier, quatre conseillers de la Grand'Chambre, deux de chaque autre chambre, et les députés des autres cours furent, en grand cortège, au Palais d'Orléans conférer. M. le Cardinal s'y trouva devant eux, et parla fort bien et longuement sur l'obligation que le Roi, et la Reine encore particulièrement, leur auroient, si, par leur moyen, on trouvoit remède aux désordres et secours aux nécessités de l'État. — Ils ont su que l'on avoit envoyé par les provinces des lettres de cachet du Roi aux gouverneurs et intendants, afin qu'ils se saisissent de tout l'argent levé dans lesdites provinces et empêchent l'exécution de l'arrêt de révocation des intendants.

Le matin dudit jour, 8, les maîtres des requêtes ont été reprendre possession de leur rétablissement au Conseil, où M. le duc d'Orléans, qu'ils ont attendu, s'est rendu à dix heures seulement.

Bruit de la prise de Tortose, en Catalogne, sur l'Ebre, par le maréchal de Schonberg.

Partement du prince de Galles, conduit jusqu'à Chantilly par le duc de Damville. Il s'en va vers les Écossais.

Nouvelles de la bataille gagnée près Casal-Maggiore, dans le Milanois, par le duc de Modène, assisté de nos forces, que le maréchal du Plessis-Praslin commande, contre le marquis de Caracena. Le second fils dudit maréchal, ci-devant bénéficié, y a été tué.

— Jeudi matin 9, congé est donné, sur les onze heures, par M. Le Tellier, secrétaire d'État, envoyé au surintendant des finances, le sieur d'Émery et lui est ordonné de s'en aller sur-le-champ à sa maison de la Chevrette-sous-Saint-Denis, pour y faire son paquet et se retirer en son autre maison de Châteauneuf, à côté de Loire et de la forêt d'Orléans, qu'il a, par engagement du Roi, en la place de la duchesse d'Aiguillon. Il est aussi ordonné à ses commis de se retirer chacun en quelque lieu désigné. Et M. Tubeuf, intendant des finances, est allé porter la nouvelle au maréchal de la Meilleraye comme le Roi le choisissoit pour surintendant de ses finances, en laquelle qualité il a été, l'après-dîner, au conseil d'en haut, au Palais-Cardinal. Il a pour adjoints les sieurs d'Aligre et de Morangis, conseillers d'État; on les nomme *directeurs des finances*.

Grand étonnement en tous ceux qui ont fait des prêts au Roi et qui sont dans les partis des tailles ou des impôts, ou qui ont fait des avances à Sa Majesté; nonobstant quoi, le maréchal d'Estrées fait un prêt de trente mille écus, contre le vouloir de sa femme.

— Vendredi matin 10, en l'assemblée du Parlement, les trésoriers généraux de France se sont présentés et ont demandé, par la bouche du sieur Fenis, d'être renvoyés à la fonction de leurs charges, offrant de faire lever les tailles selon les règlements et ordres établis cette année par les intendants; et ont aussi demandé que leurs gages soient rétablis au pied et conformément à ceux du corps dont ils sont : c'est à savoir de la Chambre des Comptes, auxquels on en paie les trois quarts.

Arrêt du Parlement pour la révocation des intendants et règlement des tailles.

Sur le midi, dix ou douze officiers de la maison du Roi, ayant de plusieurs jours l'assignation de leurs gages, en récompense, à prendre sur le sieur Tabouret, ont été en sa maison, et par force y sont entrés et se sont saisis de sa personne. Mais le maréchal de la Meilleraye, averti de cela, y est allé, qui l'a fait relâcher, disant que si Tabouret est débiteur, il faut procéder contre lui par voie de justice, selon laquelle le surintendant délivrera une contrainte.

L'après dîner, conférence au Palais d'Orléans, où, après quelque contestation, a été arrêté que, le lendemain matin du samedi 11, M. le duc d'Orléans se trouvera au Parlement assemblé et que là, les gens du Roi apporteront la déclaration du Roi conforme à l'arrêt du Parlement du précédent jour 10, à savoir que tous les intendants de justice, excepté celui de Lyon, qui est le sieur de Champigny, qui ne s'est jamais mêlé de tailles, et celui de Champagne, qui est le sieur de Champlâtreux, fils du Premier Président, et celui de Picardie, qui est le sieur Gamin, à la charge qu'ils ne se mêleront plus de tailles, mais seulement seront pour aider aux gouverneurs des provinces et places pour prendre garde aux gens de guerre et désordres qui se commettent sur les frontières; que les trésoriers généraux de France feront la fonction de leurs charges et qu'il y aura remise ou abolition au peuple de toutes tailles dues jusques et compris l'an 1645. Et seront assignées par le Roi rentes au denier 18 à ceux qui avoient le recouvrement de leurs avances à faire lesdites années abolies, et pour les années 1647 et 1648, elles seront levées et payées, comme elles ont été assises, avec remise d'un demi quartier pour chacune au peuple, à la charge qu'il paiera les autres quartiers et le demi restant, à certains termes précisément ; à faute de quoi, il demeurera déchu de ladite grâce et remis d'un demi quartier.

Les sept trésoriers généraux de France, mis en la Bastille dès le sixième ou douzième jour de juin, sont élargis et mis en liberté.

— Samedi 11, assemblée du Parlement au matin, où M. le duc d'Orléans s'est trouvé ; mais l'heure a sonné devant qu'ils eussent achevé sur la déclaration qui leur a été présentée.

Le comte du Plessis-Praslin, fils du maréchal qui commande les armées du Roi jointes au duc de Modène, est ici arrivé d'Italie, et les maréchal de Gramont et marquis de Gesvres de l'armée de Flandres.

Après la défaite du marquis de Caracena, le maréchal du Plessis est allé assiéger Crémone.

— Dimanche 12, à cinq heures du soir, les prisonniers de la Conciergerie firent ouverture du côté du Pont-Neuf et sortirent au nombre de quatre-vingt-dix-huit, qui se sauvèrent.

— Lundi matin 13, M. le duc d'Orléans, en l'assemblée du Parlement, où la déclaration du Roi entamée le samedi fut achevée ; et d'autant qu'elle ne contient révocation des intendants de justice que suivant l'arrêt du Parlement du 4 juillet, c'est-à-dire dans le ressort du Parlement de Paris ; que la clause, portée audit arrêt, qu'informations seront faites à l'instance et diligence du Procureur général du Roi des malversations commises par tout le royaume au fait des tailles et finances, n'est point employée dans ladite déclaration ; et qu'en ladite révocation des intendants du ressort de Paris, trois en sont exceptés, à savoir ceux de Lyon, qui est Champigny, de Champagne, qui est Champlâtreux, fils du Premier Président, et de Picardie, qui est Gamin, le Parlement a ordonné que très humbles remontrances seront faites au Roi avant vérifier ladite déclaration, à ce que : premièrement, ladite déclaration s'étende en la révocation des intendans par tout le Royaume et que les trois réservés dans le ressort de Paris ne se pourront mêler du fait des tailles et finances, mais seulement des passages, étapes, garnisons et autres faits des gens de guerre, et ce, après que leurs commissions auront été vérifiées en Parlement. 2° Que ladite clause pour la recherche en la malversation sera employée et ajoutée à ladite vérification, avec celle de la remise que le Roi fait à son peuple de tout ce qui est dû par lui à Sa Majesté des années précédentes, jusques et y compris l'an 1646 et d'un quartier pour 1647, 1648 et 1649, au lieu que la déclaration ne porte que demi quartier pour 1648 et non pour 1649.

Sur quoi M. le duc d'Orléans, qui ce jour a fait merveilles de bien parler, a dit qu'il s'emploiera vers la Reine et fera tout son possible à ce que les dites remises soient faites au peuple, selon le désir du Parlement : que les trois intendans de Lyon, Champagne et Picardie ne se mêleront plus des tailles, ains seulement des gens de guerre, et quant à la recherche de la malversation faite ès finances, pour montrer que l'intention de Sa Majesté étoit de mettre ordre à tout ce qui besoin est en ce point, il alloit présenter une deuxième déclaration du Roi (laquelle il a donc présentée) par laquelle une Chambre de Justice est établie pour connoître et juger desdites malversations ès finances. Par la lecture de laquelle, le Parlement a encore parlé de faire remontrances à ce que il plût au Roi que le Parlement nommât les commissaires en icelle Chambre. Sur quoi M. le duc d'Orléans a de rechef très bien parlé et conclu que c'étoit au Roi à nommer lesdits commissaires, mais qu'ils ne seroient pris et choisis que des trois cours souveraines restantes à Paris (Parlement, Chambre des Comptes, Cour des Aides, car le Grand Conseil n'en peut être), à quoi il engageoit son honneur et foi de Prince. Que s'il arrivoit que la Reine en choisît hors desdites cours et nommât quelqu'un qui par après se trouvât suspect d'alliance, amitié ou faveur vers aucun de ceux qui doivent être recherchés, dès lors il donnoit les mains, comme aussi s'engageoit-il de les faire donner à la Reine, à ce que le Parlement en choisît d'autres irréprochables, en la place de ceux-ci. Sur quoi est intervenu arrêt de vérification aux conditions ci-dessus.

Les trésoriers généraux de France rétablis en la fonction de leurs charges avec un quartier et demi de leurs gages.

Retour de M. de Longueville de Normandie à la cour.

— Mardi matin 14, on apporte à signer à M. du Plessis un arrêt du Conseil d'Etat portant défenses expresses à tous receveurs, payeurs et comptables de porter aucuns deniers à l'Epargne, que par l'ordre des sieurs maréchal grand-maître de l'Artillerie, surintendant des finances, et de deux directeurs, conseillers d'État, les sieurs d'Aligre et de Morangis. Il est signé : Gaston, Séguier et Tubeuf, qui, comme rapporteur, signe ensuite à même hauteur et en droite ligne du Chancelier et chef du Conseil : puis en même ligne en dessous : La Meilleraye, d'Aligre, Barillon.

En l'assemblée du Parlement, tenue le même matin, M. le duc d'Orléans se trouve et apporte encore une nouvelle déclaration du Roi, signée comme les précédentes de Guénegaud, par laquelle, suivant la proposition faite en la chambre Saint-Louis ci-devant, puis rapportée et arrêtée par le Parlement, il est dit qu'aucuns impôts ne se lèveront désormais que les édits n'en aient été vérifiés par les cours souveraines auxquelles il appartient, à Paris, et que néanmoins, ce qui a été ci devant levé et est établi par les arrêts du Conseil, demeurera comme il est, de peur d'apporter confusion ès affaires et retranchement ou retardement à l'argent dont le Roi a besoin.

Mariage de la riche veuve Le Camus avec Le Tellier, maître des requêtes, fait par elle dès il y a quelques années, declaré, n'ayant été que secret. — Autre de la comtesse de La Roche-Goyon-Matignon avec le poëte Benserade. — Autre du trésorier extraordinaire des guerres Lancy-Raray avec la veuve de Lormaison.

Le mercredi 15 matin, assemblée au Parlement et l'après dîner conférence au Palais d'Orléans, où M. le Cardinal fut comme aux précédentes et parla. Là furent rapportées les propositions de la chambre Saint-Louis et résolu qu'elles finiront vendredi au soir et que le

— jeudi 16, matin, M. le duc d'Orléans se trouveroit, comme il a fait, en l'assemblée du Parlement. Là, le président Boulenger s'étant embarrassé dans un grand discours, touchant cette déclaration les jours précédents proposée, sur le fait des impôts qui se levaient sans être vérifiés au Parlement, auquel seul, disoit-il, il appartient de tout vérifier, quoiqu'il y ait certaines matières qui sont de l'attribution spéciale à la Cour des Aides ou à la Chambre des Comptes, auquel cas les édits y doivent aussi passer, et puis se mettant à parler de l'obligation que le peuple a au Roi, a dit qu'il falloit que chacun se saignât pour assister Sa Majesté et même le Parlement et les autres cours. Là dessus il s'est laissé choir de son siège sur les genoux, comme frappé d'une prompte apoplexie, et, porté à la fenêtre, à l'air, a été trouvé mort. Il avoit été jadis conseiller de la Cour des Aides, puis président en la quatrième Chambre des Enquêtes et pour cette heure il ne l'étoit plus, ains étoit monté en la Grande Chambre et âgé de soixante douze ans et plus. On le tenoit riche de soixante à quatre-vingt mille livres de rente en maisons de la ville, rentes et lopins de terre aux champs. N'a laissé qu'un seul fils.

Le duc de Beaufort soupçonné d'être à Paris. Il écrit une lettre pleine de ses services et soumissions à M. le duc d'Orléans, sans date de lieu ni de temps; et M. de Nemours va de la part de sa mère, frère, sœur et toute sa parenté à M. le Cardinal, lui faire soumission et demander la grâce qu'il puisse revenir en cour; ce que M. le Cardinal lui dit ne pouvoir procurer, mais que s'ils le pouvoient par autre voie obtenir, il ne l'empêcheroit pas.

Vacarme en la maison du sieur Doublet de Troyes, homme d'affaires et receveur de M. le Cardinal, où un huissier vouloit saisir pour une femme porteuse d'une promesse de neuf mille livres, mais dont le terme n'échoit encore d'un mois.

— Vendredi matin 17, assemblée au Parlement où M. le duc d'Orléans est; et se vérifient les deux déclarations du Roi, l'une proposée le lundi 13 et réformée, pour porter généralement la révocation de tous les intendans du Royaume, à la reserve des trois de Lyon, Champagne, Picardie, au ressort de Paris et de Languedoc, Provence et Bourgogne, ès ressorts de Toulouse, Aix et Dijon. L'arrêt de vérification qui en a été donné porte : « à la charge qu'iceux intendants feront vérifier leurs commissions au Parlement de leurs provinces et ressorts. » Et pour ce qui étoit du quart de remise que le Parlement demandoit pour le peuple ès années passée 1647, présente 1648 et prochaine future 1649, la déclaration n'en porte que demi quart pour les deux années seulement 1648 et 1649, supposant que 1647 est ou doit être payée; et considérant que la remise entière des trois ou quatre années précédentes de 1647 monte à...[1] millions et que les deux demi quarts de 1648 et 1649, que Sa Majesté donne, monte à 15 millions. Toutefois la vérité est que cela ne va que pour les non valeurs desdites deux années; sur quoi l'arrêt de vérification porte des remontrances au Roi.

L'autre déclaration vérifiée est pour la Chambre de Justice, en

---

1. Le chiffre est en blanc au manuscrit.

laquelle seront commissaires mis de la part de la Reine et choisis de tous les parlements du Royaume et de la Cour des Aides et Chambre des Comptes de Paris seulement.

Bruit que le prince de Condé arrive à Paris ; le maréchal de Gramont qui en est parti depuis trois jours étant pour commander en sa place l'armée qui décampe et marche après l'ennemi qui tire vers Luxembourg, où le bruit est qu'Erlach veut entrer de notre part. Le prince de Condé vient pour appuyer l'autorité du Conseil contre celle du Parlement.

— Samedi matin 18, M. le duc d'Orléans n'est point venu au Parlement et n'y a eu assemblée, mais audience, en laquelle ont été publiées les deux déclarations du Roi, vérifiées le jour précédent, pour la révocation des intendans et remise au peuple sur les tailles, et l'autre, au moins lettres patentes, pour l'établissement d'une Chambre de Justice.

C'est une déclaration et des lettres patentes qui ont été imprimées et le mardi suivant publiées et débitées par la ville, avec leur vérification tant en la Cour des Aides qu'au Parlement.

— Avis que M. le prince de Condé arrive à Paris le dimanche 19. En effet il fut sur les neuf heures du soir voir le Roi et la Reine au Palais-Cardinal et sur les dix à onze ensuite, à celui d'Orléans, voir Monsieur, puis coucher chez soi avec sa femme. Le lendemain, fut voir madame sa mère, au couvent des Carmélites. On fut au devant de lui vers Chantilly, pour le faire retourner vers l'armée ; il ne voulut pas ; M. le duc d'Orléans étant entré en jalousie de sa venue et s'en étant plaint comme si la Reine se défioit de lui ou qu'il ne fut pas assez fort lui seul pour agir dans et contre le Parlement. Il est logé chez le baigneur Prud'homme.

— Lundi matin 20, assemblée au Parlement, où M. le duc d'Orléans allant, est attendu et environné de plus de six cents paysans qui crient à lui qu'il ne veuille empêcher la bonne volonté que le Parlement a de les soulager. La déclaration du Roi est vérifiée, portant qu'il ne se lèvera aucun impôt qu'il ne soit, par édit, vérifié au Parlement, et que, partant, les deux sols qui se lèvent sur le vin de nouveau seront ôtés ; que ce qui se lève en vertu d'édits vérifiés en la Cour des Aides, ou Chambre des Comptes se continuera à lever seulement jusqu'à la paix, ou à deux ans d'ici, puis en sera l'édit rapporté au Parlement pour y être vérifié, si besoin est, si l'on veut qu'il ait effet en plus avant.

— Mardi 21, assemblée au Palais, où M. d'Orléans va. Les élus s'y présentèrent, les députés des villages de Meudon et circonvoisins y vont crier pour avoir remise du quartier entier des tailles de 1648 et 1649 et même de 1647. On y traite des fermes du Roi qui ont été baillées trop bas et par monopole, moyennant les pots de vin extraordinaires que les princes ont baillés.

Avis que ceux de Limoges se sont soulevés, ont tué des fusiliers de hoquetons de l'intendant de justice, qui s'est sauvé, et ont pendu son frère. On y envoie l'abbé de Ménac-Ventadour pour les apaiser. — Faux.

M. le Prince soupe chez M. de Damville ;

— Mercredi 22, il dîne avec M. le duc d'Orléans chez M. le Cardinal et, à l'issue de là, s'en reva à l'armée. On dit que le vrai sujet de son voyage en cour étoit le gouvernement de Brouage et l'amirauté qu'avoit son beau-frère, le duc de Brézé. Il avoit amené de la cavalerie avec lui, laquelle a fait beaucoup de pilleries et désordres ès environs de Dammartin, Plessis-Belleville et Fresne sur Beuvronne et particulièrement en la maison du sieur Petit, beau-frère de Chabenas et confident du sieur d'Emery. On dit que c'étoit la compagnie de gendarmes du duc d'Orléans, commandée par le sieur de Genlis, qui en est lieutenant en la place du marquis de Mauny, et est vrai.

Jeudi et vendredi, 23 et 24, assemblées au Parlement. On remet l'affaire des prêts faits par les traitans au Roi sur le tapis, et la plus douce et commune voix va à leur ôter les fonds destinés à leurs paiements, leur donner assignations autres pour être remboursés de leur principal, vers l'an 1668 seulement, et de leurs intérêts, pour chacun an, au denier 18. Autres proposent de leur donner des rentes sur le Roi pour le principal de leurs sommes. M. de Blancmesnil, président ès Enquêtes, proposa de faire arrêter que tous ceux du Parlement qui ont intérêt auxdits prêts ou par leur propre bourse ou par celle de leurs parents, alliés et amis, sortissent de l'assemblée; à quoi le Premier Président s'opposa, l'autre insistant à cela, par un exemple de l'an 1622, ou vers ce temps là, en pareil cas.

Financiers, traitans maltraités. Le sieur de La Rallière, l'un d'eux, fit imprimer pour factum de leur affaire et débita un extrait de Cicéron, *pro lege Manilia*, où il montre l'utilité et nécessité des publicains en une République, et un autre de Tacite, à la fin du XIII⁰ livre des *Annales*, où Néron les voulant exterminer, le Sénat les maintint.

Menace de changement en la cour; maréchal de Villeroy mal. L'Estrade tient près de M. le Cardinal la place qu'y avoit le marquis de [La] Fare et auparavant le comte de Noailles le jeune.

Avis du décampement des armées. Bruit que celle de Flandres est avancée à Ypres et y a pris un fort de ce quartier là sur nous, menaçant un siège. La nôtre suit.

On a envoyé de l'argent en Hollande pour lever partie des troupes qui sont licenciées, au nombre de vingt-trois mille hommes.

M. Jeannin, trésorier de l'Epargne, à présent en exercice d'année, a bien eu de la peine à trouver vingt-cinq mille livres sur le crédit de lui et de toute sa parentèle.

Le maréchal-grand-maître de la Meilleraye, surintendant, s'en va à Chilly prendre l'air et travailler. Grande irrésolution et embrouillement en leurs affaires.

— Samedi 25, le matin, la dame maréchale de Schonberg va de pied, depuis son hôtel jusqu'à Notre-Dame, pour rendre grâce à Dieu de la prise par assaut de la ville de Tortose, dernière de Catalogne sur la rivière d'Ebre, par son mari, vice-roi en cette principauté là. Le marquis de la Trousse-Fay y a été tué; son gouvernement de Roses a été ici offert et donné au sieur de Launay, retourné de là avec le Cardinal de Sainte-Cécile, la compagnie des gardes duquel il commandoit. Il s'en est plus d'une fois excusé et a prié qu'on la donnât au marquis de La Fare, qui est par delà, servant actuellement et maréchal de camp; ce qui a été fait. Celui de Tortose est pour le sieur Marsin, lieutenant général en notre armée. Au débris d'un magasin qui a sauté par le feu que les soldats pillant y ont mis, Monluc, premier capitaine au régiment du maréchal d'Estrées, son oncle, y a été tué, l'aide de camp du marquis de Cœuvres tué et lui blessé à la tête.

— *Te Deum* pour cette prise et heureux succès, indict au mardi 28, jour de Sainte-Anne, à Paris, différé au lendemain.

— Mercredi 29, entre dix et onze, les boîtes et mortiers de l'Arsenal ont donné vers le matin sept heures, puis encore à l'issue du *Te Deum*, sur les onze, que le Roi s'en est retourné à cheval.

Changement en la cour; destitution du maréchal de Villeroy fort ébruitée et fausse néanmoins.

Arrêt du conseil d'en haut, au bénéfice des trésoriers de l'Epargne, touchant les assignations à eux faites de certains fonds pour le recouvrement de leurs prêts; et est dit que le tout ira comme ci-devant il a été.

— Jeudi matin 30, les députés du Parlement vont au Palais-Cardinal et y font, par la bouche du Premier Président, qui a fort bien parlé, des remontrances demandant que Leurs Majestés accordent au peuple un quartier de remise sur les tailles de cette année 1648 principalement, et encore pour 1647 et pour 1649. La Reine leur a dit qu'elle iroit le lendemain avec le Roi au Parlement.

L'après dîner, les Enquêtes s'assemblent en la Grande Chambre, à deux heures et comme il semble que le Premier Président, qu'ils ont invité le matin, fasse difficulté d'y venir, ils ont résolu de l'envoyer encore prier, étant là.

Lettre de cachet du Roi est portée au Premier Président, déjà verbalement averti dès le matin par la Reine, comme Leurs Majestés iront le lendemain au Parlement avec une déclaration contenant tout ce qu'ils désirent, ou au plus près. Sainctot, maître des cérémonies, porte ladite lettre et a charge de faire tenir, dès le soir, les sièges de Leurs Majestés et toute autre chose prête au Palais.

— Vendredi 31, et dernier jour de juillet, le Roi et la Reine en Parlement. Leurs Majestés vinrent en carrosse; avec la Reine, le cardinal Mazarin. On cria « Vive le Roi » à l'arrivée et non à la sortie. Le Chancelier parla avec disréputation [sic]; le Premier Président fort bien. On vérifia la déclaration du Roi qui a été imprimée et publiée, mais sans effet.

Aout.

[D'après l'ordre de roulement, La Vrillière doit être secrétaire d'État en mois.]

— Samedi matin, premier jour d'août, le Parlement assemblé dans la Grande Chambre, à son ordinaire, demanda la lecture de la déclaration vérifiée le jour précédent en la présence du Roi, séant en son lit de justice, ce que le Premier Président ne trouvant à propos, il y eut contestation entre lui et Messieurs des Enquêtes, avec grosses paroles, jusqu'à ce que les dix heures sonnèrent et qu'on se leva.

— Dimanche 2 d'août, le nommé Chapelain, intendant de la maison de Vendôme, fut mis à la Bastille prisonnier : aussitôt [il] écrit une requête au Parlement qui a été envoyée par lui chez le sieur de Broussel, ancien conseiller à la Grande Chambre, tendant à ce qu'il soit ouï en sa justification. On dit qu'au même Broussel est aussi arrivé autre requête du duc de Beaufort, se complaignant de la prison qu'il a soufferte cinq ans durant, sans que l'on l'ait interrogé ni demandé pourquoi il était là, ce qui est contre les ordonnances du Roi qui défendent de tenir un homme plus longtemps prisonnier que vingt-quatre heures, sans l'ouïr. Pour raison de laquelle [requête] a été fait l'arrêt de Chapelain. Lequel Chapelain, avec un gentilhomme vendômois nommé d'Ouque, autrement de Ligny, fut transféré dès le lendemain au donjon et en la même chambre de M. de Beaufort, où personne ne le voit, au bois de Vincennes, sous la garde du sieur de L'Isle, commandant sous M. de Chavigny. Ligny a la chambre qu'avoit le comte de Montrésor.

Ce jour, le Roi fut au Raincy, trois lieues de Paris, près Livry, où il fut traité par le sieur Bordier, secrétaire du Conseil, qui y a fait bâtir une belle maison, qui lui revient à quatre cent mille écus.

Courrier d'Italie, qui est le comte du Plessis-Praslin, fils du maréchal, portant le siège formé devant Crémone, où le marquis Ville a conduit son armée, qui est celle de Savoie, pour joindre à la nôtre et à la Modénoise.

Courrier de Provence portant que les anciens conseillers au Parlement d'Aix, exilés environ au nombre de dix-sept, s'étant retirés à Marseille, du consentement et invitation de la ville, ont envoyé vers le reste de leurs collègues, restés à Aix, les ont obligés à venir à Marseille, où ils ont établi le siège du Parlement et ont donné un arrêt cassant le semestre et déclarant invalide tout ce qui se fera à Aix.

— Lundi 3, le matin, triste temps et continuelle pluie comme le précédent soir.

Ce jour, à sept heures du matin, fut marié à Saint-Séverin, avec permission du curé, le sieur de Heu, le sieur Du Val, conseiller maître d'hôtel du Roi, avec la dame Herbin, veuve du sieur Ladeau, trésorier général de France à Bourges, et furent déjeuner aux Trois Canettes, rue Gallande, où ils logèrent avec le sieur du Bouc, demoiselle Herbin et autres témoins.

Arrêt de la Cour des Aides, portant que les fermiers des aides retiendront en leurs mains les deniers desdites aides, pour être sur iceux payés les gages des cours souveraines, ainsi qu'ils y sont assignés, et défenses à toutes personnes faire aucun prêt au Roi sur iceux deniers, sur peine de la vie. Cet arrêt a été depuis cassé par un arrêt du Conseil d'État, dont le bruit a couru que les cours souveraines se vouloient remuer.

Le Parlement s'assemble en la Grande Chambre; mais sur ce que le Premier Président voulut que les conseillers de la Grande Chambre délibérassent seuls si les Enquêtes s'assembleroient, l'heure se passa, et le lendemain

— mardi 4, à 8 heures, la conclusion fut prise d'envoyer quérir les Enquêtes, qui viennent et demandent lecture et discussion de la déclaration du Roi, vérifiée en sa présence le vendredi précédent. M. le duc d'Orléans (qu'on ne traite là que de « Monsieur » simplement et non point d' « Altesse ») y survient, et, sur les avis qu'on prenoit de donner quelque arrêt, prie que l'on n'en vienne point là, mais qu'on regarde seulement s'il y a lieu de faire remontrances sur ce qui pourroit être obscur ou mal pris en ladite déclaration, dont il se charge de faire faire l'interprétation ou donner tout autre nécessaire contentement au Parlement. Sur quoi l'on s'est levé.

Le Saint-Ciboire volé à Saint-Sulpice, faubourg Saint-Germain, emporté; les hosties jetées à terre; à cause de quoi l'on a fait procession solennelle trois jours durant pour expier le crime.

Mariage de la demoiselle de Roquelaure accordé et partie de sa dot de cent mille livres déjà livrée ès mains du sieur de La Font, agent pour le sieur de Balagny, frère de Monluc, tué en Catalogne et son héritier, rompu comme ils étoient allés aux champs pour le célébrer.

Conseil secret le soir chez la Reine, portant résolution d'emprisonner le lendemain ceux du Parlement qui n'auroient pas donné contentement.

— Mercredi matin 5, M. le duc d'Orléans retourne au Palais, l'épée au côté et bien assisté. Avant sa venue, M. de Broussel rapporte la requête de Chapelain et fut dit qu'elle seroit communiquée au procureur général du Roi. Et sur ce qu'on fit ouverture d'avis qui ne lui plaisoient pas, [le duc d'Orléans] se leva fâché, comme pour s'en aller. Les Présidents le retinrent, et ainsi se rassit. Enfin il fut arrêté que les assemblées cesseroient; et cependant quatre commissaires du Parlement furent choisis : les sieurs Broussel, Ménardeau-Champrey, Baron et Doujat ou Lainé, pour examiner la déclaration registrée, le Roi présent, le 31 juillet dernier, et s'assembler après la mi-août pour voir ce qu'il y aura à faire pour cela. Cela n'a eu lieu, et le Premier Président en a choisi quatre autres, à savoir : Coqueley, Meusnier, sieur d'Artis, Hennequin, sieur abbé de Bernay, et Le Nain.

— Jeudi 6, conseil d'en haut ; avis que Furnes est rendue à l'ennemi et du Roguet avec neuf cents hommes conduits à Dunkerque. Recrues se font pour l'armée du prince de Condé. Le régiment de Longueville s'embarque à Dieppe et va à Dunkerque, conduit par le commissaire du Pile.

Ce jour, la dame maréchale de la Meilleraye, avec la comtesse de Maure et autres, vont au Raincy, où elles sont traitées par le sieur Bordier.

Le même jeudi 6, les audiences recommencent au Parlement et la justice reprend son cours.

— Vendredi [7], bruit (faux) que Tortose est réassiégée par les Espagnols ; autre bruit de la révolte recommencée en la ville et par le royaume de Naples.

Enlèvement fait de la jeune veuve de Miramion, fille d'un Bonneau, riche d'un million et qui n'a qu'une petite fille de son premier mari, comme elle alloit d'Issy, maison du sieur de Choisy de Caen, son oncle, où elle étoit avec sa belle-mère, au mont Valérien, aux dévotions qui se font à tel jour par les hermites. Bussy Rabutin arrêta son carrosse entre Sèvres et Saint-Cloud et l'emmena, laissant sa belle-mère à pied. Elle donna des coups de couteau aux ravisseurs qui avoient bons collets de buffle. Enfin voyant sa résistance, ils la laissèrent à Sens où ses amis l'ont été requérir.

Lettres de cachet, signées de Guénegaud, expédiées et envoyées à tous les élus de France pour les remettre en la fonction de leurs charges et leur ordonner de prendre garde à ce que, sans sédition, les peuples payent leurs tailles.

Retour des intendants de justice de diverses provinces; on parle de mettre en leur place des directeurs des Finances.

Le Saint-Ciboire volé à Saint-Jean-en-Grève, où le voleur a mangé les hosties. Il laissa tomber de sa poche une lettre où étoit son nom et son adresse et on est là dessus allé le prendre au faubourg Saint-Germain. Il a été cocher du sieur de Fougerais et huguenot se faisant cathéchiser.

— Jeudi 13, après dîner, le Conseil d'État se tenant en haut, dans le cabinet de la Reine, les fermiers des aides furent faits entrer et le cardinal Mazarin, comme aussi le maréchal surintendant, leur parlèrent et fut conclu que sur les deniers de leur fermage, ils paieront, cette année aussy, neuf cent mille livres et l'année qui vient dix ou douze cent mille, retenant par devers eux cinq cent mille livres avec les intérêts au denier dix-huit. Après eux, vinrent les fermiers des cinq grosses fermes avec lesquels on demeura d'accord qu'ils paieroient au Roi seulement un million cette année et l'année qui vient douze cent mille livres et retiendront partie et leurs intérêts, comme ceux des aides.

Le régiment du grand-maître-maréchal-surintendant est vers la Beauce, avec autre cavalerie, au nombre de douze ou quinze cents chevaux, et vont vers Vendôme. Le duc de Beaufort fait amas en ce pays là de gentilshommes et a été chez le comte du Lude.

— Samedi 15, le Roi étant à vêpres en l'église des Feuillans, il y eut contestation entre les archers du grand Prévôt de l'hôtel avec ceux des gardes du corps jusqu'à en venir aux coups, dont il y en a eu de ceux-là de blessés : le marquis de Gesvres entreprenant la chose pour ceux-ci, à raison de quoi, le dimanche, l'on lui ôta le bâton que l'on offrit à deux autres capitaines des gardes, Charost, Chandenier, dont pas un n'en voulut. M. Le Tellier le lui fut demander et il le rendit, en quoi il fit ce qu'un capitaine des gardes ne fait jamais, pour ce qu'il ne rend jamais son bâton à personne qu'au Roi même, et les secrétaires d'État ne se mêlent point de cela. Son lieutenant, de L'Isle, La Resoudière et le lieutenant des cent Suisses de la garde du corps, nommé Sainte-Marie, qui avoient pris son parti, furent envoyés à la Bastille. Et ainsi le Roi coucha la nuit suivante sans capitaine des gardes. Le marquis de Gesvres s'est retiré et les autres capitaines des gardes aussi.

Le marquis de Jarzé[1], capitaine-lieutenant des chevau-légers de la garde du Roi, qui entreprit pour le grand Prévôt, fut accommodé sur le champ par M. le Cardinal. Tous les amis du comte de Tresmes le vont voir.

Grand remuement à la cour; le maréchal d'Estrées, grand-oncle du duc de Beaufort, se retire, dit-on, et le commandeur de Souvré s'en va en Hollande; mais c'est pour les affaires de sa religion et ordre.

— Dimanche 16, les lettres de Rome portent que la garde corse à cheval et autres gens du Pape ont arrêté certains Napolitains qui pensoient aller trouver notre armée navale à Plombin, étant à cet effet sorti de chez notre ambassadeur, où ils étoient en asile, et lequel est aussitôt allé faire plainte au Pape, les redemander et faire sortir, comme il a fait, de prison, après avoir eu grosses paroles avec le Pape. On écrit aussi de deçà que les affaires de Naples s'aigrissent fort.

— [Lundi 17;] ce jour, en l'assemblée du Parlement, le premier article de la déclaration du Roi du 31 juillet, touchant les révocations et les formes de la justice arrêté.

Lundi soir 17, à l'issue du conseil d'en haut, la Reine fit demeurer M. du Plessis de Guénégaud et appeler le marquis de Jarzé, à qui la Reine dit : « *Je vous donne la charge de Charost* « *à cause de sa désobéissance et vous fais capitaine des gardes* « *du corps du Roi, à condition que vous ne receveℓ aucune* « *parole, ni d'appel, ni d'accommodement, avec qui et par qui que* « *ce soit; et je veux que vous en prêtieℓ le serment présentement.* » Ce qu'il fit entre les mains dudit sieur du Plessis, secrétaire d'État, à huit heures du soir; et le lendemain ledit secrétaire d'État en porta, sur les six heures du soir, les expéditions à la Reine.

Il [Jarzé] signe Du Plessis; sa mère étoit de Beaumanoir, fille du maréchal de Lavardin, qui n'avoit rien et épousa cet homme, fort riche, qu'on appela lors marquis de Jarzé, comme fils d'une Bourré, fille d'un secrétaire du Roi, sieur de Jarzé. Le père de lui n'est point connu. Il portoit une tête de cerf sommée d'or, côtoyée de deux croissants d'argent en champ de [gueules]; mais ce dernier marquis les a changées en celles de son grand-père, le

---

1. Nous avons adopté l'orthographe *Jarzé*, communément suivie; mais le manuscrit de Dubuisson porte toujours *Gerzey*.

secrétaire Bourré, qui sont : [d'argent, à] une bande [de fusées de gueules], à la bordure besantée de [huit] pièces de [sable][1].

En même temps et heure dudit jour, mardi 18, autres expéditions furent tenues prêtes, le nom en blanc, de la charge du marquis de Chandenier; c'est pour le comte de Noailles, qui en a été saisi le soir même et Chandenier envoyé en Auvergne avec toute sa famille.

Ce jour, le Parlement assemblé le matin, entama et poursuivit après dîner le deuxième article de la remise du quart de la taille pour le peuple en 1649, les charges préalablement déduites, ce que l'on trouve captieux, à cause que les charges sont telles, que cette remise ne montera pas à celle de demi quart accordée par la déclaration précédente du 18 juillet et dont le Parlement n'étoit content.

— Mercredi 19, Parlement assemblé le matin et l'après-dîner aussi, où il y eut arrêt pour le troisième article de la déclaration du Roi du 31 juillet, par lequel est dit que ledit troisième article passera suivant et conformément l'arrêt du 20 juillet; et que messieurs Ferrand et Broussel, de la Grande Chambre, seront commissaires pour travailler au tarif ou pancarte en laquelle seront couchées toutes les impositions qui doivent être payées par le peuple, avec défenses d'en exiger davantage, sur peine de la vie. Icelle pancarte sera mise en chaque bureau et de la confection d'icelle, faite par lesdits commissaires, sera fait un procès verbal qui sera rapporté au Parlement, pour y être ordonné ce qui sera de besoin.

— Jeudi 20, au matin, le Parlement assemblé; et sur l'alarme que le ministère prend de l'arrêt donné le jour précédent, M. le duc d'Orléans vient en Parlement, y fait plainte que l'on y casse une déclaration du Roi vérifiée, lui présent et séant. Enfin l'arrêt du jour précédent, confirmé; et ajouté que les deux commissaires iront chez M. le duc d'Orléans, suivant son désir, pour travailler au tarif, et, cela fait, en faire leur rapport pour y être par le Parlement ordonné ce que de raison; et que cependant il sera fait registre de tout ce qui s'est passé.

Décret du Parlement contre Catelan, le Fevre et Tabouret traitans et ayant le parti du retranchement des gages des officiers.

On parle que les comte de Tresmes et marquis de Gesvres ont

---

1. Dubuisson a laissé les émaux des armoiries en blanc au manuscrit.

ordre de se défaire de leur charge de capitaine des gardes, en faveur de M. d'Hocquincourt, gouverneur de Roye, Mondidier et Péronne.

Jeudi au soir, les marquis et marquise de Chandenier, qui avoient été depuis lundi secrets en leur maison, se laissent voir et dire adieu par leurs amis.

— Vendredi matin 21, courrier apportant la bataille gagnée par le prince de Condé sur l'Archiduc, qui y a perdu le champ, trente-sept pièces de canons et toute son infanterie. Sa cavalerie en fuite, la nôtre après. Trois mille hommes tués, huit mille prisonniers.

Lettre du Roi d'Espagne à la Reine régente en France, à qui il donne part de son mariage avec la Princesse Impériale, laquelle il fait venir par le Tyrol et Milan, l'embarquant à Gênes, et prie la Reine que, si par mal ou fortune de mer, elle étoit contrainte de venir à terre en France, elle le puisse en toute sûreté et que la Reine lui en envoie les expéditions nécessaires. Le jeune fils de l'Empereur, frère d'elle, l'accompagne. Il doit épouser l'infante d'Espagne, si le Roi a des enfants mâles de sa sœur; s'il n'en a point, ce sera son frère aîné, roi de Hongrie, qui l'épousera.

M. de Châtillon arrive de l'armée et poursuit le bâton de maréchal de France.

— Dimanche 23, lettres de Rome portant qu'en Sicile le peuple est le maître et le cardinal Trivulcio, vice-roi, n'ose lui rien contredire.

— Lundi 24, matin, le chevalier de Gramont arrive de l'armée en cour et y apporte tout le détail de la bataille et l'état de notre armée. M. le Cardinal va faire visite à madame la Princesse.

Lundi, après dîner, le Roi et la Reine furent au Raincy, où le sieur Bordier donna la collation à Leurs Majestés.

— Mardi 25, ès jésuites de Saint-Louis, rue Saint-Antoine, M. le Coadjuteur fait l'office à la grande messe, et prêche avec grand succès devant le Roi, la Reine et M. le Cardinal.

Le soir, feux d'artifice et de joie en la place Royale.

Mercredi 26, matin, à la pointe du jour, les canons tirent en l'Arsenal. A dix heures le *Te Deum* se chante en Notre-Dame et, comme il finit, les canons et boîtes tirent en l'Arsenal et en Grève à midi précisément. Le Parlement y assiste en robes rouges, la Cour des Aides aussi, les conseillers en robes rouges et les présidents en robes de velours noir; la Chambre des Comptes en robes de velours et satin noir. M. le duc d'Orléans y étoit aussi, qui salua le Parlement. Le Roi ne témoigna rien, mais la Reine beaucoup de gravité. A la sortie, la haie des gardes suisses demeura ferme depuis Notre-Dame jusques au Palais-Cardinal.

Comminges, lieutenant des gardes de la Reine, fut chez le sieur Broussel, conseiller en la Grande Chambre, et lui porta une lettre du Roi, que le matin on avoit apportée du Palais-Cardinal avec quelques autres toutes faites chez M. du Plessis de Guénegaud pour être signées de lui, comme elles furent. On fit chez lui quelque résistance, mais enfin les gardes, que Comminges avoit avec lui, emmenèrent ledit sieur de Broussel au carrosse, disant qu'il falloit obéir aux ordres du Roi et le menèrent par devant Sainte-Croix et Saint-Pierre des Arcis, par la rue Neuve-Saint-Louis. Et comme ils étoient devant la petite porte du bout de cette rue, rentrant dans le pourpris du Palais, vis-à-vis du coin du Premier Président, le carrosse rompit et il fallut en avoir un autre, dans lequel on remit le prisonnier. En même temps on fut chez le président de Blancmesnil, dont une grande porte, dans la rue du Renard, et une autre moindre, dans la rue Neuve-Saint-Merry, furent saisies par les archers, et lui mis en un carrosse, sans lui permettre qu'il dînât, et conduit au bois de Vincennes, dans le château. On alla aussi pour se saisir semblablement du président Charton, mais on le faillit.

Cependant le peuple s'émut ; les bateliers commencèrent en la Grève d'un côté et les artisans vers le Palais et Pont Saint-Michel, puis du côté des Halles ; une grosse bande avec épées, épieux, pistolets et pavés levés alloient à la charge jusqu'en la rue Saint-Honoré, cassant les vitres des maisons et rompant les portes, criant néanmoins « *Vive le Roi, liberté au prisonnier* ».

Les maréchaux de la Meilleraye et de l'Hopital, assistés du grand prévôt de l'Hôtel et de plus de cinquante cavaliers, furent par les rues repousser cette populace des Halles et vers le Palais, pour faire rouvrir les boutiques, qui étoient toutes fermées et rassurer le peuple, qui toujours demandoit le prisonnier, M. de Broussel. On fit tenir des escadres des régiments des gardes suisses et françoises vers le Palais-Royal, le bout du Pont-Neuf, à l'école Saint-Germain et place Dauphine et Palais. Quelques artisans des plus étourdis, ayant tiré sur les gens accompagnant les susdits maréchaux, ont été tués de coups de pistolet.

M. l'archevêque de Corinthe, coadjuteur de Paris, fut de chez lui et petit archevêché, joignant le derrière de Notre-Dame et le terrain, à pied, en rochet et camail, soutenu des siens par dessous les bras, parlant toujours au peuple, jusqu'au Palais-Royal où il n'impétra rien. Cette action renouvela la mémoire fraîche de celle qu'il avoit faite le jour précédent 25, en l'église Saint-Louis des Jésuites, devant le Roi, la Reine, M. le Cardinal et toute la cour présente, où il exhorta Sa Majesté à aimer et gouverner par justice son pays, suivant l'exemple et le testament de ce saint Roi, son ayeul et prédécesseur, dont on faisoit ce jour là la fête.

Conseil d'en haut devant la Reine, le mercredi sur le soir. Ordre du Prévôt des Marchands aux colonels de Paris de se tenir prêts avec leurs capitaines, quarteniers, dixainiers, etc.

On envoie aussi pour prendre les présidents Lotin et Charton qui esquivent et dénoncer au conseiller Laisné qu'il se retirât à Compiègne; on parle aussi des conseillers Benoist et Loysel.

— Jeudi 27, à sept heures du matin, M. le Chancelier voulant aller au Palais, pour interdire le Parlement, trouve les chaînes encore tendues en la rue Saint-Honoré, les veut faire détendre pour passer, ce qui lui étant refusé, il s'en va par ailleurs. Sa fille, duchesse de Sully, étoit avec lui qui vouloit aller chez M. de Meaux, son oncle, au cloître Notre-Dame, et n'a depuis voulu abandonner son père. Mais enfin, sur le quai des Augustins, est environné de peuple. Son carrosse pousse et le sauve dans l'hôtel de Luynes, à l'entrée de la rue Gilles-Cœur, qui a été pillé et où les fenêtres et les portes ont été cassées à coups de grès; le Chancelier s'est caché derrière des ais de sapin d'un petit cabinet secret, jusqu'à ce que compagnies de gens de pied et de cheval, envoyées du Palais-Royal, y sont venues le dégager et, ayant écarté le peuple, l'ont emmené de là au Palais-Cardinal; mais Picot, exempt, accompagnant toujours le sieur Chancelier, sur le retour, marchant à pied près du carrosse, a été tué d'un coup d'épée qui lui traversa le poumon, et le jeune Sanson, géographe, d'un coup de mousquet à la cuisse.

Lettre de cachet à M. de Chavigny, signée de Guénegaud, pour délivrer entre les mains d'un exempt le président de Blancmesnil, afin d'être conduit vers Lyon.

Un valet de pied vient quérir du Palais-Cardinal M. du Plessis de Guénegaud, sur les dix heures du matin, et on lui expédie une lettre de créance vers le Parlement pour la lui envoyer, et y eût été, si le Parlement ne fut venu.

Autre ordre plus précis du Prévôt des Marchands aux colonels des seize quartiers de Paris, qu'ils ont envoyés à leurs capitaines, pour faire corps de garde.

Cependant le Parlement, au nombre de cent cinquante, et en corps, est allé à pied, en robes noires et bonnets carrés, du Palais au Palais-Cardinal, où la Reine, avant qu'il vint, a tenu conseil; puis, sur la harangue du Premier Président, requérant qu'on leur rendît les prisonniers et exilés, la Reine a, d'elle-même, répondu qu'elle ne pouvoit; sur quoi les présidents ont répliqué, et entr'autres le président de Mesmes a supplié la Reine de considérer le péril auquel étoit la ville et le royaume entier après la ville, et que pour eux ils n'y pourroient peut-être remédier, ni autre chose faire.

La Reine s'est donc retirée en sa petite galerie et là a tenu conseil où étoient trois maréchaux de France : de l'Hopital, La Meilleraye et de Villeroy ; puis ayant fait appeler le Parlement, auquel elle a dit qu'elle donneroit tout contentement, à la charge qu'eux aussi en donneroient au Roi, en lui promettant de ne plus du tout s'assembler ni délibérer sur sa dernière déclaration.

Sur quoi le Parlement a demandé à délibérer et a dit que cela ne se pouvoit faire en ce lieu là, comme on leur disoit qu'ils fissent, et s'en est voulu aller. Mais comme il a été en pleine rue Saint-Honoré, le bourgeois, là retranché, les a arrêtés et a poussé le Premier Président rudement; lui présentant le pistolet, l'a poussé contre un cabaret, et puis, quoi que tout le Parlement ait pu dire, le peuple les a renvoyés au Palais-Cardinal et dit qu'ils retournassent hardiment et qu'ils ne passeroient point au Palais s'ils ne ramenoient M. Broussel.

Le Parlement est donc retourné au Palais-Cardinal, alléguant la nécessité où le peuple les réduisoit (fors les présidents de Bailleul, de Belièvre, de Nesmond et de Novion, qui alloient dîner chez celui de Maisons, et puis se rendirent au Palais où ils attendirent en vain toute l'après-dîner, avec environ vingt conseillers). On les a mis dans la galerie du Roi et leur a-t-on donné des sièges, des viandes et du fruit et du vin, que le cardinal Mazarin leur a envoyé des restes de son dîner. Là, ils ont été trois ou quatre heures à délibérer, M. le Chancelier leur étant en tête, puis M. le duc d'Orléans et les ducs d'Elbeuf et de Retz. Puis devant la Reine et son Conseil la chose a été accommodée, en sorte qu'ils promettent au Roi de ne plus délibérer sur sa dernière déclaration du 31 juillet et qu'ils ne s'assembleront plus jusqu'après la Saint-

Martin, sinon pour régler le tarif ou pancarte encommencée des impositions et les rentes sur l'Hôtel-de-Ville ; moyennant quoi, l'on leur a fait expédier lettres de cachet, signées de Guénegaud, pour envoyer rappeler et ramener M. Broussel qui est avancé de Saint-Germain au Mesnil-Madame-Rance, pour aller à Sedan ; et à cet effet on a baillé l'un des carrosses du Roi ou de la Reine dans lequel on a fait mettre le sieur Boucherat, conseiller au Parlement, fils du maître des Comptes et neveu dudit sieur Broussel, pour le montrer au peuple, avec lettres du Roi, et l'assurer qu'il va, par ordre du Roi, requérir ledit sieur Broussel et le ramener ici en liberté.

Semblablement a-t-on baillé un autre carrosse pour aller aussi quérir le président de Blancmesnil et le ramener du bois de Vincennes, où le président de Thou et le conseiller Genier se sont mis, avec semblable lettre de cachet du Roi, qu'ils ont fait voir au peuple, qui les a arrêtés à la porte et rue Saint-Antoine, même blessé de coups de pierres leur postillon.

Ils arrivèrent à dix heures de nuit au château de Vincennes et en ramenèrent ledit président, la nuit même, à Paris, chez soi.

Et on a aussi expédié pour les sieurs Charton et Lotin, présidents, quoique non pris, mais fugitifs, et pour les sieurs Benoist, Loysel et Laisné exilés. On dit que le sieur de la Nauve en étoit aussi.

Cependant M. de Chavigny, s'empensant retourner de là chez lui, par le quartier de la rue Montmartre, son carrosse a été arrêté, son cocher blessé de coups de pierres à la tête. Un autre gentilhomme de M. de Frontenac, nommé du Halde, aussi blessé et lui contraint de se sauver à cheval.

Ce soir, ordre du Prévôt des Marchands et Échevins à M. du Plessis de Guénegaud et autres colonels de la ville, d'ôter leurs corps de garde, d'envoyer chacun chez soi et le lendemain faire ouvrir leurs boutiques, attendu que tout étoit pacifié.

— Vendredi matin 28, on commence à défaire les barricades, qui étoient faites du jour précédent, de tonneaux, gabions et charrettes pleines de terre et de fumier, partout les environs du Palais et du Palais-Cardinal, rues Saint-Honoré, Saint-Denis, et même vers l'Université. Mais le sieur de Broussel étant arrivé de Nanteuil en un carrosse du Roi, la salve du peuple ès rues de Saint-Denis, Saint-Martin, pont Notre-Dame et jusqu'en Grève a été si grande, que les autres quartiers éloignés ne sachant que c'étoit, et quelque bruit s'étant coulé qu'il étoit entré de la cavalerie par le quartier Saint-Honoré, au secours du Palais-Cardinal, on a partout recommencé à hausser les chaînes, refaire les barricades et se remettre en rumeur plus que jamais, même jusque au centre de la Bastille, où ils ont arrêté un courrier de M. le Prince, qui alloit à l'Arsenal, pensant y trouver le grand maître, qui étoit au Palais-Cardinal et y avoit couché.

Enfin M. de Broussel étant arrivé chez lui, le greffier Guyet y a été envoyé de la part du Parlement, qui l'y a mené à pied, vêtu de court, un manteau doublé de panne noire. Et là, y a eu arrêt par lequel est dit que le peuple mettra les armes bas, chacun se retirera en sa maison, et les boutiques étant ouvertes, on y travaillera à l'ordinaire. Les Prévôt des Marchands et Échevins sont allés par les rues faire détendre les chaînes et défaire les barricades ; ledit arrêt publié et affiché.

Mais sur les cinq à six heures de soir, comme quelques trois charettes, couvertes de fiens et par dessous chargées de poudre, sont sorties de l'Arsenal, le peuple du faubourg Saint-Antoine, qui a vu passer le charroi qui alloit au bois de Vincennes, en apparence, pour, au bout du faubourg, tourner vers le Palais-Cardinal, s'en étant aperçu à une caque qui a crevé et répandu ladite poudre par le fond de la charrette, s'est jeté dessus et les a pillées, disant que l'on les trahissoit et que c'étoit pour des gens de guerre dont le bois de Boulogne est plein, qui veulent emmener le Roi, puis assiéger ou affamer Paris. En effet, quelques compagnies du régiment à cheval du maréchal de la Meilleraye, qui étoient dès longtemps depuis Étampes jusqu'à Mantes, s'avancèrent de devers Orgeval et Villepreux.

Le Prévôt des Marchands y est allé [au faubourg Saint-Antoine], qui n'a fait que blanchir avec tous ses archers de ville, et sur dix heures du soir, ceux du faubourg Saint-Antoine se sont émus, en sorte que le capitaine de cette porte, qui est le sieur Le Clerc, a eu ordre du colonel, M. du Plessis de Guénegaud, de faire tenir ladite porte fermée et des corps de garde par tous les environs ; mais, sur le minuit, les Prévôt des Marchands et Échevins ayant été au Palais-Royal pour informer la Reine et s'informer eux-mêmes, envoyèrent ordre à tous les quartiers de faire retirer un chacun ; et ainsi le reste de la nuit se passa doucement.

— Le samedi matin 29, le Parlement assemblé délibéra sur les deux chefs ou points qu'il s'est réservé, suivant l'arrêté fait le jeudi soir dans le Palais-Royal; premièrement sur l'achèvement de la pancarte des impôts ou tarif. On envoya vers M. le Chancelier, à ce qu'il envoyât par le sieur des Fontaines, secrétaire du Conseil, les originaux des édits, déclarations du Roi et arrêt du Conseil, en vertu desquels on a levé jusqu'à présent des impositions, puisque le mercredi dernier, 26 du mois, ledit sieur Chancelier avoit envoyé sur le midi vers ledit sieur de Broussel pour savoir s'il étoit en la maison et si, à l'issue du dîner, il y seroit et auroit la commodité que ledit sieur des Fontaines l'allât trouver avec les originaux, pour l'achèvement dudit tarif; à quoi ledit sieur de Broussel ayant répondu qu'oui et qu'il alloit faire avertir M. Ferrand, son codéputé, une demie heure après, le sieur de Comminges seroit venu prendre ledit sieur de Broussel, comme il se mettoit à dîner.

Pour l'autre point, qui est des rentes sur l'Hôtel-de-Ville, le sieur Hennequin, abbé de Villeneuve et de Bernay, député pour cela, en fit son rapport; sur quoi fut dit que les Prévôt des Marchands et Échevins seroient avertis et faits venir au premier jour, pour informer la cour des circonstances et détail de toute cette affaire.

L'arrêt ou décret de prise de corps, donné dès le 20 ou 21 contre Catalan, Le Fèvre et Tabouret, confirmé en partie.

La Reine, au lieu d'aller selon son ordinaire à Notre-Dame, tint le lit tout le jour.

Le soir, depuis la nuit, tout le quartier de la rue Saint-Antoine et vers la rivière résonna de coups de mousquet.

— Dimanche 30, la rumeur se trouva tout apaisée, le dépavement des rues en quelques endroits et les vestiges des barricades paraissant.

Le soir, à la nuit, on tira fort du même côté du quartier Saint-Antoine, et madame Bouthiller donna le souper et le bal à mademoiselle d'Orléans.

Le maréchal de la Meilleraye, qui avoit été et couché toujours dans le Palais-Royal, s'en retourna à l'Arsenal.

— Lundi matin, 31 d'août, avis que Furnes est assiégée par le maréchal de Rantzau et Dixmude par le prince de Condé.

Ce jour, le Parlement travailla aux rentes dues par le Roi au peuple et payées en l'Hôtel-de-Ville, et aussi parla-t-on du tarif ou pancarte des impôts, et fut envoyé vers M. le Chancelier à ce qu'il envoyât ce jour même un secrétaire du Conseil avec les édits et arrêts originaux faits sur ce sujet. On voulut aussi savoir du procureur général et gens du Roi ce qu'ils avoient fait et avancé touchant l'exécution de l'arrêt donné contre Catalan, Tabouret et Le Fèvre, et sur ce qu'ils s'excusèrent, à cause qu'ils n'avoient en leurs mains ledit arrêt que du jour précédent, il leur fut enjoint de l'exécuter, en faisant procéder par information contre lesdits traitants.

Le soir, à six heures, les Prévôt des Marchands et Échevins de la ville et, à leur ordre, les colonels des seize quartiers de Paris, chacun avec quatre ou autre nombre de leurs capitaines, furent au Palais-Royal où la Reine les voulut connoître et remercier du devoir qu'ils avoient rendu en cette dernière émeute et barricades, les priant de continuer à bien servir le Roi et d'assurer le peuple que l'on ne pense point à emmener le Roi hors de Paris, comme aucuns en ont fait courir le bruit, pour augmenter le désordre.

Ce jour même, on fut assuré que M. le duc d'Anjou avoit la petite vérole, dans le Palais-Royal, en son quartier. Depuis lors [elle] est fort bien sortie.

M. le Chancelier, qui, depuis le jeudi 27, étoit toujours là demeuré et avoit couché, s'en retourna chez soi, où la duchesse de Sully, sa fille, avoit été saignée deux fois, de peur de fièvre et empirement, à cause de la contusion qu'elle a à l'épaule, d'une balle de mousquet qui s'y est venue applatir.

Trois gentilshommes sont venus au logis de l'abbé de la Victoire, rue des Francs-Bourgeois, sur le côté de la rue des Trois-Pavillons, demandant à venir trente ou quarante chevaux le soir, à neuf heures, se mettre là dedans comme amis de l'abbé, promettant de s'en aller dès le lendemain à trois heures du matin. On ne sait qui sont ces gens-là, ni quel est leur dessein.

Septembre.

M. du Plessis, secrétaire d'État en mois.

— Mardi, premier jour de septembre, le Parlement assemblé continue sur les rentes de la ville et sur le tarif des impositions, le matin et l'après-dîner, et outre que, pour celles-là, M. de Bernay-

Hennequin étoit commissaire, pour celui-ci, qui est le tarif, MM. de Broussel et Ferrand, tous de la Grande-Chambre, on a résolu de députer des commissaires avec eux de toutes les chambres, pour le fait desdites rentes ;

— Mercredi matin 2, se continue au Parlement où l'on commence d'avoir soupçon que l'on veuille entreprendre sur eux de la part des ministres. Voilà pourquoi ils se tiennent sur leurs gardes et proposent de continuer à s'assembler toutes les semaines, au moins une fois ou deux, durant le temps des vacations.

Ce jour, est venue nouvelle comme notre armée navale, ayant mis pied à Salerne, a été repoussée ; le marquis de Bassompierre, jadis La Tour, fils du feu maréchal, blessé à mort, et le sieur de Noulade aussi ayant une jambe emportée, en sorte que le prince Thomas a ramené ladite armade à Toulon.

Jeudi 8, le Parlement [s']assemble et achève, par les commissaires de toutes les chambres, le projet du règlement des rentes.

L'après-dînée, deux députés de chaque chambre du Parlement furent au Palais-Royal, où le Premier Président, parlant très bien comme à son ordinaire, fut ouï dans la petite galerie de la Reine en son particulier, M. de Guitaut gardant la porte. Il demanda quatre choses : que les gages fussent rendus à tous les officiers de France, que le droit annuel leur fût aussi donné sans aucun prêt, que les rentes fussent payées sur l'Hôtel, au moins pour la moitié ou deux quartiers, sur un fonds perpétuel et non aliénable, et enfin que, sur les trois années des tailles 1647, 1648, 1649, le Roi remît un quartier pur et entier, sans parler des charges.

La Reine, ayant assemblé son conseil à l'autre bout de la galerie, leur fit réponse, par la bouche de M. le Chancelier, que pour le prêt demandé aux officiers subalternes, touchant le droit annuel, il leur étoit accordé qu'ils n'en paieroient point pour tout. Quant aux gages desdits officiers, on leur en accordoit la moitié et pour les rentes aussi la moitié, qui sont deux quartiers pour chacun an. Mais que pour le quartier de la remise des tailles ès trois années 1647, 1648, 1649, Sa Majesté s'assuroit que quand le Parlement sauroit à fond où cela va, il seroit le premier à se désister de cette demande ; étant vrai que cela iroit à douze ou quinze millions par an, à cause que les tailles montent par an [à] cinquante millions ; et il y a les charges à déduire qui vont à quinze ou vingt millions ; ainsi ne reste de bon au Roi que trente à trente-cinq millions, dont le quart seroit environ huit millions remis au peuple, ainsi que Sa Majesté accorde; mais les quinze à vingt millions de reste, déduits pour les charges, iroient de pure perte au Roi, et son intention est que le peuple en porte sa part; en sorte qu'au lieu de prendre le quart de remise au peuple sur le total des cinquante millions, qui feroit douze millions et demi, on le prendra seulement sur le pied de ce qui reste, à savoir trente ou trente-cinq millions après les charges déduites, et cela ne montera qu'environ à huit millions au bénéfice du peuple, ainsi que dit est. Là-dessus, le maréchal de la Meilleraye, surintendant, présenta un mémoire de cela aux députés du Parlement et leur dit que si cela ne suffisoit pas, il leur enverroit les états sur lesquels ils s'informeroient.

M. d'Avaux devoit voir M. le Cardinal ce soir là; mais ne le vit point.

Douze prisonniers du parti espagnol et de la défaite de Lens arrivent au bois de Vincennes, savoir : le baron ou marquis de Crèvecœur, du surnom d'Anneux, fils du sieur d'Abancourt et petit-fils d'un de cette seigneurie, tous trois gouverneurs d'Avesnes; le sieur Fernand Solis, espagnol, qui défendit Gravelines, deux ou trois colonels lorrains et autres. Ils furent logés dans le château, au quartier du commandant, le sieur de L'Isle, qui les a logés assez bien et bien traités cinq ou six jours durant.

Ce même soir, à huit heures, L'Enjolette qui est la belle et jolie mademoiselle d'Hostel-Choiseul a été enlevée par le comte de Brionne, fils de M. de Brionne et de Mademoiselle de Magliani-Porceletti, de Lorraine. Il la vint prendre en carosse au logis de madame d'Hostel, sa mère, qui soupoit seule en haut, la demoiselle étant en bas qui attendoit et avoit secrètement fait sortir ses hardes auparavant. Il la mena à la Chapelle, vers Saint-Denys, où, après grand souper, ils se marièrent, par un certain abbé, en présence de force monde.

Avis que le marquis Sfondrati est défait avec trois mille hommes, pensant secourir Furnes, par le maréchal de Rantzau, et que le marquis Ville, savoyard, a été tué devant Crémone; le marquis de Saint-André-Montbrun, arrivé à Paris pour demander la place du défunt et sa charge de lieutenant général en notre armée de Piémont.

— Dimanche 6, conseil d'en haut; le Parlement a eu permission de continuer quinze jours pour achever le tarif commencé, les gens du Roi ayant été ce soir au Palais-Royal pour ce sujet.

Ce jour, la Reine fut aux Cordeliers se confesser à son confesseur malade et âgé de quatre-vingts ans.

On va chez le sieur de la Milletière, beau-père de Catelan, pour chercher les millions de son gendre qui y étoient cachés, ou que l'on disoit, et on n'y a trouvé que dix-huit mille livres.

— Lundi matin 7, les gens du Roi portent au Parlement la lettre de cachet du Roi pour permission de s'assembler et continuer quinze jours dans les vacances, pour les affaires du Roi seulement, et non pour celles des particuliers, avec créance qu'il peut outrepasser lesdits quinze jours, si besoin est. Ils ont rapporté aussi grands compliments de la Reine au Parlement, de la bonne intention de qui, au service du Roi, elle dit être avertie et contente et qu'elle le prie de continuer sa fidélité et veiller pour la sûreté publique, attendu les méchants bruits que Lorrains, Francs-Comtois, Wallons et gens mal en leur pays et haïssant notre prospérité font courre ici, comme du retour de M. le Prince ici avec forces, et autres choses, pour mettre défiance entre le peuple et les ministres, ajoutant même des prophéties feintes et controuvées pour semer parmi le peuple et le persuader qu'il y doit avoir trahison contre lui et rumeur en ce mois.

Le Parlement ne se rassemblera que le 15 septembre, ayant fini le 7 à l'ordinaire.

M. d'Avaux sur le point de retourner à Munster.

Paix de l'Empire avec les Suédois.

— Le mercredi 9, qui est avec le 7 et le 25 l'un des trois jours auxquels les inventeurs ou débiteurs de prophéties nostradamiques disoient parmi le peuple qu'il y devoit arriver du malheur, se passe, ainsi que ledit 7, fort doucement et sans aucun bruit. Même ce jour fut fatal à l'un desdits pronostiqueurs, avocat du Parlement, nommé Goiset, qui a pensé être mis en prison pour cela. On dit que ce fut lui qui prédisit l'évasion du duc de Beaufort le 31 mai, dès Pâques.

— Jeudi 10, conseil d'en haut à cinq heures du soir. Grand bruit de la paix faite en l'Empire, pour nous aussi bien que pour la Suède. Notre gazette en parle fort, avant le 12.

— Vendredi 11, la Reine fut à la dévotion populaire à Sainte-Geneviève-du-Mont ; comme le mardi, jour de Notre-Dame, elle fut ès Cordeliers se confesser à son confesseur, qui est octogénaire et indisposé.

— Samedi matin 12, les premières chambres du Roi et de la Reine partent pour aller à Ruel.

Avis confirmé que M. le Prince a reçu un coup de mousquet au croupion ou à la hanche, dont la balle défaillante en l'arc de sa chute et rencontrant la basque de buffle de ce prince, qu'elle a pourtant percée, s'est applatie contre la chair, y faisant une contusion grosse comme un œuf. Bruit qu'il retourne à Paris et qu'on lui envoie carrosse au devant, par relais. Son bagage est ici dès il y a huit jours.

— Dimanche 13, entre six et sept du matin, le Roi ayant M. le Cardinal, le maréchal de Villeroy et Jarzé, capitaine de ses gardes, en son carrosse, s'en va à Ruel, sans autre escorte ni suite que de ses valets de pied.

La Reine part après midi, promettant à M. le duc d'Anjou de le venir voir souvent ici, où il est demeuré, pour achever de se guérir de sa petite vérole.

Bruit court que M. Tubeuf est congédié et tout chacun de ses amis le va voir à Issy, ou l'on le trouva l'après-dîner jouant en sa maison. La Reine dit tout haut, en partant sur les deux heures, que cela étoit faux.

Le maréchal de la Meilleraye partit après la Reine, lui douzième, à cheval, pour Ruel.

Autre bruit, semblablement faux, que M. du Plessis Guénegaud avoit fait emporter hors de Paris ses plus précieuses hardes et argent. — Item que les maréchal d'Estrées, sieurs de Senecterre et Bautru avoient fait de même.

— Mardi matin 15, le Parlement s'assemble et le tarif y a été proposé, mais différé au mardi 22.

Ce jour, avis confirmé de la reddition de Furnes, où douze cents hommes se sont rendus prisonniers au maréchal de Rantzau, et que M. le Prince, blessé, vient d'Amiens par carrosses de relais.

Le marquis de Brionne, fils du comte de ce nom, ayant enlevé la demoiselle d'Hostel-Choiseul, dite L'Enjolette, et s'étant marié à elle dans l'église et bourg de la Chapelle, entre Paris et Saint-Denys, meurt de la petite vérole, convertie en pourpre, dans sa maison, rue du Mail à Paris, huit jours après son mariage et le quatrième ou cinquième de son alitement.

— Jeudi 17, billets séditieux se trouvent dans les rues de Paris, portant avis au peuple et Parlement d'empêcher que l'on n'emmène du Palais Royal M. le duc d'Anjou qui y est, se guérissant et déjà levé de sa petite vérole et que l'on veut ôter de là, sous ombre de l'envoyer à Saint-Ouen, près Saint-Denis, prendre l'air en la maison du sieur de Mauroy, ni souffrir qu'on fasse sortir aucuns canons de l'Arsenal.

— Vendredi 18, sur les onze heures du matin, M. du Plessis de Guénegaud, secrétaire d'État, et M. de Guénegaud, trésorier de l'Épargne, son frère, et le sieur d'Amontot étant au château de Vincennes, à visiter M. de Chavigny, qui en acheta le gouvernement du duc de Chaulnes pour quarante milles livres, il y a plusieurs années, et qui, depuis huit jours, indisposé, s'étoit retiré là, où il avoit fait mener plusieurs chariots chargés de meubles, tant pour lui et sa famille que pour accommoder le prince de Ligne, le baron de Beaufort, fils du général Beck, mort en la bataille de Lens, dom Gabriel de Moledo et dom Miguel de Cuña, intendant ou proveydor général en l'armée de l'Archiduc, tous prisonniers de cette bataille, étant avec Fernand Solis et autres dans ledit château, au quartier du sieur de L'Isle, lieutenant dudit sieur de Chavigny, arriva le sieur de La Primaudaye, avec ordre du Roi et parla auxdits prisonniers qui ont, au moins le prince de Ligne, permission et passeport de s'en aller sur leur parole à Bruxelles, à la charge de se représenter et retourner audit château et en la main du Roi dans deux mois ; puis montra son ordre audit sieur de Chavigny, portant qu'il eût à partir de la place et s'en aller ce jour même, sans délai, droit à Chavigny, qui est en Touraine, près Chinon, avec sa famille.

Là dessus, sa femme étant entrée au carrosse dudit sieur de Guénegaud pour s'en aller en sa maison de Paris y donner ordre, comme il étoit sur le pont levis, le sieur de Droué, capitaine aux gardes, l'arrêta au corps de garde de dehors, où ses soldats s'étant postés et aucuns d'eux avec lui entrés dans le château, ils laissèrent aller le carrosse desdits sieurs, la dame de Chavigny étant descendue et rentrée par ce second ordre. Elle trouva son mari prisonnier, son lieutenant et garnison ancienne congédiés et elle commandée de partir sur l'heure pour s'en aller à Chavigny.

Elle pria La Primaudaye de supplier M. le Cardinal qu'elle pût aller à Ville-Savin, maison de son père, à côté de Blois, acommodée, que non pas à Chavigny, qui est à son beau père, M. Bouthillier et qui n'est point maison accommodée pour habiter ; et [elle pria] le sieur de Droué, que puisqu'il falloit qu'elle partît ce soir, elle pût aller à Plaisance, une lieue près, coucher chez son père. On lui permit tout. Elle prit les charrettes de la Pissotte et fit toute l'après dîner transporter ses meubles hors du château de Vincennes. Saint-Martin demeura avec M. de Chavigny qui le demanda ; mais le lundi 21, il le quitta, par ordre exprès de la cour et s'en revint à Paris, en même temps que l'on mit M. de Chavigny dans le donjon.

La nuit du vendredi au samedi, ordre à M. de Châteauneuf de partir de Montrouge et s'en aller à Châteauneuf en Berry. Autres disent à Ruffec, maison de sa belle-sœur de Hauterive, par delà Angoulême.

— Samedi 19, sur les quatre heures après dîner, la Reine fut au quartier de M. le Cardinal, à Ruel, lui dire et consoler la mort de son frère le cardinal de Sainte-Cécile, fra Michaele Mazarini, de l'ordre des Frères Prêcheurs et archevêque d'Aix, arrivée à Rome le 1er de septembre, peu de jours après qu'il y fut retourné de France. Le bruit commun vint qu'il y soit passé avec millions, et que son père, il signor Pietro Mazarini, soit fort malade, et le Pape aussi.

Le même jour, avis que le maréchal d'Estrées est arrêté, de la part du Roi, en sa maison des champs, à Cœuvres. — Faux.

Le bruit vint que les frères Bautru le soient aussi et le commandeur de Jars congédié de la cour. — Faux. — Bautru est à Ruel, bien en cour.

Nouvelles par diverses lettres des contrées de Navarre et d'Aragon, comme il y a eu grand remuement, et que sept grands d'Espagne ont là-dessus voulu prendre leur temps pour se saisir ou défaire de la personne du Roi d'Espagne qui est demeuré blessé, mais aucuns de ces grands ont été arrêtés. Entr'eux on nomme le duc d'Albuquerque et don Francisco de Mello, jadis gouverneur des Pays-Bas, qui ayant son origine et toute sa parentèle en Portugal, auroit induit les autres à choisir le prince de Portugal, qui est de grande espérance, pour le marier à l'infante d'Espagne et ainsi réunir tous les royaumes et esprits et rétablir la monarchie espagnole par une paix et accommodement avec la France, en vengeant le honteux traité des Hollandais et reprenant sur eux tout ce qu'ils ont usurpé de la monarchie.

M. le prince de Condé arrive de l'armée à Chantilly et de là passe à côté de Paris, sans entrer dans la ville, et va à Ruel en cour.

— Le dimanche 20, M. du Plessis, secrétaire d'État, porte la patente de commission scellée du grand sceau et signée par lui en commandement à M. le président de Mesmes, pour la présidence que le Roi lui donne en la Chambre de Justice, nouvellement accordée aux demandes du Parlement.

Grand bruit et soupçon parmi le peuple que les troupes du général Erlach, qui sont entre les rivières de Somme et d'Oise à se rafraichir, sont pour venir aux environs de Paris, affamer la ville.

— Lundi 21, le prince de Ligne, sorti sur sa parole du château de Vincennes, vient ouïr la messe à Saint-Louis, rue Saint-Antoine, et quatre pères jésuites le ramenèrent jusqu'à son carrosse.

L'après dîner, conseil d'en haut à Ruel, d'où M. du Plessis, retournant à huit heures du soir, passe chez le président de Mesmes.

Ce jour, à deux heures de l'après midi, M. de Chavigny fut conduit de son appartement, où il avoit été arrêté vendredi, dans le donjon, suivant l'ordre de la cour, sur lequel il a trouvé à redire et a contesté avec le sieur Du Bois, exempt, qui est là avec quatre des gardes de la Reine. C'est le même exempt qui y avoit conduit le 26 août le président de Blancmesnil; et le sieur de Saint-Martin, qui étoit toujours, à sa demande, demeuré avec lui, fut congédié et s'en retourna à Paris.

— Mardi 22, au matin, le Parlement assemblé, où le président Violé, pour son ami M. de Chavigny, et de Novion, grand président, parlèrent fort et nommèrent le cardinal Mazarin qui avoit jusqu'alors été épargné, arrêta que députés seroient envoyés vers la Reine la prier de ramener le Roi à Paris pour rassurer le peuple étonné de l'avoir entendu sortir de la sorte qu'il sortit de la ville; que messieurs les duc d'Orléans, princes de Condé et Conti seroient invités à se trouver le lendemain matin au Parlement, à la délibération qui s'y feroit.

Les députés furent à Ruel; le Premier Président parla. La Reine, sans faire aucune mention de retour, répondit simplement que le Roi étoit sorti de la ville à cause du mauvais air. M. le duc d'Orléans répondit qu'il ne pouvoit s'absenter du Roi et qu'il étoit résolu de demeurer continuellement près de Sa Majesté, pour la servir et faire obéir, et que, s'il en usoit autrement, ce seroit une tache pour lui. Ce que les princes de Condé et de Conti dirent aussi, par le même mot de « tache ».

Le Chancelier dit que la Reine n'avoit aucune défiance du peuple, ni aussi animosité aucune contre lui, ayant oublié tout ce qui s'étoit passé; mais que cependant l'assemblée outrepassoit ses pouvoirs, étant vrai qu'il n'avoit eu prolongation de s'assembler que pour la confection du tarif et non pour faire députation, ni demandes nouvelles.

Le Premier Président répliqua que cela procédoit du côté des ministres qui avoient promis de ne rien attenter ni innover; que toutefois on avoit amené le Roi de la manière que chacun sait (à la dérobée), et fait de nouveaux prisonniers d'État (M. de Chavigny), sans qu'on en puisse savoir ni effleurer le sujet et que ces procédés mettent tout le monde en appréhension. Qu'au surplus, l'assemblée du Parlement s'entendoit tellement continuer, pour les occasions survenantes, que même quand il n'auroit point eu de permission de se continuer et qu'il auroit été en pleines et pures vacances, il n'auroit pas laissé, pour semblable occasion, de faire ce qu'il a fait en son assemblée et députation.

Le soir, conseil d'en haut où tout ce que le Parlement avoit fait ce jour là fut cassé.

M. le duc d'Anjou, qui étoit demeuré jusqu'à ce jour là, se guérissant de la petite vérole, fut emmené hors du Palais-Royal coucher à Buzenval, à côté de Ruel.

Préparatifs de cour pour s'en aller le lendemain à Saint-Germain-en-Laye.

La nuit d'entre le 22 et le 23, on a enlevé de l'Hôtel de Condé ce qu'il y avoit de précieux.

— Mercredi matin 23, M. de Chavigny enlevé hors du château de Vincennes, on ne sait où.

Ce même matin, le Parlement assemblé arrête que remontrances seront faites à la Reine sur l'arrêt du Conseil d'État du soir précédent et sur le présent état des affaires, et ce, par écrit.

Les Prévôt des Marchands et échevins de la ville, envoyés quérir, à eux enjoint de pourvoir à la sécurité et subsistance de la ville, en faisant venir librement, à l'ordinaire, tous les vivres et provisions de la campagne en la ville. Et pour ce qui est de faire garde ès portes, on y avisera au prochain jour, mais demain et jours suivants on continuera la délibération incessamment, et pour cela il n'y eut que trois voix de plus, dont celle de M. du Lonzat étoit une.

Le soir, les Prévôt des Marchands et échevins sont mandés à Ruel, où la cour demeure.

M. de Chavigny, enlevé du donjon du château de Vincennes et conduit par Saint-Denis, Pontoise et la route du Hâvre, où il est demeuré dans la citadelle, où il se promène par les cours et bastions, le lieutenant de madame d'Aiguillon le traitant bien.

La Reine d'Angleterre arrive au Louvre, à Paris.

Le populaire pille un carrosse où il y avoit de l'argent, passant sur le pont Marie, en l'île, pour la dame de Bretonvilliers ; et un chariot chargé de meubles, vers la rue de Montorgueil ou de Montmartre, dont toutefois il y a eu beaucoup de rendu ; en Grève aussi, un muid de blé, que deux jésuites pensoient enlever, après l'avoir payé soixante écus, qui est quinze livres le setier.

Ce jour, madame du Plessis s'en va coucher, avec madame la comtesse de Miossens, à Meudon, chez madame de Guénegaud, leur mère. Mais ce soir même, à six heures, madame d'Orléans y arriva avec ses enfants et son train et y coucha, comme aussi le lendemain, et n'en partit que le vendredi, après midi, pour Saint-Germain.

— Jeudi 24, que le Parlement étant assemblé à Paris, y vinrent au parquet des gens du Roi les sieurs de Choisy, de Caen, chancelier de M. le duc d'Orléans, et chevalier de Rivière, agent de M. le prince de Condé, chargés d'une lettre chacun, de la part de leurs maîtres, signée l'une « — Vostre meilleur (affectionné en l'imprimé) ami — Gaston, — Messieurs, — » sans laisser de vide, l'autre « — Vostre humble (en l'imprimé très humble) et très affectionné serviteur, — Louis de Bourbon, — Messieurs » avec une ligne entière : et en la souscription, pour la lettre du duc d'Orléans « — A Messieurs de la Cour de Parlement du Roi, à Paris — » ; mais la véritable : « — A Messieurs les gens tenant la cour du Parlement du Roi Monseigneur et neveu à Paris » ; la véritable de M. le Prince : « — A Messieurs de la Cour du Parlement de Paris. — » Toutes deux prient la compagnie de députer et envoyer le lendemain vendredi 25, dès le matin, pour dîner à Saint-Germain, où cependant Leurs Majestés allèrent de Ruel coucher le jeudi soir, et là conférer sur les affaires présentes.

Les gens du Roi ayant introduit les deux envoyés, ils donnèrent chacun sa lettre, dont lecture fut faite en la Grande Chambre, en présence d'eux, assis ; après quoi, le Premier Président leur ayant demandé s'ils avoient rien à dire, ils firent chacun un petit compliment, puis ils s'en retournèrent au Parquet, et M. Talon, avocat général, harangua avec ardeur, représentant au Parlement l'importance de cette conférence requise par les Princes, pour l'état des affaires et le service du Roi; après quoi il y eut arrêt que six seroient députés; à savoir le Premier Président, celui de Novion, ceux de Blancmesnil et Viole et encore deux autres, pour aller à ladite conférence qui se feroit à Saint-Germain avec les princes du sang, M. de Longueville et M. le Chancelier, s'il en vouloit être. Bien entendu que s'il plaît à la Reine d'y être aussi, à la bonne heure, mais aucun de plus, le cardinal Mazarin en étant particulièrement exclu.

Ils doivent commencer par se plaindre de la défiance que l'on témoigne, puis demander que pour lever cette défiance et assurer aussi le peuple, le Roi soit ramené à Paris, et que tous prisonniers d'État soient remis en liberté. Item que le quartier de la taille 1648 soit remis au peuple, à jour et à plein, et non pas après les charges déduites, comme porte la déclaration du Roi. Quand cela sera promis ou vidé, on entrera en conférence sur les désordres de l'État, et on priera les Princes de venir au Parlement.

Le maréchal de la Motte-Houdanconrt, élargi de sa prison de Grenoble, passe à Paris et s'en va en Picardie voir son père octogénaire.

— Vendredi 25, ils devoient partir à neuf heures du matin; mais on a dit par la ville que le président de Novion et le sieur de Blancmesnil s'étoient excusés d'y aller, comme n'y trouvant pas leur sûreté; et est vrai. Il n'y eut de présidents que le Premier et M. de Longueil-Maisons.

Sur le midi, lettres de la Reine au Prévôt des Marchands et aux échevins de Paris, qu'ayant été avertie que le bruit court par le populaire de Paris qu'elle veut affamer Paris, pour leur témoigner le contraire, elle leur envoie ses lettres et ordonne de les envoyer aux maires et officiers des autres villes et villages circonvoisins, auxquels Sa Majesté enjoint de faire tenir les vivres ordinaires, et encore plus abondamment, à ceux de Paris.

Le même vendredi, après midi, madame la duchesse d'Orléans partit de Meudon et alla coucher à Saint-Germain.

Les députés du Parlement furent à Saint-Germain, où ils furent bien dînés par le contrôleur général de la maison du Roi et y virent seulement les Princes, auxquels ils firent trois demandes, et une avant toutes, savoir la continuation du Parlement, par la bouche du Premier Président : la première que le Roi retournât à Paris pour assurer le peuple ; la deuxième que les prisonniers d'État soient mis en liberté et les exilés rappelés ; la troisième que le Roi, la Reine et les Princes donnent et pourvoient de sûreté suffisante aux députés du Parlement pour faire la conférence avec lesdits seigneurs Princes, après que ces trois demandes auront été vidées. On les remit à envoyer quérir leur réponse dimanche prochain.

— Samedi 26, dès le matin, les lettres du duc d'Orléans et du prince de Condé furent imprimées et éditées dans Paris.

Fontrailles est mal en cour et guetté par une escadre de cavalerie, se promenant au bout de la rue où il loge, découverte par un de ses amis, qui l'alloit visiter et l'avertit. Lui se tint caché et envoya son carrosse, un des siens dedans, le rideau tiré qui fut aussitôt arrêté par cette cavalerie, qui, se trouvant moquée, se retira de là.

— Dimanche 27, le Parlement, par ses députés, retourna dîner à Saint-Germain, fut bien traité et vit la Reine ; et s'assemblant avec les Princes seuls : — Sur la continuation du Parlement durant les vacances, leur fut accordée pour huit jours, sans préjudice de la première parole de créance jointe à la première continuation de prolonger autant qu'ils en auroient besoin. — Sur le retour du Roi à Paris et la comparution ou venue des Princes au Palais, en Parlement, fut répondu qu'il n'y avoit pas assez de sûreté de la part du peuple. — Pour le troisième point, concernant les prisonniers qui doivent être interrogés au bout de vingt-quatre heures après leur capture, le Chancelier qui s'y trouva, comme aussi le maréchal et surintendant de la Meilleraye et avec lui M. Tubeuf, parla, disant que l'ordonnance en avoit été faite par les Rois pour montrer et prescrire aux juges et officiers du Royaume comme ils en devoient user dans les formes ordinaires, mais ce n'est pas dire que le Roi se soit lié les mains par là et astreint d'en user de même pour les prisonniers d'État, dont les crimes sont souvent si secrets, que même il n'est pas à propos qu'on leur donne à connoître à eux-mêmes que c'est pour cela que l'on les a emprisonnés. — Pour le quatrième point, de la sûreté du Parlement, on la lui promit toute entière, jusqu'au bout de la conférence, laquelle on a ce jour même commencée, en faisant voir les rôles ou registres et livres des états des finances ; et la continuation fut remise à jeudi prochain.

Bruit que le courrier de la conclusion de notre paix avec l'empire est arrivé.

Le maréchal de Gramont arrive de l'armée en cour, et le général Erlach, qui a été très bien reçu et qu'on dit être fait maréchal de France et après lui les sieurs de la Ferté-Imbaut et Sennecterre et encore les sieurs de Villequier et de Châtillon-Colligny.

Arrivé aussi un envoyé des Pays-Bas pour Espagne et subdélégué du comte de Peñaranda avec lequel M. le Cardinal se tient enfermé des trois et quatre heures de suite.

— Lundi 28, bruit que les Catalans ont pris les armes contre nous et que le maréchal de Schonberg s'est sauvé.

Maréchal de la Motte-Houdancourt va en cour, où M. le Cardinal le reçoit et lui promet pareille amitié que le défunt cardinal de Richelieu lui portoit. Le maréchal lui donne assurance de service fidèle.

— Mardi 29, autre bruit qu'un grand d'Espagne, envoyé de la part de son Roi, est arrivé en France; c'est un envoyé de Peñaranda.

Autre que les crocheteurs, vagabonds volontaires et gueux de la ville se sont assemblés en grand nombre sur le boulevard Saint-Antoine pour aviser entre eux quelles maisons ils attaqueroient pour piller, l'occasion arrivant.

Le petit duc d'Enghien est emmené hors de Paris, à la campagne.

— Mercredi matin 30, le Parlement assemblé et tous y étant, le Premier Président leur a fait, selon la coutume, relation de ce qui s'est passé à Saint-Germain, ès deux voyages que les députés y ont été avec lui. De ce récit il paroît que les ministres se veulent accommoder et que le Parlement ne s'en éloigne pas. Leur prochaine assemblée a été remise à vendredi, deuxième d'octobre; et cependant ils doivent retourner à Saint-Germain demain.

Ce jour, madame de Vendôme se trouve au Palais, présentant sa requête entre les mains de M. Laisné, qui, suivant l'avis des Parlement et présidents, la remit en celles de M. Chevalier, de la Grande Chambre, qui ne la rapporta point, à cause de la presse des autres affaires pour l'État. Elle demandoit que le duc, son mari, eût permission de retourner en France vivre en une de ses maisons en sûreté et que son fils, le duc de Beaufort, se pût justifier.

Octobre.

M. Le Tellier en mois de secrétaire d'État.

Quartier de Villequier, capitaine des gardes du corps.

— Jeudi, premier d'octobre, jour de saint Remy, continue la conférence encommencée, quoique quelques jeunes ne fussent pas d'avis que l'on y retournât.

Bruit que l'Aragon est révolté contre le roi d'Espagne, sous don Francisco de Mello.

Le sieur de Saint-Romain, fils puîné du sieur de Lingendes, premier commis de M. du Plessis, secrétaire d'État, porte des lettres de cachet du Roi au duc de Montbazon, gouverneur de Paris et de l'Isle-de-France, et au maréchal d'Estrées, ici, naguère retourné de Cœuvres, près Soissons, lieutenant du Roi audit gouvernement. On espéroit que c'étoit pour donner part au peuple de la paix d'Allemagne, mais il se fait que cette paix n'est point faite, comme on croyoit, et que le courrier de M. Servien avoit fait croire; même l'envoyé du comte de Peñaranda, trouvant le Cardinal serré, s'est tenu lui-même aussi serré, et s'en est allé sans rien faire. Mais le nonce du Pape, étant jeudi allé à Saint-Germain, d'office et sans être requis ni attendu, représenta à M. le Cardinal les raisons qui le devoient porter à la paix d'Espagne. Sur quoi, il a envoyé après ledit envoyé d'Espagne pour le faire arrêter, quelque part qu'on l'atteigne, et l'obliger à retourner pour une seconde fois vers M. le Cardinal.

Ce même jour de jeudi, premier octobre, les députés du Parlement allèrent à Saint-Germain, où presque tous les présidents, qui se prétendent naturels députés, qui n'y avoient point encore été, y furent. M. le Chancelier s'y trouva avec les Princes. Sur le point du relâchement des prisonniers et de la sécurité publique, il fut, par les députés, dit et allégué que Louis XI, roi sévère et qui avoit en son règne emprisonné toutes sortes de gens à tort et à travers, comme s'en repentant, avoit fait une ordonnance, qui se trouve en la conférence des ordonnances ou volume de Fontanon, par laquelle il ne vouloit point qu'un officier, quel qu'il fût, pût être destitué ni privé de sa fonction qu'après poursuites, contre lui juridiquement faites, par devant ses juges naturels. Depuis lors, cela s'est pratiqué, les offices n'étant point vénaux, on n'en a ôté aucun à personne qu'en l'an 1561, le Roi en destitua un de sa fonction pour contenter le roi de Navarre; mais ce ne fut que pour trois jours, au bout desquels il fut rétabli, comme aussi sous Henri IV cela est arrivé. Et n'y a que sous Louis XIII, sous le gouvernement du cardinal de Richelieu, après celui de Luynes et du maréchal d'Ancre qui avoient commencé, que la destitution et interdiction des conseillers du Parlement et des chambres entières ont eu lieu. Le Parlement demande donc qu'à présent la Reine donne sûreté et promette s'abstenir de telles choses, en rappelant les exilés et libérant les prisonniers. M. le duc d'Orléans a été contre cela, disant que c'étoit la sûreté de l'Etat que le Roi et son Conseil puissent destituer les brouillons et se saisir des gens suspects etc. Et sur ce que le Parlement a représenté que cette sûreté qu'il demandoit, regardoit lui et les autres Princes, il a répondu que les princes devoient vivre près du Roi et de la Reine si bien, qu'ils ne donnassent sujet de devenir fâcheux ni suspects, et que, pour lui, il y vivoit de sorte qu'il ne craignoit point de tomber jamais en tel inconvénient.

Enfin le Parlement est retourné le soir même à Paris sans rien obtenir, sinon que samedi prochain il eût à retourner par les mêmes députés pour avoir la réponse sur cette demande que M. d'Orléans se chargeoit de porter à la Reine, mais n'assuroit pas d'obtenir. Cependant M. le Chancelier a rendu auxdits députés tous les articles des assemblées ci devant tenues par les cours unies dans la chambre Saint-Louis, avec la réponse à chacun d'iceux, selon qu'ils sont accordés ou non. Là, le quartier de la remise de la taille au peuple pour 1648 n'est qu'à condition des charges préalablement déduites. Le Chancelier a ajouté que si le Parlement ne reçoit l'offre de la Reine, ainsi qu'elle l'a fait, elle ne tiendra rien de toutes les autres choses par elle accordées sur les autres points.

— Vendredi 2, au matin, madame de Vendôme se trouve à la porte de la Grande Chambre, faisant sollicitation pour le retour de « monsieur son mari », comme elle parle, et l'absolution de son fils, suivant la requête par elle présentée le mercredi 30 septembre dernier. Il n'y a pas eu un seul conseiller à qui elle n'ait parlé trois mots. Cependant ils se sont assemblés tous et ont, après avoir eu la relation du Premier Président de ce qui se passa hier à Saint-Germain, remis une seconde assemblée, ce jour même vendredi, après dîner, pour travailler au tarif; en laquelle ils ont commencé, sur le rapport de MM. de Broussel et Ferrand, rapporteur, à ordonner sur ledit tarif; et ainsi ont donné un arrêt portant abolition des quarante sols qui se levoient pour chacun bœuf, des cinq sols sur chaque veau et mouton, vingt sols par vache, douze sols pour porc, mentionnés au tarif du 26 janvier, qui est un droit vérifié en la Cour des Aides, au lieu et place du sol pour livre que le Roi demandoit, et ce, pour chaque bête entrant à Paris.

Les six corps des marchands de Paris s'assemblent secrètement par leurs gardes ; et principaux d'entr'eux résolus d'aller trouver le Roi et l'assurer de ne point tremper en rien de ce qui se passe et s'est passé contre son service.

— Samedi 3, les députés du Parlement furent à Saint-Germain et y dînèrent par ordre du grand maître de France, M. le Prince, lequel, avec le duc d'Orléans, suivi du Chancelier, les vint trouver assez tard et dit le Chancelier, d'abord, qu'on ne se savoit assez étonner comme le Parlement, durant une conférence qui est comme une surséance et trêve entr'eux, a donné l'arrêt d'ôter les quarante sols pour chaque bœuf que l'on payoit au Roi pour avoir gratifié son peuple de la remise du sol pour livre; à quoi le Premier Président repartit vertement que le Parlement s'étonnoit lui-même comme, puisque le Roi en avoit gratifié son peuple, on lui avoit si longtemps fait payer ces quarante sols, sans que Sa Majesté en profitât. Et ainsi eurent plusieurs paroles, le Premier Président disant que c'étoit lui qui avoit signé ledit arrêt d'hier et avoit eu raison.

De là il passa sur certains droits et offices que ledit Chancelier a établi sur le sceau et qui seront ou doivent être ôtés comme abusifs et à la foule du peuple. Le président de Nesmond interrompit, disant que ce n'étoit l'objet de leur venue, mais pour avoir contentement et réponse précise sur la sûreté de leurs personnes et de tout le monde et pour le relâchement des prisonniers. M. le duc d'Orléans dit que tous engageoient leur parole avec celle de la Reine que dans trois mois les prisonniers auroient liberté, sur quoi le Premier Président dit que ce n'étoit contentement, ains amusement et se voulut lever pour s'en aller. Le prince de Condé parla et le retint, disant qu'il iroit avec M. d'Orléans supplier la Reine là-dessus et s'y en alla, le Chancelier aussi avec eux et furent si longtemps que le Parlement s'ennuya et s'en voulut aller : là-dessus les Princes et le Chancelier retournèrent et voulurent recommencer ; mais le Parlement dit qu'il ne se pouvoit annuiter et que le jeudi précédent le peuple impatient de ce qu'ils ne retournoient point avant la nuit, fut sur le point de se mutiner et tendre les chaînes, craignant qu'on ne les eût retenus à Saint-Germain pour entreprendre sur Paris et qu'ils vouloient, à ce coup, prévenir tel désordre. Les Princes étonnés prièrent qu'ils revinssent mercredi, et, sur refus, lundi ; mais le Premier Président dit qu'il falloit finir et qu'ils ne croyoient pas que le peuple les voulût laisser retourner :

— toutefois que le lendemain dimanche 4, après dîner, ils reviendroient et se rendroient là sur une à deux heures, pour la dernière fois, comme ils ont fait ; et ont obtenu par écrit de la Reine (laquelle a désiré un contre écrit des Princes, comme tel étoit leur avis et ils l'ont baillé à Sa Majesté) et [des] Princes, qu'aucun officier ne seroit emprisonné, qu'au bout de vingt quatre heures il ne fût livré à ses juges naturels, pour lui être faite interrogation et procès. Que quant aux personnes d'autre qualité, dans trois mois ils seroient rendus au Parlement, ou autres, leurs juges naturels, pour leur faire procès.

Paroles le soir entre la Reine et M. le Cardinal qui demanda à se retirer, sur ce que Sa Majesté dit que tout ce qui étoit arrivé étoit par ses conseils ; MM. Le Tellier et de Lyonne furent toute la nuit allant et venant vers eux ; le lendemain, lundi matin, cela se raccommoda.

Les sieurs Bouthillier et de Ville-Savin étoient là samedi et firent par le marquis de Mortemart et M. Tubeuf savoir de M. le Cardinal, s'ils le pourroient voir, qui dit qu'il n'étoit besoin, mais qu'il trouvoit bon qu'ils sollicitassent pour M. de Chavigny et que c'étoit la bonne voie de le tirer de prison.

Les Princes ont requis du Parlement qu'il ne parlât plus du tarif. Le Premier Président a répondu qu'il avoit commencé ; que c'étoit l'attente du peuple, lequel il ne falloit tromper, et qu'ainsi il acheveroit et promptement.

— Lundi matin 5, l'arrêt du Parlement du vendredi 2 a été publié par les rues, imprimé, portant défense à tous commis de la ferme en pied de lever les vingt sols par vache, quarante sols par bœuf, cinq sols par veau et par mouton et douze sols par porc, à l'entrée des faubourgs et ville de Paris, à peine de concussion.

Le Parlement étant assemblé, le Premier Président a fait la relation de ce qui se passa hier à Saint-Germain et exhibé le papier qui leur fut baillé touchant la sûreté publique, lequel a été laissé entre ses mains et des mêmes députés, qui l'apportèrent hier pour l'examiner et en faire leur rapport mercredi prochain en l'assemblée qui se tiendra pour résoudre ce qu'il faudra là-dessus. On a aussi arrêté que, ce même mercredi, on délibérera sur toutes les réponses données à Saint-Germain par M. le Chancelier, sur les articles du cahier des propositions faites par les cours unies en la chambre Saint-Louis, les mois passés dernièrement, cet été.

— Mercredi 7, la délibération a été mise sur le tapis mais remise au lendemain matin et après dîner

— jeudi 8, que l'on s'est assemblé. On y a ébauché le fait des rentes ou droits achetés sur le Roi que aucuns particuliers ont vendus ou baillés en payement au Roi, aux deniers quatorze et dix-huit, et qu'ils avoient achetés à d'autres particuliers ou du Roi même au denier quatre ou cinq, au plus, afin de leur faire rendre gorge. — Item pour le tarif pour le bois, le vin, etc., force charretiers, porteurs et gens du port s'étant trouvés au Palais pour cela, et dont la Reine a reproché à M. de Broussel sa lenteur ordinaire et aiguillonné le Parlement à se hâter.

L'assemblée remise à samedi pour tout le jour, quoique ce soit la foire Saint-Denys.

Ont été aussi, ledit jeudi, après dîner, donnés deux arrêts, l'un qu'aucun fils, frère, commis, adjoint, associé et participant de traitans ne sera reçu à office en cour souveraine; et si aucun y a été reçu déjà, il y demeurera, mais ne pourra être promu à autre charge de cette nature. — Item un autre arrêt portant que tous les biens des traitans, ceux de leurs femmes, enfants et auteurs dont ils ont droit de succéder, sont et demeureront affectés à leurs dettes, nonobstant toutes séparations, renonciations, émancipations et autres actes quelconques tels, faits ou à faire pour les mettre à couvert.

Ce jour, le sieur de Langlade-Comminges, capitaine au régiment des gardes, est mort à Paris, des blessures qu'il reçut à la tête en la bataille dernière de Lens.

Permission à M. de Chavigny d'écrire à sa femme et à son homme d'affaires à Paris et de recevoir aussi de leurs lettres.

Le président de Mesmes mal des deux côtés, M. d'Avaux fort [fatigué] de la cour et de sa charge de surintendant.

Le prince de Condé en pourparlers sur le fait de l'Amirauté

qu'il prétend et a demandée à la Reine avec bonne réponse, avec M. le duc d'Orléans, qui veut attendre l'accouchement de madame sa femme avant que d'y consentir.

Le duc de Beaufort à Paris secrètement et faisant ses visites de nuit seulement.

— Samedi 10, le Parlement, assemblé le matin et l'après dîner, expédie tous les articles de la chambre Saint-Denis, avec les réponses y baillées depuis peu dans Saint-Germain par M. le Chancelier; de quoi l'on dresse mémoire en articles dont sera fait une déclaration de la part du Roi, pour servir de règlement à tout ce dont le Parlement et le ministère sont en discord.

Ce jour devoit partir le maréchal de la Motte-Houdencourt pour aller commander les troupes destinées pour s'opposer à celles de l'Archiduc vers la Thiérache; il ne partit point et n'a bougé.

Le point des boues réglé; de sorte qu'en chacun des seize quartiers de Paris, il y aura notables bourgeois choisis et chargés de l'argent contribuable au nettoiement, dont ils auront le soin et rendront compte.

— Dimanche 11, à quatre heures du matin, madame de Guénegaud fait une fille pour premier enfant.

— Lundi 12, le matin et l'après dînée, jusqu'à sept heures du soir, le Parlement assemblé sur le tarif n'a rien arrêté. Le Palais plein de vignerons, marchands de vin, et bateliers et charretiers qui ont leur vin hors de la banlieue de la ville, attendant le règlement avant qu'entrer, ont fait grand bruit, parlé à Messieurs insolemment et en jurant qu'ils vouloient un arrêt et que si l'on ne leur faisoit raison, ils se la feroient eux-mêmes. Sont allés au carrosse de M. Le Féron, président en la deuxième des Enquêtes et continué cette année Prévôt des Marchands de Paris, qui s'est retiré à sauveté, l'ont voulu mettre en pièces, ont rompu les harnois des chevaux et pièces dudit carrosse, emportant les casaques des cocher et laquais, qui se sont sauvés, ont menacé d'aller à la maison dudit sieur Prévôt, à la Barre du Bec et de la piller; dont lui, intimidé, en a fait transporter les argenteries et choses de prix.

Madame de Vendôme se trouve au Palais à solliciter. M. Chevalier, conseiller en la Grande Chambre, chargé de sa requête, la veut rapporter et le Premier Président l'empêche, disant que c'étoit une affaire de la Grande Chambre, où le procès de M. de Beaufort étoit commencé depuis deux ou trois ans et non pas des chambres assemblées, comme alors elles étoient, pour les seules affaires de l'État, qu'il falloit expédier, quoique le retour de M. de Vendôme fût aussi de ladite requête.

Madame la duchesse d'Orléans accouchée d'une fille à Saint-Germain-en-Laye, le mardi à deux heures après minuit, entre lundi et mardi.

— Le mardi matin 13, les mêmes marchands et gens de l'eau et de charroi ont arrogamment demandé un arrêt au Parlement assemblé. Enfin il a arrêté qu'il plaira à la Reine ôter des impôts sur le vin, cinquante huit sous par pièce d'entrée (quoique passés par la vérification de la Cour des Aides, que le Parlement prétend n'être que registrement; la vérification de tous édits lui appartenant à lui seul), qu'on dit monter par an au plus six cens mille livres et que les droits que les officiers créés sur la ferme du vin exigeoient et se taxoient eux-mêmes seroient réduits aux deux tiers, jusqu'à ce qu'ils eussent produit leurs titres, en vertu desquels ils jouissent, au Parlement.

Une lettre de cachet est venue avec ordre d'aller à Saint-Germain.

Les députés y sont arrivés à trois heures de relevée. Le Premier Président a dit à la Reine que la raison d'ôter cette entrée étoit parce que c'étoit un impôt jadis mis et établi seulement pour trois ou quatre ans et qui depuis avoit été par abus continué sans lettres du Roi. La Reine a dit que les délais, dont le Parlement usoit, minoient les affaires du Roi et qu'ainsi il avoit [devoir] de finir dans demain, moyennant quoi, elle offroit de rabais sur toutes les levées qui se font à Paris, la somme de douze cens mille livres par an. Le Premier Président a répliqué qu'il étoit impossible de finir dans demain, y ayant encore beaucoup à examiner sur le tarif. La Reine s'est retirée en un coin du cabinet avec son Conseil, les députés en un autre coin, puis, eux faits venir, le Chancelier a dit de la part de la Reine qu'elle faisoit le rabais de douze cens mille livres à Paris, outre l'impôt tout nouvellement et cette année mis de vingt et un sols par muid, pourvu que le Parlement cessât ses assemblées dans jeudi soir, sauf à lui à députer commissaires pour le règlement de ces douze cens mille livres sur toutes les denrées sur lesquelles on lève; et qu'elle ne pouvoit pas accorder une déclaration du Roi, que le Premier Président avoit demandée, pour autoriser l'arrêté de ce matin là, pour les cinquante huit sols ôtés sur le vin, parce que cela iroit à donner telles déclarations tantôt sur le bois, or sur le charbon, or sur le sel et sur les autres denrées, qui iroient à des longueurs entièrement ruineuses aux affaires du Roi et à des sommes que les affaires du Roi ne sauroient souffrir.

Un prêtre du Collège, trouvé saisi d'un poignard et menaçant de quelque attentat, a été emprisonné.

Les charrons font imprimer et courir par la ville un billet disant que si l'on ne leur fait raison pour l'impôt sur le bois, ils se la feront.

— Mercredi 14, l'assemblée [du Parlement] se fit, mais ne termina rien, les voix n'ayant pas été recueillies : et l'assemblée remise à l'après dîner. Sur les onze heures et demie, comme on sortoit, le président de Nesmond fut accueilli par les marchands qui le poussèrent et lui déchirèrent sa robe.

L'après dîner, le Palais étoit tout plein de ces gens là, qui étoient pourtant à l'ordinaire, comme gens des champs et sans armes et qui à la fin, quand ils eurent arrêt s'en allèrent en criant « Vive le Roi ». On crut que le premier de ces gens là qui feroit violence seroit jugé et exécuté sur le champ dans la cour du Palais et à cet effet le bourreau étoit là. Il y avoit bon nombre de gentilshommes, archers, soldats et gens de toutes sortes armés, mêlés à la foule et qui étoient là pour escorter le Premier Président à sa sortie, outre les marchands du Palais qui sont pour lui. Il y a eu dans la délibération cinq ou six sortes d'avis et aucuns assez rudes, allant à la continuation de leurs assemblées et décharges sur le tarif, sans égard aux offres de la Reine. Enfin a prévalu celui qui porte un arrêt de décharge de cinquante-huit sols sur chaque muid de vin d'entrée en Paris ; et que, ce faisant, la Reine sera suppliée de faire monter ses offres jusqu'à deux millions, lesquels seront régalés sur les impôts de toutes les denrées, en y comprenant les cinquante huit sols rabattus sur le vin, à proportion desquels les commissaires rabattront quelque chose sur chacune des autres denrées. Et parce que les marchands ont été au Parquet des gens du Roi remontrer que les officiers qu'il y a sur le vin, eux-mêmes taxent leurs droits sur le prix des pièces de vin, et qu'ainsi, suivant l'arrêt d'hier, qui leur ôte un tiers de leur taxe, ils pourroient, pour regagner ce tiers, mettre la taxe totale au plus haut, l'assemblée a limité les droits de tels officiers à trente sols par chacun muid qui sont encore de grands droits et montant à quatre ou cinq cens mille livres par an, puisqu'il se consomme à Paris trois cens mille muids de vin, ou plus, par chacun an.

Sainctot fut à Saint-Germain porter cette nouvelle.

— Jeudi 15, l'assemblée du Parlement se fait inutilement, les rapporteurs ayant dit n'être prêts sur le tarif. Le Premier Président a voulu remettre après dîner, mais M. Broussel a dit être empêché, ainsi ce sera pour demain matin.

Cependant le sieur de Sainctot, parti ce matin avec M. du Plessis de Saint-Germain-en-Laye, est venu de la part de la Reine, vers laquelle les gens du Roi durent, en vertu d'une lettre de cachet, aller après dîner pour la supplier de donner les deux millions de rabais à Paris; ce qu'ils firent et trouvèrent la Reine retournant avec le Roi de Pontoise, de la visite de la mère Jeanne. Sa Majesté fit répéter deux ou trois fois la promesse de finir dans dimanche et, à cette condition, elle promit les deux millions, ajoutant qu'à proportion d'iceux, elle fit aussi diminution à toutes les villes du royaume.

— Vendredi matin 16, furent publiés les deux arrêts du Parlement donnés le 14, l'un pour le rabais de cinquante-huit sols six deniers sur les impôts du vin, l'autre pour la limitation à trente sols par muid de tous les droits que les contrôleurs-courtiers de vin levoient, et ce, par provision seulement, en attendant qu'ils aient rapporté et fait voir au Parlement les titres en vertu desquels ils perçoivent lesdits droits.

Le Parlement s'assembla pour ouïr la relation des gens du Roi de leur négociation à Saint-Germain du jour précédent; et ne fit rien plus, remettant d'achever le règlement des deux millions octroyés par la Reine (dont on croit que le rabais de l'impôt sur le vin absorbe et consume la moitié) sur les autres denrées au lendemain.

— Samedi matin 17, lettres de cachet à Fontrailles, portant commandement à lui de s'en aller hors de Paris en sa maison, ce qu'il a fait dès le lendemain.

Le Parlement assemblé pour finir, suivant la promesse des gens du Roi, portée à Saint-Germain, ne finit rien et M. Broussel dit que, pour l'après dîner aussi, il étoit empêché. Le Premier Président vouloit qu'on s'assemblât pourtant, mais force voix s'élevèrent et conclurent au contraire; ils ordonnèrent seulement que les gens du Roi retourneroient le lendemain,

— dimanche 18, à Saint-Germain, pour remercier la Reine de l'octroi qu'elle leur avoit fait et demander continuation pour le Parlement, ce qui fut fait; et la continuation encore pour quatre jours.

— Lundi 19, le matin se passa à l'assemblée à ébaucher leur déclaration, qui fut remise et achevée l'après dîner. M. Chevalier veut parler de la requête de madame de Vendôme et le Premier Président l'empêche; et les voix recueillies, l'heure passa et fit différer au lendemain,

— mardi matin 20, que l'assemblée demeura d'accord que la Reine seroit priée de remettre au peuple le quint de la taille exempt de toutes charges, et icelles préalablement déduites; et ordonna que, quant à la sûreté publique, les ordonnances de Louis XI et François Ier, touchant les détentions, examens et procédures des prisonniers ès prisons [seroient remises en vigueur], et que, par dessus tout, aucun officier ne pourroit être emprisonné, non pas même privé de la fonction de sa charge, en vertu de lettre de cachet du Roi, ou autre ordre tel, de la part des ministres d'État, sous le nom du Roi.

Les députés, qui ont été de jour à autre à Saint-Germain vers la Reine et les ministres, se sont assemblés, l'après dîner, chez le Premier Président, pour rédiger par articles toutes choses; et le lendemain,

— mercredi 21, ont été lus en l'assemblée du Parlement. Après quoi, le conseiller Coulon dit que ce n'étoit pas tout, et qu'il falloit parler de l'arrêt de l'an 1617, donné au procès du maréchal d'Ancre, contre le ministère des étrangers. Le Premier Président y contredit et la faction de Coulon fit bruit, en sorte que l'on en vint à opiner; mais elle fut plus foible de voix.

Nouvelles que le secours de quinze cens hommes et de douze mille pistoles est arrivé devant Crémone et que le maréchal du Plessis se prépare à venir ici, en cour, et qu'en sa place Chouppes, [commandant] de l'artillerie, commandera.

Autres [nouvelles], en même temps, que le siège est levé par nous de devant la place.

Le duc de Chevreuse ayant demandé le retour de sa femme à M. le cardinal Mazarin, qui le vouloit renvoyer à la Reine, enfin l'a obtenu de lui, et on a envoyé vers elle pour la faire venir. Elle pourra être à Paris quelques semaines, puis se retirera aux champs. Sa fille, née en 1625, a le bruit d'excellente beauté.

— Jeudi 22, les députés du Parlement, sur l'inclination du Parlement, et non simplement les gens du Roi, comme aucuns de l'assemblée vouloient, furent à Saint-Germain, où ils furent reçus autant bien qu'ils pouvoient le désirer. On leur accorda tout enfin, après plusieurs difficultés proposées de la part du Conseil et ministère, auxquelles le Premier Président et les députés répondirent, comme sur les deux quartiers, que la déclaration porte devoir être payés de rente sur les tailles qui obligent le Roi à faire un fonds de treize cens mille livres par an. Le Chancelier aussi se formalisa fort de ce qu'ils avoient porté cette déclaration toute écrite en parchemin et en la forme qu'elle doit être et qu'elle est demeurée, estimant que ce seroient seulement des articles qu'ils porteroient par mémoire et qu'ils laisseroient au Conseil et dont le chancelier composeroit la déclaration.

Enfin, sans y changer un seul mot, elle fut signée de Guénegaud; et les députés s'en revinrent, après grande collation à eux faite.

Ce jour, après dîner, arrive à Paris l'évêque de Comminges, venant, au nom de tous les évêques de Guyenne, faire plainte contre M. d'Épernon.

— Vendredi 23, le matin, la requête de madame de Vendôme fut rapportée et fut communiquée aux gens du Roi. [Madame de Vendôme] entra en l'assemblée, comme elle sortoit, et la remercia.

La déclaration, scellée le soir précédent en particulier et extraordinairement, fut apportée au fin matin par le sieur de Sainctot, maître des cérémonies, et lue en pleine assemblée du Parlement, à qui lettres furent aussi données de prolongation, pour deux jours encore, à savoir pour ce jour là et le samedi suivant, et l'arrêt de vérification donné, lequel sera le lendemain

— samedi 24, publié en l'audience, comme il fut.

Par cette déclaration, le Roi diminue son revenu de plus de trente millions : à savoir dix des tailles, pour le quint remis au peuple, deux des impôts remis à la ville de Paris, et trois, au moins, pour toutes les autres villes du royaume ensemble : puis plus de quinze, pour le paiement des gages des officiers.

Et là finirent les assemblées du Parlement devant la Saint-Martin.

Les Princes n'ont bougé de Saint-Germain, près du Roi.

— Dimanche 25, la déclaration du Roi se trouva imprimée et plusieurs l'eurent.

— Lundi 26, la déclaration fut criée par les rues, dès le fin matin.

Les gens des Comptes qui avoient demandé d'être ouis à Saint-Germain, dès la semaine passée, et comme ils étoient prêts d'y aller, avoient, par une lettre de cachet, été remis à aujourd'hui, comme ils alloient partir après déjeuner, ont reçu une autre lettre de cachet qui les a remis à demain.

— Mardi 27, tout est fait et chacun s'en va aux champs. M. le Procureur Général dès le dimanche partit.

La liberté se donne à M. de Chavigny.

— Le mercredi 28, arrive nouvelles comme il part du Havre le lendemain.

Ce jour 28, la Chambre des Comptes fut à Saint-Germain faire ses plaintes et remontrances contre le Parlement, sur les sixième et septième articles de la déclaration du Roi du 22 octobre, vérifiée en Parlement le 24, et le président Nicolaï harangua à merveille, sans perdre respect à Leurs Majestés.

— Jeudi 29, dès quatre heures du matin, madame Bouthillier, sa mère [de M. de Chavigny] accompagnée du sieur de Guénegaud, trésorier de l'Épargne, et du sieur de Reuville d'Amontot, vont, par six carrosses de relais, coucher à Fleury, près Rouen, pour être le lendemain à Caudebec, à midi, à la rencontre de M. de Chavigny et l'accompagner à Chartres, où madame de Chavigny se doit trouver et où ils l'ont suivi, ne l'ayant plus trouvé à Caudebec, mais à Harcourt.

Le Prévôt des Marchands et les échevins de Paris à Saint-Germain, pour le retour du Roi en sa bonne ville.

Au soir, avis de Saint-Germain que le lendemain, vendredi 30, toute la cour déménage et ramène ses meubles de Saint-Germain à Paris.

Le même jeudi, le prince de Conti déclara qu'il vouloit être cardinal et demanda qu'on lui donnât une lettre du Roi au Pape pour obliger Sa Sainteté à le pourvoir extraordinairement. Or le Pape a témoigné inclination de donner une des trois places vacantes dans le Sacré Collége à la France, pour la personne de l'abbé de la Rivière, auquel il a envoyé les expéditions de l'abbaye de la Chalade, en Lorraine, de la dépouille du cardinal de Sainte-Cécile; et l'abbé de la Rivière, en ce beau chemin, et, pour n'y pas demeurer, a envoyé quatre-vingt mille écus d'or à Rome pour s'en servir, vers la signora Olympia et obtenir par ce moyen le cardinalat, auquel même le cardinal Mazarin lui avoit promis de le servir, en revanche de ce que l'abbé l'a servi près et par M. le duc d'Orléans fort efficacement en ces dernières affaires du remuement de Paris et du Parlement.

Un courrier de M. Servien, arrivant de Munster, apporte que si la maison d'Autriche sait le Roi être dans Paris et tout paisible, elle signera la paix de l'Empire avec nous, tout à notre contentement et puis ensuite celle d'Espagne, de même, dans cet hiver.

— Vendredi 30, vont les sieurs Bouthillier, père, dames de Ville-Savin, mère d'elle, et sieur de l'Isle, lieutenant du bois de Vincennes, pour y être

— samedi 31, à l'arrivée de M. de Chavigny et en retourner, comme ils ont fait, après les fêtes de la Toussaint.

L'évêché de Tarbes donné à M. du Houssay-Malier, jadis gendre et beau-frère de M. le président de Bailleul et ambassadeur ordinaire à Venise.

Samedi au soir, le Roi, la Reine, toute la cour avec, retournent à Paris, à petit bruit, et sans que le peuple ait eu, comme il eût bien voulu, permission d'aller au devant, ni faire réception; cela pour éviter toute assemblée.

Dame de Beauffremont, héritière de Senecey et veuve douairière de Fleix, en cette dernière qualité, et à cause que son feu mari étoit de la maison de Foix, dont il y a eu des rois de Navarre, desquels le roi Henri le Grand, par Albret et puis enfin par Bourbon, est descendu et qu'ainsi cette maison est royale et parente de celle de France, a obtenu les privilèges de Princesse, à savoir l'entrée de son carrosse et de ses enfans en la cour du logement du Roi et le tabouret pour elle, en présence de la Reine; ce que le comte de Miossens, à titre plus prochain, prétend pour lui et pour la dame de Pons, veuve de son frère aîné. On dit à la cour que madame de Senecey, sa mère, dame d'honneur de la Reine régente et gouvernante de l'enfance du Roi, depuis la sortie de madame de Lansac, enfin à présent ayant soin des nièces de M. le Cardinal, a obtenu cela par ses longs services.

Ladite comtesse de Fleix eut l'entrée de son carrosse au Palais-Cardinal et le tabouret, où elle fut vue assise, en présence de la Reine, le même samedi au soir, 31 octobre. Le comte de Miossens, sous-lieutenant des gendarmes du Roi, de la maison d'Albret, témoigne à M. le Cardinal son ressentiment là dessus, se départ de lui faire plus la cour et résout que la dame de Pons, veuve de son frère, aîné de toute la maison d'Albret, n'ira plus au Louvre, puisqu'elle n'a pas aussi le tabouret.

Ce même samedi, avant que Leurs Majestés arrivassent à Paris, arriva le courrier d'Allemagne, qui apporta la signature du traité de paix de l'Empire avec nous.

Cependant M. le duc d'Orléans se fâche, dit qu'il veut faire sa charge de généralissime du Royaume; que le cardinal Mazarin l'a trompé. Il envoie de son chef, et sans rien dire, un courrier à Rome pour sommer le Pape de lui envoyer le chapeau de cardinal promis pour l'abbé de la Rivière : le cardinal Mazarin disant qu'il n'est pas maître des volontés du prince de Conti, qu'on ne lui a pu refuser la lettre et le courrier pour aller à Rome quérir le chapeau, qui néanmoins est parti plus tard que celui du duc d'Orléans, duquel on ne se doutoit point et que l'on croit être du conseil du vieil d'Elbene, évêque d'Orléans, qui a fait l'adresse à son neveu ou frère, le commandeur d'Elbene, qui est à Rome.

La Reine dit au duc d'Orléans que le chapeau est assuré à l'abbé de la Rivière ; qu'il ait seulement patience ; qu'elle ne peut empêcher que le prince de Conti ne passe devant lui. Le prince de Conti dit aussi, sur ce que la Rivière se plaint que le prince sembloit ne point songer à ce chapeau et témoigner tout autre dessein, à raison de quoi, lui abbé, avoit envoyé soixante à quatre vingt mille écus à Rome pour faire les frais de sa promotion ; à cela le prince répond que cette volonté lui est venue, qu'il croit la devoir exécuter en ce temps opportun, qu'il n'est pas obligé de laisser passer l'abbé de la Rivière devant lui, ni même l'avertir ou éclaircir de son dessein avant l'exécuter.

Le conseiller Coulon, qui a remué dans le Parlement durant les assemblées, s'est allé offrir à M. d'Orléans et à l'abbé de la Rivière, disant qu'il a cinquante compagnons, qu'il appelle ses « *flondreurs* », pour tirer contre le cardinal Mazarin et faire revivre cet arrêt de 1617 au préjudice des étrangers.

Novembre.

— Le jeudi 5, conseil d'en haut à l'ordinaire. Le duc d'Orléans y vient de bonne heure, la Reine tenant encore cercle en son grand cabinet, où il s'assit. Il avoit été accompagné du duc d'Elbeuf et tous ses fils et des deux frères de Guise, dont l'aîné, duc de Joyeuse, doit être bientôt marié, par l'entremise de M. le Prince, à la fille du comte d'Alais, unique-héritière. M. le Prince vient aussi, accompagné de M. de Châtillon et de tous ses favoris et amis. La Reine se lève à son arrivée et M. le duc d'Orléans aussi.

Bruit de cour que les sieurs de Sennecterre et Bautru, amis communs, sont allés trouver l'abbé de la Rivière de la part de la Reine, lui offrir la coadjutorerie de l'évêché de Beauvais et place au ministériat, pour le contenter et résoudre d'attendre autre occasion d'être cardinal, puisque pour cette fois il faut que le prince de Conti le soit en sa place.

Nouvelles confirmées de la signature de la paix de l'Empire avec la France et la Suède, dès le 24 octobre, avec terme pris pour la ratification de toutes parts, dans les huit semaines, qui vont au 19 décembre.

— La nuit d'entre jeudi et vendredi 6, M. Bouthillier a été grièvement malade d'un *choléra morbus*.

— Samedi matin 7, Montreuil, qui a été secrétaire d'ambassade en Angleterre, près M. de Bellièvre, et à Rome, près de M. de Fontenay-Mareuil et à présent est secrétaire du prince de Conti, doit partir pour s'en aller vers le Pape sur le sujet du cardinalat. Il fait tenir cent mille écus à Rome pour cette affaire.

Avis de Champagne que la foudre est tombée sur la maison de Tanlay et n'y a brulé qu'un fort beau lit et les chausses de M. d'Emery qui étoient derrière le chevet. — Faux et moqueur : ce fut une chandelle laissée bruler par Des Barreaux, qui s'endormit après boire et qui fit cet effet.

— Lundi 9, M. le duc d'Orléans, qui étoit, le samedi, allé voir madame sa femme en ses couches à Saint-Germain, retourna à Paris, mais ne voulut point aller au Conseil au Palais-Royal; parla fort haut et gourmanda les sieurs de Sennecterre et maréchal d'Estrées qui, depuis jeudi, se sont entremis d'accommodement entre les Princes, et que le conseiller Coulon, qui s'est offert avec ses frondeurs au duc d'Orléans, nomma *oublieux* (oublieux sont maréchal d'Estrées, Sennecterre, Bautru et le Tellier, secrétaire d'État), comme le comte de Saint-Aoust, adjoint et assistant [qu'il nomma] *le porte-lanterne*.

Ce jour, fut trouvé affiché au mai, qui est devant le grand escalier de la cour du Palais, un placard adressé à *Messieurs* (ainsi appelle-t-il les Parisiens) à ce qu'ils ne se mêlent de la querelle des Princes qui les ont ci-devant abandonnés, etc.

— Mardi 10, disoient le maréchal d'Estrées, Senecterre et le comte de Saint-Aoust, que l'affaire étoit accommodée. M. d'Orléans devoit aller ce soir là au Palais-Cardinal, où la comédie ne manque point presque tous les soirs. En effet il y fut et vit la Reine au lit, mais il n'y fut point parlé d'affaires. L'abbé de la Rivière y étoit dans la balustre du lit, qui en voulut sortir lorsque le cardinal Mazarin y vint; mais S. E. l'en empêcha, le prenant par la main et l'arrêta. Quand M. d'Orléans s'en alla, M. le Cardinal sortit pour l'aller conduire. M. d'Orléans ne l'attendit point, ni le regarda.

— Mercredi [11], jour Saint-Martin, l'affaire demeure indécise entre les Princes.

— Jeudi 12, les Princes furent au cercle et au Conseil chez la Reine où tous furent froids et tristes; l'abbé de la Rivière plus que pas un. Les gendarmes et chevaux-légers de la garde, sans faire semblant, étoient là, tous par ordre, comme dès le précédent jour du conseil, lundi.

Ce soir, M. le Prince ayant les sieurs de Châtillon-Colligny et de la Moussaye avec lui, dîna chez le Premier Président, où étoient les anciens présidents et conseillers et le sieur de Champlâtreux, tous ensemble faisant le nombre de vingt et un.

— Vendredi 13, le bruit au Palais d'Orléans et de toute la ville étoit que l'accomodement étoit fait entre les Princes.

— Samedi 14, à dix heures du matin, M. le cardinal Mazarin est sorti du Palais-Cardinal avec grand cortège et est allé à celui d'Orléans, où son Altesse Royale l'a reçu d'un visage joyeux en sa chambre et l'a mené en un cabinet plus outre et de là dans la galerie; l'abbé de la Rivière troisième avec eux deux.

Cependant un gentilhomme est allé de la part de Son Éminence vers le prince de Condé, avec qui il a trouvé M. de Metz avec le duc de Mercœur, qui, le soir précédent, fut chez M. le Cardinal, qui le mena chez le Roi et la Reine voir Leurs Majestés et de là chez M. d'Orléans.

Le prince de Condé a dit qu'il n'iroit nulle part et attendroit les avis de Son Éminence, qui cependant est resortie du Palais d'Orléans en habit violet (son carrosse est aussi drapé de violet pour le deuil de son frère, le cardinal de Sainte-Cécile), la calotte rouge ou birretin, qui est le bonnet de cardinal, qu'il ne quitte jamais, en tête, et sans chapeau, marchant à la gauche de Son Altesse Royale qui étoit couvert et le chapeau en tête. Ils se mirent dans le carrosse de Son Altesse Royale, ayant avec eux, qui étoient côte à côte sur un siège du devant, l'abbé de la Rivière. L'autre siège du dedans, à la portière d'entrée, les sieurs de Noailles, de Jarzé; et ils furent jusqu'à la croix du Tirouer, où ils rencontrèrent la Reine qui s'en alloit à Notre-Dame faire son samedi; et voyant cela, furent au Louvre visiter la Reine d'Angleterre qui y est fort seule. De là, M. le duc d'Orléans partit le premier, allant avec toute sa cour au Palais-Cardinal, où ils virent la Reine, et M. le Cardinal s'y rendit.

On dit que ce soir M. le duc d'Orléans leur donne à tous à souper et que demain matin il ira voir madame sa femme à Saint-Germain; mais il y alla dès le soir et ne soupèrent point ensemble.

Conseillers d'État, sieur de Moricq et présidens des Comptes se rendent délateurs contre M. le Chancelier pour s'être fait, par le Roi, rembourser des rentes sur l'Hôtel-de-Ville au denier dix-huit, qu'il avoit achetées au denier quatre ou cinq seulement, et pour avoir acheté et posséder, du domaine du Roi, soixante mille livres qui en vaut quatre ou cinq cent mille, et encore a-t-il payé cela en vieux débets ou prétentions de M. de Sully, du marquis de Coëtquen et autres semblables brigandines, sans ouvrir sa bourse.

— Lundi 16, le duc d'Orléans retourne de Saint-Germain sur le midi et va sur les trois heures chez la Reine, où il entra par l'appartement de M. le Cardinal, qui a mal à une jambe; aucuns disent que c'est un érésipèle, autres une fluxion, autres la goutte. Le conseil ne dura guère qu'une petite heure, et y étoit aussi M. le Prince.

L'accommodement est fait entre les Princes; et le duc d'Orléans, qui en étoit impatient, n'a rien demandé, pour tout contentement, que le retour des ducs de Vendôme et de Beaufort, pour être à Anet en leur maison, en sûre liberté, ce qui lui a été accordé. M. de Mercœur, à l'hôtel de Vendôme, visité de ses amis.

Ce même soir, les Princes doivent souper ensemble chez M. le Cardinal et y ont en effet soupé.

— Le mardi matin [17], le sieur de Moricq présenta une requête au Parlement touchant l'affaire qu'il a contre le secrétaire du Conseil Forcoal[1] et qui va contre M. le Chancelier. Le sieur de Laffemas est du côté du sieur de Moricq et les sieurs de Morangis, Barillon, directeur des finances, et Amelot de Chaillou, doyen de tous les maîtres des requêtes, en sont aussi. Cela a été depuis arrangé et Moricq a retiré sa requête d'entre les mains du sieur Broussel ; mais il est faux que le sieur de Laffemas en soit.

Bruit que le bailli de Valençay (autres disent le marquis) va ambassadeur à Rome, à la place de M. de Fontenay-Mareuil, qui fait ici en cour une grande instance d'être rappelé.

Le cardinal Grimaldi vient ici en cour pour avoir l'archevêché d'Aix.

Le Parlement de Rouen est, par son Premier Président et autres sieurs députés, poursuivant en la cour la dissolution de son semestre et le soulagement de la province.

Semestre du Parlement de Provence qui étoit comme accordé à se dissoudre, se remet sus et maintient en la cour.

Bruit en cour de quelques Napolitains qui demandent que l'on les secourre, y ayant terrible mécontentement et extrême désir de se remuer encore et secouer le joug du roi d'Espagne.

M. le prince de Condé s'entremet toujours du mariage de sa cousine, mademoiselle d'Alais, avec le duc de Joyeuse, grand chambellan de France. — Il remue pour faire juger son procès, pendu au croc, sur l'appointé à écrire et produire du vivant de M. le Prince, son père, contre la duchesse d'Aiguillon et ses neveux le duc de Richelieu et le sieur du Pont de Courlay, touchant le testament du feu duc de Richelieu.

— Jeudi 19, il n'y eut point de conseil d'en haut chez la Reine à cause que M. le duc d'Orléans étoit à Saint-Germain, d'où il revient

— le vendredi 20, sur les onze heures du matin, que M. de la Vrillière, secrétaire d'Etat, le fut trouver de la part de M. le Car-

---

1. Jacques Forcoal, fermier-général et greffier du Conseil. Cf. *Choix de Mazarinades* publié pour la Société de l'histoire de France, par M. C. Moreau, t. I, p. 131, 132, et le Roux de Lincy, *Reg. de l'Hôtel-de-Ville pendant la Fronde*, t. III, p. 186.

dinal. Il y eut donc conseil chez la Reine après dîner ce jour là.

On ne parle plus du retour de la duchesse de Chevreuse, que l'on disoit avoir été promis par M. le Cardinal au duc son mari, qui en est bien en colère et proteste contre Son Éminence.

Accommodement de M. d'Avaux en cour, où il demeure ministre et du conseil d'en haut, et on lui donne une place de capitaine aux gardes, qui est de cent dix mille livres, pour un de ses neveux et dix mille écus pour un autre, qui sont en tout cent quarante mille livres; moyennant quoi, il donne sa démission de la surintendance des finances au maréchal de la Meilleraye, qui demeure adonc seul et sans compagnon en cette charge.

La Reine envoie, par l'argentier de sa maison, défendre au sieur de Moricq, conseiller d'État, de se plus trouver au conseil privé et des finances, où M. le Chancelier se trouve, à cause de brouillerie.

— Samedi et dimanche [21 et 22], grandes neiges, plus qu'il n'en fut en tout l'hiver précédent de 1647.

— Lundi [23], [les neiges] sont grandes à Paris. La nuit il pleut et dégèle pour les faire fondre.

— Brouillard pluvieux le mardi [24].

— Et le mercredi 25, jour de Sainte-Catherine, temps adouci et embelli, aussi le jeudi.

— Jeudi 26, le Parlement se doit assembler le matin, pour régler les personnes qui doivent composer toute l'année la chambre de l'Édit.

Conseil des finances au Louvre, où la commission des vivres et le pain de munition pour la campagne prochaine fut publié et baillé au rabais.

M. le Prince y vint, en même carrosse avec M. d'Orléans et, à la sortie, alla de même, avec Son Altesse Royale, chez la Reine.

L'après dîner, les maîtres des requêtes, parlant par la bouche de M. de Laffemas et introduits par M. du Plessis-Guénegaud, remercièrent la Reine de la grâce qu'ils recevoient, en ce qu'il étoit défendu aux conseillers d'État, sinon à ceux qui étoient vétérans, maîtres des requêtes ou présidents au mortier, de rapporter des affaires au conseil des parties, et aux intendants des finances de rapporter au conseil des finances des affaires des particuliers.

Après cela, il y eut conseil d'en haut, où l'abbé de la Rivière prit sa première séance de ministre d'État et fut assis après le maréchal de la Meilleraye.

Il y fut parlé d'un arrêt de la Cour des Aides portant défenses, sur peine de la vie, à toutes personnes de prendre en parti les tailles et de faire sur icelles des prêts ou avances au Roi, avec remise. Cela sur une publication que le surintendant avoit faite, passé quelques semaines, en l'Arsenal, pour bailler lesdites tailles à trois sols par livre de remise, avec tous les risques et charges, à ceux qui voudroient avancer au Roi, au lieu des cinq sols de remise que faisoient les traitants au Roi sur lesdites tailles.

— Vendredi matin 27, il y a du bruit au Parlement sur le procès qui est à juger de certaines gens qui ont avec faux sceaux fait des lettres de noblesse, entre lequel est le nommé Machon, antique pensionnaire et domestique de M. le Chancelier et qui est prisonnier ; les maîtres des requêtes voulant leur faire le procès, comme juges souverains en ce cas et le Parlement ne le voulant pas, pour ce que par la dernière déclaration du Roi, vérifiée le 24 octobre, il est dit en l'article 14 : « Ils ne peuvent être jugées d'aucune cause en dernier ressort. »

Ce jour là même, la mercuriale se tint au Parlement.

La Reine accorde au maréchal d'Estrées les mêmes honneurs et prérogatives dont jouissent les ducs et pairs, sur le brevet qu'il en a du feu Roi, sur lequel on lui doit donner et expédier lettres à lui et à autres qui sont ceux de la Meilleraye et de Gramont et M. de Châtillon, qui a mieux aimé cela que la Maréchaussée de France, qui ont semblables brevets, pour être un jour vérifiés en Parlement, après la majorité du Roi.

Il y en a quatre qui prétendent encore et qui ont brevet de duc et pair : les sieurs de Liancourt, duc de Damville, marquis de Vitry, comte de Tresmes. On parle encore de la marquise de Lezay, comme aînée de la maison de Laval, de la marquise de Vardes, jadis comtesse de Moret, comme femme de l'aînée de la maison du Bec, dont viennent ceux de Grimaldi, de la maréchale de Guébriant, qui est de cette même maison, de la comtesse de Fiesque, comme femme d'un Fiesque, comte de Lavagna et prétendu prince de Gênes, etc...

M. le Prince a commencé, dès jeudi passé 26, ses sollicitations pour son grand procès contre la duchesse d'Aiguillon et ses neveux du Pont de Courlay, touchant le testament du feu cardinal de Richelieu, plaidé et appointé du vivant de feu M. le Prince.

Bruit que la duchesse de Chevreuse est avec son mari en sa maison de Dampierre. — Bruit faux.

Que le duc de Beaufort est à Limours, maison du duc d'Orléans. — Aussi faux que le précédent.

Que le sieur de Besançon s'en va à Bruxelles pour traiter avec le duc Charles.

— Lundi 30, jour de Saint-André, le cardinal Grimaldi arrive à Paris, loge et est défrayé en la maison du cardinal Mazarin.

Décembre.

M. de la Vrillière, secrétaire d'État en mois.

— Mardi, premier jour de décembre, les maîtres des requêtes s'assemblent entr'eux, sur le différend qu'ils ont avec le Parlement, touchant Machon, archidiacre de Toul, leur prisonnier au fort l'Évêque, Bertin, commis du sieur Croiset, garde rôles de la Chancellerie, et autres prisonniers pour avoir falsifié lettres d'annoblissement et les sceaux de France. Charpy s'est évadé.

— Mercredi 2, nouvelle députation ou bruit d'icelle au Parlement sur l'inexécution de la déclaration du Roi du mois d'octobre dernier.

— Jeudi 3, les députés, au nombre de deux de chaque chambre du Parlement, s'assemblent en une chambre particulière sur l'inexécution de la dernière déclaration du Roi, par eux vérifiée à la fin d'octobre, et par qui, pour la remise ou rabais du cinquième des tailles fait au peuple, on avoit établi des crües pour les étapes, lesquelles équivalent à ladite remise du cinquième.

Le même jour, le Procureur Général du Parlement, M. Méliand, fut à l'Arsenal dire au maréchal-grand-maître-surintendant, que la cour l'avoit envoyé lui dire qu'elle iroit vers la Reine faire ses remontrances de ce que les gens de guerre n'étoient point payés et que pour cela ils pilloient, ruinoient et faisoient tel excès partout où ils étoient, qu'il y avoit à craindre une rumeur et révolte générale des peuples. Le surintendant s'excusa et dit qu'il falloit y donner ordre et qu'à l'heure même il s'en iroit trouver la Reine pour cela.

Bruits que ceux de Soissons, de Noyon et de Poitiers ont tué aucuns soldats de leurs garnisons et fait pendre sur le champ de leurs officiers.

Autre bruit de rumeur dans le parlement de Bretagne, entre les présidens de Marbeuf, portant le peuple et la province, et de Challain, portant le conseil du Roi et ministère.

Bruit que le sieur d'Émery, ci devant surintendant, a permission de venir demeurer à la Chevrette, sienne maison, près Saint-Denys, deux lieues de Paris.

Bruit que madame de Guise a obtenu, par l'entremise du duc Charles et de toute la maison de Lorraine, que le duc de Guise, son fils aîné, sera échangé et rendu à la France pour le prince de Ligne, son allié, prisonnier de guerre à la bataille dernière de Lens et relâché du Bois de Vincennes, sur sa parole, au mois d'octobre dernier, pour aller en Flandre négocier cela : et ce, à condition que le duc de Guise reconnoîtra et traitera, comme sa femme légitime, la comtesse douairière de Bossut, à la considération de laquelle le conseil d'Espagne a beaucoup eu égard.

— Mercredi 9, les députés des chambres du Parlement sont allés en la grande et ont demandé l'assemblée de leur compagnie pour délibérer sur l'inexécution de la déclaration dernière du Roi, vérifiée le 24 octobre, en cette année, à savoir touchant le treizième article, où il est dit que les étapes seront rétablies par tout le Royaume, pour le passage des gens de guerre, et le fonds pris sur les deniers des tailles et taillon laissés entre les mains des receveurs, pour être tout prêts à être employés sans délai à ces dépenses si nécessaires. Et cependant les gens de guerre, et passant, et demeurant en garnison ès environs de Paris ne laissent pas de faire de terribles pilleries et désordres. Or, tout nouvellement, le ministère a envoyé des crues par les généralités pour être imposées, comme elles ont été pour chaque paroisse, à part la taille et le taillon, pour la sûre subsistance des étapes et on dit que telle crues montent, de cette imposition toute nouvelle, à quinze cent mille livres.

D'ailleurs, deux des six corps de Paris, à savoir les merciers simples et grossiers et les joailliers (semble que ce ne soit qu'un seul corps que les merciers grossiers et joailliers, et aussi n'est-ce) ont présenté requête au Parlement, à ce que le douzième article de ladite déclaration soit rayé, touchant la défense de l'apport des pays étrangers en France des merceries, comme préjudiciable, en ce que lesdites merceries et joailleries étrangères ne tirent pas en France que deux ou trois millions. Cependant, sur telle défense, si elle avoit lieu, quarante-sept princes et États étrangers ne manqueroient pas à défendre aussi l'apport des merceries et joailleries de France en leurs pays, qui selon la liste qu'ils en donnent, au pied de leur dite requête, le tout imprimé, montant à plus de trente à quarante millions, ni de celui du sel, dont six cens vaisseaux étrangers chargent tous les ans en France pour les étrangers.

On dit que les drapiers, à qui principalement il touche que lesdites défenses subsistent, à cause des draps d'Angleterre et d'Hollande qui s'apportent en France, et que les merciers grossiers vendent aussi bien que les draps de soie, ont fait mémoire, dont la susdite requête même fait mention, et dressé une contre requête qui réfute celle-ci des merciers et des joailliers.

Retour à Paris, au soir, de madame du Plessis et de ses couches de Fresne.

Ce jour, les officiers commensaux de la Maison du Roi n'eurent point de table, ni à manger, à cause de l'extraordinaire que le trésorier de l'Épargne avoit manqué de payer aux pourvoyeurs.

— Jeudi 10, les mêmes officiers de la Maison du Roi n'ont point aussi à manger.

— Vendredi 11, députés des autres chambres du Parlement vont en la grande demander leur assemblée, aux termes de mercredi dernier; et sur les excuses et différemens du Premier Président, lui ont déclaré que, si le lendemain samedi, neuf heures du matin, il ne leur donne l'assemblée, ils la feront d'eux-mêmes, selon leur pouvoir, et de leur autorité viendront prendre leurs places en la Grande Chambre.

— Samedi 12, le Premier Président envoie quérir, à l'entrée du Parlement, un des députés des Enquêtes et lui dit que ce jour devoit être plaidée en la Grande Chambre (comme de fait elle l'a été et appointée) la cause entre M. le duc d'Elbeuf et le duc de Lesdiguières, pour le legs que le premier prétend lui avoir été fait de la terre de Villemareuil, de dix mille livres de rentes et bien bâtie par la feue maréchale de Créquy, veuve du duc de ce nom, père du duc de Lesdiguières, et qu'ainsi l'assemblée étoit remise à mercredi prochain.

Le surintendant donne un soufflet à Prou[1], pourvoyeur de chez le Roi, pour avoir laissé manquer la table des officiers commen-

---

1. Sur l'état général des officiers de la maison du Roi pour l'année 1648, figurent deux pourvoyeurs portant le même nom et le même prénom, Jean Prou l'aîné, et Jean Prou le jeune. (Arch. nat., Z¹ª 473.)

saux, la semaine précédente. La Reine envoye quérir Prou et tire parole de lui de ne se ressentir de cela.

Le surintendant fait prendre aucuns officiers de l'artillerie pour avoir fait du bruit au trésorier Charon pour leurs gages : mais les bateliers les recourrent et délivrent.

— [14 décembre], accommodement du marquis de Saint-Germain-Beaupré avec sa femme, fille du président Bailleul, chez qui ils couchèrent ensemble la nuit du 14 de ce mois.

— L'assemblée du Parlement remise à mardi 15, selon l'intention des Enquêtes et Requêtes, s'étant par eux faite, le Premier Président, qui ne l'avoit accordée que pour le lendemain mercredi, témoigna d'être malcontent de leur procédé, les entretint de paroles et les remit audit [mercredi].

Ordre donné en cour à tous les officiers de se tenir prêts pour partir au premier bruit que le Parlement excitera dans la ville.

— Mercredi 16, le Parlement s'assemble au matin. Le sieur de Bonnelles, conseiller honoraire, reçu jadis en la Grande Chambre, contre la protestation de celle des Enquêtes, s'est présenté pour assister à cette assemblée ; mais en a été empêché et fait sortir par messieurs des Enquêtes.

Les duc d'Orléans et prince de Condé, les ducs et pairs d'Elbeuf, de Joyeuse, de Montbazon, de Brissac et de Saint-Simon vont en leur séance. Le Premier Président faisant compliment de la part de la compagnie au duc d'Orléans (que l'on ne traite point d'Altesse au Parlement), y a mêlé mention du prince de Condé, ce que ledit duc d'Orléans a témoigné remarquer. Le duc d'Orléans a fort bien agi et parlé. Les sieurs Ménardeau et Laisné, conseillers, ont parlé, comme aussi le sieur Coulon et président de Blancmesnil. On s'est plaint de l'inexécution de la déclaration dernière du Roi, au mois d'octobre, sur le fait des étapes, montant à quatorze cent et tant de mille livres, qui devoient être pris des tailles et taillon, à la seule charge du Roi, et cependant ont été cet automne établies, à la charge du peuple seul, et par une imposition nouvelle sur lui, sous le nom de crues.

On a parlé aussi du désordre que les gens de guerre commettent ; et comme on avoit promis qu'il n'y auroit aucun logement plus près de Paris que de vingt lieues et cependant il y en a présentement tout autour assez proche, à Melun, à Pontoise, etc.

Enfin, on dit que promesses avoient été faites de rétablir tous les destitués, rappeler tous les exilés et délivrer tous les prisonniers et cependant il y en avoit de ceux-ci (comme Gausseville, gentilhomme de M. de Vendôme), encore à la Bastille et de ceux-là (le duc de Vendôme, duchesse de Chevreuse, M. de Châteauneuf, etc.) et, des premiers, les trois capitaines des gardes cassés cet été dernier.

Le conseiller Viole, président ès Enquêtes, a dit que la compagnie sembloit n'être pas déterminée ce jour là à parler des affaires publiques et qu'il falloit prier Dieu et invoquer le Saint-Esprit à ce qu'il lui plût l'inspirer et nous conduire pour aller à la source du mal, et l'ôter.

Le conseiller Deslandes-Payen a aussi parlé et dit que c'étoit pitié des gens de guerre et que cependant il ne falloit que six cens mille livres par mois pour payer à gogo une armée de vingt mille hommes. M. le prince de Condé, qui ce jour a été fort vert, lui a demandé s'il voudroit s'obliger à tel parti : le conseiller dit qu'oui et bailler caution.

Les favoris du duc d'Orléans et du prince de Condé s'étoient mis en la lanterne pour écouter et voir ce qui se passeroit; mais on les a fait sortir. Toutefois le sieur de Choisy, chancelier de Monsieur, et autres sont demeurés.

Le président de Bellièvre fut voir M. le Cardinal et l'a prié de rappeler M. de Châteauneuf. Son Éminence dit qu'il en parleroit à la Reine et la nuit même fit partir un courrier avec lettre de cachet du Roi signée Le Tellier, pour dire audit sieur de Châteauneuf qu'il revînt ici à Montrouge.

Le nommé Des Jardins, faussaire, et ayant vendu plusieurs lettres d'anoblissement et pour cinquante mille écus, à ce que l'on dit, a été suivi, pris en Normandie, et amené prisonnier à Paris. Il a accusé le sieur de Charpy de complicité.

Tous ceux qui ont lettres d'anoblissement depuis dix ans, obligés, sous peine de nullité de leurs lettres, à les apporter toutes à Paris, entre les mains du commissaire à ce député, le sieur de Corberon, maître des requêtes.

M. de Villequier étant abordé par un capitaine du régiment de Persan, qui l'appeloit pour se battre contre un autre, se ressentant d'aucuns ordres donnés en cette dernière campagne à son préjudice par ledit sieur de Villequier, a donné un soufflet à l'appelant, en disant qu'il ne vouloit pas se battre contre cet autre. Les maréchaux de France sont après à les accommoder.

— Jeudi matin 17, le Parlement se rassembla; le président Le

Coigneux parle et fait comparaison des finances ou de l'État au chandelier et flambeaux du temple de Salomon qui ne pouvoient être mouchés que par des mouchettes de pur or. Le président de Novion parle aussi et compare la déclaration dernière du Roi à une excellente peinture faite de la main des meilleurs ouvriers, qu'un méchant peintre a gâtée en y touchant. On s'est plaint de contravention ès finances, en ce que, contre l'article 8e de la déclaration dernière du 22 octobre, on a payé, en comptant, de fort grandes sommes, qui eussent pu être utilement employées ailleurs pour le payement des gens de guerre et autres nécessités de l'État et ont été données à des particuliers, comme au banquier Cantarini, pour le rembourser de ses avances pour l'affaire de Plombin et de Porto Longone (qui regarde l'intérêt du cardinal Mazarin, non nommé), à la duchesse d'Aiguillon, au duc de Brissac, pour de vieux débets, à La Ferté-Sennecterre, cent quatre-vingt mille livres pour le récompenser de la distraction sur lui faite de Clermont, Stenay et Jamets, baillés au prince de Condé, ce qui toutefois n'a été spécifié. Ledit prince étoit présent, qui a parlé fort rude le mercredi, et la Reine dit tout haut le soir entre les siens que M. le Prince avoit servi le Roi et relevé l'autorité royale. Néanmoins, il a interrompu le sieur de Brévannes-Aubery, conseiller ès Requêtes, haranguant et disant qu'il sembloit que nous ne voulussions point la paix, puisque nous avions rappelé de Münster M. de Longueville, prince si sage et si habile, etc. et le plus propre et capable sujet pour cela.

M. le Prince interrompit disant qu'il pouvoit et devoit parler là dessus, puisque M. de Longueville étoit son beau-frère, lequel n'avoit été rappelé par le ministère, mais bien étoit-ce lui qui avoit demandé et obtenu à toute instance de revenir, comme n'y étant plus, ni le comte de Trautmansdorf, ni le comte de Peñaranda, ni autre d'égale qualité à la sienne, avec qui il pût traiter, mais seulement Brun pour lequel on avoit laissé M. de Servien. Le conseiller Brévannes a repris qu'en Parlement il n'étoit coutume qu'aucun interrompît celui qui parloit, fors le Premier Président, et a poursuivi sa harangue tendant à la paix.

La ratification que le Roi fait de la paix, par nous signée avec l'Empereur et l'Empire à Münster, ayant été scellée le lundi 14, est partie d'ici l'un de ces jours, pour être portée là et échangée à celle qui y est arrivée de la part de l'Empereur.

— Ce jour 18, M. le Chancelier s'est trouvé bien porter et en état de sortir pour aller au conseil de guerre, où M. le Cardinal n'est point allé, au Palais d'Orléans, l'après dîner.

Ce jour même le sieur de Fargis, qui depuis cette année s'est retiré dans les Pères de la Mission à Saint-Lazare, fauxbourg Saint-Denys, et pris l'habit de prêtre, étoit à l'extrémité et eut l'extrême-onction.

Le maréchal du Plessis-Praslin arrive à Paris de son généralat d'Italie.

Retour de l'abbé de Saint-Nicolas, Arnault, de sa résidence de Rome, à Paris.

Le surintendant de la Meilleraye a fort les gouttes et on ne travaille point ; on est après les affaires de l'Épargne.

— Samedi 19, il fut agité en Parlement d'ordonner que toutes les garnisons qui sont ès environs de Paris seroient éloignées jusqu'à vingt lieues.

Cependant il fut décrété contre les sieurs Catelan et Tabouret, traitants des gages des officiers de France, et contre le jeune Chémeraut, gendre du dernier, pour avoir été menacer un commis au greffe ou greffier en la cour.

Mort de madame Gédoin, femme du premier commis de M. de la Bazinière, trésorier de l'Epargne, et du sieur L'Escossois, secrétaire de l'artillerie.

Samedi soir, à quatre heures, le vent au nord, il commence à geler, ce qui augmente, et le dimanche matin 20, toutes les rues sèches, comme d'une forte gélée de huit jours durant ; lundi continue ; mardi au soir adoucit et neige, et mercredi 23, dès le matin, dégèle, pleut au soir et toute la nuit ; comme aussi le jeudi 24 ; mais le soir et toute la nuit il regela et le 25, le temps s'étant adouci le matin, se refroidit le soir.

Les 26-27, temps de gelée âpre, avec brouillard épais et noir, augmentant jusqu'au lundi 28 ; mais le mardi 29 la sèche gelée continue, avec le brouillard, cessa et le temps fut clair avec beau soleil luisant jusqu'au coucher, que sur les quatre à cinq heures le brouillard se leva et l'air s'épaissit comme pour fondre en pluie. Il regela pourtant la nuit et le 30 il fit soleil et dégel, comme aussi le 31, les nuits étant toutes gélatives et froides et les jours d'un air mou, crottant les rües et faisant couler les toits, jusqu'au premier jour de l'an 1649.

— Lundi 21, la Chambre des Comptes et la Cour des Aides, mandées au Palais-Cardinal, y vont par députation et leurs Premiers Présidents, les sieurs Nicolaï et Amelot, parlent. Celui de la Cour des Aides demande l'éloignement des garnisons des gens de guerre. M. le duc d'Orléans, là présent, dit que cela étoit de son fait et qu'il y donneroit bon ordre ; le président répliqua que cela étoit aussi de leur intérêt d'y veiller.

— Mardi matin 22, arrêt du Parlement publié, imprimé, portant défenses à tous gens de guerre de faire aucune pillerie, insolence ou excès en aucun lieu de garnison et de passage, à peine d'être punis selon les ordonnances, et à leurs capitaines et officiers d'en répondre comme de leur propre fait.

L'après dîner, la Reine fut, sur les trois heures, à l'église Sainte-Anne-la-Royale des PP. Théatins, que tout Paris va voir à cause des représentations qu'il y a en forme de théâtre, avec perspective, au fond de laquelle est exposé le Saint-Sacrement de l'autel ; et à l'un des côtés, l'empereur Auguste avec sa cour, à l'autre sont mathématiciens qui décrivent le monde, jouxte l'évangile « *exiit edictum a Caesare Augusto ut describeretur universus orbis.* » (*Luca*, cap. 2). Sur les cinq heures, elle retourna au Palais-Cardinal où se tint le conseil d'en haut jusqu'à huit heures ; et lors M. d'Avaux y vint prendre sa séance, y étant réinstallé.

Le grand maître de l'artillerie, surintendant des finances, le maréchal de la Meilleraye, a la fièvre en suite de ses gouttes : bruit qu'il sort de la surintendance des finances et met à sa place le maréchal de Villeroy.

— Mercredi 23, à midi, lettres du sieur Thiesset portent avis de la mort de la maréchale de Praslin, le dimanche 20, à cinq heures du soir, à Praslin.

— [Jeudi 24], lettres de ministre d'État, expédiées par M. Le Roi, premier commis de M. Le Tellier, secrétaire d'État, mais signées par M. du Plessis de Guénegaud, comme à lui appartenant tout ce qui est de la Maison du Roi, ce 24 décembre. Elles sont néanmoins datées du 28 ou du 18 dudit mois.

Le jeudi 24, tout paisible et la nuit ensuivante, aussi bien que

— le vendredi 25, jour de Noël, contre la prédiction ou folie d'un certain maçon de nom ou d'effet, portant que le 14, 21 et 24 de ce mois il y auroit grand désordre et rumeur dans Paris : mais qu'au mois de janvier prochain tout se trouveroit en la plus haute paix et tranquilité qu'il y ait eue.

Il y eut à Saint-Nicolas-des-Champs, dans l'église, une terreur panique comme à Saint-Eustache, où la Reine étoit et le Cardinal, à la messe de paroisse, par des gueux qui étoient ès portes et entrées qui se batirent et les plus faibles coururent dans l'église, à travers le peuple, criant « *au secours.* »

M. de Longueville ouit la messe de minuit et passa la fête du lendemain à Coulommiers, puis fut à Reims, voir sa fille naturelle, abbesse de Saint-Pierre ; ce qui fit courre le bruit qu'il étoit allé là pour se rendre à Mézières ou à Charleville, afin de conférer avec le comte de Peñaranda, député d'Espagne pour la paix.

— Le mardi 29, le Parlement, qui avoit été mandé pour aller au Palais-Royal voir la Reine et faire ses remontrances sur les affaires publiques, fut contremandé et n'y alla point, à cause de l'indisposition de M. le duc d'Orléans, qui avoit les gouttes.

— Le mercredi 30 ou le jeudi 31, le président Aubery, assisté de quatre maîtres des Comptes, fut au Parlement, les chambres assemblées en la grande, et là fut assis après les présidens de la cour et en lieu plus honorable que les maîtres des requêtes, qui toutefois précèdent le doyen des conseillers, qui pour le présent est M. Crépin. Les quatre maîtres furent assis après le dernier des conseillers. Lors le Premier Président leur dit que, quoique la cour eût pu donner son arrêt sans eux, néanmoins elle avoit bien voulu leur rendre ce témoignage d'estime, pour entretenir l'union, que d'inviter messieurs de la Chambre à députer vers messieurs de la cour pour savoir la résolution de ladite Chambre, sur la vérification que les ministres désirent d'une certaine déclaration qui autorise les prêts faits et à faire au Roi. Le président Aubery répondit que la Chambre ne sachant point le sujet pourquoi le Parlement désiroit qu'elle députât vers lui, l'y avoit envoyé pour l'apprendre, et que, puisqu'il l'avoit appris il en feroit son rapport à la Chambre, qui en feroit une autre fois sa réponse à la cour.

Déclaration du Roi par laquelle il est licite à toutes personnes de pouvoir prêter et faire avances au Roi, à dix pour cent d'intérêt, envoyée à la Chambre des Comptes pour être vérifiée. Sur quoi elle étoit mi partie et prête à faire grand vacarme, ayant pour chefs les présidents Tambonneau, pour la vérification en faveur du ministère, et de Chivry contre.

En même temps, l'archevêque de Paris, à ce que l'on dit, assembla en Sorbonne, où les docteurs résolurent qu'il y avoit usure et péché mortel à prêter au Roi à dix pour cent ou à autre tel intérêt différent de celui des rentes permises à constituer, selon les ordonnances des Rois passées en lois d'usage commun des peuples, et que, partant, le Roi ne pouvoit établir tel prêt, ni ses sujets le faire et accepter, ni les Parlements l'autoriser ou tolérer.

Lettres du sieur de Fontenay-Mareuil, ambassadeur à Rome, portant que les Napolitains lui avoient fait savoir que, si la France les vouloit aider, ils étoient en résolution et se trouvoient prêts plus que jamais à reprendre les armes et se remuer contre les Espagnols.

Lettres du sieur de La Tour, gouverneur d'Arras, portant que les États de Flandres avoient déclaré à l'Archiduc que le pays désiroit la paix et l'exhortoit d'y entendre et travailler tout de bon, à cette heure et conjoncture présente, qu'ils voyoient apparemment que la France ne la refuseroit pas.

ANNÉE 1649[1].

Janvier.

L'an 1649, d'après an bissextile. — Cycle lunaire 16. — Cycle solaire 6. — Indiction papale 2.

La lettre dominicale suivant les bissextiles est C.

Le premier jour de l'an, commençant sur la lettre A, est vendredi. — La lune astronomique étoit en son dix-neuvième jour ; l'épacte ou cycle ecclésiastique en son dix-huitième.

M. Du Plessis Guénegaud, secrétaire d'État, ayant le département de la maison du Roi, entre en mois.

Capitaine des gardes du corps, en la place du marquis de Chandenier, destitué de l'été précédent, est le sieur de Villequier, quoique l'on eût donné cette charge, dès l'été précédent, au sieur de Noailles.

Le premier gentilhomme de la chambre, pour l'année entière, est M. de Liancourt.

— Ce premier jour de l'an, froid noir et couvert, tendant à dégel.

La Reine fut aux Jésuites de la rue Saint-Antoine, à vêpres, pour la célébration du nom de Jésus, et au sermon de l'abbé de Chanvallon, neveu de l'archevêque de Rouen, qui prêcha une heure et demie avec approbation et admiration de tout le monde.

Le matin, M. Godefroy présente à M. du Plessis, secrétaire d'État, les deux premiers tomes in-folios, achevés, du *Grand Cérémonial de France*, faits en l'imprimerie du Louvre, en l'absence de son père, le sieur Godefroy.

---

1. Du premier janvier au 13 février 1649, date où elle s'arrête, nous avons collationné notre copie sur celle que M. E. Halphen a bien voulu nous communiquer. Depuis le 13 jusqu'à la fin de février, la copie de M. Halphen, seule existante, a servi à l'établissement du texte.

— Le deuxième jour, dégel et grand patrouillis d'eau et crottes fondues par les rues.

En la Grande Chambre du Parlement vint le sieur Bourlon, comme la cour se tenoit, et la fit rasseoir pour lui dire qu'il étoit envoyé de la part de MM. les présidents et MM. des Comptes, ses maîtres, dire à la cour, pour réponse à laquelle le président Aubery et autres députés de la Chambre s'étoient engagés, l'un des derniers jours de l'an, envers la cour, que le Roi avoit envoyé quérir et retirer de ladite Chambre sa déclaration, de la vérification de laquelle il étoit question.

Messieurs des Enquêtes se sont formalisés que la Grand'Chambre seule eût, sans les appeler, reçu réponse d'une affaire qui avoit été faite, en assemblée, aux députés de la Chambre des Comptes; et tout le Parlement a trouvé à redire que leur Premier Président eût reçu cette réponse, qu'ils attendoient du président Aubery, et autres députés, qu'ils avoient si bien reçus et placés en leurs séances, du greffier de ladite Chambre, qui est Bourlon.

Avis certain que monsieur de Longueville est en la maison de Coulommiers, et, partant, sa prétendue entrevue à Mézières avec le plénipotentiaire d'Espagne, comte de Peñaranda, pour la paix, est sans effet.

Avis en cette cour, apporté par un capitaine de la garnison de Casal, que la garnison de cette place, ne tirant plus aucuns vivres de la campagne, qui n'en veut fournir sans argent, on y a commencé à ouvrir les magasins de réserve, qui met la place en péril inévitable d'être bientôt prise, si l'ennemi l'assiégeoit.

— Dimanche, troisième jour et fête de sainte Geneviève, doux temps, jour clair et agréable ; dégel continue, après la pluie de la nuit.

— Lundi 4, pluie au fin matin. Bon bruit d'accord et apaisement entre les ministres et le Parlement. On ne parle plus que le surintendant sorte des finances, depuis qu'il a fait le coup d'ôter la ferme des aides aux vieux fermiers qui demandoient huit cent mille livres de diminution, à cause des droits de Maubeuge et autres, qui leur ont été ôtés par la déclaration des 22 et 24 octobre derniers, en Parlement, et l'assurer au petit Le Fèvre à quatre millions et quelque cent mille livres qui est le prix, au plus près, auquel elle étoit ci-devant. Ce même matin, on publie par les rues la déclaration du Roi du 22 octobre dernier, vérifiée en la Cour des Aides.

L'antiveille des Rois 4, la Reine va visiter M. le duc d'Orléans et mène en son carrosse, avec le Roi, le cardinal Mazarin, qui est la première fois que jamais homme ait entré au carrosse de la Reine; il étoit en partier. Autres disent que ce ne fut pas ce jour-là qu'il y étoit, mais un précédent, que le Roi n'y étoit point.

— Mercredi 6, jour des Rois, à sept heures du matin, le comte de Miossens est venu chez M. du Plessis de Guénegaud, auquel, en ce même temps, on apporta à signer la lettre du Roi ci-après mentionnée, écrite au Prévôt des Marchands, l'avertir que, sur les trois heures, le Roi étoit parti du Palais-Royal, avec la Reine et le cardinal Mazarin, et étoit allé à Saint-Germain. Messieurs les ducs d'Orléans et prince de Condé avoient suivi en même temps. En peu d'heures après, lesdits sieurs du Plessis, secrétaire d'État, et comte de Miossens, son beau frère, se sont mis en carrosse du premier, à six chevaux, et ont été en cour. Une heure après eux, sont partis les enfants dudit sieur du Plessis, pour aller à Fresne; et au bout d'une heure, trois charrettes, chargées de meubles, lits, tapisseries, linge, habits et vaisselle d'argent, qui ont été hors la porte Saint-Antoine, comme elles tournoient sur le fossé de la ville, à main gauche, accueillies de la populace du faubourg, criant « pille, pille! c'est au Cardinal »; puis au bout de quelques heures, comme on a vu que le commissaire de ce quartier là s'informoit du pillage, beaucoup de gens sont venus chez lui rapporter de la vaisselle d'argent, comme autres étoient venus chez ledit sieur de Guénegaud, rue des Francs-Bourgeois, en rapporter à lui et au comte de Miossens, c'est-à-dire à leurs gens, auxquels ces bonnes gens, demandant décharge de ce qu'ils rapportoient, l'ont eue. On a donné aussi de l'argent à aucuns et on a bien déboursé deux cents francs, chez le commissaire, à donner aux rapportants. Aucuns officiers desdits sieurs comte et secrétaire d'État sont aussi allés par les maisons des pauvres du faubourg, qui les ont conduits dans les champs et les jardinages, où de l'argenterie avoit été enterrée et qui, par ce moyen, a été recouvrée; tous les habits ont aussi été recouvrés.

Le soir, la duchesse de Luynes, avec sa nièce, marquise d'O, s'en allant de vêpres du Port-Royal à Montrouge, pour s'y retirer, furent volées de huit mille francs.

Le Parlement assemblé sur les dix heures du matin, pour donner ordre, comme il a fait, à la police et sûreté de la ville, que les portes en fussent fermées et gardées avec corps de gardes, là et en certains quartiers, et que les chevaliers et archers du guet, assistés de bourgeois armés, fussent de nuit par la ville, et que les officiers du lieutenant civil allassent par les villes, bourgades et villages des environs de Paris pour y faire venir, à l'ordinaire, pain, vin, blé, munitions et denrées, avec commandement à tous gens de guerre de se retirer de Paris, à vingt lieues loin, et défenses à aucuns d'y venir loger; cela en substance, quoi qu'en autres termes. On dit qu'il a été entendu qu'il y auroit exemption de payer aucune entrée pour les denrées, quoique l'arrêt ne le porte pas, lequel ne fut imprimé, publié et vendu que le lendemain.

Cependant est arrivé une lettre de cachet, signée de Guénegaud, au Prévôt des Marchands et échevins de Paris, par laquelle le Roi dit qu'il s'en étoit allé, non pour déplaisir qu'il eût de sa bonne ville de Paris, mais pour la crainte d'aucuns du Parlement qui avoient intelligence avec ses ennemis et dessein sur sa personne.

Il y arriva aussi deux lettres aux mêmes gens de la ville, une du duc d'Orléans, l'autre du prince de Condé, portant que c'étoit par leur avis que le Roi s'en étoit allé. Elles furent, comme l'autre, portées au Parlement, où elles sont demeurées.

Aussitôt que la nouvelle du « *Regifugium* » a été connue dans le quartier Saint-Honoré, la populace s'est amassée vers la Friperie et les Halles; et comme un chariot passoit, chargé d'argent au sieur Bonneau, il a été pillé, vis à vis des pilliers de ladite Friperie et de la rue Tirechappe. — On dit aussi qu'un autre chariot fut pillé à la rue Fromenteau. — Item un carrosse du comte de Tillières et celui du maréchal d'Estrées, où il y avoit deux cassettes, l'une d'argent, l'autre de papiers.

Les meubles et bagage du Roi, demeurés au Palais-Royal, sous la conduite du sieur du Mont, sous-gouverneur de Sa Majesté, furent exposés à sortir sur des mulets, mais arrêtés à la porte et renvoyés. Depuis lors, ont resté là ; mais le 10 janvier on a dit que conseillers du Parlement étoient députés pour aller visiter ce qui appartenoit à la personne du Roi, et le faire passer; le reste demeurant ici.

Le Roi coucha au lit du maréchal de Villeroy et la Reine en celui de M. le Prince, à Saint-Germain.

— Jeudi matin 7, fut publié l'arrêt du Parlement, donné le jour précédent, pour la sûreté des vivres et l'éloignement des gens de guerre.

Jeudi matin, de bon matin, un courrier apporte déclaration du Roi au Parlement, qui ne le veut recevoir, et le renvoie aux gens du Roi, selon l'ordinaire, qui vont à Saint-Germain, sur la teneur desdites lettres, portant que le Parlement eût à s'en aller tenir à Montargis, la Chambre des Comptes à Orléans (autres disent à Melun), la Cour des Aides à Reims et le Grand Conseil à Mantes, dans quinzaine, à faute de quoi, les refusants déclarés criminels de lèse-majesté, et leurs corps et bien confisqués.

Sur ce, le Parlement assemblé, a fait un arrêt pour la garde des portes jour et nuit, corps de garde de nuit en certains quartiers de la ville, et défenses de laisser sortir hors des portes qui que ce soit; tellement que le coadjuteur de Paris et l'évêque de Sarlat, pensant aller ensemble à Saint-Germain, furent refusés à la porte Saint-Honoré et même à celle de Saint-Jacques, où ils feignoient vouloir aller voir le Père de Gondy, à Saint-Magloire.

La duchesse de Lesdiguières, qui pensoit aussi sortir à pied à la dérobée, par la porte Saint-Antoine, en fut empêchée et mal traitée.

Sur la relevée, l'archevêque de Paris fut en litière à Saint-Germain-en-Laye, et quant et lui, les gens du Roi en carrosse à six chevaux. Avant qu'entrer au bourg, Sanguin, maître d'hôtel ordinaire, les arrêta de la part du Roi, disant que s'ils venoient pour apporter l'obéissance du Parlement à sa translation à Montargis, ils verroient le Roi et la Reine, sinon ils n'entreroient point. Ils dirent n'être pas la coutume d'exposer le sujet de leur venue à autre qu'à Sa Majesté, et persistèrent à demander à lui parler. On tient qu'ils avoient et portoient parole que le Parlement ne s'assembleroit d'un an, et donnoit les mains à tout, pourvu que le Roi revînt à Paris.

A peine eurent-ils permission d'entrer en la Capitainerie, où M. le Chancelier parla à eux, leur reprochant qu'ils n'avoient voulu recevoir la déclaration ou patente de la translation de leur compagnie; et comme ils s'en excusèrent, disant que le porteur ne la leur avoit délivrée, le Chancelier la leur mit ès mains; et ainsi s'en revinrent.

Sur les neuf heures du soir, M. d'Elbeuf entra par la porte de Saint-Antoine, lui vingtième; les opinions là-dessus ont couru différentes : les uns disent qu'il vient s'offrir au Parlement et se rendre chef du peuple; autres ne s'y fient pas. Aucuns disent qu'il a fait effort pour ressortir et qu'il n'a pu.

Ce jeudi 7, la Ville ayant été à Saint-Germain, pour faire soumission au Roi, n'a eu autre réponse, sinon qu'il falloit que le Parlement obéît et sortît de la ville, en laquelle le Roi retourneroit. En même temps, la Chambre des Comptes y fut aussi et toucha de pitié la Reine qui tint son conseil deux heures durant; et comme les députés de la Chambre s'en alloient, fit courre après et leur dire la même chose, au plus près, qu'aux officiers de la Ville.

— Vendredi 8, le Parlement assemblé (l'on trouva fort à redire que les présidents de Bailleul et de Maisons ne s'y trouvèrent point) déclare auteur de tous les désordres de l'État le cardinal Mazarin, et perturbateur du repos public; lui enjoint de désemparer dans vingt-quatre heures de près de la personne du Roi et du royaume dans huit jours, à peine d'être déclaré criminel de lèse-majesté, avec défenses à toutes personnes, de quelques conditions et qualités qu'elles soient, de l'assister; et enjoint à tous de lui courre sus. Et, sur ce, très humbles remontrances faites au Roi par écrit; à quoi l'on travaille incessamment.

Madame de Guénegaud, ayant avec elle mademoiselle de Bellenave et sa suite, gagne le château de Vincennes à pied, où elle est reçue; Madame du Plessis, sa belle-fille, ayant la demoiselle de Beaumont, passe en bateau jusqu'à Charenton, traversant par le petit Arsenal, le jardin et pavillon du bout de la terrasse, et avec elle les dames de Guénegaud, trésorière, Martel, sa mère, de Miossens; couchent aux Trois-Rois, à Charenton, et le samedi 9, gagnent en carrosse Gros-Bois; envoyent rendez-vous à Madame de Guénegaud, au bois de Vincennes, pour se trouver au château de Saint-Maur, où un autre carrosse l'ira prendre.

Madame Le Féron, du nom de Gallard, et sœur de la présidente de Novion, femme du Prévôt des Marchands, tâche en vain de se sauver déguisée.

Madame de Lesdiguières se sauve sur une charrette, travestie en paysanne.

Le soir, aucuns officiers de la ville, avec leurs archers, étant à visiter le Palais-Royal, avec flambeaux, donnèrent l'alarme à des femmes et enfans, qui crièrent que l'on brûloit le Palais-Cardinal.

La Reine d'Angleterre, Mme de Longueville, la princesse de Carignan, la maréchale de Villeroy, sont dans la ville et n'en peuvent sortir.

La duchesse de Chaulnes se sauva toute seule, déguisée, par la porte du Temple, qui, depuis a été bouchée, comme l'ont été celle de Richelieu, celle de Bussy et celle de Saint-Bernard.

Le maréchal d'Estrées sortit aussi par la porte du Temple, qui donna de l'argent au portier, qui en est en prison.

Ce jour, la Cour des Aides fut à Saint-Germain, par députation, et le sieur Amelot, premier président, y harangua, et sur la réponse de M. le Chancelier, il répliqua. On a dit que sa compagnie l'en a désavoué; mais l'imprimé qui en a été publié dit le contraire.

— Samedi 9, fut vendu par les rues l'arrêt donné en Parlement le jour précédent, contre le cardinal Mazarin.

Ce jour, le duc d'Elbeuf fut à l'Hôtel de Ville se présenter; et fut agréé pour être général des armes.

— Le lendemain 10, il fut au Parlement, et le duc de Brissac y eut aussi la séance.

Régiment allemand arrive à Charenton et se saisit de la rivière.

Le matin, quatre mille hommes sont sortis en armes, pour aller vers Gonesse au devant des boulangers; mais ils avoient été déjà détournés par les gens du Roi, et les Parisiens retournent sans rien faire.

En la place de Saint-Jean-en-Grève, cinq ou six charrettes de pain n'ont point duré et la foule étoit extrême.

Des faubourgs, on a fait venir force pain; mais les gens de là ne vouloient pas que des particuliers de la ville en allassent prendre en la boutique de leurs boulangers.

Les habitants des faubourgs et environs portent de toutes parts leurs meubles à sauveté dans la ville; depuis, et vers le 10, il y a eu défense de plus laisser entrer en la ville aucun meuble.

Sur les dix heures, grand peuple étant assemblé en Grève, deux échevins ou conseillers de ville, avec leurs habits d'office, ont harangué, déclarant l'union de la Ville avec le Parlement et la résolution de tous d'employer leurs biens et leurs vies, jusqu'au bout, pour la liberté publique; et qu'il y avoit déjà fonds de six cent mille livres.

Bruit qu'aucuns du peuple auroient mené prisonnier au Châtelet le sieur Le Féron, président des Enquêtes, comme suspect d'incliner vers le ministère. — Faux; mais cela l'épouvanta et le fit cacher chez M. de Bernay-Hennequin, son oncle, qui parla avec le président de Novion, son beau-frère, au peuple, et l'assura de la fidélité dudit sieur Le Féron, s'en rendant la caution.

Chez le sieur d'Aumont, évêque d'Avranches, proposition d'assembler chez l'archevêque de Paris les archevêques de Bordeaux, de Toulouse, évêque d'Aire et autres, jusqu'à deux ou trois douzaines d'évêques qui se trouvent à Paris, pour aviser et s'entremettre de quelque accommodement entre les ministres et le Parlement.

Bruit que le prince de Condé arriva à Conflans et Charenton.

Le Parlement a fait fonds de quatre à cinq cents mille livres et, outre ce, chaque conseiller contribue quatre cents livres dans ce jourd'hui, chaque président à l'avenant, qui est le double de la taxe de Corbie, pour faire dès demain de la cavalerie à battre l'estrade.

Les conseillers pourvus des offices de nouvelle création, au nombre de quatorze environ, financent cent mille écus, au moyen de quoi ils essaient la tâche de leurs charges et sont incorporés avec les anciens en tous leurs droits, honneurs, etc.

Chaque chambre emprunte cinquante mille livres, la grande et les cinq des Enquêtes, et les deux des Requêtes ensemble, les maîtres des requêtes cent mille, la Chambre des Comptes assure trois cent mille livres et n'en a payé que quatre-vingt mille livres.

La Cour des Aides n'en a baillé que trente mille livres.

Les procureurs se sont offerts à payer la double taxe de celle qu'ils payèrent au siège de Corbie, et l'arrêt du Parlement, sur ce intervenu ce jour même 9, les y a taxés et tous les habitants de Paris[1]. Suivant ce, les secrétaires du Roi payent chacun 106 livres ce qui les exempte de toute autre taxe, même de donner aucun homme de pied ni de cheval pour la garde de la ville.

Les avocats du Parlement, qui avoient payé vingt écus chacun pour la taxe de Corbie, en ont été quittes cette fois pour cinquante livres. Tout le corps du Grand Conseil n'a payé que cinquante-quatre mille livres. La Faculté de Médecine a payé mille écus.

L'Université.....

Les receveurs des taxes sont les sieurs Cramoisy, de Forné, son gendre, et de Faverolles, riche marchand de la rue Saint-Denis. L'argent est porté et gardé chez M. Cramoisy : on appelle cela les trésoriers de l'Épargne de ce parti.

— Dimanche matin 10, le Parlement assemblé reçoit le duc

---

[1]. Les minutes des rôles de ces taxes, conservées par le greffier Boileau, se trouvent aux Archives nationales, série U. 185.

d'Elbeuf général des armes du Parlement et Ville de Paris, et l'envoie sur les dix heures prêter serment à la Ville ; et l'après dîner il retourne en l'Hôtel de Ville délivrer les commissions et donner les ordres, le peuple criant « *Vive le Roi* » en le voyant passer.

La nuit précédente arrivèrent en ville le prince de Conti et le duc de Longueville. Ils entrèrent secrètement le matin.

L'après dîner, le Parlement s'assemble, et s'y trouve le prince de Conti, mais non le duc de Longueville, parce qu'il vouloit être assis comme prince au banc des ducs et pairs, et immédiatement après le prince de Conti ; mais sur le soir il est allé à l'Hôtel de Ville.

Bruit que le cardinal Mazarin est parti de Saint-Germain, ladite nuit précédente, et s'est retiré, allant vers le Hâvre.

Le duc de Bouillon a eu, tous ces jours, beaucoup de part en ce généralat, dans l'opinion du monde.

Le duc de Beaufort a envoyé vers le Parlement le sieur des Essarts pour l'assurer de son service ; qu'il viendra, s'il lui plaît, le lui faire avec trois mille hommes.

— Dimanche, à midi, dixième du mois, les prières des quarante heures ont, par ordre de l'archevêque de Paris, commencé par les églises de la ville.

En l'assemblée du Parlement, l'après-dîner, le prince de Conti a fait son discours, assez mal entendu, et a dit en somme que, voyant ce qui se passoit, il étoit venu s'offrir pour être chef des armes du Parlement et de la Ville, pour le service du Roi. M. d'Elbeuf, assis au-dessous de lui, a parlé, disant à Messieurs qu'il les supplioit de se souvenir qu'il avoit rompu la glace et s'étoit le premier offert ; que, ce matin, ils l'avoient reçu et envoyé prêter serment à l'Hôtel de Ville, où il avoit pris possession du généralat et fait fonction pour cela ; qu'il les supplioit de lui conserver ce qu'ils lui avoient donné. Le Premier Président, au nom de la compagnie, a fait compliment au prince de Conti, disant qu'étant ce qu'il étoit, second prince du sang, il ne pouvoit qu'être sincèrement porté au service du Roi et à la conservation de ses plus fidèles officiers et serviteurs ; ne conclut à rien autre chose. A M. d'Elbeuf, louange de ce qu'il avoit été le premier à s'offrir et remerciement de son affection.

Il se dit que le prince de Conti est malcontent de la cour en ce qu'elle a fait entendre au duc d'Orléans, afin de l'attirer et emmener de Paris avec le Roi, que lui, prince de Conti renonceroit au chapeau de cardinal en faveur de l'abbé de La Rivière ; à quoi ledit prince n'avoit pensé et ne désiroit en venir là : et que, de peur d'y être forcé, il avoit quitté la cour. Quant à son beau-frère, M. de Longueville, il est bien vrai qu'il n'est point satisfait de la cour, pour son emploi de Munster, et que lui, tout de bon, s'emploieroit pour le parti du Parlement, servant de conseil et directeur au jeune prince, son beau-frère, auquel il pourroit être adjoint, ou, pour le moins, lieutenant général.

Au fond, la princesse de Condé seroit bien aise de voir ses deux enfans chefs dans les deux partis, etc.

Cette après-dîner, arrêt du Parlement portant permission et ordre aux villes, bourgades et villages de s'armer, se barricader et défendre contre tous soldats, leur courre sus et les repousser jusqu'à vingt lieues de Paris, conformément à l'arrêt du mercredi 6.

Bruit que madame de Longueville se voulut sauver, la nuit précédente, par une corbeille dans le fossé du petit jardin des Tuilleries à l'aide du gardien ou maître, le sieur Renard ; ce qui est très faux.

— Lundi matin 11, le Parlement assemblé, le duc d'Elbeuf y a été assis à droite, comme le jour précédent, au banc des princes et pairs : mais le prince de Conti, de concert, s'est assis au banc gauche et opposite, à la place du doyen des conseillers, où se mettent les gouverneurs de provinces non pairs, M. de Longueville joignant. Puis le duc de Bouillon-La-Tour, qui y a été apporté en ses gouttes, ayant ses quatre enfants avec lui, s'est assis au dessous de M. de Longueville ; et le maréchal de la Motte, qui surviendra ci-après encore, sera assis après le duc de Bouillon, quoique celui-ci, comme officier de la Couronne, pût et dût être assis après M. d'Elbeuf au banc des pairs.

Là, le prince de Conti, comme second prince du sang, a été déclaré généralissime des armes de Paris ; et quant au duc d'Elbeuf, reçu au généralat dès le jour d'hier, il y a été confirmé, et M. de Longueville et lui ont été priés de s'accommoder. L'un est passé en la quatrième chambre des Enquêtes et l'autre au greffe. Les conseillers Broussel, Prévost et autres ont négocié pour leur accommodement. Eux, revenus en leurs places, a été convenu et arrêté que le duc d'Elbeuf seroit lieutenant général des armes à Paris et que, pour son absence et maladie, un de ses enfans tiendroit sa place ; que les ducs de Bouillon et maréchal de la Motte seroient aussi lieutenants généraux et commanderoient à leur tour et rang, journellement, après ledit sieur duc d'Elbeuf.

Ce duc a protesté à M. d'Elbeuf qu'il ne prétendoit point lui partager ou diminuer son généralat et a prié messieurs de lui donner lieu de les servir avec ses enfans, en lui accordant seulement une place de piquier.

Et quant à M. de Longueville, qui s'est fait fort de sa province de Normandie, il auroit le commandement des armes à la campagne et loin de Paris et Ile-de-France, s'il est besoin de les y porter. Dans Paris il n'a point de commandement, ni même d'entrée au Conseil, à cause de la compétence avec M. d'Elbeuf.

Il semble qu'ils soient contents, car M. de Longueville est comme le conducteur du jeune généralissime inexpert et son beau-frère, amoureux de sa fille, et les duc de Bouillon et maréchal de la Motte sont de ce côté là, qui est ainsi le plus fort; et l'opinion commune est que M. d'Elbeuf prétend d'attirer M. le duc d'Orléans, qui est le naturel et déjà tel déclaré généralissime par tout le royaume, et en faisant la charge, pour fortifier aussi son généralat. Il a reçu une lettre, dit-on, du duc d'Orléans, apportée par l'évêque d'Orléans; et comme il y avoit beaucoup de monde présent, le duc d'Elbeuf n'a point voulu lire la lettre et a dit à l'évêque qu'il lui dît, en présence de tous, la créance qu'il avoit de Son Altesse Royale. L'évêque engagé, a dit au duc avoir charge de Son Altesse Royale de savoir la vérité de ce généralat, et le motif qui l'y portoit étoit une raison qui auroit aussi dû obliger Son Altesse Royale à se mettre de ce côté là.

A Paris, sont arrivés les sieurs de Tréville, jadis capitaine des cent mousquetaires du Roi et cassé par le Cardinal, lequel, par le chemin qu'il est venu, a persuadé aux paysans d'amener à Paris leurs vaches, moutons et autres vivres, ce qu'ils ont fait en abondance; le sieur de Lambert, brave maréchal de camp, mal content; le marquis de la Force, de longtemps mis hors de service et disgracié, et celui de Noirmoûtier, nouvellement retiré de Saint-Germain, où la Reine, à la sortie du Conseil, lui ayant dit qu'il avoit été choisi pour commander au poste de Corbeil et empêcher le passage des vivres et secours, répondit que tout poste qui lui seroit donné par Sa Majesté à garder contre les ennemis du Roi, fût-il le plus périlleux du monde, et y fût-il assuré d'y périr, il seroit par lui accepté et gardé avec toute la résolution qu'on peut attendre d'un homme sans peur; mais que, d'être en lieu pour empêcher les vivres d'aller en une ville où il avoit sa femme, ses enfans et ses plus chers parents et amis, il n'avoit point assez de dureté pour cela, et supplioit Sa Majesté de l'excuser si en lui la nature étoit plus forte que le devoir, et qu'il la supplioit d'agréer qu'il lui remît son régiment, ce qu'il fit et partit.

Douze cents bœufs, prenant la traverse, sont venus du chemin de Poissy à celui de Linas ou Lonjumeau et entrés, par les portes Saint-Jacques et Saint-Michel, dans la ville.

Bruit à Paris que les ducs de Mercœur et de Nemours ont été pourvus, à Saint-Germain, dimanche matin, des gouvernemens de Normandie et de Champagne, aussitôt que l'on a su que le duc de Longueville, avec le prince de Conti, s'en étoient dérobés et, sans congé du Roi, venus à Paris. Le comte d'Harcourt a eu celui de Picardie au lieu de son beau-frère, le duc d'Elbeuf. Ils ont été offerts et non acceptés.

Madame et mademoiselle de Longueville sont cependant allées en l'Hôtel de Ville, et, suivant la proposition qu'y fit le jour précédent le duc de Longueville, y sont demeurées et y logent. La duchesse de Bouillon y a été aussi voir les officiers de la Ville ; et ses quatre enfants y logent. Le prince de Conti loge aussi en l'Hôtel de Ville, fort étroitement.

L'ordre de la milice, suivant les commissions délivrées par le duc d'Elbeuf dès le jour précédent, et après avoir prêté serment de général en l'Hôtel de Ville, est que tous les soldats qui se feront enrôler auront dix sols par jour et seront payés tous les samedis, outre l'assurance qu'on leur donne en se faisant enrôler. Les gens de cheval auront quarante sous et leur avance, qui est deux pistolles.

Le régiment de cavalerie est de quatre cens hommes ; on donne cent écus pour chacun cavalier, qui est quarante mille écus pour le régiment et cent mille écus pour mille cavaliers. Les généraux en composent avec les capitaines qui lèvent sous eux. Aucuns régimens ne sont que de deux cens hommes.

On veut faire quatre mille fantassins, qui font par jour sept mille livres, et quatre mille cavaliers qui font par jour huit mille livres, en tout quarante mille livres par jour, qui font par mois quatre cent cinquante et quatre cent soixante-cinq mille livres, et, par an, cinq millions quatre cent soixante-quinze mille livres.

Chaque porte cochère de la ville et faubourgs fournit un homme à cheval, ou paye, pour une fois, cinquante écus. Chaque petite porte fournit un homme de pied pour chaque ménage, pour la garde du logis du colonel, où il y a corps de garde, et de la porte de la Ville où, par sort, chaque compagnie est distribuée; et, outre ce, payera pour tout cinquante livres, depuis réduits à trente livres.

Pour les fantassins de la milice, ils sont pris de tous ceux qui se viennent faire enrôler à l'Hôtel de Ville.

Ce jour dimanche, seulement, a été relâché le bagage du Roi, visité par trois conseillers, députés de la cour; et, sous ses couvertures, on a fait en sorte de faire passer celui de la Reine, le duc d'Elbeuf en personne y étant pour le faire sortir, avec trois compagnies bien armées, qui repoussoient la populace.

— Lundi 11, se sont présentés cent cinquante soldats du régiment des gardes du Roi qui ont prêté serment et assuré que, dans trois jours, toutes les compagnies dudit régiment passeroient à Paris de la sorte. Les généraux des ministres font ce qu'ils peuvent à bien garder les passages, pour empêcher la désertion que font leurs gens.

Sur l'après-dîner, se sont aussi présentés quinze cens clercs du Palais, garçons bien faits, de vingt ans plus ou moins, qui se sont enrôlés à solde de vingt sols par jour. On en fera un régiment que M. d'Elbeuf a promis de faire conduire par un de ses fils.

Dès le matin, trois compagnies de cavalerie ont fait sortie par la porte Saint-Antoine et sont retournées avec quelques prisonniers allemands.

Toute l'après-dîner, cinq cens cavaliers ont été en halte et revue dans la place Royale; puis on les a renvoyés chacun en leurs maisons.

Sur les cinq heures environ, huit cens cavaliers sont passés par la rue de la Tixeranderie, tirant au pont Notre-Dame, et disoit-on qu'ils alloient faire sortie par quelque porte de la ville.

Bruit que les troupes de l'Archiduc sont devant Arras pour l'investir et assiéger; autres parlent de Casal en Piémont assiégé par les Milanois.

— La nuit du lundi au mardi 12, les nommés Roquetaillade et Deschênes et encore quelques autres qui sont Pontac, fils du procureur général de Bordeaux, et le jeune marquis ou baron de Jonzac, saintongeois, qui avoit été fort blessé, ont voulu forcer une barricade au faubourg Saint-Germain, où ils ont tué de ceux qui la défendoient et y ont aussi laissé des leurs et, le mardi matin, ont été pris en leurs lits, et menés ès prisons d'Abbaye, où Pontac et Roquetaillade sont morts de leurs blessures, vers le 25 du mois ci-après.

Le faubourg Saint-Germain est partout barricadé ès avenues, carrefours et même au milieu des rues, au lieu que la ville n'a que des chaînes qui sont lâches sur jour et se tendent à la nuit lorsque les corps de garde se posent.

Ledit mardi 12, ont été aux environs de la place Royale deux ou trois cens hommes de la cavalerie de la ville, tous bien montés, aucuns avec la salade, et presque tous avec la valise, et y sont demeurés toute l'après-dîner. On croit que c'est pour l'entreprise sur la Bastille, pour laquelle, dès le jour précédent, ils avoient paru dans ladite place Royale et y avoit eu de l'infanterie en armes dans les jardins de l'Arsenal, où, ce jour 12, on a planté le canon et tiré contre les tours de la Bastille.

Sommation faite au gouverneur, le sieur du Tremblay Le Clerc, frère du feu Père Joseph, capucin employé par le cardinal de Richelieu.

Bruit que le Roi et toute la cour sont retirés à Meulan, trois lieues plus bas que Saint-Germain, et où il y a un fort dans la rivière de Seine. — Faux.

Grande foule en l'Hôtel de Ville; le duc d'Elbeuf, qui commande ce jour là, y étoit, tenant conseil, et le duc de Bouillon s'y est fait apporter en chaise; et comme la rivière est extrêmement grande et débordée en la place de Grève, jusqu'au dessus de la croix, le reste de terrain sec qui reste vers la fontaine et rues de la Vannerie, Jean de l'Espine, Saint-Esprit et grand escalier de l'Hôtel de Ville, étoit rempli de carrosses de gens de livrée.

Quatre conseillers du Parlement sont en l'Hôtel de Ville, sans en partir, en la chambre du conseil de guerre : messieurs le Nain, Broussel, Laisné et Ménardeau, qui assistent à tout ce qui s'y passe. M. Le Prévôt de Saint-Germain, abbé de Samer-au-Bois, est le trésorier des deniers ou fonds du Parlement, suivant l'arrêt du 9.

Il y aura aussi un président qui ira à son tour et rang tous les jours; et sur ce qu'il a fait demander quel rang il auroit, le prince de Conti a dit que si M. d'Elbeuf ne lui vouloit céder, il lui céderoit quant à lui. Le rang est donc tel : le prince de Conti est au bout de la table; au côté droit est le président du Parlement, qui d'ordinaire est M. de Mesmes, et au dessous de lui les conseillers ; de l'autre côté sont les généraux et au bas est la Ville.

Le conseil de guerre tient tous les soirs en une chambre dudit Hôtel de Ville.

Avis de Saint-Germain que là, dans le conseil d'en haut, en présence du Roi, tout ce que le Parlement a fait a été cassé, et particulièrement l'arrêt par lui donné le 8 contre le cardinal Mazarin.

— Mercredi 13, se sont présentées les milices de la ville pour sortir et aller quérir les boulangers de Gonesse, qui, par leurs députés du jour d'hier, assurent avoir six cens charrettes chargées de pain dans leurs bourgs bien barricadés ; et eux, avec leurs voisins, armés et postés à la défense. Mais le duc de Bouillon, à qui il tombe ce jour de commander les armes, leur a remontré qu'il falloit les voir en armes et exercer une fois auparavant. On dit qu'en la division des quartiers, le duc de Bouillon a pour sa part ceux du Marais du Temple, où il loge, et jusqu'à la Coûture Sainte-Catherine.

Le matin, Parlement assemblé à l'ordinaire, et le prince de Conti s'y trouve assis, comme il étoit le 11 dernier, en tête du banc des conseillers, opposite à celui des princes et pairs. M. de Longueville n'y étoit pas.

La Bastille, qui fut battue de trois pièces de canon, plantées au bout plus prochain et septentrional de l'allée en terrasse de l'Arsenal, dès le mardi après dîner, l'a été de rechef ce mercredi matin et disoit-on que le gouverneur en devoit sortir ce soir par vendition de sa place, comme il a fait sur le soir ; et y est M. d'Elbeuf entré, et avec lui deux conseillers du Parlement qui avoient commandé leur compagnie ; et étoient en différend qui y entreroit le premier ; l'un et l'autre alléguant qu'il avoit été le premier là ; mais M. d'Elbeuf l'a déféré au conseiller.....[1] ; et pourtant sont de fait tous deux entrés ensemble.

Le gouverneur est le sieur de Broussel, conseiller en la Grande Chambre, et son lieutenant est le sieur de Louviers, jadis lieutenant aux gardes, et fils dudit fameux Broussel, conseiller en la Grande Chambre.

Cette après-dîner, le maréchal de la Mothe-Houdancourt a été dans la place Royale à faire revue de l'infanterie levée en la ville ;

---

1. Le nom est en blanc au ms. — Les deux conseillers étaient Portail et Le Fevre.

et on dit présentement qu'il vient d'aller, sur les quatre heures du soir, avec M. d'Elbeuf, dans la Bastille, en prendre possession.

Avis que M. le duc d'Orléans et le prince de Condé sont tous deux à Saint-Denys et que toutes leurs troupes y sont aussi, partie en la ville et partie dehors, retranchées.

Avis que le Roi est malade à Saint-Germain et a été saigné deux fois : que la Reine est aussi malade.

Ce jour 13, la Seine, qui depuis les neiges fondues et les pluies du dégel, commencé avec l'année, a toujours crû, et depuis trois jours beaucoup augmenté, s'est trouvée si haute qu'il n'y a point mémoire d'homme qu'elle ait été si haute ; elle est par toute la place en Grève ; en sorte que l'on ne sauroit aborder la maison de Ville, dont l'eau couvre les poteaux de devant jusqu'à l'escalier d'entrée, que par les piliers du Saint-Esprit, et de là, par planches et bateaux, posés de l'un à l'autre, jusque audit escalier. Les grands bateaux chargés de bois sont jusqu'au milieu de la place, vis-à-vis dudit Saint-Esprit.

Les vieilles gens de Paris disent qu'il y a soixante-douze ans qu'il y eut une pareille inondation. Cela iroit à l'an 1576. En un pilier de grès qui soutient une maisonnette en la Vallée de Misère, au coin de la Mégisserie, il y a gravé :

> Mil quatre cent quatre-vingt-seize
> Le septième jour de janvier
> Seyne fust icy à son ayse
> Battant le siège du pillier.

Ce même jour, le pain est venu à Paris du côté de Villejuif, Gentilly et Bourg-la-Reine, en telle abondance et avec tel ordre, qu'il s'est vendu au mont Sainte-Geneviève, à cause que la place Maubert étoit couverte de l'eau regorgée de l'abreuvoir de Seine, sans aucun désordre et au même prix qu'ès marchés ordinaires et à deux sols la livre, tout le meilleur.

Deux mille bœufs sont aussi entrés, tant ce jour que le précédent, auquel des conseillers du Parlement députés ayant été au magasin du monastère de Saint-Germain-des-Champs, y ont trouvé deux cens muids de blé, cent moulins à bras et vingt moulins à cheval.

A Saint-Lazare, dans les greniers du Père Vincent et de sa congrégation, on a trouvé cent cinquante muids de blé.

Le setier de blé ne vaut que 15 livres, le plus pur froment qui est 90 livres le demi muid et le seigle 10. Il y a six setiers (*unde sextarii dicti*) au demi muid, et 12 par conséquent au muid.

Chaque setier de blé net pèse 220 livres, sans le poids du sac, qui est à part ; il contient 2 mines ; une mine 2 minots ; un minot 3 boisseaux et ainsi un setier contient 12 boisseaux, mesure de Paris ; et 1 boisseau se partit en 4 quartes et pèse 18 livres et plus.

En mesure d'avoine, le minot a 4 boisseaux, qui font 16 boisseaux au setier, et plus grands chacun que chacun du blé. Or la farine rend autrement ; car un muid de blé étant moulu rend environ un muid et demi de farine, parce qu'elle s'élève dans la mesure et s'enfle, au lieu que le blé s'affaise et s'agence et occupe moins d'espace. Ainsi il y a profit à acheter du blé plutôt que de la farine, dont le muid, le setier, le boisseau ne valent point un muid, un setier un boisseau de blé ; mais il y a différence du tiers et proportion de 18 à 12 et de 12 à 8 et de 3 à 2, car 12 boisseaux de blé font 17 boisseaux de farine, desquels ayant ôté le son, restent 13 à 14 boisseaux. Le boisseau de blé pèse 18 à 19 livres et rend 1 boisseau et demi, ou peu s'en faut, de farine et, le son ôté, il s'en fait 17 livres de pain. Ès moulins faits publics par la ville, où l'on n'est point volé, l'on a jusqu'à 20 boisseaux de farine pour 12 de blé.

Muid de blé à soixante écus, le plus beau froment. Le 10 février suivant, la farine étoit à 50 livres le setier à la halle (voyez aux 24 janvier, 22 février et 3 mars).

Ce même jour 13, le Grand Conseil a envoyé ses députés au Parlement, les chambres assemblées, offrir de contribuer le triple de la taxe qu'il contribua lors du siège de Corbie ; et pourtant ils n'ont payé que le double, montant à cinquante quatre mille livres.

Ce même jour 13, la Reine d'Angleterre envoya le matin vers le Parlement assemblé représenter sa nécessité. C'est sa faute et le mauvais ménage des siens ; car le Roi lui a payé le mois d'octobre dernier, cependant elle doit tant à ses pourvoyeurs et marchands qu'ils ne lui veulent plus rien donner sans argent. Le Parlement lui a donc ordonné vingt mille francs sur son fonds.

La Reine d'Angleterre représenta sa nécessité par le moyen de quelqu'un du Parlement, à qui la duchesse de Bouillon l'avoit fait savoir ; mais elle a depuis envoyé remercier le Parlement et n'a voulu prendre ladite somme, soit à cause de sa modicité, soit de crainte d'offenser la Reine.

La duchesse de Lorraine envoya aussi demander subsistance ; on lui dit qu'il y sera pourvu.

Ce même jour, des conseillers, députés du Parlement, furent chez Cantarini, banquier italien, agent ordinaire du cardinal Mazarin, lui demander ses registres et papiers des comptes, qu'il déclara être chez l'abbé Mondain, autre italien, agent des affaires de la cour de Savoie et confident dudit cardinal, où lesdits conseillers les furent prendre.

Le soir, arriva à Paris la comtesse de Miossens, qui en étoit sortie avec Mesdames du Plessis et de Guénegaud, ses belles-sœurs, le vendredi 8, et passa avec elles à Charenton et de là, le lendemain, à Grosbois, d'où, par Saint-Maur et le bois de Vincennes, elle s'en alla à Saint-Denys coucher, et le maréchal du Plessis, qui y commande aux troupes de la cour, lui donna sa chambre; de là, elle a été à Saint-Germain, d'où son mari l'a renvoyée à Paris.

Ce soir même arriva dans Paris le duc de Beaufort.

Arrêt du Parlement de saisie de tous les biens du cardinal Mazarin, en vertu duquel, le président [1]..... va en la maison dudit cardinal, qu'il a rapporté avoir trouvée meublée, sans qu'il y ait fait inventaire, qui a depuis été fait avant que vendre.

— Jeudi matin 14, Parlement assemblé, et y séant le prince de Conti, ducs de Longueville et d'Elbeuf, comme le 11, le duc de Beaufort y présente sa requête tendant à être absous du crime à lui imputé (cette requête a été envoyée aux trois chambres, dont voyez l'arrêt ci-après, au 15). On y a délibéré sur la dépense de la guerre.

Il a été résolu que la dame de Longueville, qui a été comme en ôtage, en la maison de ville, logée, en sortiroit à cause de sa grossesse et iroit demeurer en son hôtel, pour y faire ses couches. M. du Lonzat de Guénegaud, conseiller, chargé d'aller vers M. de Longueville lui faire savoir cette résolution du Parlement; cela n'a eu lieu.

Il a été publié par les rues règlement et ordonnance à ce que toutes les boutiques soient ouvertes (car la plupart étoient fermées) et chacun y travaille ou y vende.

Les ecclésiastiques enfermés dans Paris, ayant délibéré et résolu de se rendre intercesseurs vers la Reine, pour parvenir à quelque accommodement, et voulant sortir pour s'en aller à Saint-Germain, ont été refusés à la porte. Bruit que M. le Coadjuteur est sorti depuis. — Faux.

---

1. Le nom était en blanc au manuscrit.

M. le duc d'Angoulême et M. de Metz s'entremettent fort d'un accommodement entre les deux partis : — l'un et l'autre faux ; et ledit duc d'Angoulême a été remis à sortir ; il étoit encore à Paris, sollicitant, le 18 janvier.

Le marquis de Vitry arrive à Paris et assure Meaux, son gouvernement, à Paris. Il amène un régiment entier au service de Paris, qui est celui de la Reine, qu'il a toujours commandé depuis la Régence. Il est mal content de ce qu'ayant un brevet de duc et pair, on ne lui a pas permis les mêmes honneurs que l'on a permis à MM. de Liancourt, maréchaux d'Estrées, de la Meilleraye, etc., par avance.

— Vendredi matin 15, nouvelles qu'à Basfroi, quartier du faubourg Saint-Antoine, vers la Roquette, la nuit précédente, sont venus gens du prince de Condé, qui sont entrés dans les maisons et ont tué des habitants qui résistoient.

L'inondation de la rivière continue, refluant dans les fossés de la ville, et d'eux dans les égouts des rues ; en sorte que celle du Parc-Royal, la vieille rue du Temple, jusqu'aux Blancs-Manteaux, celle de Saint-Antoine, au carrefour Saint-Paul, ne se passent qu'à planches et bateaux.

La vieille et la neuve Saint-Paul, celle des Lions et le bas de celles de Beautreillis et des Célestins, avec tout le quai et place desdits Célestins et Arsenal, sont couvertes de l'eau, partie regorgeant de l'égout des Célestins, mais beaucoup plus refluée et débordée de l'abreuvoir Saint-Paul. En sorte que toute cette suite de maisons qui sont depuis le haut dudit abreuvoir et rue Saint-Paul jusqu'à ladite rue des Célestins, sont assiégées et isolées dans l'eau de toutes parts.

En la place Maubert, l'eau est jusqu'au premier étage des maisons. Le vieux pont de bois de la Tournelle couvert d'eau ; les jardins du terrain de l'archevêché, cloître et porte Saint-Landry, remplis d'eau ; le pont des Tuilleries démembré de plusieurs piles de bois et arches emportées ; les chantiers de bois, rangés des deux côtés de la rivière, au-dessus de la ville, hors les portes Saint-Antoine et de Saint-Bernard et au-dessous de la ville, à la Grenouillère, ont été emportés par l'eau.

Dans l'île Notre-Dame on ne passe ni l'on n'aborde les ponts que par bateaux.

La Seine a emporté le pont des Tuilleries, et, passant par dessus sa rive gauche, a rempli la rue de Seine ; et a fallu que de l'Académie du sieur du Plessis du Verne on ait sauvé les chevaux et les académistes, qui ont été travailler où jadis ils étoient, entre la porte de Bucy et l'Abbaye.

L'après-dîner de ce jour 15, la cavalerie de la ville a fait revue en la place Royale, sous la charge du marquis de la Boulaye.

Dès le matin on a crié et vendu l'arrêt imprimé de la saisie de tous biens meubles et immeubles et bénéfices même du cardinal Mazarin, comme aussi certain ordre et règlement que doivent garder les gens de guerre à pied, extrait des registres de la Connétablie et maréchaussée de France, à la table de marbre du Palais.

Les trois chambres, grande, tournelle et édit, saisies du procès du duc de Beaufort, longtemps avant son évasion du château de Vincennes, se sont ce matin assemblées, étant prononcé sur la requête par lui présentée le jour d'hier, le déclarant absous de l'accusation contre lui intentée, et permis à lui de se pourvoir pour ses dommages et intérêts contre qui il appartiendra.

Ensuite, et sur les onze heures, le Parlement s'est assemblé et le prince de Conti s'y est trouvé.

L'après dîner, le Parlement s'est encore assemblé et s'y devoient faire plusieurs propositions qui n'ont point été faites.

Les députés du parlement de Provence, de l'ancien corps, ont été ouïs et ont demandé la protection de ce Parlement, à l'arrêt duquel, sur l'article de la déclaration du 22 octobre, portant qu'il ne sera fait aucune création d'offices, ils protestent d'obéir touchant le nouveau semestre, qui est sur les rangs à établir chez eux.

S'est aussi présenté le bailli du faubourg Saint-Germain, disant qu'aux prochains villages, les soldats de l'autre parti volent et mettent le pillage en certain lieu qu'il sait, et demande permission de faire sortie pour l'aller recouvrer. On l'a renvoyé au conseil de guerre des généraux, tenant en l'Hôtel-de-Ville.

Le prince de Conti, ni aucun des généraux, ne s'est trouvé au Parlement, parce qu'ils tenoient conseil de guerre en l'Hôtel-de-Ville.

Le duc de Bouillon a reçu une lettre du prince de Condé, portant que, s'il s'est engagé dans Paris à la considération de son frère, le prince de Conti, comme croyant que les deux frères agissent de concert, il le prie de se détromper de cela et de s'en aller à Saint-Germain, où il aura contentement en la cour. Le duc a montré cette lettre au prince de Conti, aux autres généraux, à MM. du Parlement et de la Ville.

Cent vingt-cinq mille livres ou quarante-cinq mille écus envoyés en l'hôtel d'Elbeuf, et autant aux autres généraux, des fonds du Parlement et de la Ville, pour lever chacun un régiment de quatre cens hommes de cheval, chaque cavalier revenant à cent écus. Les fils du duc d'Elbeuf ont eu tous trois, chacun la moitié de leur père, pour faire régiment aussi de moitié.

Garnison de soldats mise en la maison du sieur Tubeuf; on a parlé d'en mettre aussi chez M. le trésorier de Guénegaud, dont a été donné avis par les sieurs de Ligne et marquis de Toucy.

— Samedi matin 16, on trouve les eaux rabaissées d'un pied partout et, ès lieux exposés à l'air, petits patrouillis; et du long des maisons il avoit gelé à glace la nuit : c'est le quatrième jour commençant de la nouvelle lune, qui se fait la nuit d'entre le 12 et 13.

Rapport du capitaine de la garde à la porte Saint-Antoine, comme environ cent cavaliers avoient donné dans le faubourg cette nuit là, et jusqu'à ladite porte; et il y en a eu d'eux trois tués et douze bourgeois.

Le marquis de la Boulaye, maréchal de camp, qui étoit le soir précédent sorti avec la cavalerie de quatre à cinq cens hommes par la porte Saint-Jacques et suivi d'autant d'infanterie pour le soutenir, est rentré ce matin avec deux cens bœufs et deux ou trois mille moutons venant de devers le Bourg-la-Reine; autres m'ont assuré de sept à huit cens seulement.

Le confesseur de la Reine, cordelier espagnol fort vieux, son compagnon, et le confesseur nommé père Favre, ont passeport pour aller trouver la Reine. Ils vont dans un carrosse de Sa Majesté, où les dames Yvelin et de Varennes, femmes de chambre, vont aussi, ayant eu aussi un passeport du Prévôt des Marchands et quatre échevins, comme aussi ont eu quelqu'autres officiers de la maison du Roi et commis des secrétaires d'État.

Avis que la nuit précédente le chevalier de Barradat est entré moitié par force et moitié par ruse en la ville de Lagny, dont il s'est saisi pour la Reine.

Le marquis d'Huxelles s'est mis dans Corbeil et le tient pour le parti de la cour.

Le soir, sur les huit heures, on entend, du quartier Saint-Antoine, le tocsin qui, à diverses reprises, sonne fort dans le faubourg de ce nom.

Le Parlement étant assemblé, le conseiller de Courcelles représenta le péril où est la Ville, le Roi et l'État, et proposa de députer en cour pour tenter un accommodement. On passa sur cette ouverture légèrement, jusqu'au président de Mesmes, qui la reprit et releva fort hautement, disant qu'il ne falloit mépriser cette proposition, mais y appuyer de bonne sorte. Cela ne fut pourtant jugé encore mûr, ni de saison. En effet cela doit être secrètement agité; et que ni la cour, ni le peuple en oyent parler avant qu'il en soit temps, et cependant le faire trouver bon aux généraux.

— Dimanche 17, bruit que le père Vincent, chef des prêtres de la Mission, est allé en cour, à Saint-Germain, où l'on se retranche; et y est-on pressément et chèrement; que le nonce du Pape y est aussi allé pour s'interposer à quelque accommodement; gens d'honneur ont ici parlé à lui pour cela; que le père Martial, capucin, a parlé avec grande ardeur à la Reine pour l'obliger à ramener le Roi à Paris; que Sa Majesté avoit répondu qu'elle étoit toute prête, pourvu que le Parlement cédât et se retirât et que, au même temps qu'il sortiroit par une porte, elle y entreroit par une autre et non jamais autrement. La mère supérieure du Val-de-Grâce écrit une lettre sur ce sujet à la Reine.

La comtesse de Miossens, accouchée d'une fille à trois heures après midi. Le travail lui a commencé dès le matin. Il n'a été bien certain que depuis onze heures; le quatrième jour de la lune astronomique, courant depuis peu après minuit, selon Commelet, c'est aussi le quatrième de la lune épactale. Elle étoit selon sa croyance en son huitième mois.

L'enfant est mort à huit heures du soir, après être ondoyé.

Les eaux retirées encore d'un pied; un peu de gelée. Le temps fort froid est couvert, sans aucun soleil.

— Le lendemain 18, [les eaux] continuent de se retirer de même; et, quoiqu'il ait plu la nuit suivante, elles n'ont pas laissé de diminuer à vue d'œil tout le 19, et ensuite les jours suivants, jusqu'à la nuit du 21 au 22, qu'il gela assez fort. Les marchands de bois ont néanmoins peur d'une deuxième inondation et demandent l'hôtel de Nevers pour mettre leurs bois.

Le grand-maître de l'Artillerie et surintendant des finances, maréchal de la Meilleraye, malade de la goutte, gardant le lit à Saint-Germain et sa femme avec lui et son beau-frère, M. de Cossé; son autre beau-frère, le duc de Brissac, logé dans l'Arsenal à Paris, et tenu comme général de la cavalerie de la ville, a sa femme avec lui. Les marquis et marquise de la Porte (celle-ci est sa sœur) sont à Paris.

L'après dîner, le Parlement étant assemblé, on y résout que l'archevêque de Corinthe, coadjuteur de Paris, seroit reçu, pour avoir séance de conseiller, toutes les fois qu'il voudroit venir en Parlement, à l'absence de son oncle l'archevêque, qui est naturel et né conseiller.

Il est aussi résolu de dépêcher lettres de la compagnie à tous les autres parlements de France et aux grandes villes pour les informer du motif que celui-ci a eu de se tenir ferme dans Paris et s'y unir avec le peuple, afin d'éviter les insultes du cardinal Mazarin; avec déclaration qu'au même temps qu'il se retirera ou sera ôté du ministère et gouvernement de l'État, on cessera toutes assemblées et matières d'armes et recevra-t-on le Roi, la Reine, les Princes et le Conseil de Paris.

Le soir de ce jour, se fait sortie de cavalerie de Paris, par la porte Saint-Antoine, vers le bois de Vincennes, où le sieur de Droué, capitaine aux gardes du Roi, qui tient le château, du jour que M. de Chavigny gouverneur y fut arrêté, pour être enlevé au Havre prisonnier, comme il fut, et son lieutenant, de l'Isle, en fut mis hors, se fortifie et fait travailler les paysans, se doutant que les forces de Paris l'iront attaquer, pour s'assurer de sa place.

Le nommé de Poix, fils du médecin du commun et de l'Académie du feu cardinal de Richelieu, ayant ci-devant été longtemps à la Bastille, comme complice du duc de Beaufort, depuis quelque temps relâché, et ayant pris parti avec Paris et levé des soldats, de l'argent de la ville, a été arrêté comme suspect d'intelligence avec le parti du cardinal et mis prisonnier à la Bastille : le petit prévôt de l'Isle avoit répondu de sa fidélité.

— Le lundi matin 18, la cavalerie, qui étoit sortie le soir précédent, est retournée sans exploit considérable; celle qui étoit allée vers le Bourg-la-Reine et Lonjumeau alla trop tard, les troupes du Roi ayant détourné quelques centaines de bœufs qui avoient pris ce chemin là, pour venir à la ville. Toutefois aucun des cavaliers, de là retournés, n'ont ouï parler desdits bœufs, quoiqu'il soit vrai.

Plaintes des particuliers qui, portant leur vaisselle d'argent pour avoir de quoi vivre, les gens de la monnaye et orfèvres ne la veulent acheter qu'à vil prix.

Arrêt de la Cour des Monnoies et taxe du marc de l'or et de l'argent.

Ce matin, le Parlement assemblé a déclaré le duc de Beaufort pair de France et l'a reçu tel; a lu et revu la lettre circulaire qu'il écrit aux grandes villes de son ressort et à toutes celles des autres parlements de France; a délibéré sur les levées et entretènement des gens de guerre, l'après-dîner, chez le Premier Président.

A la cour, à Saint-Germain, ils parlent de convoquer les états généraux du Royaume au 25 mars prochain et font à cet effet une lettre circulaire à toutes les provinces, pour les convoquer et inviter à faire leurs députations.

A Rouen, le Premier Président et l'ancien semestre se sont remis sur les fleurs de lis, en ayant ôté les nouveaux, dont ils ont désavoué la députation vers la Reine; ledit Premier Président, Faucon de Ris, fait la charge de gouverneur, en l'absence de M. de Longueville et du marquis de Beuvron, et ne se déclare point.

Le comte de Béthune a passeport pour sortir de la ville et s'en aller en cour, d'où il doit retourner, selon sa parole, comme il a fait, vers le 25.

— Mardi 19, dès le matin, le Parlement s'assemble. On y résout d'arrêter tous les deniers royaux qui sont ès généralités.

Le duc de Chevreuse qui, le jour précédent, étoit venu offrir son service à la compagnie, présente une requête tendant à ce qu'il fût permis à la dame sa femme de retourner en France et à Paris. Elle est à Kerpen, principauté qu'elle a achetée, au diocèse de Cologne. A cette requête s'est joint le duc de Luynes, fils d'elle de son premier lit. Le conseiller Payen rapporteur de la requête.

Il est résolu que M. le duc d'Angoulême aura passeport pour sortir de la ville, lui et son train, et sûreté d'être en la maison de Grois-Bois.

On a aussi délibéré de cotiser tout le monde dans la ville et autant les absents que les présents; et ce, de la double taxe de Corbie, suivant le rôle qui en est à l'Hôtel de Ville.

Au conseil de guerre, on a délibéré d'aller par les maisons et y prendre tous les chevaux que l'on y trouvera, particulièrement aux absents, pour monter la cavalerie; mais le Parlement n'y a passé.

Le duc d'Elbeuf a fait sortie par la porte Saint-Antoine, ayant fait marcher dès devant dîner cinq ou six cens chevaux, de très belle et brave cavalerie, vers Charenton, comme pour se saisir de ce poste. Lui, a dîné, premier que d'y aller, et puis, sur le soir, est retourné, ramenant deux des gardes de M. le Prince prisonniers ; et force pourceaux en ont été amenés.

Le matin, en sont arrivés, par la voie de Trappes et Bourg-la-Reine, grande quantité de Normandie, conduits en partie par Gautier de Moulins et Robert de Rugle, etc.

Cependant on a eu avis que ceux du duc d'Orléans s'étoient saisis de Meudon.

On a arrêté que, la nuit prochaine, on sortiroit vers le Bourg-la-Reine, pour aller quérir et escorter grande troupe de bœufs qui viennent par là, et le pain, farine et blé qui en viennent aussi ; et a été résolu que, le lendemain mercredi 20, en chaque place de marché de la ville, il y aura deux conseillers du Parlement qui se trouveront, afin d'empêcher le désordre de la foule et la survente des boulangers, tenant la main à ce que le taux du pain soit raisonnable.

Néanmoins, il y a eu tumulte et désordre au marché de Saint-Jean, et le peuple s'y est fort ému et a menacé de prendre du pain où il en trouvera.

Le pain a augmenté quasi du triple, et la farine du double, valant jusqu'à quarante livres le setier.

A Gonesse, ils sont fort bien retranchés, mais ne font point de pain jusqu'à ce que ceux de Paris leur mandent d'en faire et les assurent de l'aller quérir à main forte.

Débordement de la petite rivière de Bièvre, ou des Gobelins, au faubourg Saint-Marceau ; le Jardin-Royal inondé. Bruit que le quai et portique de Gesvres, allant du Pont-Neuf au Change, s'écroule, s'entr'ouvre et menace ruine. Tout le monde en déloge, et on y met des étançons ; personne n'y passe plus, mais bien par la rue qui est à côté.

Le marquis de Praslin, lieutenant du Roi en Champagne, y est arrivé de Saint-Germain, afin de donner ordre à la province, dont toutefois, le prince de Conti, qui en est gouverneur, a donné assurance à ceux de Paris ; et, de fait, ceux de Troyes se sont saisis de leur garnison, en partie carabins du sieur Arnauld et régiment d'Enghien, et se sont déclarés pour Paris. Le Roi lui écrit une lettre du 15, comme il avoit écrit à la ville de Troyes dès le 10. Elles ont été reçues les 19 et 20.

Cette nuit précédente M. de Longueville est parti de Paris avec cent cavaliers, pour s'en aller en Normandie et s'en rendre maître. Il emmène avec lui le marquis de Beuvron, fils d'une Matignon, sa cousine, lieutenant du Roi en la haute Normandie, et gouverneur de la ville de Rouen et du vieux palais.

Le duc de Beaufort est sorti avec lui, pour l'escorter et aller recueillir des troupes à la campagne.

On dit que la ville de Rouen s'est déclarée pour le Roi et la Reine; que celles de Dijon et de Lyon ont fait de même, et que M. de Saint-Luc a été envoyé de la Reine à son neveu, le marquis d'Ectot, lui offrir le gouvernement en chef du vieux palais et de la ville de Rouen, s'il veut tenir contre son père, le marquis de Beuvron. Le bruit est que la cour y a envoyé le comte d'Harcourt pour y prendre possession du gouvernement de la province; mais le Parlement lui a refusé d'entrer.

Avis qu'à Saint-Germain, le nommé Bernage, aumônier servant près du Roi, ayant vertement soutenu les intérêts du coadjuteur de Paris, que l'on blâmoit en compagnie, et maintenu ce qu'il avoit fait, même devant le cardinal Mazarin, a été envoyé à Pontoise et mis prisonnier au château.

Que le cardinal Grimaldi a voulu persuader au cardinal Mazarin de traiter et se retirer, et lui même s'est retiré à Pontoise.

Que la demoiselle d'Hanse, femme de l'apothicaire du corps de la Reine, espagnole de nation, étant à grande peine sortie de Paris, arrivée à Saint-Germain, a dit à la Reine être obligée en conscience de détromper Sa Majesté et lui dire qu'il n'y a point de salut pour elle, pour le Roi, ni pour le Royaume, que par leur retour à Paris, et que, aussitôt, elle a été disgraciée et congédiée de la cour.

Grande revue de cavalerie en la place Royale et continuel passage d'icelle en la rue des Francs-Bourgeois. Le maréchal de la Mothe-Houdancourt, avec le duc d'Elbeuf, lui a fait prêter serment au Roi et au Parlement et ville de Paris, en présence du prince de Conti, généralissime, comme il avoit fait les jours précédents à l'infanterie, dont les drapeaux ont Notre-Dame et Saint-Joseph cherchant Jésus et pour mot : « *Regem nostrum quærimus* ».

Au Parlement assemblé le matin, le duc de Beaufort, retourné de sa sortie de nuit, assis au banc des pairs.

Le prince de Conti s'assied toujours à l'autre banc opposite, en tête des conseillers.

Là est arrêt de défense à toutes personnes de sortir de la ville et de se déguiser à cet effet, sur peine de la vie; et quant aux passeports, que aucun ne sera délivré.

Le passeport de la princesse de Carignan pour s'en aller en Savoie est aussi révoqué; celui de M. d'Angoulême rendu inutile, et à lui refusée la sortie à la porte Saint-Antoine, tellement qu'il a été contraint de revenir en son hôtel. Les chevaux de M. de Guénegaud, trésorier de l'Épargne, qu'il pensoit faire passer avec son train, arrêtés et menés chez M. d'Elbeuf, mais rendus dès le soir; le chariot qu'ils traînoient retenu, qui est du bagage de M. d'Angoulême.

Est aussi en Parlement arrêtée la taxe de tout le monde, au double de celle de Corbie tant absens que présens.

Est aussi arrêté que tous officiers et membres du Parlement, et autres membres des corps restant en cette ville, seront invités et avertis de s'y rendre en leurs places et charges; à faute de quoi, en seront déclarés indignes, déchus et privés. Cela regarde quelques conseillers, comme le sieur Pithou, qui est chez soi, en Champagne, et présidens du Parlement, comme de Longueil, qui est chez soi à Maisons-lès-Saint-Germain-en-Laye, et de Bailleul, qui est audit lieu de Saint-Germain, près la Reine, et Perrault, président ès Comptes, qui est près du prince de Condé.

Y est aussi proposé de mettre dehors la ville tous gueux invalides et estropiés et non pas les religieuses renfermées et les religieux mendiants.

Semblablement, y est délibéré sur la sûreté des maisons et biens situés en la campagne et exposés au pillage des troupes du parti contraire; le conseiller Lottin, sieur de Charny, demandant pour sa maison de Charny, située par delà.

Y est arrêté que tous chefs du parti contraire, tant supérieurs qu'inférieurs, demeureront responsables des désordres commis en la campagne contre ceux de Paris, qui auront droit de représailles contre eux.

Arrêté aussi que défenses sont faites aux imprimeurs de ne plus rien imprimer, et aux colporteurs de plus vendre par les rues aucune pièce scandaleuse, séditieuse, ou galimatias, comme il s'en est vendu jusqu'à cette heure, depuis la sortie du Roi.

Ont aussi été lues en ladite assemblée du Parlement les remontrances par écrit au Roi, servant de manifeste contre le cardinal Mazarin; et s'impriment pour être publiées.

— Jeudi 21, le Parlement assemblé le matin donne charge à aucuns d'eux d'aviser à un fond de six cent mille livres pour la subsistance de la guerre. Le coadjuteur de Paris y prit sa première séance, comme conseiller naturel, en l'absence de son oncle l'archevêque, et fut assis au banc et rang des ducs, pairs et conseillers honoraires, après ceux d'épée et devant ceux de robe. L'après-dîner, s'assemble encore chez le Premier Président.

M. d'Elbeuf fait sortie hors la porte Saint-Antoine, sur ce qu'un gros de cavalerie du parti contraire a paru sur la butte de Chaumont, du côté de Belleville et vers Ménilmontant.

Infanterie mutinée en la rue Saint-Antoine et devant l'hôtel d'Elbeuf, faute d'être payée, et s'en alloit au nombre de cinq ou six cens, criant aux bourgeois qu'on les trahissoit.

Le nommé Chevalier et autres habitants de Meudon arrivent à Paris, disant que le jour précédent le parti contraire, grossi des troupes de Sèvres et de Saint-Cloud, les avoit forcés en leur bourg et s'étoit saisi du château qu'ils avoient pillé ; que cejourd'hui ils avoient pillé le bourg et toutes les maisons des gens de Paris et que le sieur de Palluau, lieutenant général et gouverneur d'Ypres, y étoit ; les filles et femmes violées. Roanc, dit le Chasseur, et Grandcourt, fils de Solignac, concierge du château, ont le bruit de s'y être mal portés.

Un village a aussi été brûlé derrière Saint-Cloud, entre Sèvres et Vaucresson, dont on a vu le feu à Paris ; et dit-on que c'est Ville-d'Avray.

Lettres de Rouen, de marchands, à ceux de Paris : comme là, le peuple est le plus fort et déclaré pour Paris et qu'il n'a voulu laisser entrer le comte d'Harcourt, qui y alloit prendre possession de gouverneur de la province de la part de la cour ; cela confirmé par les lettres d'un officier du Parlement du 20, portant que les anciens dudit Parlement avoient envoyé au comte d'Harcourt déclarer qu'il eût à se retirer sans entrer ; qu'ils étoient bons serviteurs du Roi et garderoient eux-mêmes fort bien leur ville. Les nouveaux, qui sortent de leur semestre, finissent seulement à la fin de ce mois ; mais en ont déjà été mis hors par les anciens, faisant ce qu'ils ont pu pour faire recevoir ledit comte d'Harcourt.

Ils ont de plus envoyé en cour de Saint-Germain les gens du Roi avec une lettre d'excuses qui se voit ici.

Le bruit pourtant est que M. de Saint-Luc, au nom de la cour, s'est emparé du vieux palais et du marquis d'Ectot, son neveu, qui y est pour son père, le marquis de Beuvron.

— Vendredi 22, le Parlement assemblé le matin, et sur la requête de la duchesse Nicole de Lorraine, représentant qu'à la cour on parle de restituer la Lorraine, qui est à elle, au duc Charles son mari, moyennant qu'il vienne au conseil de la cour. Elle obtient passeport pour s'y en aller garder ses intérêts; et sont donnés deux commissaires pour la conduire, visiter le train, et le faire passer à la porte de la ville.

A été arrêté qu'il n'y aura plus que deux portes de la ville ouvertes pour les passeports, une, qui est la porte Saint-Jacques d'un côté, et l'autre, qui est de Saint-Denys ou Saint-Martin, de l'autre côté; et sera établi un conseil composé de conseillers de la cour pour connoître desdits passeports et les délivrer et faire exécuter, à certains jours et certaines heures seulement; que lesdits commissaires se trouveront ès dites portes en personne, pour connoître et faire passer ceux qui devront jouir desdits passeports.

Le chariot du maréchal de Gramont s'étant présenté à la porte de Nesle, quoique favorisé par conseillers du Parlement et permis de passer par le capitaine y commandant, a été arrêté et en péril d'être pillé par ceux de la garde, s'il ne se fût sauvé dans la cour de l'hôtel de Nevers. On tient qu'il est à mademoiselle d'Orléans; de fait plusieurs hardes ont été reconnues à elle et aux siens. On a fait garde toujours depuis audit chariot, par sentinelle envoyée de la porte de Nesles.

Mademoiselle d'Orléans, en bonne odeur aux Parisiens, qui lui conservent son chariot et ce qui s'y trouve aussi au maréchal de Guiche; ce qui y étoit au marquis du Vigean a été arrêté et depuis publiquement vendu au profit de la ville.

Sur les onze heures, le duc d'Elbeuf est sorti par la porte Saint-Antoine, avec ses fils, vers Charenton, où l'on dit qu'il tient poste sur la rivière avec bonne garnison.

On dit aussi que le maréchal de la Mothe, sorti du soir précédent, s'est saisi du poste et ville de Corbeil, que le sieur du Perray, frère du président de Bailleul, qui y étoit pour la cour, a abandonné; — n'a pas continué; que quatre cens hommes à cheval, sortis ledit soir précédent, par la porte Saint-Jacques, se sont saisis de Châtres, sous Montlhéry; — n'a pas continué. Dès le matin ces bruits ont couru, et que la cour délogeoit de Saint-Germain pour aller à Limours; — n'ont point continué.

— Samedi 23, au matin, peu de pain aux marchés, aussi bien que le mercredi précédent; peuple crie et fait rumeur. Ce qui en est venu a été escorté des faubourgs par la milice, de peur de désordre et pillage. Beaucoup de blé et de farine ès halles à dix et douze écus le setier de farine.

Continuels tambours par les rues, corps de garde sur le soir; aussi, en beaucoup de rues, contentement du peuple.

Taxes faites sur tout le monde. La dame de Guénegaud a mille écus à payer comptant, et cinq cents francs par mois, tant que la rumeur durera. Les dames de Fieubet, veuves, comme celle de la Bazinière, de même. Celle de Bretonvilliers a plus; le sieur Boulin a cinq cents livres comptant et cent dix livres par mois. Jouvenot, commis au greffe du conseil, au lit de mort, a trois mille comptant et cinq cents livres par mois. M. Bordier, greffier ou secrétaire du conseil, a quatre mille livres comptant et mille livres par mois, dont le premier se payera par avance, avec le comptant.

Le président Viole, commissaire, s'est lui-même taxé à six mille livres comptant.

Le Parlement, assemblé le matin, a délibéré sur les moyens de mettre hors de la ville tous les gueux et bouches inutiles et mendiants, ce que l'on a différé à une autre fois, pour les difficultés qui s'y présentent. Le coadjuteur de Paris y étoit en sa séance.

Avis de divers endroits : de la ville de Rouen, que le comte d'Harcourt persiste ès environs et prétend y entrer, et que le Parlement a envoyé les gens du Roi à Saint-Germain y faire à Sa Majesté quelques excuses sur ce point.

Bruit continue que le Roi est sur le point de quitter Saint-Germain-en-Laye, et s'en aller à Chartres.

Ce 23, déclaration du Roi portant suppression des gages de ceux qui tiennent le Parlement de Paris; déclaration par laquelle princes, seigneurs, etc., sont déclarés criminels de lèse-majesté.

Le même jour 23, ordonnances de M. le Prévôt des Marchands portant règlement pour les blés, farines, etc.

Le Prévôt donne ordre, par écrit publié, pour le fait des blés et farines.

— Dimanche matin 24, bruit dans le peuple que le poste de Charenton a été repris par le parti contraire.

Le coadjuteur de Paris lève des deniers publics un régiment dit de son nom *Régiment de Corinthe* et y a pour devise des flèches avec le mot : « *In corda inimicorum Regis* » : il doit faire aussi un régiment d'infanterie.

Le comte de Moret fait aussi un régiment de cavalerie.

La cavalerie de Paris se trouve déjà de trois mille chevaux. M. d'Herbault a pour devise du drapeau de sa compagnie, sous la colonelle de M. du Plessis-Guénegaud, une épée nue au poing issant d'une nuée et ce mot du sixième livre de l'Énéide : « *Vincet amor patriæ.* »

Sur le midi, il sort de la cavalerie, et de l'infanterie aussi ; et croit-on que c'est pour aller reprendre Corbeil. Du canon passe aussi par l'île Notre-Dame, vers la Tournelle. Sur les trois heures, on en a vu six pièces passer.

On dit aussi que dix à douze mille hommes, dont il y en a deux mille de cavalerie, sont passés sur le Pont-Neuf, pour sortir de la ville, conduits par les généraux, lesquels ont été vus tous ensemble avec le généralissime, prince de Conti, passer en la ville, rue du Temple, après dîner.

Bruit que la nuit précédente est arrivé à Madame de Longueville un courrier portant que M. son mari étoit dedans Rouen et le maître. — Faux.

Le maréchal de la Mothe devoit, ce jour là, commander et sortir ; mais il s'est trouvé fort mal d'une fluxion et saigné deux fois. M. de Beaufort est allé en campagne et conduit la sortie.

— Lundi 25, au matin, les premières nouvelles sont que Corbeil s'est rendu à ceux de Paris la nuit précédente, le sieur de Perray l'ayant abandonné.

On a vu retourner, à petites troupes, les bourgeois qui étoient sortis le soir précédent en bon ordre et au nombre de six mille hommes, que l'on disoit dix mille. Ils trouvèrent horrible chemin en la plaine de Longboyau, où la plupart se fatiguèrent, quittant, aucuns d'eux, leurs souliers, pour marcher et se tirer des boues.

A Juvisy ils voulurent se repaître ; mais il n'y eut de pain assez pour tant de gens, qui se voulurent récompenser à boire, le duc de Beaufort ayant fait largesse de vin, qu'il leur donna, dont s'énivrèrent quelques centaines, qui demeurèrent assoupis dans les chemins et fossés, perdant leurs armes. Enfin ils surent que Corbeil étoit tenu par deux mille cinq cents hommes (le plus vrai est quinze cents) de contraire parti ; et ainsi s'en revinrent sans rien entreprendre.

Un homme de Corbeil avoit promis, après la réduction de cette place, de fournir à Paris, par jour, cent cinquante muids de blé, qui font mille muids par semaine, qui est la fourniture de cette ville en tout temps, qu'autres disent être de deux cent vingt muids par jour.

Ceux de Paris tiennent Charenton, où ils sont retranchés, et où est le sieur de Clanleu; ils ont rompu les ponts de Saint-Maur et de Gournay-sur-Marne.

Quatre ou cinq compagnies de cavalerie sortent par la porte Saint-Antoine et nombre de charrettes chargées de farine entrent pour des particuliers; mais sont conduites aux Halles pour le public.

Cinquante cavaliers du régiment de Lillebonne-Elbeuf, s'étant dérobés du parti contraire, entrent à Paris, très mal montés.

M. le Coadjuteur de Paris prêcha à vêpres dans Saint-Paul : « *Saulus erat spirans minarum* », et nous exhorte à conversion en même temps que l'ire de Dieu s'étend sur nous par le ministère des étrangers, étant le Roi enlevé de la ville royale par un ministre étranger. Le prince de Conti, Madame et Mademoiselle de Longueville y étoient, et l'église regorgeoit de monde.

Passeport de M. d'Angoulême remis sur le tapis, comme le jour précédent, et ordonné par le Parlement qu'il sortiroit son effet; on dit qu'il doit faire tenir à la cour les remontrances du Parlement, qui s'impriment, faites par le président Le Coigneux et le conseiller de Longueil.

Conseil de deux conseillers de chaque chambre du Parlement, commencé dès samedi 23, et achevé d'établir cejourd'hui pour connoître des passeports et les livrer avec connoissance de cause, tient séance toutes les après-dîner, en la chambre de la Tournelle.

Au Parlement assemblé, arrêt pour l'ouverture du palais Mazarin; et inventaire y a commencé.

Autre arrêt de défenses aux colporteurs et imprimeurs, touchant les libelles fades et scandaleux.

— Mardi 26, au matin, M. d'Angoulême déloge pour sortir de Paris; il alla ce jour à Gros-Bois et est sorti par la porte Saint-Bernard et Saint-Victor, de peur de rencontrer le même obstacle qu'il eut l'autre fois à la porte Saint-Antoine, lorsque son chariot fut arrêté et mené chez M. d'Elbeuf.

Avis que le parti contraire s'étoit saisi, le jour précédent, de Fleury-lès-Meudon, dont le crucifix fut enlevé de la chapelle, et de là passé à Clamart qu'ils pillèrent tout le jour ; la nuit il alla au Bourg de la Reine, qui s'est, à ce matin, trouvé pris et saccagé.

Trois trompettes et un greffier ou sergent de la ville à cheval, vont par les carrefours criant que chaque porte cochère, hors celles qui ont payé cinquante écus, envoie son cavalier à la place Royale, lieu de l'assemblée.

Item, défenses de tendre et de bander les chaînes qui sont toutes passées et tenues lâches par les rues sur jour, puis se tendoient depuis la nuit, ce qui nuisoit fort à la cavalerie qui alloit et venoit, et vouloit faire sortie de la ville.

Arrêt pour le payement des rentes sur l'Hôtel de Ville, de ce jour.

Le Parlement assemblé a reçu un homme de condition (c'est le maréchal de la Mothe-Houdancourt). A la proposition qu'il a faite d'indiquer quatre vingt mille livres qu'il sait être secrètes et dues à l'Épargne (c'étoient deniers de gabelles), pourvu que l'on lui donne les quatre-vingt mille livres pour se payer de vieilles dettes que le Roi lui doit, ce qui a été fait, et a réussi, comme on saura ci-après.

Déjà le Parlement a essayé divers avis d'argent caché en divers lieux, comme ès Carmélites des rues Chapon et Court-au-Villain dans le Marais, où l'on disoit qu'il y avoit beaucoup d'argent caché ; et chez la duchesse d'Aiguillon, à Luxembourg, où l'on a défait un plancher, sans rien trouver.

Plusieurs conseillers parlent et promettent lever des compagnies de cinquante hommes d'infanterie, et de donner dix écus par homme ; ils seront, puis après, entretenus des deniers publics.

On a fait quelque sortie, où le régiment de cavalerie du Coadjuteur n'a pas eu du bon ; quelque officier y a été pris par le parti contraire.

Avis de Troyes que le marquis de Praslin est dedans pour le Roi et la Régente, et que le maréchal de l'Hôpital a fait déclarer Reims et Châlons pour Leurs Majestés. De Rouen, il n'y a nulles nouvelles.

Ce soir du mardi 26, fut, par un exploit imprimé, signifié au logis du sieur de Guénegaud, trésorier de l'Épargne, sa taxe, faite au Conseil de Ville et de Parlement, portant trois mille francs comptant et cinq cents livres de subsistance par mois, dont il faut avancer le premier.

Le sieur Bautru taxé à dix mille écus comptant et mille livres de subsistance par mois.

Le sieur de la Rallière, traitant et hommes d'affaires, pris prisonnier en sa maison et mené à l'Hôtel de Ville et de là, dit-on, en la Bastille.

Le sieur Jouvenot, commis des quatre secrétaires du Conseil, est mort, et fut le lendemain

— mercredi 27, porté en terre, laissant trente-cinq mille livres de rente, à ce qu'on dit, à son frère, neveux et nièces, tous basses et simples gens.

Avis qu'à Saint-Germain, déclaration du Roi a été publiée, et par tous lieux envoyée, portant commandement à tous princes, ducs, pairs, officiers de la couronne, gouverneurs des places et provinces, chefs, etc., de se rendre incessamment près de la personne du Roi, sur peine de crime de lèse-majesté, et à tous officiers du Parlement de Paris de s'y ranger, sous même peine, déclarant que le temps préfixe par ladite déclaration étant expiré, leurs offices sont supprimés et que tous ceux qui portent les armes et sont retirés à Paris sont criminels de lèse-majesté.

Que Le Clerc, sieur du Tremblay, a été déclaré criminel pour avoir rendu la Bastille, qu'il tenoit du Roi, et exécuté en effigie : comme aussi le marquis de Vitry, comme déserteur du Roi, à cause du régiment de la Reine qu'il commandoit, et [a] amené à Paris.

Qu'il y a eu aussi un arrêt du conseil d'en haut publiant défenses à tous particuliers de faire aucun prêt aux conseillers du Parlement de Paris, sur peine d'amende de la somme prêtée ou au double envers le Roi, et à tous notaires de s'y employer, ou en faire les actes, sur peine de la vie.

Bruit que le prince de Condé est ou va à Charenton avec huit mille hommes; que le marquis de la Boulaye, étant sorti le soir précédent avec cinquante chevaux, est tombé en embuscade, et tous ses gens pris ou tués. — Faux, car il a poussé les gens du prince de Condé jusqu'à Longjumeau, en a pris et tué, et amené quelques bestiaux.

Bon ordre au pain, qui a été au marché en abondance; il valoit, autres jours, quatre sols la livre, bien biset : on dit qu'il y a magasin de blé chez les prêtres de la Mission, à Saint-Lazare.

Publication de remontrances, faites par écrit, du Parlement au

Roi et à la Reine régente, du 21 janvier 1649. Le président Le Coigneux et le conseiller de Longueil les ont faites. Autres disent les mémoires seulement, et que le style est du nommé Cerizier, jadis jésuite, qui est demeurant chez ledit président; mais la vérité est que c'est ledit président lui-même.

Huit compagnies de cavalerie, portant environ quatre cents hommes, se sont fait voir en la place Royale, prêts à sortir, regardées des balcons et fenêtres par les dames, entre lesquelles est la princesse d'Harcourt, naguères retournée d'Harcourt en Normandie, escortée d'une compagnie de cavalerie, jusqu'à Paris.

Quelques centaines de bœufs et vaches entrés par la porte Saint-Honoré.

Le Parlement assemblé s'est saisi d'un fonds de 270,000 livres qui étoient chez les fermiers des gabelles, dont il y en a les 70,000 livres au maréchal de la Mothe, qui les a indiquées, et ce, pour le rembourser de ce que le Roi lui doit; et, sur le reste, on lui donne, comme aux autres généraux, de quoi faire levée de gens de guerre, en ayant premièrement donné 20,000 livres pour le droit d'avis à celui qui le lui a donné; cet argent a été gardé toute la nuit suivante, en la maison du sieur Cramoisy, qui est l'un des deux receveurs de tel argent, comme le président Violé est l'un des deux ordonnateurs, le sieur Doujat l'autre, comme les sieurs de Forné et de la Haye, les deux autres receveurs.

Le prince de Conti n'a encore reçu que vingt mille livres, sur quarante mille écus que l'on lui doit pour la levée d'un régiment, outre dix mille écus, pour la levée aussi de cent gardes.

Avis certain à Madame de Longueville, de Rouen, et par le retour de la cour du comte de Béthune, de Saint-Germain, qui y a vu M. de Saint-Luc, retourné du vieux palais de ladite ville de Rouen, que M. de Longueville y est; et le peuple et la ville [sont] à sa dévotion.

— Jeudi 28, Parlement assemblé donne arrêt pour son union avec le parlement de Provence, conformément à la requête verbale des députés de ce parlement, faite le 15 précédent; déclare ne point reconnoître pour officiers du Roi les conseillers pourvus au nouveau semestre, par delà, ainsi que, quelques six ou sept ans y a, il fut, au sujet des conseillers pourvus au nouveau semestre du parlement de Rouen; et se fonde en cette raison que le Parlement de Paris, étant la source et matrice des parlements de France, comme il est encore le Parlement de France, tribunal des pairs et le vrai trône ou lit de la Justice du Roi, on ne peut ni établir aucun parlement, ni étant quelqu'un établi, à l'instar de lui, y innover aucune chose, si ce n'est de son consentement et qu'elle soit vérifiée par devant lui. Ce jour même, avis d'Aix en Provence que le gouverneur, comte d'Alais, voulant faire entrer douze cents hommes, ou autre nombre de gens, pour s'assurer de la ville, y avoit été enveloppé et arrêté prisonnier par les bourgeois, qui ont pris les armes. — Item que le parlement de là avoit donné pareil arrêt à celui de Paris du 8 janvier. — Celui-ci faux.

Confirmation de la nouvelle de Rouen, et secrète espérance à Paris, d'accommodement avec la Reine, sur la difficulté qu'elle a de rester à Saint-Germain, près de la Normandie, et de l'anxiété où elle mènera le Roi, ou du côté de Bourgogne, où M. le Prince est le maître, ou de celui de Chartres et Orléans, où l'oncle du Roi aura Leurs Majesté en sa puissance.

De plus, on craint que les huguenots ne fassent un tiers parti ; et déjà le soupçon est que le marquis de la Force assemble troupes en Poitou et a envoyé se saisir de l'île de Ré ; là-dessus on se défie du maréchal de Turenne, attendu que, même son frère, le duc de Bouillon, est l'un des généraux de Paris. Le fils du marquis de la Force susdit est aussi à Paris et y prend emploi.

Force vivres morts et vivants entrent ce jour en la ville.

La duchesse Nicole de Lorraine en est partie le matin, et, avec son passeport, allée à Saint-Germain ; avis que la Bretagne est tout à fait contre le ministère et que le parlement de Rennes a donné arrêt contre le Cardinal, plus rude que n'est celui du Parlement de Paris du 8 dernier ; et si cela n'est tout certain, au moins est-il qu'il a donné arrêt de défense au duc de Rohan-Chabot et au marquis de Molac et à tous autres lieutenants du Roi et gouverneurs de places, de faire levée dans la province, et à tous soldats et officiers de s'enrôler ou prendre emploi, sur peine de la vie.

Tancrède de Rohan, fils prétendu du feu duc de Rohan et de madame de Rohan encore vivante, a été présenté au prince de Conti et recommandé pour avoir emploi dans Paris.

Item, que le parlement de Rennes s'est saisi des impôts et billets, revenant à quelques millions par an, et que le maréchal de la Meilleraye, lieutenant général pour le Roi en la province, dont la Reine a le gouvernement, tenoit par engagement, et les a remis au domaine du Roi.

La nuit, le régiment du Coadjuteur (qu'on appelle *les Corin-*

thiens), commandé par le chevalier de Sévigné, a été rencontré au pont d'Antony, allant pour favoriser l'avance et passage des vivres pour Paris, et chargé par le parti contraire plus fort, a été défait; vingt hommes y ont été tués, le reste est retourné à Paris, à la débandade, le lendemain vendredi 29 matin, et le Coadjuteur étant en sa séance en Parlement l'a ainsi raconté.

Sevigné a été jeté dans un fossé et passé pour mort et on l'a été quérir en un carrosse de Paris.

Bruit que le père Martial, provincial des Capucins, est retourné vers la Reine pour parler d'accommodement.

Autre bruit qu'on envoie de la cour à Münster M. d'Avaux pour y faire la paix avec l'Espagne.

Ce même matin on a su comme madame de Longueville, pleine de joie de savoir M. son mari dans le vieux palais de Rouen, maître de la ville, a fait un gros fils, sans grand travail, dès les onze heures du soir précédent, jeudi 28. On dit que ce sera la Ville qui le tiendra au baptême.

Baptême fait à Saint-Jean-en-Grève par M. le Coadjuteur, où il eut nom Charles-Paris, à cause de saint Charles, fêté le jour de sa naissance, et de Messieurs de Paris, ses parrains; la marraine est la duchesse de Bouillon.

Le sieur de la Barrière a reçu quarante mille écus ou cent mille livres des deniers publics, pour faire le régiment de Conti qu'il commandera.

Au Parlement assemblé, les taxes, qui étoient comme à demi étouffées, ont été remises sur les particuliers et celles de trois mille livres comptant et cinq cens livres par mois faites sur madame de Guénegaud mère, et sur M. du Plessis, son fils, secrétaire d'État et servant en cour, leur ont été à chacun d'eux signifiées en leur maison cejourd'hui après dîner.

Il a été lu un billet ou mémoire, signé dudit sieur du Plessis, portant que le porteur avertiroit M. Méliand que le paquet qu'il avoit adressé audit sieur du Plessis, contenant les remontrances dudit Parlement par écrit au Roi et à la Reine, n'avoient pu être présentées à Leurs Majestés vu l'état présent des affaires. Aucuns disent qu'il y a lettre particulière dudit sieur du Plessis audit sieur Méliand, procureur général, portant qu'il est bien marri n'avoir pû présenter son paquet de remontrances a la cour, mais que si le Parlement désire qu'il soit présenté, qu'il est de la bienséance et faut de nécessité que le Parlement le fasse présenter lui-même par députés exprès, pour lesquels on enverra de la cour tous sauf-conduits, passeports et sûretés nécessaires.

Bruit qu'en Angleterre la basse chambre a déclaré le Roi atteint et convaincu des crimes à lui imposés, savoir de l'empoisonnement et mort du Roi Jacques son père, de la ruine ordonnée du secours envoyé en France aux huguenots en l'île de Ré et la Rochelle, et de l'entreprise de changer la religion de la Grande-Bretagne et le gouvernement en abattant les Parlements; et condamné à perdre la tête; sur quoi la chambre haute seroit intervenue et déclaré que l'exécution seroit sursise et le roi tenu en étroite prison, où, pour éviter le scandale et péril qu'apporteroit son exécution publique, il seroit fait mourir par poison.

Bruit, l'après-dîner, qu'il y avoit entreprise du parti contraire sur Charenton, où le sieur de Clanleu est fort bien retranché et serré; on a ouï de ce côté des coups de canon; un gros de cavalerie, en halte sur le haut, vers Ménilmontant; et le duc d'Elbeuf, là dessus, a fait sortie par le faubourg Saint-Antoine.

Ce jour, même 29, le Parlement eut avis que chez le sieur Galland, secrétaire du conseil, il y avoit une cache pleine d'argent et de richesses; des conseillers du Parlement y furent députés; et sur la protestation de la dame Galland qu'elle n'avoit point d'argent, firent lever un plancher parqueté sous lequel la cache fut trouvée. Il y avoit vingt-cinq mille livres d'argent, dont le délateur attend le dixième, qui sont deux mille cinq cents livres pour sa part; force vaisselle d'argent, bagues et un fil de perles de vingt à trente mille francs. Ladite dame en est du tout demeurée dépositaire.

— Samedi 30, au matin, se trouve grande quantité de pain, et telle, qu'à deux heures après midi, il y en avoit au bout du pont Saint-Michel et dans la place Saint-Jean-en-Grève, plusieurs étant ès charrettes toutes chargées, où personne n'en demandoit. On dit qu'il en étoit passé à Corbeil par argent; il en commence aussi à venir de Gonesse à hottées, apporté de nuit par chemins détournés; mais presque tous par des particuliers et anciens chalands[1].

---

1. A la date du 30 janvier fut rendu un arrêt du Parlement « portant « reglement pour le prix des mousquets avec bandouillères, picques, paires « d'armes avec le pot, pistolets avec les foureaux, pouldre, plomb et « mesches ».

Nous reproduisons ce placard imprimé, qui se trouvait à la suite du manuscrit, parce qu'il complète ce que Dubuisson-Aubenay dit du prix

Bruit que les troupes contraires assiègent la ville de Brie-Comte-Robert, entre Lagny et Corbeil, au milieu des terres, passage des vivres de la Champagne et du fond de la Brie. Le maréchal de la Mothe-Houdancourt et le marquis de Vitry y ont mené du secours.

Les voyages de tous messagers, courriers, ordinaires, interdits, comme il a été par la cour. On a commis des conseillers de la cour qui tiendront bureau, par le sieur Burin, ancien commis de la poste, pour faire aller courriers en toutes parts de la manière et adresse qu'ils pourront éviter d'être arrêtés par le parti de la cour. Ceci a été changé ci-après en une chambre de Dépêches.

MM. du Lonzat, conseiller en parlement, Levasseur, aussi conseiller, et de Bretonvilliers, maître des comptes, choisis commissaires pour faire payer les taxes aux quartiers des hôtels d'Angoulême.

Bruit que ceux de Chartres se sont saisis de M. de la Frette, leur gouverneur, qui, en leur proposant la venue du Roi et de toute la cour, que les bourgeois acceptoient bien, vouloient aussi qu'ils reçussent ses troupes dans la ville.

Autre bruit qu'à Dijon, quelques conseillers, aidés ou poussés du peuple, s'étoient saisis du Premier Président et de toute sa fac-

---

des choses pendant le blocus, et parce qu'il est beaucoup plus détaillé que l'analyse qu'en donne le *Journal du Parlement* à cette date :

« La Cour, toutes les chambres assemblées, ayant délibéré sur le rap-
« port à elle fait par les conseillers d'icelle, et leur procès-verbal du seize
« de ce mois, contenant la visitation des armes estans en cette ville de
« Paris, ès-maisons des clinqualiers : a faict et faict inhibitions et deffenses
« à tous clinqualiers, armuriers et autres marchands, de vendre les mous-
« quets de Charleville, Maizières et de Liège, avec les bandoüillères, plus
« de huit livres chacun ; — ceux de Hollande et de Sedan, avec les ban-
« douillères, plus de dix livres pièce ; — les picques de fresne, avec les
« fers communs, plus de vingt-quatre sols pièce ; — la paire d'armes fortes,
« avec le pot, plus de douze livres, les foibles, plus de dix livres ; — la
« paire de pistolets à fusil, avec les fourreaux, dix-huit livres, et ceux à
« rouët, plus de seize livres ; — la livre de pouldre à mousquet, plus de
« vingt sols et la fine, plus de vingt-quatre sols ; — la livre de plomb,
« quatre sols et la livre de mesche, quatre sols. Le tout après l'espreuve
« faicte desdites armes. Et, en cas de contravention, sera procédé contre
« les contrevenans extraordinairement, par les voyes de droict. — Faict
« en Parlement, le trentième janvier mil six cens quarante-neuf.

« Signé : Guyet. »

tion, qui est au prince de Condé, et battoient, de la tour Saint-Nicolas, le château, qui tient pour ledit prince.

Autre bruit que M. de Longueville s'est saisi du Pont de l'Arche, où étoit le comte d'Harcourt, qui est son prisonnier, et qu'il s'apprête à venir vers Paris avec toute la noblesse de la province, ayant mandé au prince de Conti de ne faire aucune entreprise d'importance qu'il ne soit arrivé.

M. le Coadjuteur est allé en Parlement, menant un homme indicateur de la cache du cardinal Mazarin, où est sa vaisselle d'or et d'argent et trésor, que le bruit est valoir neuf cent mille livres. — Néant.

On dit que Madame Galland avoit mis ses vingt-cinq mille livres en sûreté pour elle ; sur quoi se fait rumeur par les Frondeurs ; et le jeune président Le Coigneux, beau-frère du sieur Galland, se leva, disant que cet argent étoit à lui dû par son beau-frère et s'en alloit chez lui pour voir s'il y avoit gens assez hardis pour lui venir enlever son bien ; sortit, mais revint et se mit près du feu. Son père voulut parler, et on lui contraria tant, qu'il fut contraint de promettre ledit argent et s'y obliger, comme fit le président de Novion, de la part du fils, auquel il parla sur ce sujet.

Bruit que le courrier de Bordeaux, apportant une dépêche de son parlement, importante pour le Parlement de Paris, y est arrivé, ayant laissé son paquet en chemin, sur l'impossibilité qu'il a vu de l'apporter, sans qu'il fût pris par ceux du parti contraire.

— Dimanche 31, bruit que dans la pompe de la Samaritaine, au Pont-Neuf, on a découvert de l'argent et posé garde ; que chez le sieur Pavillon, receveur du convoi de Bordeaux, près des Capucins du marais du Temple, on a enlevé quatre tombereaux pleins d'argent : trois cent trente-huit mille livres ; que le secours de deux cens hommes a été cette nuit précédente jeté dans Brie-Comte-Robert, dont les habitants ont juré fidélité à ceux de Paris, et comme les généraux de Paris retournoient le matin, conduisant à Paris la marquise de Vitry, ayant vu paroître au bout de Picpus quelques cavaliers du château de Vincennes, Tancrède de Rohan se seroit avancé tout devant les autres, pour faire le coup de pistolet et en auroit reçu un à travers le corps, dont il seroit demeuré sur la place et emporté, par l'embuscade des ennemis, prisonnier dans Vincennes, fort mal traité et dépouillé, ne se voulant donner à connoître.

Bruit que le duc d'Angoulême, ayant couché la nuit précédente à Lagny, est allé dîner à Fresne, à ce qu'on dit; et croit-on à Paris qu'il prend son tour pour aller à Saint-Germain, en la cour, ce qui ne plaît point à tout le monde. — Faux bruit.

Le duc de Beaufort retourne sur le soir de sa sortie qui a été vers Longjumeau et jusqu'au village de Wissous, sans rien exploiter ni rencontrer.

Bruit que Mademoiselle d'Orléans s'est retirée à Poissy, dans le monastère des dames, et ne se peut empêcher de parler contre le ministère.

Autre bruit que madame la princesse douairière de Condé se mécontente et ennuie à la cour, y oyant parler de son fils le prince de Conti, et [de] son gendre et sa fille, duc et duchesse de Longueville, et s'en veut aller à Montrond, sienne maison en Berry, à quelques quatre lieues de Sancerre.

Autre bruit que le prince de Condé est adouci et touché de la misère des peuples, et qu'il y a quelque apparence de pouvoir ouvrir un accommodement; que M. d'Avaux est envoyé de la cour à Cambray, ou sur cette frontière, pour s'aboucher avec le comte de Peñaranda, sur les moyens de conclure le traité de paix encommencé avec l'Espagne. — Faux.

Tous les courriers des Pays-Bas et de Münster ont cessé et tous courriers et messagers, de quelque part que ce soit.

Cependant on dit que le président de Mesmes, frère dudit sieur d'Avaux, voulant s'en aller de la ville, l'un des jours précédents, sous prétexte de conduire hors l'abbesse d'Origny, sœur de sa défunte femme, fut suivi, étant déjà hors de la porte, par la garde, qui le ramena avec toute la carrossée, qui reçu coups de pierre et de boue à foison; ainsi le carrosse revint en la ville.

N'y a apparence à ce dessein, mais le peuple ne laissa pas de le croire et ne fit pas ce désordre, mais fut fort prêt de le faire, si le président ne fût promptement rentré.

L'argent qui avoit été indiqué en la Samaritaine du Pont-Neuf se trouve être de quinze mille livres seulement, au petit Jaquelin, mineur, et n'y en a point d'autre.

Le soir on fut chercher de semblable argent dans les Minimes de la place Royale.

Février 1649.

M. Le Tellier, secrétaire d'Etat, en mois de service.

— Lundi, premier jour de février, à sept heures du matin, mourut de sa blessure du jour précédent, Tancrède de Rohan, dans le château de Vincennes. La jeune duchesse de Rohan, qui le nioit pour son frère en a modestement parlé. On parloit déjà de lui donner gardes à elle pour la sûreté de lui, tant qu'il eût été prisonnier.

Grande froidure et préparatif à un long froid.

L'archevêque de Toulouse sort de la ville avec passeport et va en cour. Cela fait dire à beaucoup de gens qu'il y a espérance d'accommodements.

Quelques âniers et charretiers, amenant farines et blés à Paris, dévalisés, près Villejuif, par coureurs du parti contraire.

Sur le soir, un prisonnier mené dans la conciergerie du Palais, et le bruit étoit que c'étoit un conseiller du Parlement.

Le matin, Parlement assemblé donne arrêt que la voiture d'argent pour l'Épargne, faite en Auvergne, au nom du sieur de Guénegaud, trésorier, par le nommé Mirlavaud, seroit conduite de Moulins à Paris ; mais il se trouve qu'elle a été avancée sur l'eau, et croit-on qu'à présent elle soit arrivée à Orléans.

Bruit que le cardinal Mazarin est malade à Saint-Germain et ne se voit point ; que M. le Prince a mal aussi à la gorge. Autres ajoutent qu'il en a la fièvre et qu'on appréhende un abcès ; que le cardinal Mazarin, lequel la Reine avoit dit à la dame Cavoye être malade et non visible, fut à cheval à Saint-Cloud, où est le poste du maréchal de Gramont et tous dînèrent chez la Durier, avec le prince de Condé.

Que M. de Longueville amasse tous les jours troupes et qu'il a bien cinq cens gentilshommes ; qu'il y a néanmoins quelque traverse à ses levées en Normandie ; qu'il est maître de Vernon, où il y a un pont par lequel on peut passer la rivière de Seine, en venant de Rouen à Saint-Germain, sans obstacle ; le sieur Le Blanc y commande ; que le Premier Président, le sieur Faucon de Ris, s'est retiré de la ville, à trois lieues en deçà, en sa maison de Charleval.

En la rue Saint-Antoine, un régiment de cinq cents bons

hommes, que l'on faisoit sortir le soir, pour tenir les postes importants, où dorénavant il sera logé, fit rumeur à ses officiers pour avoir de l'argent; on l'apaisa par promesse qu'on lui fit de lui en donner au faubourg.

La milice envoyée loger ès postes, hors de la ville; mais revint ne pouvant se retrancher ès dits postes, à cause de la dureté de la terre gelée.

L'inventaire des meubles de la maison du Cardinal s'achève; on dit qu'il montera à neuf cent mille livres, et on le croit, par la valeur des statues antiques. La bibliothèque n'y est point comprise, qui approche encore de cent mille livres, ou y arrive. Le bibliothécaire Naudé s'est retiré chez lui; on la lui baillera ci-après en garde; on la réserve, dit-on, pour le Roi ou le public.

La maréchale d'Effiat est à Chilly, peu à son aise et craignant que ceux de Paris mettent garnison en sa maison, à cause du bruit qui court qu'elle a favorisé l'autre parti dans tous les postes de Lonjumeau et des environs et tout ce qui s'y est passé. Elle en est sur les excuses vers le Parlement et la Ville.

Mardi 2, jour de la Chandeleur, gelée forte, commencée les jours précédents, continue et rend les rues sèches. Il est le vingt-unième jour de la lune astronomique; soleil clair, par intervalles et quelquefois couvert, comme pour neiger, comme il menaçoit le soir précédent.

 « A la Chandeleur, si le soleil luiserne,
 « L'ours rentre en sa caverne,
 « Quarante jours hiverne. »

Avis de Saint-Germain que dimanche dernier, 31 du précédent, y arrivèrent les Premier Président, Procureur Général et lieutenant civil de Rouen; que le comte d'Harcourt a des troupes en un corps à part, où le comte de Clère est maréchal de camp et M. de la Ferté-Imbaut lieutenant-général; ce n'est qu'un projet et non chose réelle.

Que le duc Charles de Lorraine est d'accord avec nous et que, dans ce mois, il sera ici, près du Roi, avec son armée.

Que le comte de Peñaranda offre la paix du côté d'Espagne à de très bonnes conditions; que le duc Charles de Lorraine est en chemin de venir et sera dans peu de jours à la cour, avec dix mille hommes. Inselin, maître de la chambre aux deniers, le traitera, selon ce bruit.

— Mercredi 3, l'ouverture de la foire Saint-Germain se doit

faire. — Néant ; on a proposé d'y loger quelque milice, mais la crainte qu'ils ne rompent et brûlent tout l'empêche.

La nuit précédente, a été découverte la vaisselle d'argent et vermeil dorée du sieur d'Emery-Particelli, en la rue Neuve-Saint-Merry, chez le sieur Rolland, qui s'en est rendu dépositaire, selon le dire des plus modérés, à cinquante-cinq mille écus de valeur.

Le matin, bruit que M. le Coadjuteur a mené en Parlement, ou déclaré certain député du duc de Lorraine, qui s'offre au service de ce parti.

Au Parlement, l'assemblée arrête que l'on va fouiller par toutes les maisons, et qu'il sera commencé par celles de la compagnie, afin de faire perquisition de l'argent qu'il y aura.

Que M. Gabriel Naudé est commis à la garde de la bibliothèque du cardinal Mazarin.

La ville ordonne qu'il sera bâti des moulins à cheval publics, et comme banaux, en certains lieux, dont le cimetière vert de Saint-Jean-en-Grève est l'un, pour y être moulus les grains des particuliers, qui ont chez eux provisions. Il y en aura un aussi au cimetière des Saints-Innocents.

Item que fours seront faits aussi en certains lieux, dont l'hôtel de Nevers est l'un, qui seront publics et comme banaux, pour y être cuit le pain des particuliers.

— Jeudi 4, l'après dîner, montre générale du régiment de cavalerie, de huit compagnies de cinquante hommes, du prince de Conti, présent en personne, à cheval, en la place Royale.

Sa compagnie de cent gardes à casaques, housse-bandes d'écarlate, à galons et boutons d'argent, avec des croix d'argent, sur le milieu du devant, et derrière aboutés de fleurs de lis d'or et de chiffres A et B (Armand de Bourbon), couronnés en broderies d'or, remplissant le vide entre les croisons.

Le duc d'Elbeuf a cinquante gardes à casaques de drap vert, avec croix doubles ou de Lorraine de satin blanc, bordé du parement d'argent.

Le duc de Beaufort a cinquante gardes seulement, avec casaques d'écarlate, galonnées d'argent, avec croix d'argent, mais sans chiffres, fleurs de lis couronnés.

Le maréchal de la Mothe n'a que des croix de satin blanc en ses cinquante casaques d'écarlate.

Le duc de Bouillon a ses cinquante casaques de blanc et noir, comme sa livrée. Il est toujours fort malade depuis huit jours, de goutte et de rhumatisme douloureux par tout le corps et dangereux. Sa femme et famille sont près de lui en son logis, rue du Temple, en l'hôtel Saint-Paul. Il n'a donc point assisté, comme les autres ont fait (hors le maréchal de la Mothe), à cette montre, en laquelle un conseiller du Parlement, nommé Fraguier, et un maître des requêtes, M. Thiersault, ont fait faire à ces cinq cens cavaliers le serment, promettant à Dieu de servir le Roi, sous le commandement de M. de Conti, généralissime.

Ce jour, avant dîner, le marquis de Raffetot, attendant son tour pour courre la bague, monté sur un bidet, en l'académie du sieur du Foux, rue Neuve-Saint-Honoré, vis-à-vis Saint-Roch, et, hors de son rang, entrant au milieu de la carrière, fut heurté par don Marqueril, catalan, et renversé par terre, lui et son cheval; lui tombant sur la tête évanoui et emporté en sa chambre, où il donna quelque signe d'être revenu à soi, à petits et brefs intervalles, réclamant Dieu et lui demandant pardon, mais pourtant sans se confesser, vomissant et rendant le sang caillé, quoique saigné du bras et assisté de trois médecins et trois chirurgiens, expira sur les trois heures de relevée, après l'extrême-onction. Le lendemain, tout le jour, il fut exposé sur son lit, en sa chambre, et le soir fut, sans cérémonie, enterré au chœur de l'église, au côté droit de l'entrée, par le milieu de la nef, et lui [fut] fait service le lendemain samedi, à onze heures du matin.

On dit qu'au Parlement ils ont fait et juré l'union avec leurs généraux, avec serment de ne s'en départir jamais. — Faux. Il n'y a autre acte d'union que celui de la réception de ces généraux.

On dit qu'en Normandie le semestre des nouveaux reçus, retiré au Pont de l'Arche, fait et tient là un autre parlement pour la cour; que le marquis de Canisy et autres assemblent et lèvent du monde, pour la cour, contre M. de Matignon, qui tient assemblée pour M. de Longueville, lequel est dans Rouen, où il appelle aussi tous ses amis de diverses parts.

On dit aussi qu'à Saint-Germain la cour médite de faire un Parlement contre celui de Paris.

Les sieurs de la Rallière et de Launay-Gravé étant prisonniers en la Bastille depuis plusieurs jours, le sieur de Champlâtreux remontra à M. le Premier Président, son père, que c'étoit une inexcusable contravention à la déclaration du Roi, faite les 22 et 24 octobre 1648, par le Parlement, portant en l'article quinzième que l'on ne pourra emprisonner personne que par les formes ordinaires, c'est-à-dire, après avoir informé et décrété contre eux, et qu'étant en prison, on les interrogera devant leurs juges naturels dans les vingt-quatre heures ; que rien de tout cela n'ayant été fait pour ces deux-ci, il les faut ôter de prison. Là dessus fut en prendre l'ordre à la maison de Ville, durant l'expédition duquel les gens de Grève avertis, allèrent à la Bastille menacer le sieur de la Rivière que si ces deux hommes sortoient, ils les mettroient en pièces à la porte, dont il ne partiroient point. Ce qui, étant rapporté à l'Hôtel de Ville, empêcha l'expédition de l'ordre.

On apprend que la princesse de Carignan est sortie de Paris en paysanne et a gagné Saint-Germain. La dame de Brégy s'est aussi déguisée et a été hors la ville, mise en croupe et portée à Saint-Germain par son frère, qui l'attendoit.

— Vendredi 5, au matin, bruit qu'il y avoit un courrier de Bordeaux arrivé, avec un paquet, en l'Hôtel de Ville, où pourtant ne s'en trouve aucune mention, non plus qu'au Parlement où, l'assemblée se tenant, M. d'Elbeuf est venu. On y a parlé d'une nouvelle découverte, faite au grenier du logis de Madame d'Espeisses, de quelques ballots (outre les sept ci-devant découverts, pleins de menus meubles), remplis de vaisselle d'argent. On parle de dix-huit ou vingt mille livres.

Là se sont présentés les députés du parlement de Provence qui ont assuré l'arrêt des personnes et détention des comte d'Alais, gouverneur de la province, et duc de Richelieu, général des galères (M. de Sève, intendant de justice en la province, a aussi été arrêté), qui, à l'occasion d'une solennelle procession se faisant par toute la ville d'Aix, le jour saint Sébastien, 20 janvier, se pensoient rendre maîtres des postes de la dite ville, par des gens d'eux introduits ; dont le peuple, s'étant aperçu, fut en armes aussi, au nombre de quinze mille hommes et plus, qui ont mis hors les gens de guerre ; le lendemain, celui de Marseille lui envoya offrir dix mille hommes, les galères saisies par les bourgeois qui demandent le duc de Retz.

On dit que la lettre circulaire de ce Parlement n'y avoit pas été reçue et ils demandent la jonction déjà accordée par l'arrêt du 28 janvier, qui a derechef été arrêté.

Item se sont présentés ceux du parlement de Rouen, qui ont apporté une lettre à celui-ci, avec trois arrêts donnés par ce parlement là, portant, l'un la suppression et extinction du semestre, établi depuis cinq ou six ans, l'autre défense d'enlever hors de la province aucuns deniers royaux, et ordre de les mettre entre les mains des receveurs généraux de Rouen, Caen et Alençon, et le troisième, prohibition de toutes levées dans la province, hors par la commission expresse et attache de M. de Longueville, avec injonction aux communes de charger avec le tocsin et poursuivre tous ceux qui y contreviendront. Ont demandé la jonction de ce parlement, qui a été arrêtée.

M. Le Clerc de Courcelles, avec un autre conseiller, ont été chez M. Mansart, rue Payenne, chercher, même en ses caches, prendre serment de lui s'il n'y avoit point en son logis choses qui ne lui appartinssent pas, mais à gens qu'il hante et à qui il est affidé.

Lettre de M. d'Angoulême à un sien ami, confident dans le Parlement, portant comme il étoit arrivé à Saint-Germain le 2 du mois et y voyoit la cour toute disposée à l'accommodement et à user de toutes les bontés et facilités imaginables, pour que, de l'autre côté, l'on parle de soumission et d'obéissance.

Retour de l'archevêque de Toulouse à Paris, qui dit la même chose de sa négociation à Saint-Germain, que M. d'Angoulême de la sienne.

Sortie de la milice pour aller vers Étampes, à un convoi de cinq cens (autres disent de quinze cens) bœufs, cinq mille moutons et cinq cens charrettes de blé et farine; duquel convoi le marquis de la Boulaye se vanta, dès hier, chez le duc de Chevreuse, avoir amené en cette ville les moutons et quelques bœufs.

Autre sortie, vers le bois de Livry, où le duc de Beaufort fut couché en joue par un allemand cavalier, qui fut tué. Ils en amenèrent à Paris quinze ou vingt prisonniers.

On dit que le maréchal de la Mothe y étoit, et qu'ils alloient pour défaire le régiment bourguignon du prince de Condé, avant qu'il eût joint Saint-Denys.

On trouve une riche horloge du cardinal Mazarin, où il y a pour sept mille écus d'or pesant et beaucoup de pierreries; on est après à trouver la vaisselle et argenterie. L'inventaire de ses meubles en sa maison est achevé. — Meubles du cardinal Mazarin ont commencé d'être vendus le lundi 22 février.

On a pris la cassette à papiers de la duchesse d'Aiguillon, chez un avocat, Rose, ou, comme d'autres disent, chez le nommé Callet, près la porte Dauphine, qui fait ses affaires; là sont tous ses papiers de conséquence.

— Samedi 6, au Parlement assemblé, la chambre des dépêches, pour les courriers, confirmée.

Ce jour fut commencé à bâtir un moulin à cheval dans la place du cimetière des Saints-Innocents.

Château de Chilly menacé de garnison par ceux de Paris; on lui en offre une du côté de la cour, que la maréchale d'Effiat a refusée.

Continuation de gelée depuis huit jours; la rivière, charriant trois jours, se prend, dès le 6 février, à côté de la Grève et jusqu'au pont de bois de Notre-Dame; le côté de Notre-Dame et du petit pont et le dessus du pont Marie n'étant pris.

Bruit que M. de Longueville doit amener des troupes à Paris; que le maréchal de Turenne y doit aussi venir servir avec les siennes, moyennant cinq cens mille livres que l'on lui donne.

Nouvelles, par un homme arrivant de Rouen, au soir, que la ville est tranquille, M. de Longueville sans troupes et qui regarde de loin ce qui se passe vers Paris.

Bruit de Saint-Germain que la paix est faite et arrêtée avec l'Espagne et se doit en bref signer; qu'à cet effet Peñaranda, ou homme de sa part, vient en cour.

On parle à Paris de mettre une garnison de deux à trois cens hommes dans Gros-Bois, où est madame d'Angoulême seule, à cause que M. d'Angoulême est en cour, qui parle d'accommodement; ce qui ne plaît pas aux généraux de Paris.

Ceux de la ville, ayant fait une sortie, sont revenus avec des prisonniers, le bruit dit cent vingt; un capucin n'en a vu que trois.

Un valet de pied du Roi est venu pour quérir au Palais-Royal des hardes pour le Roi et la Reine, avec passeport de la ville, que d'abord on lui a promis, puis sur le soir révoqué.

De l'Isle de la Ressoudière, lieutenant du grand prévôt ou des gardes du Roi, venu de Saint-Germain de la part de la Reine, pour savoir des nouvelles de la Reine d'Angleterre qui est toujours dans Paris et d'un des princes ses fils (c'est le duc d'York, qui n'est arrivé à Paris que le 13 du courant), que l'on croyoit être arrivé de Hollande; mais on n'a pas trouvé à propos que ce lieutenant la vît; et tout ce qu'il a pu obtenir est, à la prière du duc de Beaufort, dont il est connu, de n'être point renvoyé sur le champ et de rester en son logis pour ce jour, sans voir personne.

Valet de pied envoyé du Roi pour r'avoir une boîte pleine de certaines images qui ont été arrêtées, dès il y a plusieurs jours, dans le chariot de Mademoiselle d'Orléans, à la porte de Nesle, et mis en garde à l'hôtel de Nevers, avec sentinelle, où certain bourgeois de la garde de la porte, faisant faction, fut surpris fouillant et saisi de ladite boîte, qui fut lors remise en sa place et néanmoins ne s'y est plus trouvée. Là étoit aussi la vaisselle d'argent du sieur du Vigean qui l'a redemandée et a été éconduit.

Chariot de Mademoiselle, dans lequel le maréchal de Gramont avoit quelques hardes, qui ont été saisies, mais enfin rendues : au lieu que celles de M. du Vigean ont été vendues au bout du pont Saint-Michel. Celles du maréchal ont été rendues.

Mademoiselle fort bien en l'esprit des Parisiens.

Item, certains chariots chargés des hardes de la Reine, qu'on dit être au Roi, pour lesquels on poursuivoit un passeport, qui n'a point eu d'effet ; la dame du Toc, femme de chambre de la Reine et jadis gouvernante de M. le duc d'Anjou, a la charge de faire garde, pour lesdites hardes, dans le Palais-Royal.

Madame de Liancourt sort de Paris avec passeport obtenu par le prince de Marsillac, qui a demandé cela pour récompense de son service. Madame de Beringhen n'en a pu obtenir un.

On donne quatre gardes à la maréchale d'Effiat à cause que le comte d'Estrées, son fils, se distingue dans le parti contraire ; autres disent de peur qu'elle ne s'évade de Paris, comme a fait son mari, qui pourtant est retiré à Cœuvres. Comme elle a prévu cela, elle s'est absentée de chez soi le soir du lundi 8, que les gardes y étoient, dont elle fut avertie en ville, où elle étoit et coucha en maison amie, puis le lendemain sortit déguisée, à pied, une seule femme avec elle, et trouva secours à la Villette, chez le nommé Blanchart. Son mari est à Soissons et son fils aîné à Laon, faisant levées.

— Dimanche 7, à dix heures du soir, un homme de Paris allant à Gonesse quérir une hottée de pain, par chemin détourné, vit, à la lueur de deux cens flambeaux, marcher sans bruit M. le Prince avec son armée, qu'il dit avoir été de douze mille hommes ; il se jeta dans un fossé pour les laisser passer.

A Paris, un tambour va par le quartier Saint-Antoine dire que de chaque poste on envoie un homme de renfort à la garde de la porte.

On fait sortie, même dès la nuit de dimanche au lundi ; et, de grand matin, force troupe de la ville en la campagne; et tout depuis le jour, jusqu'à deux heures après midi, il en a passé, tant de milice que de bourgeoisie, infanterie et cavalerie, au nombre de cent dix compagnies bourgeoises de divers nombre, quatre-vingt, cent vingt et deux cens hommes; celles de milice de cinquante.

— Le lundi 8, au matin, elle fit halte en la place Royale, où le sieur de Champlâtreux, comme colonel nouveau en la place du sieur des Roches, du quartier du Palais, s'est fait voir avec de beaux chevaux et a reçu quelques paroles injurieuses par un bourgeois.

On tient qu'il y avoit bien vingt mille hommes; douze mille pour le moins sont sortis de la ville et ont été dans Picpus, saisir le parc des pénitents Saint-François et autres postes par leur infanterie, en partie, tandis, qu'en partie aussi, elle paraissoit en bataille, soutenue par la cavalerie. en la plaine de Fécamp, le duc de Beaufort y étant. Le duc de Chevreuse y est aussi allé, lui vingtième à cheval, son valet de chambre lui portant ses armes. Le duc d'Elbeuf et le maréchal de la Mothe y étoient; ils tinrent conseil et envoyèrent à Paris vers le prince généralissime, qui leur manda de faire ce qu'ils jugeroient, qui fut de ne point combattre, comme étant les plus faibles, la milice n'étant pas encore entièrement levée et n'étant que de quatre à cinq mille fantassins et de trois à quatre mille chevaux, quoique l'on ait donné de l'argent public pour lever onze mille fantassins et quatre mille cinq cens chevaux.

M. le Prince étoit dans la même plaine de Fécamp, tenant la hauteur, entre le château de Vincennes et Conflans, avec cinq ou six mille hommes, tandis que les siens, qui dès six heures du matin avoient attaqué Charenton, s'y logeoient, l'ayant de force emporté. Force soldats en sont revenus blessés à Paris.

Grand froid toute la nuit précédente et neige toute la matinée, durant l'attaque à Charenton.

On dit que Clanleu, gouverneur et y commandant garnison de 2500, ou, selon autres, 3000 hommes, y a été blessé et sauvé par le pont; autres disent tué sur le champ, ne voulant quartier, et cela est vrai, ni plus ni moins que M. de Châtillon du côté des assaillants, fort blessé, et le marquis d'Orne, son cousin, tué dès l'abord.

Du côté du prince de Condé il y eut de tués, d'abord le marquis d'Orne, fils aîné du comte de Coligny, puis cinq ou six capitaines du régiment de Hanovre, gens d'élite, entre lesquels étoit le nommé Belle-Épine, fils d'un maître des postes de Champagne, soldat terminé et gladiateur fameux, créature de l'abbé de la Rivière et du duc d'Orléans; puis, sur la fin, fut blessé M. de Châtillon, emporté au château de Vincennes, où il mourut le lendemain.

Madame de Bouteville sollicite et obtient un passeport pour aller voir son gendre blessé et porté au château de Vincennes.

Les sieurs Lefebvre, la Barre, et Fouquet-Croissy, conseillers du Parlement, intendants des vivres à Charenton, se sont sauvés en Brie.

Le jeune Cugnac, fils du marquis de la Force, qui a un régiment entretenu par la Ville, y étoit, y a bien fait et s'est sauvé par bateaux à Paris.

Le Parlement assemblé, l'avocat général Talon a fait une proposition, de l'inspiration du procureur général Méliand, qui n'a pas voulu la faire lui même, à cause du mauvais traitement qu'il reçut samedi dernier, 6 du mois, lorsqu'il fut envoyé quérir pour faire son rapport de la lettre à lui écrite par le procureur du Roi d'Orléans, portant comme le présidial de là avoit reçu, par lettres du Roi, commandement de ne plus reconnoître le Parlement de Paris, ni déférer à ses ordres et aux appeaux à celui, mais de juger souverainement, ainsi que les autres du même ressort; et comme les lettres avoient été enregistrées, et celles que le Parlement lui avoit écrites, circulaires portant l'ordre de ce qui étoit à faire sur ces mouvements, n'avoient point été lues audit présidial, mais le paquet envoyé droit à Saint-Germain. Le procureur général, n'ayant point fait part de l'avis susdit, fut samedi fort malmené par le Parlement, lequel a, ce jourd'hui, donné arrêt qu'autre paquet de sadite lettre circulaire du 18 janvier seroit envoyé à Orléans, non seulement au présidial, mais à tous les officiers, avec commandement de déférer aux appeaux comme ci-devant, et défenses de s'ingérer de souveraineté, sous peine d'interdiction; et quant à la proposition faite par ledit avocat général, tendant à accommodement avec le ministère, et d'en faire l'ouverture par remontrances, elle a été rejetée comme n'étant raisonnable ou bienséante, à l'insu et absence de leurs généraux, qui sont en expédition militaire. On croit que le président de Mesmes en étoit de concert.

La cassette aux papiers des sieurs Bonneau et Marin, contenant toutes leurs affaires, est trouvée ès Blancs-Manteaux.

Environ ce temps, les troupes du prince de Condé vont à Nogent, au-dessus de Vincennes, et y gâtent tout en la maison du sieur de Laffemas, logent en celles du sieur de Bernay, conseiller en la Grande Chambre, et de la dame Malo, mère d'un autre conseiller du Parlement, qu'ils conservent.

Gelée âpre continue; la rivière gelée, peu au-dessus et beaucoup au-dessous du pont Marie; elle charrie grands glaçons partout. Le bord, du côté de la Tournelle, est tout pris de glace.

Se fait sortie la nuit suivante pour aller au devant d'un grand convoi de vivres, du côté d'Étampes.

— Mardi 9, au matin, Parlement assemblé; le président de Mesmes ne s'y trouva point; le généralissime et les généraux y sont venus et ont fait relation de tout ce qui s'étoit passé le jour d'hier et rendu raison pourquoi ils n'attaquèrent point le prince de Condé, qui demeura toujours en bataille de l'autre côté de la Vallée-de-Fécamp, jusqu'à la nuit, qu'eux revinrent et lui s'en alla coucher au château de Vincennes, où quelques-uns veulent que M. d'Orléans et avec lui les ducs de Nemours et de Mercœur avoient dîné, et où l'on avoit porté M. de Châtillon, de la blessure duquel M. le Prince témoigna grand déplaisir. Il coucha sur une paillasse en une maison, demi cabaret, qui tient à la porte du parc, tout devant le corps de garde et entrée du château, dans lequel M. le duc d'Orléans coucha.

La lettre de cachet du Roi au Prévôt des Marchands et ville de Paris, du 8 de ce mois, est lue en Parlement.

Conseillers députés pour les taxes ont outrepassé limites et été chez M. de Guénegaud, trésorier de l'Épargne, qui est du département de son frère, M. du Lonzat et M. Levasseur, aussi conseillers, pour demander sa taxe; sur quoi l'on a été parler à eux le lendemain 10, chez M. de Longueil, conseiller d'église.

Après midi, avis que le parti contraire avoit abandonné, dès le fin matin, Charenton et étoit allé à Brie-Comte-Robert; mais sur le soir, avis contraire et que c'est le régiment de Bourgogne qui y est; et ont rompu le pont de Marne; autres disent qu'ils y ont mis le feu, comme dès hier ils l'ont mis aux Carrières, quartier où est l'église des Récollets.

M. d'Elbeuf y fut reconnoître sur ce temps et, le lendemain 10, fait à la cour son rapport en Parlement, qu'il n'y avoit plus trouvé personne : on y envoya, de la part de la ville de Paris, des charpentiers et maçons pour le refaire, après que le duc d'Elbeuf y eût été reconnoître qu'il n'y avoit plus personne du parti contraire, qui a tout pillé là, brûlé ou démoli la chapelle Sainte-Geneviève, comme aussi pillé le Séjour de Bourgogne, maison bâtie par M. d'Angoulême, et Conflans qui est à Madame de Senecey.

Que M. de Châtillon est mort de sa blessure au château de Vincennes, sur les dix heures du matin, ayant envoyé dire adieu à M. le Prince, le prier de prendre en protection sa femme qui est grosse de trois mois et de faire la paix entre les deux partis.

— Mercredi matin 10, bruit que M. de Beaufort a pris des gens du parti contraire et défait les régiments de la Reine et du cardinal Mazarin au pont d'Antony, — faux ; mais vrai que l'on en a amené quelques prisonniers.

Ce matin 10, prisonnier pris en chambre garnie, à la Fontaine, rue Fromenteau, et mené en chaise à la Bastille, avec bruit que c'est le frère d'Erlach.

Sur l'après dîner, grande alarme à Paris et tous bourgeois, avec leurs armes, vont à la débandade au secours ; le prince d'Harcourt fut vu passer, suivi d'environ dix cavaliers au petit galop, venant de devers la place Royale par le carrefour de la Coûture Sainte-Catherine et prenant par devant Saint-Paul.

En ce même temps l'on vit, du quai de l'Arsenal, la cavalerie de la ville sur le haut de Juvisy retourner en deçà et descendre une bonne partie, avec de l'infanterie, à travers du coteau, au bord de la rivière, où ils font halte et ralliement ; puis entrent par la porte Saint-Bernard ; le bruit est que le duc de Beaufort qui étoit engagé a été recous.

Le marquis de Noirmoûtier y fit fort bien et le baron de Noirlieu, de l'autre parti, y fut tué.

Cependant le convoi venant d'Étampes est passé bravement avec tous les bœufs, au nombre de cinq ou six cens, autres disent huit cens, qui est pour la fourniture ordinaire d'une semaine de la ville ; porcs et moutons au nombre de six mille et que l'on a laissé escorté de bonne cavalerie. Pour les charrettes, restées derrière, il n'en est point entré qu'environ vingt, mais il y avoit cent cinquante chevaux et deux cens hommes chargés de farine et pains. On a même amené quelques prisonniers du parti contraire, entre lesquels est le baron d'Alais.

C'étoit le maréchal de Gramont qui étoit à la hauteur de Villejuif et Bicêtre pour incommoder ce convoi.

Le sieur de Sainctot à la Grande Chambre, par la retraite que le sieur Hillerin en a faite, ayant baillé son office à un sien neveu.

Au Parlement assemblé, ils ont parlé de divers avis qui leur viennent à tous moments, d'avoir de l'argent des fermiers du Roi pour les quartiers du fermage par eux dus sur les tailles, aides, etc., comme ils ont eu déjà des gabelles.

Environ ce temps, ou peu devant, on va chez le sieur Boulin, receveur du marc d'or, et on y trouve neuf mille livres que l'on y prend; on l'avertit qu'à Saint-Germain le trésorier de l'Épargne en année, M. Jeannin, étoit commis pour recevoir ledit marc d'or. M. Boulin y voulut envoyer son commis avec les blancs signés, pour faire sa recette, mais il fut pris par les coureurs hors la ville et amené à l'Hôtel de Ville, où ses blancs signés ont été déposés.

Outre cela, ils se sont cotisés chaque tête du Parlement à la moitié de leur première taxe, à savoir 235 livres, et ont proposé d'engager les autres cours souveraines, qui ont peu et quasi rien payé, à boursiller encore.

Le sieur du Petit-Marais-Godard, qui est de la quatrième aux Enquêtes, a dit aussi que, sur l'avis ouvert par le sieur Ménardeau, doyen de sa chambre, et suivi de tous les autres, qui l'avoient chargé d'en aller faire la proposition par toutes les autres chambres et se voyoit en occasion d'abréger sa commission, en la déclarant aux chambres assemblées ce jour, que l'on parloit des moyens de subsister dans la guerre, qui, ne se faisant que pour parvenir à un accommodement, il étoit obligé de représenter, suivant la charge qu'il en avoit de ses confrères, combien c'étoit chose étrange et messéante, qu'en leur assemblée il se fait une cohue, toutes les fois que quelqu'un faisoit une proposition qui ne plaisoit pas à quelques autres. Qu'ils devoient considérer et ce qu'ils sont, et que dans une telle compagnie que la leur, on se doit porter respect les uns aux autres et s'écouter avec modestie et sans interruption, comme on devoit faire en la proposition qui se présenta lundi dernier d'accommodement et qui, de soi, étant bonne, ne devoit être étouffée en rumeur, ni taillée de la sorte qu'elle a été. Sur quoi, d'autres ayant parlé fort sagement, enfin l'on est demeuré d'accord de mettre à lundi prochain à traiter de cela.

— Jeudi 21, la nuit (le soir, la lune étant nouvelle, le temps s'adoucit), La Violette, laquais de M. de Guénegaud, trésorier de l'Épargne, venant de Saint-Germain, de la part de son maître et de M. du Plessis, son frère, est emprisonné en la geôle du bailliage de Saint-Germain, et le lendemain lâché par le président de Bauquemare, qui lui rend ses lettres et billets.

Le marquis de la Boulaye, dès la nuit du même jeudi, va pour faire venir le reste du convoi, consistant en charrettes.

M. le duc de Beaufort se repose et demeure au lit. Nombre de bourgeois le vont voir à son lever et se conjouir de son retour, se plaignant de n'avoir pas été avertis à temps, le jour précédent, du péril où il étoit. Il dit avoir envoyé de bon matin avertir, et son envoyé dit être venu droit au prince de Conti, et en l'Hôtel de Ville. Le peuple est en querelle pour cela et menace le Prévôt des Marchands. M. de Beaufort est tout leur soin et leur amour.

Au Parlement assemblé, les échevins, envoyés par le Prévôt des Marchands, font leurs excuses de n'avoir été avertis qu'à midi de ce jour là, et que l'envoyé fut chercher le maréchal de la Mothe au faubourg Saint-Germain, avant que de venir vers eux.

En cette assemblée, M. de Brillac, de la quatrième chambre, insistant sur la proposition faite le jour précédent par le député de sa chambre, a représenté le malheur de cette guerre; qu'il n'y avoit déjà que trop de sang répandu et qu'il étoit assuré que l'on désiroit l'accommodement à Saint-Germain.

Sur quoi, ceux de l'avis contraire ont fait grand bruit, disant cela ne se pouvoir ni devoir se délibérer sans les généraux, et que même il y avoit péril, ou qu'eux, entrant en soupçon, les abandonnassent, ou que le peuple, bien ou mal informé, n'excitât sédition contre eux, ou qu'enfin, sous ce pourparler, les ministres ne les trompassent sous un accommodement simulé.

Bruit faux que le prince de Condé est malade à Saint-Germain et que toutes choses y enchérissent; on ajoute cette maladie être vénérienne gonorrhéenne.

L'après dîner, M. Deslandes-Payen, conseiller, sans commission particulière, est allé, conduit par un dénonciateur, fouiller en la maison de Madame de Guénegaud, disant qu'il y avoit argent caché. On lui a montré un endroit où il y a des meubles serrés et lui en a-t-on présenté la clef, laquelle il n'a voulu, ni permis qu'on y fît ouverture.

La nuit suivante, vers minuit, le chevalier de la Valette a été pris et conduit prisonnier, garanti du peuple, qui le vouloit mettre en pièces, pour avoir été surpris, semant et débitant par la ville certaines feuilles imprimées contre le Parlement, venant de Saint-Germain, d'où l'on les lui envoyoit dans des sacs de farine. Il a été conduit à l'Hôtel de Ville et là interrogé et confessé; puis le matin a été mené dans la conciergerie du Palais.

Les ducs d'Elbeuf et maréchal de la Mothe sont sortis du matin par la porte Saint-Antoine avec infanterie et cavalerie et du canon, pour aller au pont de Charenton, le faire refaire, afin de faire passer un grand convoi de charrettes chargées qui viennent de la Brie.

Dégel sans pluie et froid; ce qui étoit glacé en la rivière demeure pris.

Au Parlement assemblé, comme on commençoit d'aller aux opinions, suivant l'arrêté du jour précédent, le sieur Michel, jadis commis à la poste, et à présent capitaine du quartier Saint-Honoré, est venu avertir qu'à la porte de ce côté là, se présentoit un héraut du Roi, nommé Mignonville, qui demandoit à entrer et être conduit à l'heure, accompagné de ses armes et marques et deux trompettes et du sieur Petit, qui lui servoit de conseil.

Depuis cinq ou six jours il en est déjà venu un à l'Hôtel de Ville, portant abolition de la part du Roi, tant pour le Parlement que pour la ville, pourvu que l'on mette les armes bas; — à ce qu'on dit, — cela n'est pas bien confirmé, ni véritable. Ce qui a fait cesser le Parlement en ses opinions et lui faire envoyer quérir les généraux présents en ville, à savoir le prince de Conti et le duc de Beaufort. Le duc de Luynes y est aussi venu et le duc de Brissac de même, sur la fin. On a arrêté que le héraut n'entreroit point et que les gens du Roi iroient sans délai à Saint-Germain exposer que la ville n'étant point ennemie, il n'y a pas apparence qu'elle reçoive un héraut, mais qu'au lieu de cela le Parlement envoie les gens du Roi vers Leurs Majestés, pour savoir leurs volontés.

En la Chambre des Comptes ils se sont aussi assemblés pour délibérer sur les moyens d'un accommodement; mais les frondeurs de la chambre (car elle est divisée aussi) ont empêché que l'on opinât; et tout ce que l'on a pu faire a été de remettre l'assemblée à demain.

Au Parlement, comme on délibéroit sur le fait du héraut, qui étoit à l'entrée de la ville, est venu un message de la part du marquis de la Boulaye, qui, dès hier la nuit, étoit parti pour aller au devant d'un convoi venant de devers Étampes et demandoit du renfort. La relation du marquis de la Boulaye est que, dans Étampes, il y a une très grande quantité de blé, mais qu'il n'y a ni charrettes, ni chevaux, ni personne pour le voiturer. Sur quoi, le duc de Beaufort a dit qu'il savoit ce que c'étoit et qu'on ne s'en devoit pas mettre en peine et s'y en alloit, comme [en] effet il est sorti sur l'heure même du Palais, où force bourgeois l'ont salué et complimenté, lui disant être marris de n'avoir eu le jour d'avant hier plus tôt avis du péril où il étoit pour l'aller secourir. Sur quoi, leur ayant dit qu'il leur avoit dépêché de bon matin, il s'est fait murmure contre le Prévôt des Marchands et échevins de ce qu'ils n'y avoient donné ordre qu'après midi.

Sur requête présentée au Parlement par le maréchal de la Mothe, au rapport de M. Broussel, a été dit et arrêté que le maréchal aura dorénavant voix délibérative au Parlement, ce qui a été exécuté le 15.

Sur le soir, force cavalerie passe, retournant de devers le faubourg Saint-Antoine, où l'on dit que le duc d'Elbeuf est encore, ayant fait occuper par quelques escadrons avec canons les hauteurs vers Charenton, pour favoriser la réfection du pont sur la Marne et le passage du convoi de Brie; sur quoi, d'autres disent que le parti contraire tient un poste au delà du pont dans la Brie et tient ou empêche ledit convoi, vers lequel ce soir est passé, par ledit pont, un gros de la cavalerie de Paris, dont on attend le succès à demain.

Bruit qu'au clocher ou lanterne de l'église des Cordeliers avoit été vu du feu allumé et que l'on soupçonnoit de devoir servir de signal au parti contraire. Aucuns ajoutent que l'on fut visiter ce clocher où l'on trouva des fusées [1].

— Samedi 13, au matin, bruit du jour précédent que le comte d'Harcourt a été tué en Normandie dans ou près le Pont-de-l'Arche, où il y a un petit corps d'armée; — qu'en Basse-Normandie le comte de Montgommery, autrement marquis de Ducé et le marquis de Canisy lèvent pour la Reine et qu'Alençon est tout aussi pour ce parti là.

---

1. Ici s'arrête notre copie faite sur l'original en 1866, que nous avons collationnée, depuis le 1ᵉʳ janvier 1649, sur celle de M. Halphen. Le reste du mois de février 1649 est publié d'après cette dernière copie seule.

Au Parlement assemblé, arrêt pour l'exécution des taxes sur les gens d'affaires.

Le président de Bragelongne et Saveuse, conseiller au Parlement, avec quinze fusilliers, entrent, sur les quatre heures, au logis de M. de Guénegaud, trésorier de l'Épargne, et y fouillent, sous la conduite d'un dénonciateur qui disoit y avoir quatre millions cachés; et n'y ayant rien trouvé, s'en vont et font compliment en la rue à M. du Lonzat-Guénegaud, frère du trésorier, qui s'en alloit les y trouver.

Ce dénonciateur étoit venu chez le Premier Président, à l'heure que l'on y tient le conseil des finances, que se font les taxes sur tous ceux qui en doivent payer et que les commissaires sont choisis pour les faire payer. Se tient toutes les après-dîner.

Sortie de la milice, qui a été jusqu'à Charenton. La bourgeoisie la soutient hors des portes et au faubourg. Tous les généraux y sont, même le prince de Conti y est sorti sur les deux ou trois heures.

Sur les quatre ou cinq heures, la milice est retournée. Le duc de Beaufort étoit au milieu entre le [1]..... et le duc de Luynes à gauche.

Le poste de Charenton a été repris et on s'y est logé avec trois cens hommes; on dit que c'est le comte de Matha qui y commande. On répare l'ancienne fortification.

Escarmouche avec ceux du château de Vincennes, où il y a forte cavalerie allemande.

On dit, par toute la ville, que le parti contraire paroissoit de ce côté et que de ce côté-ci il falloit être fort pour faire passer le convoi de Brie, qui consistoit en deux mille charrettes chargées de blé et de farine; cependant il n'en est venu à Paris que quatorze d'une part et vingt d'une autre.

On a dit après cela qu'ils avoient déchargé en bateaux et on a vu des bateaux descendre sur la rivière et on a cru que c'étoit cela; mais, au canal de l'Arsenal, on a vu que c'étoient meubles et débris de Charenton qui se sauvoient à Paris.

Gens venant de Créteil disent que le régiment de Montecler et autres troupes du prince de Condé, après la prise de Charenton, lundi soir, passèrent le pont sur Marne qu'ils rompirent, et vinrent audit Créteil, à Maisons et voisinages, ayant pris une partie

---

1. Ce nom était en blanc au manuscrit.

et avant-garde du convoi de Brie et emporté ou semé et dissipé les farines et blés, dont il y a des monceaux brûlés qui fument encore; qu'ils en partirent jeudi et allèrent à Villeneuve-Saint-Georges.

Gens venant d'Annet et Montgé disent qu'ils ont vu les troupes du prince y passer, qui alloient à Lagny, avec du canon, deux pièces, et que le bruit entre eux étoit qu'ils alloient prendre Brie-Comte-Robert.

Arrivée du duc d'York à Paris, venant de Hollande par Bruxelles.

Les gens du Roi ordonnés de la part du Parlement pour aller à Saint-Germain, vers le Roi, savoir ce qu'il mandoit par le héraut qui fut hier empêché d'entrer à la porte Saint-Honoré; ils vont parler audit héraut, à ce qu'il porte les excuses de sa non réception au Roi et leur obtienne et envoie un sauf-conduit pour aller eux-mêmes faire lesdites excuses et savoir les volontés de Sa Majesté, par sa propre bouche : ils avoient envoyé dès le vendredi un exprès et le dimanche ils en ont encore envoyé un autre.

Lequel héraut, voyant que l'on ne le vouloit laisser entrer, fit son effort pour faire au moins recevoir les paquets dont il étoit porteur, pour la ville, l'un et l'autre pour le Parlement dont la suscription estoit : « *Aux gens tenant le Parlement à Paris* » (autres y ajoutent « *ci-devant* »); et comme personne ne les voulut recevoir et s'en charger, les laissa sur la table du corps de garde; et certain homme s'en saisit, à qui on les a laissés, sans ouverture, à ce qui se dit, jusqu'à ce que les gens du Roi aient été à Saint-Germain.

Les sieurs et dame de Sonpire voulant sortir par la porte Saint-Denys, hors la ville, à la conduite du sieur Brice, conseiller en Parlement, leur parent ou ami, et ayant le consentement du commandant, en sont empêchés par un habitant ivre, qui même les poursuit comme ils rentroient et se retiroient avec leur conseiller dans la ville, où l'ivrogne coupe les doigts de la dame avec son épée nue, dont il menaçoit le mari.

Bruit secret d'une lettre venue de la part de l'abbé de la Rivière à quelqu'un d'autorité de la ville et peut-être du Parlement, l'assurant que M. le duc d'Orléans souhaite ardemment l'accommodement et y portera les intérêts du Parlement.

Sur l'avis donné au Parlement qu'en certaine maison il y avoit des étrangers secrets, on y est allé : et a-t-on trouvé que c'étoient

Napolitains, ici secrètement venus et demeurés pour prendre leur temps et solliciter un nouveau secours pour la nouvelle révolte et soulèvement ; après quoi ils sont en cette ville. — (Voyez la Gazette de Paris de ce jour sur ce soulèvement : on dit qu'ils voudroient bien avoir Monsieur le Prince pour roi.)

Le dégel toute la nuit et le jour du dimanche en suivant continue avec bruine et pluie ; c'est le troisième jour de la lune astronomique.

— Dimanche 14, à 11 heures, le procureur général du Roi, M. Méliand, étoit à la messe ès Cordeliers et on n'avoit point nouvelles que le sauf-conduit que lui et l'advocat général attendent de Saint-Germain, pour y aller, fût venu.

Trompette de la part de la cour de Saint-Germain déclarant qu'on y avouoit tout ce qui fait avoit été par le chevalier de la Valette, surpris en semant de nuit les libelles ci-dessus. M. le Prince en a écrit en cette conformité à M. le duc de Bouillon, avec menace de traiter des officiers qu'il a du régiment de ce duc, de la même sorte que ce chevalier sera traité de par deçà.

Ce jour, les curés de Paris ont, à leurs prônes, dénoncé que tout le reste de la semaine, jusque et compris dimanche prochain, on mangeroit maigre et que, attendu l'incommodité d'avoir des viandes de carême, qui sont très rares et très chères, cependant il seroit résolu, par entr'eux, si l'on feroit le carême et leur seroit annoncé dimanche prochain.

On a payé pour la levée de onze mille hommes de pied de milice et pour quatre mille de cheval ; et paye-t-on par jour leur subsistance ; et cependant il est vrai qu'il n'y a de levé que quatre mille de pied et deux mille huit cent de cheval.

On est sur le point de trier, de chaque colonelle et compagnie des bourgeois, les dix plus propres et meilleurs soldats, pour mêler avec la milice levée ; et cela fera mille hommes, auxquels on donnera solde et payement, où ils iront en expédition ; et pour cela sera fait quête volontaire par chaque quartier de la ville.

On ne laisse pas d'instruire le procès du chevalier de la Valette ; mais on sursoiera le jugement. Cependant on est allé à l'hôtel de Languedoc, rue des Petits-Champs, logis dudit chevalier, où l'on a trouvé à lui et saisi huit cens marcs de vaisselle et pièces d'argent que l'on a sur le champ envoyés fondre en la Monnoie, et en outre des pierreries, qu'une sienne sœur, abbesse à Sainte-Glossinde de Metz, lui a donné, que l'on a mises en sequestre.

Avis de Saint-Germain, de la part, dit-on, de l'évêque de Saint-Malo, comme le passeport y étoit expédié pour les gens du Roi.

— Lundi 15, dégel de pluie froide et puis petite neige de nuit.

Bruit que la garnison de Brie-Comte-Robert, dont le gouverneur est le sieur de Bourgongne, capitaine au régiment de la Reine, sous le marquis de Vitry, qui est très fort pour Paris, a défait le régiment de Conti, l'ancien, qui sert l'autre parti.

Les soldats de là viennent à Paris apporter du pain à vendre.

Le maréchal de la Mothe est reçu conseiller et prend sa séance en Parlement suivant l'arrêt du 12.

Au bois de Vincennes, ont été six mille hommes du parti contraire et M. le Prince, dit le bruit, en personne. Ils se sont retirés sur le soir.

Quelques bateaux, dit-on, sont arrivés par la Seine, chargés de vivres; il ne s'est fait aucune sortie ou convoi considérable de Paris.

Bruit que Bordeaux fait à l'exemple de Paris, et que le duc d'Epernon l'assiège. — Faux.

Sortie de notre cavalerie pour aller le soir quérir le convoi de Montlhéry, d'où il arriva à Paris, mais petit, le lendemain 16.

On a arrêté un garçon saisi d'une lettre et d'un billet différents, contenant des avis à ceux de Saint-Germain touchant les fautes qu'ils ont faites jusqu'à ici, et ce qu'il faut faire à présent. Le bruit est que c'est de quelques officiers des cours souveraines et on y nomme le président Tambonneau. Le messager est prisonnier; il y en a trois autres prisonniers et on fait tout devoir d'avérer la chose. Grand bruit de cela dans Paris.

Le nommé Carpentier, sieur de Marigny, nivernais, faiseur de vers, ayant donné un soufflet à un conseiller du Parlement, et chanoine de Notre-Dame, nommé Boislève, angevin, celui-ci riposta et fourra le coup. Autres disent même que celui-ci commença, s'étant pris de paroles sur le sujet de l'accommodement proposé entre le Parlement et le ministère, que Marigny blâmoit.

— Mardi gras, 16 du mois, froid, humide et obscur.

A sept heures du matin, quarante-sept charrettes de farine entrent par la porte Saint-Marceau et sont conduites à l'hôtel de Nevers, où le nommé Chateaufort, munitionnaire, a fait bâtir un four depuis huit jours, qui sera public, la Ville lui ayant accordé cela, quoique le lieu appartienne à M. du Plessis-Guénegaud, secrétaire d'État, étant en cour. — Fours publics, comme les moulins publics, allant par un cheval, sont au coin austral des charniers Saints-Innocents et dans le cimetière vert de Saint-Jean.

On dit qu'il est arrivé des bateaux à l'Arsenal et des charrettes par la porte Saint-Antoine, chargés de farine et de vivres.

On dit que le sieur du Perron, évêque d'Évreux, abbé de Lyre et de Saint-Taurin, en la ville d'Evreux, et grand aumônier de la reine d'Angleterre, est mort à Saint-Germain.

On dit que le sieur Monneraye, jadis capitaine aux gardes du Roi, s'est, avec deux mille hommes, saisi du poste de Montlhéry, pour le parti de la cour ; autres disent que c'est Brissac[1], capitaine de cavalerie, ci-devant en Catalogne.

Ce jour, après dîner, MM. du Lonzat de Guénegaud et Le Vasseur, conseillers en Parlement, et de Brosses de Guénegaud, Ch. de Bretonvilliers, maître des Comptes, et de Hautefeuille-Bragelongne et de Montesson-Portail, conseillers en la Cour des Aides, tous six, commissaires députés de leurs corps, pour les taxes de leur quartier, s'assemblent pour cela chez le premier, en la rue des Francs-Bourgeois ; leur département est et s'étend par tout le quartier du sieur Tartarin, apothicaire rue Saint-Antoine, et quartenier.

— Mercredi des Cendres 17, temps fort froid ; neige grande jour et nuit et ne fond pas.

Dès le matin, bruit que Charenton est en feu ; il est vrai que le soir précédent il y avoit de la milice de Paris qui faisoit du dégât, selon que les habitants disent ; que M. d'Elbeuf y fut, et qu'il en fit mettre deux cens en corps de garde sur le pont. La nuit, le parti contraire y étant venu, ceux-là ont levé le pont et se sont retirés en Brie. Ce que voyant, ceux-ci ont mis le feu au bourg ; mais il n'y a eu que l'hôtellerie des Trois-Rois et deux ou trois maisons brûlées et le pont reste entier, avec corps de garde pour Paris, dans les moulins qui sont dessus.

Que lettre en chiffre est arrivée la nuit précédente de la part de M. de Longueville, comme il est prêt de venir avec huit mille hommes de pied.

---

1. On lirait aussi bien, ici et page 164, *Boissac* : ce pourrait être un parent d'André Hateau de Boissac, maréchal de camp, qui se distingua, en 1648, à Crémone et fut fait lieutenant général en 1652.

Que le passeport est venu dès hier lundi au soir, de Saint-Germain, pour les gens du Roi, qui sont partis à sept heures du matin.

La cavalerie, ou une compagnie du régiment de la Boulaye, a fait revue, après dîner, en la rue des Trois-Pavillons et a été payée par le sieur Mérat, maître des Comptes, y demeurant. Ceux du faubourg Saint-Germain, où il y en a de logés, se plaignent fort de leur insolence et mauvais comportement; ceux de Charenton disent qu'ils les pillent, comme pourroit faire, et que n'a fait le parti contraire.

Grand bruit à Paris que le duc Charles[1] est à Mouzon; et aucuns disent qu'il est dedans. Grande frayeur en Champagne et jusqu'à Saint-Just.

Le même peuple croit que l'on nettoie et tend au Palais-Royal pour la venue du Roi.

La grande écurie, avec tous les chevaux et attirail, ont passeport pour aller à Saint-Germain. Ils n'avoient plus de quoi vivre à Paris.

Avis que M. de Droué, avec sa compagnie des gardes, n'est plus au château de Vincennes; d'où l'on dit qu'il a été ôté à cause de la contribution qu'il tiroit des villages. En sa place a été mis le comte Broglio, piémontais. Aucuns disent que Droué est resté à la garde du donjon.

Le château est fortifié, terré par dedans; par dehors sont ravelins et demi lunes, dans le parc et dans le jardin du gouverneur.

— Jeudi 18, temps froid et, après dîner, neige. Confirmation de ce qu'on disoit hier que, sur ce qu'une lettre fut interceptée, écrite par l'évêque de Dol, Cohon, il a été arrêté et a des gardes dans son logis; et que, parce que dans cette lettre, qui porta plusieurs avis à Saint-Germain, il est dit que l'évêque d'Aire, résolu de se dérober de Paris et de s'en aller en cour, lorsqu'il y seroit, en diroit davantage, le dit évêque d'Aire, Boutaut, a de même été arrêté et a des gardes dans sa maison. Il fut arrêté, soupant chez le sieur Thévenin, près la porte Richelieu, par un exempt des gardes du prince de Conti.

On a été aussi chez le sieur de Laune, conseiller au Châtelet et intendant de M. de Chevreuse, chez lequel on croit qu'il est caché, et on doit y aller et en faire perquisition.

Le sieur de Bourgongne, capitaine au régiment de Vitry et gou-

---

1. Le duc Charles IV de Lorraine.

verneur de la ville de Brie-Comte-Robert, a envoyé demander à Paris du monde pour venir quérir cent prisonniers qu'il a du régiment de Conti, par lui défait ces jours passés, lesquels il ne peut garder dans sa place.

Retour des gens du Roi, les deux avocats généraux Talon et Bignon et le procureur général Méliand, auxquels, par la teneur du passeport à eux envoyé, on a donné la qualité qu'ils demandoient : « aux Gens du Roi. » Ils se louent de la réception que l'on leur a faite, avec bonne chère. En particulier, ils n'ont vu que M. le Chancelier et M. Le Tellier, qui logea même quelques-uns d'eux. En public ils parlèrent à la Reine, les duc d'Orléans, prince de Condé et cardinal Mazarin présents, avec le Chancelier, qui leur répondit de l'affection de la Reine envers leur compagnie. Le nom même du Parlement ne fut oublié. La Reine, de sa bouche, leur fit civilité ; et on les assura que le héraut n'étoit allé là que pour bon dessein.

Ils disent que la Reine et tous en général témoignent en particulier tristesse et désir de revenir à Paris.

Confirmation de la mort de l'évêque d'Évreux, sieur du Perron, à qui l'évêque d'Aire est choisi pour succéder. Le cardinal Grimaldi doit avoir une de ses abbayes.

Députés d'Étampes arrivent à Paris, offrant leur ville, et priant qu'on y envoie. Ils disent y avoir de grandes munitions.

Ce soir, le marquis de la Boulaye, qui est le Gassion de Paris, sort par la porte Saint-Jacques, tirant vers Étampes, avec huit cens chevaux.

En même temps sort autre cavalerie par la porte Saint-Antoine, allant vers Brie-Comte-Robert.

On dit qu'à Melun, le gouverneur, du nom de L'Arbaleste, vicomte de Melun, s'étant saisi de la ville, à l'aide des Espagnols ou Flamands qui y étoient prisonniers de guerre, en a été mis hors par les habitants, qui ont coupé la gorge à tous ses gens ; et le sieur de Bourgongne y va de Brie-Comte-Robert, pour y être gouverneur.

Avis de la ville de Troyes, comme le marquis de Praslin y est, faisant sa charge de gouverneur ou bailli ; néanmoins a tâché en vain d'avoir par devers soi les clefs des portes. Il visite tous les jours les remparts ; aussi fait le magistrat, auquel M. le prince de Condé a écrit, du 27 janvier, une lettre pour l'obliger à envoyer en cour des députés pour l'assurance de leur fidélité ; ce que ledit magistrat n'a voulu faire, non plus que le présidial a voulu régistrer les patentes du Roi, par lesquelles Sa Majesté attribue juridiction souveraine audit présidial, attendu la suppression du Parlement de Paris.

Croyance en Saint-Germain que M. de Longueville ne bougera de Rouen; autres avis parlant que la Reine lui a envoyé offrir un brevet de connétable, s'il veut prendre parti pour elle. Autres y ajoutent le gouvernement du Hâvre, et qu'il a lu les lettres de ces offres en plein Parlement de Rouen, avec protestation à l'encontre. On dit qu'il a reçu deux cent cinquante ou trois cent mille livres de ceux de Paris pour les servir de ses levées; et qu'il a arrêté tout le sel des greniers du Roi, qu'il fait vendre, et toutes les recettes des deniers royaux de Normandie, pour s'en servir.

— Vendredi 19, neige depuis la nuit et tout le long du jour et qui reprend, par intervalles, jusqu'au soir du 21.

Les généraux, sortis pour les convois, ne succèdent pas. Le marquis de la Boulaye trouve les chemins rompus et barricadés vers Montlhéry où Brissac[1], le gens-d'armes [sic], a pris son poste, pour le parti contraire, ce qui empêche les convois d'Étampes, Châtres et tout ce quartier là. D'ailleurs, le marquis de Noirmoûtier étant allé recevoir le convoi de Brie-Comte-Robert, a été pris à un défilé et poussé; les prince de Marsillac et comte de Rauzan-Duras, lieutenant général des armes de Paris, blessés; beaucoup de seigneurs tués et prisonniers, entre autres, le marquis de Sillery, et le convoi, dit-on, s'est retiré cependant dans Brie-Comte-Robert, d'où il a été amené à Paris la nuit suivante, au nombre de quatre cens charrettes. Le maréchal de la Mothe étoit à Charenton, pour le favoriser au passage.

Avis de Saint-Germain qu'un courrier y apporte l'exécution à mort du roi d'Angleterre.

Nouvelles des frontières de Champagne que les Lorrains ne sont point à Mouzon, comme on disoit, et que les trois nièces et le neveu du cardinal Mazarin sont passés avec leurs bagages, escortés jusqu'à Brisach, et ont même eu un passeport de l'Empereur. Ils sont là en sûreté, soit qu'ils y demeurent, soit qu'ils passent outre.

Au Parlement, assemblé dès le matin, un gentilhomme, arrivé de la part de l'archiduc Léopold des Pays-Bas, s'est présenté avec lettres de Son Altesse Impériale.

---

1. Voyez la note p. 161.

Le Premier Président a dit que les gens du Roi étant retournés le soir précédent avec tant de satisfaction de la cour, il falloit les ouïr avant cela. Ils ont donc fait leur relation qui a été que mercredi dernier 17, étant partis du matin, ils trouvèrent, au-dessus des Minimes de Passy, de la cavalerie qui les escorta tout à travers du bois de Boulogne, à l'autre bord duquel le maréchal de Gramont, avec ses gardes, les accueillit, et, mettant pied à terre, les salua et entra dans leur carrosse, les mena chauffer en son logis, dans Saint-Cloud, puis les conduisit ainsi par Ruel, où ils trouvèrent les gendarmes et chevaux-légers du Roi, qui les escortèrent jusqu'à Saint-Germain.

Là, M. Le Tellier, comme secrétaire d'État pour la guerre, les reçut, les mena chez lui, et de là chez M. le Chancelier, où ils attendirent l'ordre de voir la Reine, qui fut à sept heures du soir; qu'ils y furent conduits à travers la chambre où le Roi soupoit et passèrent, le monde leur faisant haie, sans que Sa Majesté les vît.

La Reine les reçut avec bon visage, leur parla courtoisement, répondant à leur harangue, faite par M. Talon et contenant les raisons pourquoi le Parlement n'avoit reçu le héraut de vendredi dernier, parce que héraut ne s'envoie que de souverain à ennemi déclaré ou à déclarer et le Parlement n'est rien de cela; et dit qu'elle recevoit à joie et à gré ces raisons, comme étant de déférence et de bonne volonté de la part du Parlement; en revanche de quoi elle les assuroit aussi que, de sa part, elle en avoit autant qu'ils en pouvoient désirer pour eux, à qui elle promettoit toute assurance et sûreté, non seulement en général, mais même en particulier et pour qui que ce puisse être d'entre eux.

M. le Chancelier expliqua plus au long les intentions de Sa Majesté, MM. les ducs d'Orléans et prince de Condé (il étoit en deuil, croit-on, pour son parent, M. de Châtillon) leur parlèrent aussi de fort bonne grâce.

M. le cardinal Mazarin y étoit présent et M. le Tellier, qui les ramena chez lui, où il les logea et traita; et le lendemain, le maréchal de Gramont les ramena et les conduisit jusqu'à la porte du Cours de la Reine, au-dessous de Chaillot et de la Savonnerie.

Là dessus, la compagnie a résolu d'envoyer des députés de son corps vers la Reine, pour la remercier des témoignages de bienveillance qu'elle a rendus.

Et sur ce que le prince de Conti, là présent (les ducs d'Elbeuf, de Luynes, de Brissac y étoient aussi; les deux derniers sont lieutenants généraux), a parlé de l'envoyé de l'archiduc, qui attendoit d'être fait entrer et ouï, on a délibéré si l'on le recevroit; aucuns disant qu'il le falloit envoyer à Saint-Germain, vers la Reine, mais les autres disant que, sans doute, il ne voudroit y aller, n'ayant charge de son maître, qui trouveroit ce refus et procédé mauvais et injurieux de la part du Parlement, et qu'il falloit ouïr l'envoyé. Puis, sans lui faire réponse, en faire mention à la Reine par cette prochaine députation, et savoir d'elle quelle réponse le Parlement feroit audit archiduc : que cette déférence plairoit extrêmement à la Reine, sans que pour cela ils pussent être blâmés de l'archiduc. Cela résolu, l'envoyé a été envoyé quérir et a été assis, couvert, entre les conseillers. Sa lettre en papier plié, large et longue d'un pouce, a été lue en cette substance :

« A Messieurs les présidents et gens tenant le Parlement de Paris :

« Messieurs,

« J'envoie ce gentilhomme, auquel je vous prie d'ajouter la
« même foi et créance qu'à moi même. Il vous dira le désir que
« j'ai à vous rendre tous témoignages de véritable affection ; ce
« qui fait que je ne ferai cette lettre plus longue et prierai Dieu
« de vous tenir en sa sainte garde. — De Bruxelles, le 10 février
« mil six cent quarante-neuf. — LÉOPOLD-GUILLAUME. »

Vraie teneur :

« Messieurs, je vous envoie le porteur de cette lettre qui vous
« dira de ma part ce que je lui ai enchargé. Je vous prie de lui
« donner entière foi et créance ; et sur ce je prie Dieu de vous
« avoir,

« Messieurs,

	« en sa sainte garde.
« de Bruxelles,	Votre très affectionné,
« le 10 février 1649.	LÉOPOLD-GUILLAUME. »

On dit que cette lettre a été apportée, comme une charge, dans le canon d'un pistolet de poche.

Le gentilhomme donc, exposant sa créance, a dit que son maître l'avoit envoyé vers le Parlement pour lui offrir ses bonnes volontés et ses forces, qui étoient de dix-huit mille hommes tous prêts sur la frontière, où il auroit pu entreprendre sur toutes les places, lesquelles il est très averti être dégarnies ; et que dans Péronne il n'y a que deux cens hommes et [autant] dans Saint-Quentin, Bapaume, Arras, et point de munitions ; mais ne l'a voulu faire, aimant mieux prendre la voie de paix, laquelle il a recherchée de nous, sans la pouvoir obtenir, que depuis un mois seulement, que le cardinal Mazarin, qui l'avoit toujours deniée, la lui avoit offerte avec des conditions telles que le Roi d'Espagne auroit demandé, même par la restitution de toutes les places que nous lui détenons par tous ses États, à la charge qu'en revanche il fût assisté des Pays-Bas contre le Parlement et ville de Paris, ce que l'Espagne n'auroit voulu accepter pour deux raisons, l'une qu'elle ne jugeoit honnête de vouloir opprimer ce grand et auguste Parlement, le plus illustre de l'Europe, et entamer ou dissiper l'État d'un Roi enfant, innocent et son proche parent, l'autre qu'elle ne tenoit de traiter avec le cardinal Mazarin, qui, quand bien il voudroit tenir parole, ce qu'il n'avoit jamais fait, pourtant ne le pourroit faire à cette heure, en l'état où sont les affaires ; et qu'il n'est plus le maître, voire même qu'il est dans la haine publique et condamné par le Parlement, avec lequel seul Sa Majesté Catholique et Son Altesse Impériale trouvent sûreté de traiter, comme étant les tuteurs des Rois, arbitres des affaires du Royaume et les seuls qui ont l'autorité d'homologuer et authentiquer les traités faits avec le Roi Très-Chrétien ; et que, partant, leurs dites Majesté Catholique et Altesse Impériale désirent avoir affaire avec une si célèbre et fameuse compagnie, à l'arbitrage de laquelle les rois étrangers, empereurs et papes se sont autrefois soumis, comme à présent Leursdites Majesté et Altesse s'y soumettent, protestant d'en passer par où ces graves sénateurs en ordonneront, et sans demander, par dessus les conditions proposées ès derniers articles de la paix traitée à Münster l'an passé, ni en faire autres nouvelles déclarations, sinon d'instance pour le duc de Lorraine, à ce que tous ses intérêts, qui sont inséparables de ceux d'Espagne, lui soient restitués et gardés.

Après qu'il eut dit, on se leva et le pria-t-on de mettre par écrit et mémoire cette sienne créance et tout ce qu'il avoit dit, afin d'y faire réponse telle que cela méritoit. Et ainsi sortit-on, qu'il étoit deux ou trois heures de relevée.

On a envoyé vers l'archiduc et le duc Charles les sieurs de Vautorte et de Brancas de la part de la cour et aussi les sieurs de.....[1].

---

1. Il y avait une ligne presqu'entière en blanc au manuscrit.

Cet envoyé est un petit homme à barbe rousse, appelé Saint-Amand-Nourris, dans les Pays-Bas ; c'est sa seigneurie. Il signe : *Don Joseph de Illescas y Arnolfini*.

Beaucoup de gens parlent diversement de lui. En l'imprimé du Parlement, il est appelé *Illessiau Arnolfini ;* en quelqu'autre imprimé, *Mescas*. C'est un moine bernardin ; il se dit naturel espagnol, natif de Séville. Madame de Chevreuse, qui est à Bruxelles, lui a procuré cet envoi ; il est de trente-cinq à quarante ans.

Bruit que le comte d'Harcourt est avec ses troupes du côté du Pont-Audemer et à Quillebeuf, comme pour le faire rebâtir, et incommoder, par ce moyen, ceux de Rouen.

Deux conseillers du Parlement furent chez le sieur Benoist, commis du sieur Bordier, et les gardes du duc de Bouillon chez le sieur Maquars, participant du sieur Girardin, receveur général des tailles en la généralité de Caen, en Normandie, et homme d'affaires, qui s'est, avec sa femme, absenté de Paris et a laissé en sa maison son beau-frère, le sieur Hobier, conseiller clerc en Parlement, nonobstant le respect duquel, ils firent perquisition par toute la maison et dans les bois, foins, etc. Les conseillers n'emportèrent point quelques mille francs, mais les gardes emportèrent de chez Maquars tout ce qu'ils trouvèrent emportable : des hardes et argent de laquais, des dalles et ruelles de saumon salé et autres provisions. On fut aussi chez le sieur de Villers, etc. — (Voyez au 22, à la fin.)

— Samedi 20, au matin, on trouva le convoi arrivé de Brie-Comte-Robert à Paris, où l'on dit qu'il est de quatre cens charrettes de farine et blés.

Le Parlement assemblé résout la députation vers la Reine pour lundi ou mardi prochain, que le sauf-conduit pour eux sera venu. Il y a un conseiller de chaque chambre des Enquêtes qui sont cinq ; une des deux chambres des Requêtes qui ne vont en députation que pour une, à cause qu'en toutes les deux il n'y a pas plus de conseillers qu'il y en a en une des Enquêtes, et moins, à savoir trente et un, et y en a trente-cinq ès chambres des Enquêtes, et deux de la Grande Chambre, avec deux grands présidents, qui font dix en tout. Il y a le Premier Président, député naturel et perpétuel, et les trois gens du Roi, qui en seront aussi et ont la charge du sauf-conduit.

Les curés, au prône de leurs grand'messes, publient la permission de manger en Carême viande les dimanches, lundis, mardis et jeudis tous, hors en la Semaine sainte.

La viande est si chère qu'elle monte au delà de dix sous la livre et à discrétion des bouchers et rôtisseurs.

— Lundi 22, on dit que le marquis de la Boulaye est allé jusqu'à Étampes, moitié chemin d'Orléans, parce que les troupes contraires, ayant ravagé Montlhéry, Linas et voisinages, jusqu'à Mérobert en Beauce, semblent vouloir attaquer Étampes, où il y a très grand magasin et y sont tous les vivres et munitions des environs amassés, pour mener à Paris par convoi.

Avis que, dès le 20, le parti contraire s'est saisi de Lésigny, maison du duc de Luynes, à côté de Brie-Comte-Robert, et qu'il n'y a point fait de ravage, mais, par bon ordre des commandants, tous les meubles ont été portés au bout de la maison, en galetas et lieux de réserve. On croit que ce parti en veut à Brie-Comte-Robert.

M. le Prince passe à Saint-Cloud et y dîne chez la Durier, les maréchal et chevalier de Gramont, marquis de Mortemart, commandeur de Souvré avec lui.

Le parti contraire a pillé Longjumeau.

A Chilly, tous les biens du village sont dans le château, où la maréchale d'Effiat est et se conserve.

Le bruit étoit à Saint-Germain que le comte d'Harcourt avoit défait quelques troupes qui se levoient par M. de Longueville pour Paris; au contraire, que ledit comte étoit allé à Quillebeuf, pour le fortifier, et que là M. de Longueville l'avoit investi.

Au Parlement, députation ouïe de la part du Parlement de Rouen, demandant à celui de Paris ce qu'il désiroit que le Parlement de Rouen répondît aux lettres du Roi touchant la convocation des états généraux du Royaume.

Le mémoire du gentilhomme envoyé par l'archiduc Léopold a été lu en l'assemblée du Parlement, où étoient tous les généraux, avec le généralissime, qui, depuis le partement de M. de Longueville, a repris sa séance au côté droit des présidents, qui est le côté des princes et pairs.

On attend le passeport de Saint-Germain, où l'on l'envoya quérir hier.

On y a lu un arrêt du conseil d'en haut portant taxe de toutes les maisons des champs, tant éloignées dans les autres provinces que ès environs de Paris, appartenantes aux officiers du Parlement, avec menace de pillage et de feu, faute de paiement de ladite taxe, ce qui a fort aigri l'assemblée. Cet arrêt est signé « de Guénegaud », quoique M. de Guénegaud, secrétaire d'Etat, ne soit ni en mois, ni au département de la guerre.

Le setier de farine qui, ces jours passés, étoit de cinquante-cinq livres, venu à trente-cinq ou cinquante, est remonté aux halles à son ancien prix, et jusque à soixante livres. La livre de pain qui étoit baissée à trois sols remonte à six sols; il y en a eu de la délicate boulangerie qui est allée, ci-devant, jusqu'à dix sous la livre; les pâtissiers font tartelettes, gâteaux, biscuits et pâte de commande, outre le pain qu'ils font aussi, par ordre de police, provision de farine, etc.

Sur la plainte que M. Hobier, conseiller clerc, a faite du désordre commis en sa maison, qui est celle du sieur Maquars, son beau-frère, aussi confident et comme facteur du sieur Bordier, rue de l'Égout, du Parc-Royal ou Place Royale, par les gardes du duc de Bouillon, et sur ce qu'il fut su que les gardes du duc de Beaufort avoient été chez le sieur Girardin, homme d'affaires, demander une cassette qu'ils disoient être là dedans cachée, appartenant audit Girardin, et que la dame de Villers, marchande, avoit résisté, fait bruit et excité ses voisins, accourant à son secours, en sorte que les gardes s'étoient retirés, non sans danger d'émotion contre eux, il a été arrêté en Parlement que défenses sont faites à toute personne d'aller chercher ni demander par les maisons, sous quelque prétexte que ce soit, si ce n'est à la suite de deux conseillers du Parlement, qui les y conduisent; et que aucuns conseillers aussi n'iront demander en aucune maison avec des gardes des princes et généraux, mais seuls et sans autre escorte que de leur suite ordinaire.

Les conseillers qui furent en même temps chez le sieur Benoist, commis du sieur Bordier, secrétaire du conseil, absent et en cour, chez lequel Benoist n'emportèrent point quelque argent qu'ils y trouvèrent, non plus que six ou sept mille autres francs (car il y avoit au moins cela chez Benoist), appartenant au sieur de Raincy, fils cadet dudit sieur Bordier, trouvés chez le sieur Samson, marchand de soie, rue du Fouarre, son parent. — On fut aussi chez quelque Chauvine[?] de Saint-Jacques-de-l'Hôpital, où l'on trouva de la vaisselle d'argent à Petit-Puits, qui est prisonnier dans la Bastille. — Autres conseillers furent chez le sieur Courtin, receveur général des tailles de Beauvais et y saisirent quarante mille livres. — On fut aussi chez M. de Chavigny. M. Deslandes-Payen et autres conseillers rompirent un grenier muré, trouvèrent des cristaux, joyaux, vaisselle d'argent blanc et vermeil doré, dont ils firent inventaire, sans rien ôter; au sujet de quoi l'arrêté du Parlement porte aussi que l'on n'ira qu'aux maisons des gens d'affaires, receveurs et trésoriers, où il y aura des deniers du Roi, et non chez les autres. Ils ont laissé garnison chez ledit sieur de Chavigny, où l'on dit que ce qui a été trouvé monte à huit cent mille livres.

M. de Villeneuve-Ribier, conseiller, avec un sien confrère, furent, en ce même jour et heure, conduits en la rue neuve Saint-Louis, par un dénonciateur, qui les voulut mener chez M. de Guénegaud, trésorier de l'Épargne, mais sachant que leurs confrères, passé quelque semaine, y avoient déja cherché partout, ils ne voulurent entrer.

On prétend rendre le cardinal Mazarin responsable de sept millions d'une part et quatre ou cinq de l'autre, employés et remis en Italie pour lui ou en son nom, dessus les livres, journaux et registres de Cantarini, banquier; — item de vingt-huit autres d'une part et douze d'autre semblablement envoyés en Allemagne, à Brisach et Philipsbourg. Ses meubles ont commencé à être vendus suivant l'inventaire. On ne peut qu'à peine aborder en sa maison, tant il y a de monde. Les créanciers se sont opposés en vain à la dite vente, laquelle enfin on a fait cesser à la fin de ce mois et on n'y a pas vendu beaucoup de choses, encore moins reçu d'argent des meubles vendus.

On dit que le nonce du Pape, jadis marquis de Bagni, à présent archevêque ou évêque d'Athènes, est allé au greffe du Parlement, où il a levé l'arrêt du 8 janvier et tout ce qui fait a été contre le cardinal Mazarin et l'a envoyé au Pape il y a plus d'un mois. Aucuns ajoutent que, cejourd'hui il est allé à Saint-Germain-en-Laye signifier audit cardinal une citation de la part du Pape, lui commandant d'aller à Rome, pour besoin que Sa Sainteté y a de lui. Le peuple dit que c'est pour le dégrader de la dignité de cardinal. Enfin il y en a qui ajoutent un décret du sénat de Venise, suivant lequel l'ambassadeur qu'il a en cette cour a signifié audit Mazarin que, s'il ne va pas à Rome rendre compte et ne se justifie des crimes à lui imposés, on le déclare déchu du titre de noble vénitien à lui et à son frère accordé nouvellement par ledit Sénat. — Faux[1].

— Mardi 23, au Parlement assemblé, on se plaint aux gens du Roi de ce que le passeport de Saint-Germain n'est pas encore venu. On donne ordre d'y renvoyer un exprès avec les noms des députés qui sont de la Grande Chambre avec le Premier Président, celui de Mesmes et les conseillers Crespin et Chevalier, doyen et sous-doyen, et Deslandes-Payen, qui a fait instance et voulu en être, mais n'y a point été; de la première des Enquêtes, M. de Cumont; de la seconde, Le Coq de Courbeville; de la troisième, Catinat; de la quatrième, Ménardeau, doyen; de la cinquième, Palluau; des Requêtes du Palais, Le Fèvre et Brevannes-Aubry, qui a été nommé et y est allé; les trois gens du Roi. De ces noms sera rempli le passeport que le Parlement veut avoir dans demain matin, et, à faute de ce, délibérera sur la réponse qu'il aura à faire aux envoyés de l'archiduc.

Mais la difficulté a été grande sur la lettre dudit archiduc et sur le mémoire délivré par son envoyé, savoir si les députés allant à Saint-Germain les porteroient en original ou en copie, aucuns voulant que l'on en chargeât seulement les registres du Parlement et que les originaux fussent portés au Roi; mais enfin on a emporté et arrêté que les originaux demeureront au registre et que le greffier en délivrera copies qui seront portées à Saint-Germain.

— Mercredi 24, et jour de Saint-Mathias, la milice de Paris commence de sortir de Paris, sur l'avis que toutes les forces du parti contraire s'étoient avancées à Brie-Comte-Robert et qu'il ne restoit rien à garder Saint-Denys. D'abord on a pris quelques Suisses et quelques hommes de cheval qui guettoient près d'Aubervilliers, et puis on s'est présenté devant la ville. Ceux de la ville se sont mis en défense et ont placé leur canon sur ou près de la porte vers Paris, tirant fort et ferme, mais par dessus les troupes de Paris, avancées. Ils avoient aussi cinq ou six cens hommes de leur garnison avancés aux portes, hors la ville, qui étoient là pour défendre les approches et qui, sans doute, ne rentreront pas sans faire escarmouche.

L'évêque d'Aire n'a plus de gardes et va librement partout;

---

1. Voyez Gazette de Renaudot vers la fin de l'an 1648 (Note de Dubuisson-Aubenay).

celui de Dol est gardé et on dit au Parlement qu'il y répondra, nonobstant ses exceptions et déclinements de juridiction. On dit que le premier aura l'évêché d'Évreux.

Quatre personnes de condition sont venues de Saint-Germain à Paris, avec passeport, pour visiter la reine d'Angleterre en son deuil sur la mort du roi son mari : les ducs de Damville, comte de Flamarens, auquel aucuns ajoutent le sieur du Frestoy, commandeur de Souvré et chevalier de Gramont : le premier de la part du Roi, le troisième de la part de la Reine, le second de la part de M. le duc d'Orléans et Mademoiselle sa fille, avec leurs lettres, et le quatrième de la part de M. le Prince, et on y ajoute le contrôleur Subtil, de la part de madame la princesse de Condé, douairière, ce que autres m'ont dit n'être point.

Ils avoient avec eux quelques archers du grand Prévôt et ont rencontré dans le bois de Boulogne les députés du Parlement qui sont partis après dîner, et, suivant leur passeport, arrivé de Saint-Germain dès hier au soir (c'est sans qualités pour les députés; et seulement avec leurs noms simples, à quoi le Premier Président a dit et emporté qu'il ne falloit s'arrêter), escortés des archers de la ville et puis de cavalerie allemande et gardes du maréchal de Gramont; allés coucher à Ruel, pour demain, jeudi matin, se rendre à Saint-Germain.

Entre Saint-Cloud et Ruel, ils rencontrèrent deux cavaliers allemand et polonais ivres qui ne voulurent pas céder le chemin et firent mine de tirer le coup de pistolet. Les gardes du maréchal de Gramont en tuèrent un et prirent l'autre qu'on dit avoir été pendu. Ils trouvèrent à Ruel le sieur de Sainctot, pour effleurer ce qu'ils avoient à demander et dire à la Reine; et, dit-on, que M. le Tellier y vint aussi, pour le savoir d'eux-mêmes, en vain. Le lendemain, ils poursuivirent leur chemin, furent encore questionnés par les susdits et descendirent à la capitainerie.

Ils sont huit conseillers, deux présidents et trois gens du Roi. Le conseiller en la Grande Chambre, M. Deslandes-Payen, qui avoit proposé et fait instance d'y aller, en a été empêché par le peuple qui l'a retenu dans le Palais, disant qu'aussi bien on étoit averti ès portes et résolu de ne le pas laisser passer.

Les députés étoient : premier et second président qui est M. de Mesmes, conseillers Viole-d'Ozereau de la Grande Chambre, de Cumont, doyen de la première aux Enquêtes, Le Coq-Courbeville de la deuxième, Catinat de la troisième, Ménardeau, doyen de la quatrième, Palluau de la cinquième, et puis les trois gens du Roi. Des deux chambres des Requêtes du Palais, il y en a eu chacune un, Le Fèvre et Aubry-Brévannes.

Avis de Saint-Germain que le sieur de la Sauvetat (frère du sieur Barrière, commandant à Paris le régiment de Conti), venant de Hollande, de la part des états généraux, apporter offres au Parlement de le venir servir six mille hommes contre le cardinal Mazarin, a été pris il y a quelques jours sur le chemin et mené à Saint-Germain où il est prisonnier et où le prince de Conti a mandé que tout tel traitement qui lui sera fait, sera fait au chevalier de la Valette, qui est à Paris, prisonnier dans la Bastille.

Aucuns conseillers ont de rechef été chez le sieur Bordier, secrétaire du Conseil, faire perquisition de son argent, et dans les Minimes de la Place Royale, à l'heure des vêpres, firent sortir le monde de l'église, et s'y étant enfermés, fouillèrent en divers lieux, même et particulièrement à la cave sépulcrale dudit sieur Bordier, tout ainsi que par ci-devant on avoit de cette même part fouillé dans la cave du sieur Marin, ès Blancs-Manteaux, où, dans une armoire murée, joignant le cercueil de plomb de la défunte dame Marin, on trouva la cassette aux papiers dudit sieur Marin.

« *De non violandis sepulchris non valet in casu necessitatis.* »

Sur les trois heures, la milice et la bourgeoisie ayant achevé de sortir, sous la conduite du maréchal de la Mothe-Houdancourt, et le prince de Conti s'y étant montré en personne, on ramena à Paris cinquante Suisses et cavaliers, pris vers Aubervilliers, qu'on dépouilla tout nus, et mit-on prisonniers en partie dans le Temple. C'étoit de la garnison de Saint-Denys, hors de laquelle ville ils furent pris à la petite guerre, ce qui fit courre le bruit que, n'y ayant plus personne en cette ville là, elle alloit être prise; et fut fait un ban par Paris, que tous ceux qui avoient chariots, charrettes et chevaux, eussent à sortir de ce côté là, pour aller au fourrage à Gonesse et villages de ce quartier là. Sur quoi, grande quantité sortit; mais environ une douzaine seulement chargèrent et revinrent à Paris le soir même. On renvoya les autres à vide, avec ordre de retourner le lendemain matin, dès cinq heures.

Cela étourdit la rumeur élevée le matin pour le pain, dont la provision aux marchés se trouva très petite et quasi nulle et consola Paris sur le siège et attaque de Brie-Comte-Robert, où le comte de Grancey, qui s'est saisi de Lésigny, belle maison et forte, à une ou deux lieues de là, appartenant au duc de Luynes, à qui, par représaille, le Parlement a adjugé Médavy, ou autre terre appartenant au comte de Grancey en Normandie, s'est présenté, et dit-on que le maréchal du Plessis-Praslin lui a mené de Saint-Denys deux mille hommes de renfort.

Le setier de farine vaut cinquante et cinquante-cinq livres. Le pain, comme de Gonesse, 6 sous la livre. La viande, permise les dimanche, lundi, mardi et jeudi de ce Carême par l'archevêque, a valu jusques ici jusqu'à vingt sous la livre.

Le chariot à quatre chevaux, parti du logis de M. du Lonzat de Guénegaud, conseiller au Parlement, et de madame sa mère, étant passé à la porte Saint-Antoine, comme allant quérir du foin, fut arrêté dans le faubourg par la populace qui, nonobstant deux ordres de la Ville, envoyés par ledit conseiller, ne put être rendu. Le sieur Portail, aussi conseiller, son confrère, vers qui ladite populace et son capitaine eurent recours, ne lui ayant été favorable, il fallut, pour le ravoir, attendre le lendemain midi, et payer quatre-vingt livres aux preneurs pour les frais de leur bouche joints à ceux des chevaux.

— Le jeudi 26, on parle fort du siège de Brie-comte-Robert et de quel préjudice la prise en était à Paris. Les comte de Grancey et maréchal du Plessis-Praslin sont devant avec quatre mille hommes.

D'ailleurs ceux de Melun étant acquis à Paris, on y a mené des gens en garnison et y est la cavalerie des grandes portes, qui est d'ordinaire conduite par le marquis de la Boulaye. Toutefois on a eu depuis avis contraire et que le sieur L'Arbaleste-La-Borde, vicomte de Melun en partie (l'autre moitié de cette vicomté, par engagement, est à M. Fouquet, sieur de Vaux, maître des requêtes), s'est resaisi de ladite ville pour la cour.

L'après-dîner, conseil de guerre tenu par les généraux en la maison du duc de Bouillon, qui n'a point encore recouvré la santé, où il a été résolu d'abandonner Brie-Comte-Robert.

Dès le matin, les troupes parisiennes, milice et bourgeoisie, sorties du jour précédent vers Saint-Denys et Gonesse, sont rentrées dans la ville par un très mauvais temps de neige; et tous les chariots qui avoient été remis à ce matin là pour aller prendre des provisions, s'en sont retournés à vide. On dit que ceux de Gonesse ont offert du blé et du pain, non seulement ce jour là, mais toujours, ci-après en continuant, pourvu que Paris leur laisse une assez bonne et forte garnison pour empêcher que ceux du parti contraire ne les viennent saccager.

Sur les six heures du soir, les sieurs Lotin, autrement de Charny, et Hallé, conseillers en Parlement, sont venus au logis de M. le trésorier de l'Épargne de Guénegaud, rue Neuve-Saint-Louis, et y ont apposé le scellé au cabinet dudit sieur, interrogé les domestiques et commis, particulièrement le sieur Doublet, arrivé ce jour là de Saint-Germain, visité les jardins et maison du petit-jardin et laissé garnison de dix ou douze mousquetaires de la ville, avec un officier. M. du Lonzat, leur confrère, et frère du trésorier, fut presque toujours avec eux et lui fut dit qu'ils n'emporteroient point le lendemain aucuns papiers dudit cabinet.

Garçon ou jeune homme est arrêté prisonnier, étant surpris comme il semoit des billets ou placards imprimés, semblables à ceux que distribuoit le chevalier de la Valette, mais postérieurement composés et augmentés de la députation dernière des gens du Roi seuls, à Saint-Germain.

Après-dîner, un autre a été de même arrêté.

Bruit que le sieur du Petit-Marais-Godard, conseiller en la quatrième des Enquêtes, s'est retiré secrètement en Brie; aucuns disent que le sieur de Roquemont, aussi conseiller, s'est retiré avec son frère M. Tambonneau, président ès Comptes, qui est allé voir madame sa femme, retirée aux champs, à Maisons, dit-on, près Saint-Germain-en-Laye.

On dit qu'elle se sauva déguisée, comme on le dit aussi de la duchesse de Chaulnes, et ce, dès le mois de janvier; et plus nouvellement, et en ce mois-ci, de la maréchale d'Estrées; comme aussi de la marquise d'Huxelles, laquelle on dit être sortie avec la cavalerie de nuit, vêtue en homme, un pot de fer en tête.

La dame de Brégy, sortie aussi déguisée; mais à pied et un sien parent l'attendoit en la campagne, au bout du faubourg, qui la mit en croupe jusqu'à Saint-Germain.

Quant aux duchesse de Lesdiguières et comtesse de Fleix, elles se sauvèrent déguisées à Grosbois et de là, par Saint-Denys, à Saint-Germain, le huitième jour de janvier, que madame Martel, etc., se trouva là aussi le 9, au matin, ayant le soir précédent abordé en bateau à Charenton, où elle coucha.

M. de Guénegaud étoit sorti dans le carrosse de sa belle-mère, femme, etc., par la porte Saint-Antoine, et M. du Plessis avec M. de Miossens, dès le fin matin du 6, que le peuple sut le partement du Roi.

M. de Brienne tenta en vain à la porte pour passer et fut repoussé et s'en alla par bateau, ce dit-on.

La présidente de Franquetot s'en voulant aller en carrosse à six chevaux, accompagnée d'un conseiller du Parlement de Paris, avec bon passeport, et favorisés par leurs parents, M. de Bauquemare, président ès Requêtes du Palais et capitaine au faubourg Saint-Germain, en étant bien sortis, furent rencontrées vers Issy, arrêtés, dévalisés, et ramenés en la ville par des coureurs de Paris.

L'évêque d'Aire s'en est aussi secrètement allé ce jour, ou le précédent. La dame de ......[1], fille de M. Belin (?), conseiller au Parlement, ayant obtenu passeport et conduite de son père, passa à la porte Saint-Jacques; mais, au milieu du faubourg, fut attaquée de la populace, aux cris d'un charretier, qui dit avoir vu un autre carrosse de dames qui attendoit celui-ci hors du bout du faubourg, comme il étoit vrai, que le premier étoit heureusement passé et leur fallut promptement retourner et se sauver en la ville.

Madame de Bouteville, qui n'a pu obtenir passeport, ni pour aller voir son gendre, M. de Châtillon mourant, ni sa fille affligée, s'est enfin dérobée et retirée.

La dame de Cavoye sort et rentre.

Madame de Miossens s'en alla à Saint-Germain, le samedi 7 mars, sur le passeport des dames de Grosménil et de Grémonville.

— Vendredi matin 26, au Palais, M. de Beaufort a été arraisonné par une troupe de bourgeois, demandant pourquoi on ne les menoit au secours de Brie-Comte-Robert et qu'ils iroient cent mille hommes. Il leur dit que le conseil de guerre n'avoit point trouvé à propos de les envoyer si loin et leur faire faire une fatigue de huit lieues, par les plus mauvais chemins, très mauvais temps, et contre un ennemi très rude et rusé; et sur l'instance qu'ils réitérèrent de les y mener, il leur dit qu'ils y avisassent bien et s'y résolussent tout le jour, parce que, les y menant, aussitôt qu'ils seroient passés le pont de Charenton, il le feroit rompre et n'y auroit plus de retour pour eux, qu'après avoir défait tous les ennemis et forcé les passages qu'ils y tiennent.

L'après-dîner, le duc de Luynes, fort brave et à cheval, accompagné de cinq ou six gentilshommes, a fait revue de trois compagnies d'un régiment d'infanterie qu'il lève pour lui.

---

1. Le nom est en blanc au manuscrit. — Belin ou Blein ne s'est pas trouvé sur les listes du Parlement.

Deux conseillers, le sieur de Charny-Lotin et Hallé, font rompre en la maison et ouvrir dans la cave et le jardin de M. de Guénegaud, trésorier de l'Épargne, rue Neuve-Saint-Louis. Trois hommes dénonciateurs, dont l'un, dit L'Espine, est de la rue même, et deux femmes, dont l'une, Isabelle, qui a été servante de charge, présents; et on n'a rien trouvé et s'en sont tous allés.

On a été naguères chez M. le Coadjuteur et chez un sien maître d'hôtel, où l'on a pris deux cens marcs d'argent qui y étoient cachés pour le marquis de Piennes.

La cave sépulcrale du sieur Bordier, ouverte deux jours auparavant par conseillers du Parlement, qui y firent chercher de l'argent, est demeurée encore ouverte, hors et dessous la porte de sa chapelle, où ses armes sont : *d'azur à la fasce d'or chargée d'un croissant montant de gueules et accompagnée de trois gerbes d'or, 2 en chef, 1 en pointe.*

Sur le soir, sortit une charretée de fagots et autre bois et des vivres avec marmites et broches pour le chauffage et souper du généralissime et généraux, qui s'en alloient tenir les chemins depuis Paris, par Aubervilliers, jusqu'à Gonesse, à quatre lieues, leur milice en haie; et y eut commandement à tous les chariots de Paris d'aller quérir blé et farine, comme ils firent au nombre de quinze cens, et plusieurs gens à cheval et à pied, à dix-huit, vingt et vingt-quatre livres le setier, qui leur fut délivré dans l'Hôtel-Dieu de Gonesse, où le tout étoit prêt. Les chariots, rentrant dans la ville, trouvèrent toutes les embouchures des rues tendues de chaînes et une seule rue passante et chemin débouché, droit aux halles, où les officiers de la Ville les firent décharger, à deux setiers près, que chacun d'eux ont pour leurs maîtres; le surplus fut vendu au prix de quarante livres le setier, au profit des ameneurs, qui recevront cet argent de la Ville.

On fut au Mesnil-Madame-Ranse et autres villages voisins; on en amena aussi du bétail.

Un fort a été tracé et prêt à construire au Pont-Iblond, par deçà le Bourget, par ceux de Paris, qui ont rapporté de cette expédition d'Aubervilliers, outre du grain, force choux, porreaux, oignons, etc., dont on a fait vers burlesques.

Gardes donnés aux envoyés de la part du Roi, à Paris, vers la reine d'Angleterre et le passeport donné à l'un d'eux, commandeur de Souvré, le soir précédent, renvoyé quérir par le prince de Conti. M. de Flamarens a évité ses gardes.

— Samedi 27, temps froid et de neige au matin. En l'assemblée du Parlement, le Premier Président a fait relation de ce qui s'est passé à Saint-Germain, où ils furent reçus le vendredi 26, après-midi, par M. du Plessis, secrétaire d'État, et conduits de la Capitainerie à l'audience de la Reine, où les Princes, le Cardinal et les Ministres et Secrétaires d'État étoient, et où ledit Premier Président harangua très bien et fermement, représentant à la Reine toutes les ruines, désolations, malheurs, horreurs que cette guerre a déjà causés ès environs de Paris et causera ci-après, si l'on n'y remédie par la réconciliation et retour de Leurs Majestés à Paris; à quoi il exhorta fortement la Reine, sans qu'il y fût dit un seul mot du Cardinal; exhiba les copies de la lettre de l'Archiduc et du mémoire de son envoyé et représenta là-dessus ce qu'il falloit, suppliant la Reine de vouloir donner lieu et moyen au Parlement de faire auxdits lettre et mémoire réponse telle qu'elle tournât au bien du service du Roi et contentement de Leurs Majestés et de tous leurs peuples.

La Reine ne dit que trois paroles de bienveillance; et, parce que le Chancelier étoit malade et ne pouvoit y être, la Reine leur envoya, après qu'ils furent retirés, réponse par un écrit de deux ou trois pages, qui réfute la lettre prétendue de l'Archiduc et tout ce qui est allégué dans le mémoire de son envoyé, qui est qualifié moine défroqué (aucuns disent cordelier, autres bernardin, dont le feu Cardinal se seroit servi d'espion) et affronteur; allègue Sa Majesté avoir reçu lettres de l'Archiduc du 12 février, date postérieure de deux jours aux dates de ladite lettre prétendue de l'Archiduc au Parlement et du comte Peñaranda au cardinal Mazarin de cette date, où il est parlé d'accommodement entre eux et de paix, accusant néanmoins le Cardinal de ne faire pas d'offres qui tendissent à cela; lesquelles en original espagnol ont été mises ès mains des gens du Roi, et ce matin lues avec ladite réponse en plein Parlement. — Après cet écrit et lettre, donnés aux députés de la part de la Reine, il y eut une conférence des deux présidents qui appuyèrent, du consentement du reste des députés, avec les deux Princes, le soir même et le lendemain vendredi matin, encore une autre, où enfin il fut arrêté que le Roi promettoit au Parlement une conférence qui se tiendroit en lieu déterminé, où viendroient les députés, qui seroient avec pleins pouvoirs de conclure un accommodement et non autrement : et du jour que lesdits députés choisis à tel ou tel nombre seroient prêts à partir, et manderoient leurdit partement à Saint-Germain, on enverroit déboucher un passage et le rendre libre, pour les vivres être en assurance apportés à Paris. C'est ce que dit le Premier Président, mais le président de Mesmes dit que le passage n'étoit promis qu'au jour que la conférence commenceroit, comme il a été fait.

Ils couchèrent, le Premier Président en la Capitainerie, chez le président de Maisons, le président de Mesmes chez M. d'Avaux, son frère, M. Talon chez son parent M. Tubeuf, les autres avocats et procureur général chez M. Le Tellier et les autres chacun chez leurs amis.

Le Parlement s'est rassemblé, après-dîner, pour délibérer sur cette leur députation et ont envoyé vers leurs généraux, qu'ils ont trouvés, à savoir, le prince de Conti couché au lit, pour être retourné de la campagne ce matin seulement à six heures, ayant passé la nuit dans ou vers le Bourget, tant que les convois et fourrages ont duré, et M. de Bouillon, qui est encore attaché à sa chaise et tellement faible et défait de sa maladie que de plus d'un mois il ne sera en état de monter à cheval. Les autres aussi se sont excusés ; tellement que l'assemblée a été remise au lendemain.

Cependant toute la ville a su comme, dès hier, la ville de Brie-Comte-Robert (dont le gouverneur de la part de la Régence est le sieur de Launay) a été prise par les troupes du Roi à composition, en leur rendant les soldats qui étoient là dedans déserteurs du parti du Roi, dont ils ont tué quelques-uns, et le gouverneur, sieur de Bourgongne et autres officiers de la garnison, qui étoit de huit cens hommes, ont été congédiés et sont arrivés à Paris. Il y a là dedans grande provision de vivres et munitions.

Le maréchal de la Mothe-Houdancourt ayant, comme tous les autres gouverneurs, un régiment de huit compagnies de cinquante hommes à cheval, l'a divisé en deux corps et en a donné quatre compagnies à commander au sieur de Saint-Germain d'Achon, limousin, qui, ayant donné à trois capitaines, pour lever trois de ses compagnies, chacun quinze mille livres fournies du public, ou autre somme dont il auroit composé avec eux, s'en sont allés trouver M. le Prince, sous lequel autrefois ils avoient commandé, et ont de rechef pris emploi sous lui.

Mécontentement du menu peuple de ce que les derniers convois n'ont point fait ramender le blé et qu'ayant été acheté à fort bon prix comme dix-huit et vingt livres, au plus vingt-quatre livres le fin froment, dans les villages, il a néanmoins été vendu à la halle quarante, quarante-cinq, jusqu'à cinquante livres, et que le pain tout fait se vend par les rues et aux marchés, quand il est un peu blanc, et de bonne grâce, comme façon de Gonesse, au prix de sept et huit sous la livre, et le délicat va jusqu'à neuf et dix sous.

— Dimanche 28, et dernier de ce mois, le Parlement s'assembla dès huit heures du matin. Les généraux y furent aussi; à savoir, M. d'Elbeuf et M. de Beaufort, le maréchal de la Mothe, les ducs de Brissac et de Luynes, lieutenants généraux, et le généralissime prince de Conti, qui, depuis le partement de M. de Longueville, prend séance au banc du côté droit des présidents. Tous d'une voix on fut à consentir la conférence avec les députés de la cour. On y dépêcha même un courrier sur le champ; il étoit trois heures après-midi et n'avoit-on pas dîné.

Les généraux, qui s'étoient assemblés chez M. le duc de Bouillon la nuit précédente, furent persuadés par le président Le Coigneux de consentir à la conférence.

Mademoiselle de Longueville y fut aussi, dans une lanterne, à voir ce qui s'y passeroit, ayant avec elle la demoiselle de la Coste, etc.; elle avoit lettres de son père.

Durant ceci, les portes d'en haut du Palais furent si bien fermées et gardées, que le peuple, qui avoit forcé les compagnies mises en garde aux portes de la cour, n'y put entrer. Il demeura donc dans la cour qui en regorgeoit. Il y avoit force femmes parmi les hommes, qui étoient armées de dagues et pistolets. Ils coururent après un conseiller qui étoit sorti sur le midi et qui se sauva de vitesse chez le Premier Président, lequel Premier Président ils menaçoient fort hautement, comme aussi plusieurs autres présidents, comme celui de Mesmes, et conseillers, comme M. de Guénegaud, à la sortie, qui fut sur les trois heures de relevée. Ils ne firent mal à personne.

M. le Coadjuteur, avec son rochet et camail, parla du bas des degrés de la Sainte-Chapelle au peuple assemblé, pour l'assurer; le président de Blancmesnil leur parla de même, du haut du grand escalier.

M. d'Elbeuf, en s'en allant, dit à la foule, par où il passa, que tout iroit bien; nonobstant cela, quelques-uns furent à la porte du Premier Président, dans la cour du Palais, depuis qu'il s'en étoit retiré par sa galerie de vis à vis du portail de la haute

Sainte-Chapelle, y chantant plusieurs injures et y jetant des pierres. Il a force monde armé et jusqu'à deux ou trois cens hommes en son logis. Le peuple lui a-t-il fait plusieurs menaces, l'accusant, lui et le président de Mesmes, d'avoir complots avec les Princes au desçu (ce qui est faux) des autres députés, le soir précédent, qui est le temps qu'ils retournèrent de Saint-Germain.

Un homme bien vêtu et chamaré d'or fut, par le pont Notre-Dame, de boutiques en autres, disant : « Messieurs, prenez les « armes et vengez la trahison que l'on vous fait. Les Premier « Président et président de Mesmes ont, à l'insu et malgré leurs « codéputés, traité avec M. le Prince pour vous perdre. »

Un homme faisoit terrible bruit dans la foule de la cour du Palais et disoit qu'il n'avoit point de pain pour sa famille et que les généraux, aussi bien que le Parlement, trahissoient le peuple. M. d'Elbeuf, passant là, lui fit donner deux pistoles ; lui, les ayant pris, en fit bravade sur le champ et fut par les cabarets où gens comme lui buvoient par tout le quartier du Palais et de Notre-Dame, disant qu'il faisoit bon faire bruit et qu'on avoit des pistoles par ce moyen là. Il fut pris et est prisonnier en la Conciergerie. Le lendemain lundi, et encore mardi, on l'eût jugé et pendu, si son rapporteur se fût trouvé prêt.

On en a pris encore deux autres ce jour là, criant parmi le peuple qu'on le trahissoit ; et on dit que tels gens ont trente sols par jour pour aller faire ce bruit par la ville.

Cependant on fut en armes par la ville ; et, dès le matin, il y eut ordre de la part du Prévôt des Marchands à ce que tous capitaines, officiers et soldats se tinssent en armes dans leurs quartiers et tous leurs drapeaux. On tendit les chaînes en quelques rues et en d'autres on les plaça et rangea toutes prêtes, étant passées à travers de la rue et n'y ayant plus qu'à les tendre et roidir ; on fit aussi des corps de garde et sur jour et pour la nuit dans certaines maisons, choisies aux carrefours principalement, et la sentinelle étoit devant les portes.

Les députés, avec pleins pouvoirs, qui, en cette assemblée, ont été nommés de chaque chambre, sont de la Grande, deux : Ménardeau-Champré et Longueil ; de la première des Enquêtes, la Nauve ; de la deuxième, le Cocq ; de la troisième, Bitault ; de la quatrième, le président Viole ; de la cinquième, Palluau ; des Requêtes du Palais, Le Fèvre.

Ce sont tous ou frondeurs, ou pour le moins passionnés parlementaires. Les présidents, non plus que les généraux, ne sont point encore nommés.

Avis que M. de Longueville traite en cour et que l'on lui offre la charge de grand-maître de France, que M. le Prince lui laissera, pour avoir l'Amirauté. — Faux.

Le tambour suisse commence à battre dans Paris, où s'est levée une compagnie de deux cens hommes sous la charge du frère du colonel Guy.

La dame de Cavoye, qui déjà a été sous passeport à Saint-Germain, il y a quelque temps, et tout nouvellement, depuis deux jours, en retourne, et la dame Testu avec elle.

J'ai dit ci-devant que mademoiselle de Longueville vint au Palais, où elle apporta à M. le Premier Président une lettre de M. son père, laquelle ne fut point lue et a été réservée au premier jour de mars.

A la sortie du Parlement, le Premier Président expédia un courrier, avec l'adresse à M. Le Tellier, secrétaire d'État, pour donner avis en cour de l'assemblée tenue, de la conférence résolue et députation faite, ou bien encommencée, avec l'arrêt donné pour icelle.

Comme ce courrier arriva à Saint-Germain, M. le Prince, le voyant, se mit fort à rire et dit tout haut : « Nous ne serons pas « désormais en peine d'aller contre les Frondeurs, ils n'ont pas « attendu à être battus par nous, ils l'ont voulu être par le « peuple. »

C'est qu'il savoit la rumeur que le peuple avoit faite; et comme aucuns conseillers, encore autres que ceux que j'ai ci-devant nommés, avoient été maltraités d'effet et de parole.

En ce même temps arrivoit à Saint-Germain un courrier du comte d'Harcourt, qui est avec huit ou neuf cens chevaux, et autant de gens de pied, devant la ville d'Évreux, pour l'obliger à le recevoir dedans, au nom du Roi ; parlant comme M. de Longueville venoit le plus fort contre lui, et l'obligeoit de se retirer, si l'on ne lui envoyoit secours; et ensuite un bruit court que M. de Longueville étoit parti ce jourd'hui de Rouen, pour aller en deçà.

On lui donna part de cette conférence.

Ceux de Saint-Germain ont envoyé à Melun, dans le fort, cinquante hommes du régiment des gardes, en garnison.

Mars [1].

— [1ᵉʳ Mars.] Le président de Mesmes, en l'absence du Premier Président qui s'est retiré indisposé, a dit que le Parlement ne députe et n'assiste jamais aux États-Généraux, qui lui sont inférieurs, attendu que le Parlement étant composé desdits trois états, conseillers, clercs, nobles et du tiers état, c'est lui qui homologue les ordonnances faites par les Rois, du résultat des articles accordés auxdits trois états généraux [2].....

— [3 mars.] Le prix du blé est fixé à 12 livres 10 sols le muid [3].....

Dans la cour du Palais, encore rumeur de la populace assemblée criant : « *Point de conférence, point de paix!* » [4].....

— [6 mars.] Le pain amendé de la moitié ou au moins d'un tiers, en sorte que ce qui valoit trente sols n'en vaut plus que vingt. On fait aussi des pains de 1, 2 et 3 sols. La viande amendée aussi de prix, en sorte que les bouchers baillent la livre de mouton et de veau même à 8 sols qui est ce qu'elle vaut les autres carêmes en pleine paix. Les poules grasses 25 sols, les fort bons chapons 32 sols [5].....

— [10 mars.] Le cardinal Mazarin, s'en allant de Ruel faire un tour à Saint-Germain, fut hué à son passage par les paysans et même par la valetaille suivant la cour [6].....

[Même jour 10 mars.] Le sieur de Tilleraut, conseiller au Grand Conseil, y étant en garde [au Palais] avec la compagnie colonelle du régiment de ce quartier là, qui est le régiment de Guénégaud, dont il est lieutenant, y a été tiré d'un pistolet de poche, par un garde de Conti, qui a été saisi avec son camarade et mené prisonnier au corps de garde [7].....

---

1. Du 1ᵉʳ mars 1649 au 1ᵉʳ janvier 1650, le texte même du journal de Dubuisson-Aubenay n'a pu être reconstitué intégralement. Les fragments suivants, extraits de divers ouvrages, ont seuls été retrouvés.

2. Dubuisson a ajouté en marge : « *Parlement par dessus les trois états généraux du Royaume.* » — *Journal d'Olivier d'Ormesson*, t. I, p. 698.

3. Il faut entendre 12 livres 10 sous le setier (voy. *Journal d'Olivier d'Ormesson*, t. I, p. 700).

4. *Journal d'Olivier d'Ormesson*, t. I, p. 700.

5. *Ibid.*, t. I, p. 701.

6. *Ibid.*, t, I, p. 703.

7. *Ibid.*, t. I, p. 705.

— [11 mars.] Au Parlement assemblé, a comparu un gentilhomme de M. de la Trémoille, disant qu'il fait levées et que les sieurs d'Estissac et d'Aumont en font aussi en Poitou; et que la Touraine et l'Anjou s'étoient déclarés et faisoient des troupes pour le Parlement; que Madame de la Trémoille étoit en la ville de Rennes où elle travailloit le parlement, la ville et la province pour le parti de Paris, et que lui et elle demandoient commissions du Parlement de Paris pour leurs levées [1].....

[Même jour.] Le pain ramendé chez les boulangers dont plusieurs ferment leurs boutiques. D'autres ont été attaqués par le peuple et ont eu peine à se garantir. Un s'est voulu pendre par désespoir [2].....

— [13 mars.]

[Violences du peuple à la nouvelle de la conclusion de la paix. L'avocat du Boile, ainsi nommé par d'Ormesson et le *Journal du Parlement*, parle au nom du peuple. Dubuisson-Aubenay, qui ignorait son nom, dit à ce propos que c'était :]

Un certain avocat du Châtelet, Goué, Coué, du Doué, qui avoit reçu deux cens écus pour distribuer aux factieux. Ce que le Premier Président a lu et a dit hautement en pleine assemblée [3].....

— [15 mars.] Le bourgeois est commandé sous les armes par tous les quartiers, chacun en son corps de garde et sous son drapeau. Les seize compagnies colonelles se saisissent du Palais et n'y laissent entrer que ceux qui en sont et y doivent entrer [4].....

M. le Coadjuteur a élégamment parlé et très subtilement voulu persuader de faire la guerre [5].

A la sortie [6] le président de Thoré fut saisi par les séditieux qui tâchèrent à le pousser en quelque chambrette dessus le Pont au Change, pour, de là, le jeter en la rivière; et de là le menèrent sur le quai de la Mégisserie, afin de mieux exécuter leur dessein. Là, un avocat du Châtelet le tira du parapet, prêt à être jeté et le mena chez Bunicourt, clinquaillier, où, l'ayant déguisé, le fit sortir et sauver.

---

1. *Journal d'Olivier d'Ormesson*, t. I, p. 704. — Ol. d'Ormesson dit qu'il s'agit du Poitou, mais ici Dubuisson est plus exact.
2. *Ibid.*, t. I, p. 704.
3. *Ibid.*, t. I, p. 710.
4. *Ibid.*, t. I, p. 711.
5. *Ibid.*, t. I, p. 717.
6. *Ibid.*, t. I, p. 720.

— Jeudi 25 mars, fête de Notre-Dame, assemblée en Parlement où tous les généralissimes et généraux y assistent. On y lit la lettre du Premier Président pour avoir consentement de la compagnie à ce que la suspension d'armes, finissant avec la fin de ce jour, à minuit, recommençât pour quatre jours, durant lesquels on promet la fin du traité à Saint-Germain. Car aujourd'hui même, après dîner, on devoit faire un grand effort pour cela. Les généraux ont répugné à ladite suspension. Sur quoi, M. Deslandes-Payen a pris la parole et a demandé ce que par les armes on avoit fait et ce qu'on espéroit faire. Ce qui a piqué les généraux, et M. de Bouillon, qui n'étant ni pair ni conseiller n'a pas voix délibérative, a fait signe au maréchal de la Mothe, assis à son opposite, au banc des pairs et officiers de la Couronne, et qui a été ci devant reçu à voix délibérative, qu'il parlât. Les généraux ont parlé, disant : qui étoient ceux qui les avoient engagés dans un parti, et puis après les décrioient, malmenoient et abandonnoient ? et qui avoit, le premier de tous, délivré des commissions pour lever des gens de guerre ? Or, M. Deslandes fut celui qui, avec M. Ménardeau-Champré, de la Grande Chambre, donna des commissions en l'Hôtel de Ville, avant que lesdits généraux se fussent présentés.

Le même sieur Deslandes, par le moyen de M. Payen, qui est dans les finances et beau-père de M. de Lyonne, s'est accommodé en cour, pour avoir, au conseil de conscience, le consentement du Roi à la résignation que lui a faite l'abbé Le Normand, de l'abbaye du Mont-Saint-Martin, située ès confins du Cambrésis, et qui a tous ses revenus dans les Pays-Bas[1].....

— Lundi matin 29, les colporteurs publiant un arrêt supposé du Parlement portant que celui du 8 janvier, donné contre le cardinal Mazarin, comme perturbateur du repos public, seroit exécuté, ont été envoyés quérir, réprimandés et envoyés en prison[2].....

— [30 mars.] L'après-dîner, vers le soir, retournent de Ruel le Premier Président et autres députés, tant du Parlement que des généraux, avec bruit public que tout ce qu'ils avoient demandé leur avoit été accordé, fors le bannissement du cardinal Mazarin, qui toutefois doit l'être, par article secret ; et qu'à cet effet il part et

---

1. *Journal d'Olivier d'Ormesson*, t. I, p. 725.
2. *Ibid.*, t. I, p. 726.

s'en va à Dunkerque. Ils étoient six ou sept carrosses à six chevaux, et quelques autres à deux, et furent escortés jusques au cours de la Reine, et proche du faubourg Saint-Honoré, par le maréchal de Gramont et ses gardes, et de là par les archers de la ville jusques au Palais; les compagnies bourgeoises étant en haie dans la rue [1].

JUIN [2].

— [10 juin.]
[Pendant le séjour de la cour à Compiègne, à la date du 10 juin, Dubuisson reçoit avis que :]
Les tables des commensaux du Roi sont à bas; que les pourvoyeurs ont quitté, faute d'argent et de crédit, qu'ils n'ont plus dans ce pays là [3].....

AOÛT.

— Le jeudi 19, après dîner, le clergé, conduit par le Coadjuteur de l'archevêché, le Parlement par le Premier Président, la Chambre des Comptes par le président Nicolaï, furent haranguer Leurs Majestés ensemble au Palais-Royal. Leurs harangues ne plurent pas ici. Cettui-ci dit que ceux qui avoient assisté au traité de publication à Ruel et à Saint-Germain n'avoient point sujet de se vanter d'avoir servi le Roi et sauvé l'État; que c'étoit la seule affection que les Parisiens ont au Roi qui leur avoit fait mettre les armes bas. L'autre pria la Reine d'oublier toutes choses et d'aimer sincèrement la ville et Parlement de Paris comme eux aimoient et servoient Leurs Majestés.....

Le président Pajot, de la Cour des Monnoies, dit de très belles choses, de fort mauvaise grâce [4].....

---

1. *Journal d'Olivier d'Ormesson*, t. I, p. 728.
2. Sauf les deux mentions qui suivent, il n'a rien été retrouvé du journal de Dubuisson-Aubenay, entre le 30 mars et le 4 octobre.
3. A. Feillet, *La misère au temps de la Fronde*, p. 153.
4. Fragment communiqué par M. de Boislisle.

Octobre[1].

— Lundi 4 octobre, la Reine étant au cercle, le maréchal de l'Hôpital lui a présenté le mémoire ou requête de toute la noblesse de cour, opposante aux tabourets, de la poursuite desquels les sieurs de Miossens et de Marsillac vouloient bien se déporter ; mais les Princes, qui la portoient, ont voulu que l'affaire allât jusqu'au bout. Enfin elle est échouée tout à fait, ou remise à une autre fois. Les comtes de Montrésor et de Béthune, qui n'avoient pas encore parlé, y ont paru, et le premier a parlé à la Reine d'une façon de longtemps préméditée. Il y avoit une lettre circulaire aux gouverneurs et grands seigneurs de toutes les provinces, toute prête à être signée et envoyée de la part des opposants, qui avoit été dressée en l'assemblée chez le marquis de Sourdis.

Les ducs et pairs s'assemblent chez le duc d'Uzès, et les princes, autres que du sang, chez M. de Chevreuse.....

— Mardi matin, 5 octobre, encore assemblée de la noblesse opposante, que l'on appelle *anti-tabouretiers*, chez le marquis de Sourdis, lui absent, et son fils, le marquis d'Alluye, présent.....

— Jeudi 7, la noblesse opposante aux tabourets s'assemble encore chez le marquis d'Alluye, en l'hôtel de Sourdis.

L'opposition des ducs et pairs contre la principauté de la maison de Bouillon-La-Tour continue, et la plainte des maréchaux de France contre le vicomte de Turenne, de ce qu'il a fait ôter les bâtons de maréchal de France de son carrosse.

— Dimanche [10], après midi, l'assemblée fut chez le maréchal de l'Hôpital et aussi ce jourd'hui,

— lundi [11], depuis huit heures jusque après dix, que fut apporté le brevet de la Reine par lequel elle abolit tous tabourets, entrées au Louvre et autres privilèges concédés à qui que ce soit, contre les formes ordinaires, depuis l'an 1643 et durant la Régence. On a voulu délibérer si l'on se contenteroit de ce brevet et s'il ne falloit pas une déclaration du Roi, enregistrée au Parlement et les uns étoient d'un avis et les autres d'un autre ; mais le maréchal d'Estrées, l'un des présidents (car les maréchaux de

---

1. Nous reproduisons ce qui suit, relatif à l'affaire des tabourets pendant le mois d'octobre 1649, d'après M. Chéruel : *Histoire de France pendant la minorité de Louis XIV*, tome III, p. 419.

France y président et les sieurs de Maulévrier-Brèves et de Villarceaux y servent de greffiers), ayant dit que l'heure étoit passée, est sorti et beaucoup de noblesse avec lui [1].

Les autres sont demeurés en colère, disant qu'ils vouloient délibérer et qu'ils n'avoient que faire de ceux qui s'en alloient de la sorte. Mais le comte de Montrésor les a apaisés, disant que jusqu'alors ils n'avoient rien fait que de bien, qu'ils ne devoient donc pas finir par désordre et précipitation ; que l'on attendît à demain que l'assemblée fût légitime et complète pour achever leur délibération, ce qui a été fait, et on nomma douze commissaires d'entre eux, pour examiner l'affaire.....

Il y a eu grand bruit. Le marquis d'Alluye, fils du marquis de Sourdis d'Escoubleau absent, a voulu faire sortir de chez lui les Besançon, disant qu'ils n'étoient pas gentilshommes. Le sieur d'Amboise, ci-devant gouverneur de Trin en Piémont, puis de Lagny-sur-Marne, durant le siège de Paris, a été admonesté de s'en retirer, quoiqu'il ait eu pour père un maître des Requêtes et qu'il ait les armes de l'ancienne maison d'Amboise, qui est de six pals d'or et de gueules ; ce qu'il a fait doucement. Le bruit des Besançon fut dès samedi.....

— Mardi 12, l'assemblée de la noblesse continue pour la dernière fois. Le brevet de révocation des brevets des tabourets et entrées en carosse dans le logis du Roi, donnés à la comtesse de Fleix, de la part de la Reine, comme à une veuve de la maison de Foix, à la demoiselle de Brantes-Luxembourg, et aussi à M. de Bouillon, comme prince étranger, a été reçu. On a voulu faire passer que dorénavant toutes les concessions n'auroient d'effet qu'après l'enregistrement des brevets du Roi, même majeur, au Parlement. La pluralité de voix au contraire l'a emporté. L'assemblée aussi s'est rompue et l'archevêque d'Embrun, jadis abbé de la Feuillade, y est venu la haranguer de la part de son corps.

---

1. Auparavant qu'il y en eût [des maréchaux de France dans l'Assemblée] c'étoient les chevaliers des ordres qui présidoient, entre autres le comte d'Orval ; et le vieux marquis de la Vieuville, aussi chevalier des ordres, s'étant relâché à laisser passer le comte de Montrésor devant lui, sous protestation que cela ne préjudicieroit au rang, il en a été repris par le comte d'Orval ; mais lesdits chevaliers des ordres du Roi, comme ils précèdent tous gentilshommes, même gouverneurs de province, aussi cèdent-ils aux officiers de la Couronne, comme sont les maréchaux de France. [Note de Dubuisson-Aubenay.]

Celui de la noblesse ira, dit-on, les remercier et remerciera aussi tant les ducs et pairs que les princes qui ont épaulé ladite noblesse. Là-dessus, le comte de Miossens, sous-lieutenant des gens d'armes du Roi, demanda qu'il fût fait un décret que dorénavant, en France, on ne reconnût plus aucuns princes que ceux du sang et que les autres fussent réduits aux purs rangs de la noblesse.

— Mercredi 13, il se tient encore assemblée chez le maréchal de l'Hôpital, par la noblesse, où elle a résolu la députation vers la Reine et M. le Cardinal pour les remercier du brevet de révocation ci-dessus et donner part aux ducs et pairs, assemblés chez le duc d'Uzès, et aux princes étrangers, chez le duc de Chevreuse, de la conclusion de leur assemblée et de tout ce qui s'y est passé.

Le comte de Miossens est aussi allé remercier la Reine de ce qu'elle lui promettoit qu'il ne se feroit aucune concession de cette nature, durant la Régence, qu'il n'y eût part; et qu'elle lui donnoit cependant et dès à présent sa charge de maître de la garde robe de M. le duc d'Anjou, de laquelle il a pris possession, à l'heure même, près de ce petit prince et, en outre, douze mille livres d'appointement.....

Novembre.

— Le mercredi 24 novembre [1], les meubles de l'appartement de la dame de Beauvais, première femme de chambre de la Reine, ont été enlevés du Palais-Royal et menés en la maison qu'elle a

---

1. Nous reproduisons ce fragment d'après le t. IV, p. 449, de l'édition in-12 des *Mémoires de Saint-Simon*. M. Chéruel a imprimé ici et dans l'extrait suivant, relatif à la scène de la Reine avec Jarzé, les dates des mercredi 24 et vendredi 26 décembre. Il y a là un lapsus évident : le 24 décembre était un vendredi, le 26 un dimanche, tandis que les 24 et 26 novembre sont bien mercredi et vendredi. L'erreur est du reste constatée par les indications de tous les mémoires du temps.

Le *Journal anonyme d'un Bourgeois de Paris pendant la Fronde,* conservé à la Bibliothèque nationale, dont M. Chéruel publie un fragment, pour combler une longue lacune du *Journal d'Olivier d'Ormesson,* t. I, p. 780, place également ces incidents en novembre et dit à ce propos : « Le « 23 novembre, Mme de Beauvais, première femme de chambre de la Reine « qui étoit fort avancée dans la confidence de Sa Majesté, eut ordre de se « retirer de la cour et d'emmener sa fille avec elle. »

à Gentilly, et où elle s'en alla, dès le jour précédent, avec toute sa famille, la Reine lui ayant fait dire par Largentier, surnommé Le Gras, secrétaire de la Reine, qu'elle eût à se retirer sur le midi, comme Sa Majesté entroit en son carrosse, pour aller ouïr la messe aux Filles-Sainte-Marie, près la Bastille. Elle avoit encore ce matin été coiffée par ladite dame de Beauvais.....

La plus véritable opinion est qu'elle a été chassée pour une lettre qui fut trouvée sur la toilette de la Reine, pleine de transports et emportemens d'amour, laquelle on dit être du marquis de Jarzé ; et que c'étoit la dame de Beauvais, bonne amie dudit marquis, qui l'y avoit mise. Cette lettre étoit datée de Fresne-sur-Marne, où Jarzé fut, le dernier mois, avec M. du Plessis-Guénegaud.

— Le vendredi [26 novembre], la Reine retournant à la galerie et chapelle du Roi, où elle avait ouï la messe, le marquis de Jarzé, peigné, poudré et vêtu à l'avantage, se trouve à son passage, sur la terrasse qui fait clôture à la cour intérieure et regarde sur le jardin du Palais-Royal, où il marche devant la Reine, se tourne vers elle à certaines distances et pauses, en l'attendant, et, entré dans le grand cabinet, se met en haie pour être vu de plus près d'elle à son passage ; puis entre avec Sa Majesté dans la chambre du lit et puis outre, dans la chambre du miroir, où la Reine se coiffe ordinairement et se présente devant Sa Majesté, qui lui fait signe de s'approcher et marche deux pas, puis s'arrêtant lui dit tout haut : « *C'est une plaisante chose que l'on dise par la ville que vous, Jarzé, soyez mon galant. Vous en êtes bien aise, je m'assure, et vous avez cette folie-là qui vous vient de votre grand-père. Mais vous ne prenez pas garde que cela vous fait passer pour impertinent et ridicule*[1]. ».....

---

1. Voyez le récit de cette scène dans les mémoires de Mme de Motteville (collection Petitot, 2e série, t. XXXVIII, p. 405 et 406). Les paroles de la Reine, reproduites par ce témoin oculaire, sont un peu différentes. M. Chéruel (*Journal d'Olivier d'Ormesson*, t. I, p. 780) a rapproché le récit de madame de Motteville des *Carnets de Mazarin*. Il montre cette scène inspirée par le Cardinal, les termes de l'apostrophe imaginés par lui et docilement appris par la Reine. — Un pareil esclandre ne fut pas du goût de tout le monde ; beaucoup des partisans de la cour le critiquèrent comme inopportun et peu digne. Le *Journal d'un bourgeois de Paris pendant la Fronde*, auquel nous venons déjà d'emprunter une citation, dit à ce propos : « Les plus sensés n'approuvèrent pas cette réprimande si

— [16 décembre 1649.] Un traitant fut arrêté le matin par cinquante archers pour quarante ou cinquante mille livres qu'il devoit des droits des présidents, maîtres et autres officiers de la Chambre des Comptes. On l'emmena jambes nues, après l'avoir fait lever du lit, où il étoit, venant d'être saigné. Il a depuis été élargi par arrêt du Conseil d'État, dont la Chambre ayant fait plainte, la Reine envoya, le vingtième, leur porter des paroles de satisfaction [1].

« publique et crurent que Sa Majesté eût mieux fait de dissimuler l'extra-
« vagance de cet insolent. »

M. Loiseleur a reproduit ce passage du journal de Dubuisson avec cette même date inexacte du 26 décembre : *Problèmes historiques*, p. 89.

1. Fragment communiqué par M. de Boislisle.

ANNÉE 1650[1].

L'an Jubilé 1650 (il n'a pas eu lieu en France); le deuxième d'après l'intercalaire ou bissextile 1648.

Cycle solaire : 7. — Cycle lunaire : 17. — Épacte : 27. — Indiction romaine : 3.

Lettre dominicale : B.

Pâques : 17 avril.

Janvier.

Cette année commence en l'église, à vêpres, la veille du jour de Noël, que le pape Innocent X ouvrit en l'église de Saint-Jean-de-Latran, mère de toutes les églises, patriarchale et capitale de la chrétienté, la porte qui ne s'ouvre jamais qu'au Jubilé. Celui-ci est le grand Jubilé de la cinquantième année, après la révolution entière des sept semaines d'années. Faut voir le *Traité du Jubilé*, car les relations vulgaires portent l'église de Saint-Pierre, qui semble être depuis le pape Sixte cinquième, qui l'a bâtie, comme elle se voit être devenue, la patriarchale universelle.

M. du Plessis, secrétaire d'État en mois.

Premier gentilhomme de la Chambre : comte de Saint-Aignan, en année.

Maître de la garde-robe, en semestre : le marquis de Roquelaure.

— Le premier jour de janvier, samedi, qui est fête de la Cir-

---

1. A partir de l'année 1650, nous reproduisons le journal de Dubuisson-Aubenay, d'après la copie contemporaine déposée à la bibliothèque Mazarine, n° 1785, dont les deux premiers volumes seuls ont péri en 1871 avec l'original. On trouvera à l'introduction les raisons pour lesquelles on peut considérer cette copie comme un second original, ayant été exécutée très probablement sous les yeux de Dubuisson.

concision et du nom de Jésus, grandes dévotions ès jésuites de la rue Saint-Antoine. A vêpres, le Roi, la Reine, Monsieur et Mademoiselle d'Orléans, les princes de Condé et de Conti, le cardinal Mazarin et toute la Cour viennent. Le père de Ventadour, supérieur de cette maison, quoiqu'assez jeune, reçoit et complimente Leurs Majestés. Le père Bernard, jacobin, y fait le sermon.

Querelle entre le comte de Saint-Aignan, premier gentilhomme de la Chambre, et le marquis de Roquelaure, maître de la garde-robe, pour donner au Roi, en le couchant, son reliquaire après avoir pris du premier sa chemise blanche.

Querelle, batterie et tuerie entre les laquais de l'archevêque de Paris, environnant sa litière, et ceux du marquis de Gesvres, suivant son carrosse, en une rencontre dans la rue, dont le marquis, qui fut le plus faible, s'étant plaint à l'archevêque, celui-ci répondit qu'il pensoit que c'étoit le marquis de Roquelaure, ce qui ressent encore quelque chose de l'affaire de la duchesse de Lesdiguières.

— Le dimanche, deuxième jour, le duc de Beaufort, de son côté, et le conseiller Broussel de l'autre, sollicitent par toutes les portes les conseillers du Parlement pour l'affaire qu'ils y ont commune avec le Coadjuteur.

La nuit, on entend, en divers endroits, tirer force coups de pistolet, fusil et mousquet.

— Lundi 3, après-dîner, la Reine mène le Roi à Sainte-Geneviève-du-Mont, où se célébroit la fête de cette sainte patronne de Paris.

Bruit artificieusement répandu, au quartier de l'hôtel d'Angoulême et rue des Francs-Bourgeois, que le Roi avoit pensé être enlevé de nuit.

Avis que le nommé des Martineaux, beau-frère, ayant épousé la sœur de la demoiselle des Bouleaux, de Melun, gouvernante des enfants de M. du Plessis de Guénegaud, secrétaire d'État, et lequel des Martineaux, jadis prévôt à Melun, étoit à présent en décret de prise de corps, dès le mois passé, pour l'affaire de la Boulaye, étoit arrêté à Coutances par ordre de l'évêque du lieu, et qu'il cherchoit à passer en Angleterre et avoit des mémoires sur lui.

— Mardi 4, encore coups de pistolet et fusil entendus la nuit par Paris.

Ce jour, le Parlement est assemblé dès huit heures du matin,

M. le duc d'Orléans, les princes de Condé et de Conti, les ducs de Saint-Simon et de Luynes, pairs de France, et le maréchal de la Mothe-Houdancourt, le Premier Président retiré, comme aussi les ducs de Beaufort, Coadjuteur, et conseiller Broussel, on vint aux opinions, ce qui se fait ainsi; la séance est que les présidents gardent leurs places qui sont au banc du parquet, situé justement au-dessous de celui qui est au-dessous du tableau, en face de l'entrée de la Grande Chambre et du parquet. Les princes et pairs séculiers sont au côté qui est à leur main droite, et les cardinaux, s'il y en a, et pairs ecclésiastiques, sont en suite desdits présidents, comme aussi le doyen des conseillers et puis les maîtres des Requêtes qui y peuvent être, jusques à quatre, et non plus; et puis le reste des conseillers, ceux de la Grande Chambre les premiers et puis les honoraires et ceux des Enquêtes et enfin ceux des Requêtes du Palais. Les séances sont dans les bancs du parquet; et les deux grands bancs d'en haut demeurent vides, si ce n'est que les places venant à manquer dans le parquet, pour le trop de monde, les conseillers de la Grande Chambre et les présidents des Enquêtes se retirent auxdits hauts bancs, sur lesquels les présidents au mortier et les pairs se seyent à audiences publiques, ou quand le Roi y est. Quand il n'y a pas assez de places dans le carré du parquet, qui est à quatre côtés et à quatre bancs, alors les conseillers de la Grande Chambre se vont mettre aux sièges, au-dessus dudit parquet, et situé en face de l'entrée, justement sous le tableau, où les présidents au mortier sont assis quand le Roi y est et aux audiences publiques, et les présidents des Enquêtes se vont asseoir au banc qui est à la main gauche, en même hauteur et où se mettent les princes et pairs quand le Roi est au Parlement, justement au-dessus de celui où, en ces assemblées, lesdits princes et pairs sont assis dans le parquet.

Quand il faut opiner, les conseillers de la Grande Chambre commencent et les autres messieurs des Requêtes et conseillers, tant honoraires qu'ordinaires, puis, en tournant, cela vient aux derniers pairs et aux premiers, aux princes et enfin aux présidents, qui sont les derniers, et le Premier Président le fin dernier de tous. Le premier qui ouvre l'opinion est le doyen des conseillers, et le greffier, l'ayant écrite au long, ajoute le nom de celui qui l'a ouverte. A mesure qu'il y en a qui sont de cette opinion, le greffier les remarque par leurs noms sur la feuille, et lorsqu'il intervient une autre et nouvelle opinion, le greffier l'écrit aussi tout au long et y met le nom de son auteur et celui de tous ceux qui en sont. Quand il se trouve plusieurs opinions, après que tout le monde a opiné, le greffier dit qu'elle est celle qui a le moins de voix et de sectateurs, et ceux-là sont obligés de passer en l'une des autres opinions, chacun d'eux choisissant celle qu'il veut, et après cela, celle qui est encore la moindre en sectateurs étant lue, iceux sectateurs sont obligés de passer en l'une des autres plus grandes, à leur choix, à chacun d'eux, ce qui se fait pour toutes, jusques à ce qu'il ne reste plus que deux opinions. Donc, le greffier lit et compte les voix de chacune des deux et celle qui en a la plus l'emporte et fait l'arrêt que le Premier Président prononce et qui est inséré au registre de ce jour-là.

Et quand quelqu'un est récusé, il se lève et se retire. Que s'il n'est pas constant qu'il doive être recusé, il quitte seulement sa place et s'en va derrière le barreau et même se retire en autre chambre, tandis que l'on décide s'il doit être recusé ou non. S'il le doit être, après que l'on lui en a prononcé l'arrêt, il sort de la chambre et se retire pour toujours; s'il ne le doit point être, il s'en va reprendre sa place ordinaire.

Ce jour, mardi 4, à cause qu'il s'agissoit de la récusation du Premier Président, sur la requête des duc de Beaufort, Coadjuteur et conseiller Broussel, il se retira, comme eux aussi; furent eux trois en la quatrième chambre des Enquêtes, où le Coadjuteur lisoit la comédie de *Cinna*, qui conspira contre l'empereur Auguste, de la façon de Corneille.

Il y eut plusieurs opinions, l'une que le Premier Président seroit récusé et son fils, M. de Champlâtreux, conseiller honoraire, et ce qu'ils ont de parens dans le Parlement, l'autre qu'il n'y auroit que le Premier Président et le fils, et non pas les autres ses parens; la troisième qu'il n'y auroit pour tout que le fils, suspecté d'avoir fait l'outrage à Joly, conseiller au Châtelet, et la quatrième qu'il n'y auroit que le Premier Président seul et non point son fils, ni aucun de leurs parens.

Après que, de toutes ces opinions, les plus faibles en voix furent réduites à deux; les plus fortes, savoir celle que le Premier Président seul seroit recusé et l'autre qu'il ne le seroit pas, de celle-ci, defensive, il se trouve 98 voix et de l'autre, affirmative de la récusation il s'en trouva seulement 62, entre lesquelles étoient celles du président de Bellièvre, du duc de Luynes et du conseiller Coulon, etc., tellement que le Premier Président l'emporta de

36 voix, entre lesquelles celles du président de Novion et du maréchal de la Mothe, jadis frondeurs, ont été remarquées, comme celle du conseiller Godart, sieur du Petit-Marais, qui dit d'une belle sorte qu'autrefois les assemblées du Parlement ne se faisoient point que les ennemis n'en reçussent atteinte et n'en tremblassent, et que c'étoit à présent chose étrange et déplorable qu'en telles assemblées nos ennemis fondassent toute leur espérance. Par ce mot de *nos ennemis*, les frondeurs ont cru être désignés et en ont fort murmuré, particulièrement le conseiller sieur de Quatre-Solz. Cela néanmoins se doit entendre des ennemis étrangers, qui sont les Espagnols et qui, avertis par les traîtres et espions qu'ils ont ici, refusent d'entendre à la paix avec nous, s'imaginant que ces assemblées produiront séditions dans Paris et guerre civile au royaume, et que, par ce moyen, ils regagneront le dessus de nous.

Mais surtout, le président de Mesme a fait un excellent discours, montrant la faiblesse et nullité de la requête et des moyens de ceux qui prétendent récuser le Premier Président, en l'absence duquel il a présidé et lui a, après qu'il a été rappelé et fait venir, prononcé l'arrêt qu'il demeureroit juge.

— Mercredi 5, le Parlement assemblé de rechef, sur les autres récusations proposées par les mêmes duc de Beaufort, archevêque de Corinthe, coadjuteur de Paris, conseiller Broussel, et président Charton. Mais avant qu'en venir aux opinions, ils retirèrent leurs requêtes qui alloient, l'une à la récusation de M. le Prince, les autres à celle de M. de Bernay-Hennequin, et à celle des sieurs Doujat; l'un, qui est père du commissaire pour les informations, et l'autre, conseiller au Parlement, qui est fils, à cause de leur parentèle avec Guy Joly, conseiller au Châtelet, partie en cette affaire. — Les frondeurs défaits, firent courre un bruit par le peuple que la ville de Toulouse avoit pris les armes et le Parlement donné arrêt que secours seroit envoyé à ceux de Bordeaux.

— Vendredi 7, assemblée en Parlement où les princes et pairs assistèrent. Les duc de Beaufort et Coadjuteur s'y montrent encore et soudain se retirèrent ailleurs, les informations furent relues et particulièrement les dépositions des trois témoins ou délateurs à qui l'on a donné des lettres de cachet du Roi pour les sauver d'être recherchés de ce qui s'est passé dans les assemblées où ils se sont trouvés et dont ils déposent. Ils se nomment Canto, bernois, Sosciondo, bordelois, et Pichon, dit Charbonnier. Le reste est remis au lendemain.

Quant le duc de Beaufort est sorti du Palais qui n'a été qu'après les autres Princes, il s'est vu environné d'une populace; aucuns desquels disoient, mais tout bellement aux endroits par où il passoit et bassement : « *Otez votre chapeau à M. de Beaufort!* »

Quelque bruit que des Martineaux, parisien, n'est pas pris; il étoit à Coutances, en Basse-Normandie, avec un emploi de commis ès traites foraines, homme de cinquante ans, ayant quatre enfants et une femme, originaire de Melun, sœur de la demoiselle des Bouleaux. N'a point été capitaine de son quartier à Paris; fut premièrement prévôt de Melun, puis revint à Paris et fut lieutenant en l'Amirauté, dont le cardinal de Richelieu le contraignit de se défaire. Depuis lors, il n'a rien été que commis des receveurs et partisans des traites, où il eut encore, il y a deux ans, une commission; mais, au lieu de la faire, il s'en alla s'embarquer pour les Iles de l'Amérique, avec le sieur Patrocle, où il ne fit rien et s'en revint, puis prit une commission pour les gabelles en Languedoc, dont il ne sortit pas bien, et, à la fin, a pris cette dernière ès traites que le sieur Châtelain lui avoit fait avoir, à la sollicitation et entremise du sieur du Bois-Hébert, employé èsdites traites et gabelles à Angers, beau-frère de la demoiselle des Martineaux. Il demeuroit rue du Coq, entre les rues de la Verrerie et de la Tixeranderie.

A midi, le courrier, apportant l'accommodement fait et reçu à Bordeaux, suivant la déclaration du Roi, arrive ici.

La dame de Brégy faite dame du lit de la Reine, qui est une nouvelle charge en France, à la mode d'Angleterre, comme une seconde dame d'honneur, et en cette qualité entra ce jourd'hui dans le carrosse de la Reine pour aller à Notre-Dame. Ainsi le porte le bruit commun, qui est faux. La vérité est qu'elle entre au carrosse de la Reine comme femme d'un ambassadeur extraordinaire de la couronne de Suède en France, qui est le comte de Brégy, qui y vient en cette qualité, que la Reine de Suède lui a donnée, après l'avoir premièrement retenu à son service et fait capitaine de ses gardes.

— Samedi 8, on va au Palais pour tenir assemblée en Parlement; mais M. le duc d'Orléans envoie s'excuser sur ce qu'il s'étoit trouvé mal et fait saigner. Le Coadjuteur de Paris s'en est plaint comme d'un retardement à sa justification.

Le Pape a envoyé quatorze indulgences [à la Reine] pour s'en servir et distribuer à sa discrétion, et à la Reine d'Angleterre dix. C'est parce que durant l'an Jubilé, toutes indulgences publiques cessent. Le feu pape Urbain en avoit donné cent à la feue Reine mère, Marie de Médicis, en l'an Jubilé 1625, ce que la Reine Anne, moderne régente, sachant, n'est pas demeurée contente du présent que lui fait ce pape ci.

Cette après-dîner, grande course de bague au parc du Jardin-Royal, en présence du Roi, qui y étoit à cheval.

— La nuit d'entre dimanche 9 et lundi 10, a été pris en sa maison l'avocat Belot, syndic des rentiers, accusé d'avoir voulu émouvoir sédition. Il étoit demeurant au quartier Montorgueil et avocassant au Conseil. Il a une belle et jolie femme, et passe pour un fripon et homme sans honneur. Il a autrefois agi pour le roi d'Espagne au Conseil, sur le sujet qu'il répétoit quelques vaisseaux marchands que les nôtres avoient gagné sur mer et lesquels il étoit en question s'ils seroient jugés de bonne prise.

— La prise de cet avocat fit bruit en Parlement lundi matin 10, de quoi M. d'Orléans s'est fâché et levé, voulant s'en aller et disant que le Parlement étoit jadis un sénat plein de sagesse et de gravité, et aujourd'hui une cohüe. Puis s'adressant à eux : « Puisque vous parlez en foule, Messieurs, et que l'ordre qui est « de parler, chacun en son rang, n'est point de vous observé, « comme si c'étoit un désordre et confusion où tout le monde fût « maître, sans aucun respect à personne, je suis résolu de vous « laisser faire et me retirer. »

Mais, là-dessus, étant prié de demeurer, il est demeuré jusques à ce que, comme on lisoit les informations, il a dit qu'il se trouvoit mal et prioit que l'on ne prît pas en mauvaise part s'il s'en alloit à cause d'infirmité, mais que l'on continuât à lire et à faire ce qu'il faudroit, protestant qu'il tiendroit le tout pour bien fait.

Le sieur Dorat, conseiller en la troisième, dit au Premier Président qu'il témoignoit en cette affaire une telle ardeur et passion, que cela faisoit croire que ce qu'il avoit dit les jours précédents derrière le barreau (à savoir qu'il avoit oublié l'attentat ou dessein d'aucuns contre sa personne et leur avoit pardonné), lorsque l'on lisoit les informations, étoit faux. L'après-dîner, il fut chez le Premier Président s'excuser de ce qu'il avoit dit par emportement de chaleur.

Ici se voit copie d'une lettre à l'assemblée générale à Baden, tenue par les Suisses, sur le sujet des régiments de leur nation qui ont été licenciés à la fin de la campagne. Icelle lettre, du 20 décembre dernier, portant ordre exprès à tous les autres Suisses restés en France au service du Roi, de s'en retirer et retourner en leur pays, si, dans la Chandeleur, on ne leur donne raisonnable satisfaction de ce qui leur est dû, que l'on dit être trente mois de solde. Un capitaine suisse a dit de plus à M. de Schonberg, leur colonel ou général en France, que, si on ne les paye, ils sont par delà résolus de se jeter dans l'Alsace et de s'en saisir, ayant vingt-cinq mille hommes prêts à cet effet.

Le comte de la Chapelle-aux-Aulnois achète la capitainerie de Fontainebleau de M. le Cardinal.

— Mardi 11, il n'y eut point d'assemblée en Parlement, à cause que M. le duc d'Orléans se trouva mal. Il y écrivit et mit en sa lettre que la mémoire lui avoit manqué le jour précédent, quand il avoit dit qu'il ne savoit rien de la capture de l'avocat Belot, et qu'à présent il se souvenoit et avouoit que la Reine lui en avoit parlé et qu'il y avoit consenti.

— Mercredi 12, assemblée en Parlement. Les laquais et pages se battent au Palais contre les clercs, sur ce que les laquais s'assemblent aux bancs des procureurs, les premiers trouvés, et là se mettent à jouer aux dés et aux cartes. Les clercs, qui ont affaires à écrire pour leurs parties, veulent chasser les laquais qui se défendent; là, il y a maints coups de poings et de bâtons cotterets donnés; point d'épée tirée. Tout le monde fuit devant tel chamaillis dans la grande salle.

Grand bruit de l'affaire de Bordeaux, comme le duc d'Épernon n'avoit pas gardé de bonne foi la déclaration du Roi; et, qu'en préjudice d'elle, il avoit brûlé les maisons des Bordelois et fait insulte aux voisinages et environs de la ville, dont il auroit été repoussé avec perte grande de ses hommes.

En l'assemblée, l'on achève la lecture des informations et on met en délibération comme l'on en usera. Après un grand bruit qui s'éleva et fit fâcher M. d'Orléans, qui qualifia cela de cohue, et dit qu'il en falloit délibérer dans le silence et ordre décent, l'arrêté fut sur les requêtes ci-devant présentées par les ducs de Beaufort, coadjuteur de Paris, conseiller Broussel, et président

Charton, ès fins d'être séparés, quant à eux, d'avoir les autres personnes comprises èsdites informations et d'être jugés à part tous les premiers; et fut dit qu'ainsi seroit fait.

— Jeudi 13, vacation au Palais à cause de la fête de Saint-Hilaire, que le Parlement, en mémoire de ce qu'autrefois il fut transféré à Poitiers, observe.

Le Roi fait course de bague dans le parc de son logis. La Reine indisposée se fait saigner, et n'y a point de Conseil d'en haut.

— Vendredi 14, assemblée en Parlement où M. le duc d'Orléans ne se trouva point et manda que l'on eût à travailler. On commença de venir aux opinions.

On s'attendoit à un conseil d'en haut chez la Reine, à cause qu'il n'y a point eu le jour précédent qui est l'ordinaire; néanmoins il n'y en a point eu non plus vendredi.

— Samedi 15, assemblée en Parlement où M. d'Orléans n'assiste, quoique M. le Prince y fût lui même allé pour l'en prier et eût attendu longtemps en son antichambre qu'il fut éveillé. On continue à lire les informations.

Des Martineaux prisonnier, arrive le matin et est mis en la Conciergerie du Palais; est mis dans la tour de Montgommery. On dit qu'il a écrit à M. le Prince et avoue s'être trouvé ès assemblées, mais n'avoir parlé non pas même pensé à attenter contre sa personne, ni le desservir. Il a aussi écrit une grande lettre à M. Le Tellier, secrétaire d'État.

— Lundi 17, M. d'Orléans vient au Palais; mais comme il étoit dans la Sainte-Chapelle, jusques où les députés du Parlement ont accoutumé de l'aller quérir, il s'est trouvé mal et pressé de son dévoiement; et ainsi s'en est retourné en son palais, les princes de Condé et de Conti avec lui, qu'ils n'ont point voulu abandonner.

L'assemblée du Parlement n'a pas laissé de se tenir et opiner; et il y a eu 76 voix demandant que, suivant l'arrêté du 12 précédent, il fût incessamment procédé au jugement du procès des duc de Beaufort, coadjuteur de Paris, conseiller Broussel et président Charton. Ce dernier a fait grand bruit d'abord, demandant aux autres s'ils l'abandonneroient, lui qui étoit leur confrère, et disant, avec tous ceux qui étoient pour lui, que des Martineaux avoit été pris sans qu'il y eût décret de prise de corps contre lui, mais seulement réquisitoire de la part des gens du Roi, à ce qu'il fut décrété; mais le Premier Président a répondu que des Martineaux étoit en décret de prise de corps, d'autant que décret de prise de corps avoit été donné contre le marquis de la Boulaye et tous ceux qui lui avoient adhéré et s'étoient trouvés avec lui le samedi, matin et soir, qu'il avoit voulu exciter sédition. Or est-il que, par la déposition des témoins, des Martineaux est l'un de ceux-là. Il est vrai qu'il n'y a point de prise de corps, mais seulement réquisition, comme aussi contre sa femme et contre son fils aîné, garçon de trente ans, fort déterminé, et qui a porté les armes dernièrement dans le régiment d'Orléans.

Mais, quand il n'y auroit point eu de prise de corps décrétée, il y a eu réquisition pour cela, et des Martineaux ayant été fait prisonnier de par le Roi, et envoyé au Parlement, il faut, suivant la déclaration du mois d'octobre 1648, que tous les prisonniers soient remis à leurs juges naturels, qui seront tenus de les interroger dans les vingt-quatre heures, à quoi tend la requête présentée par le procureur général du Roi ce jourd'hui, tendant à ce que tant Belot que des Martineaux soient interrogés. A cela le président de Maisons a ajouté une autre raison disant : « Messieurs, « posez le cas que, suivant l'arrêté du 12, nous ayons jugé ces « messieurs et que nous les ayons déclarés innocents, comme je « crois qu'ils sont, si, puis après, par les interrogatoires desdits « Belot et des Martineaux, ces messieurs se trouvent chargés, « nous n'aurons rien fait et faudra recommencer. »

Il y a donc eu deux autres avis, l'un que, simplement les prisonniers seroient interrogés, l'autre, ouvert par monsieur Le Febvre, conseiller des Requêtes du Palais, et père du sieur de la Barre, conseiller de la quatrième des Enquêtes, portant condition que les prisonniers seroient interrogés et que, dès demain, l'on procéderoit au jugement de ces Messieurs ; auquel avis, ceux du précédent sont revenus, et ainsi ont fait plus de 80 voix et tout emporté.

La charge de président ès Comptes du feu sieur de Flécelles, achetée par le conseiller Vialart, auquel la Chambre ne veut faire grâce et prétend qu'il passera par l'examen, comme aucuns maîtres de la Chambre, ayant acheté office au Parlement, y avoient naguères passé par l'examen ; mais il y a disparité de raisons.

Le sieur du Tillay-Girard, aussi conseiller au Parlement, a de même acheté une charge de président ès Comptes.

L'après-dîner, des Martineaux a été interrogé depuis trois heures jusque à huit de l'après dîner. Cet homme a, depuis la détention de monsieur le prince de Condé, été élargi comme nous le remarquerons en son lieu.

— Mardi 18, le Parlement fut encore assemblé au matin, M. d'Orléans n'y étant pas, sous prétexte de maladie.

Le soir à 5 heures, on s'assemble au Palais-Cardinal chez la Reine, comme pour tenir le conseil d'en haut, à cause que le jour précédent, qu'il y en devoit avoir, il n'y en eut point.

La Reine étoit dans sa chambre, sur son lit, et le Roi étoit, sautant d'escabeau en escabeau, tout auprès. Les princes de Condé, de Conti et le duc de Longueville, s'appuyant sur un petit bâton, y vinrent.

Le Roi dit : « *Maman dit que l'on passe en la galerie.* » Tout le monde y passa. Alors l'abbé de la Rivière, qui là étoit, en l'absence du duc d'Orléans, disparut.

Monsieur le Prince étant debout, proche la table qui est dans ladite galerie de la Reine, où elle tient ordinairement sa séance du Conseil, près de la cheminée, le sieur de Guitaut, capitaine des gardes de la Reine, entrant là, son épée au côté et sans manteau, s'approcha dudit prince de Condé doucement et lui dit : « Monsieur, j'ai commandement de la Reine de vous arrêter tous trois. »

— Le Prince ne répondit rien, sinon : « Au moins, monsieur « de Guitaut, mettez-nous en lieu chaud. Où sera-ce ? » — Guitaut répondit : « J'ai ordre de vous conduire au bois de Vincennes. »

Et, s'en allant à la cheminée, le prince tourna le dos au feu et face à la compagnie, et voyant monsieur le Chancelier, lui dit : « Monsieur le Chancelier, je vous prie, allez dire à la Reine » (elle étoit passée de la chambre en un cabinet à côté, comme pour y prendre son orangeade accoutumée) « que Guitaut me vient « arrêter de sa part. » Et puis, parlant aux trois secrétaires d'État (M. le Tellier n'y étoit pas), à M. de Bailleul et MM. d'Avaux et Servien, ministres, qui étoient aussi là : « Messieurs, nous voilà « arrêtés et je m'en étonne car j'étois ami de monsieur le Cardinal « et serviteur de la Reine. »

Adonc le prince de Conti s'assit sur un bas siège, en un coin de la cheminée, et M. de Longueville parut interdit.

Guitaut, qui étoit sorti pour aller parler à la Reine, rentra dans la galerie, par cette porte ordinaire qui est la seule et au bout, tenant au quartier de la Reine, puis, ouvrant une autre petite porte qui, par le degré secret et dérobé, fait descendre au jardin, conduit par là les princes. Monsieur de Longueville demeura derrière et se remit près du feu.

Le prince de Condé dit avant de descendre : « Messieurs, vous « êtes tous gens d'honneur, et vous, monsieur de Brienne, vous « êtes mon parent ; vous savez que je n'ai jamais rien fait contre le « service du Roi. » — Guitaut, les ayant fait descendre, remonta pour venir quérir monsieur de Longueville et, tous trois en bas, il les fit traverser le parc ou jardin à pied, puis les mit dans le carrosse du sieur de Comminges, à six chevaux, et escorté de gendarmes, au nombre de douze seulement, et quelques compagnies du régiment des gardes, étant avancées au bois de Vincennes pour les recevoir, lesquelles, depuis trois heures, étoient attendant, dans le marché aux chevaux, sous la charge du comte de Miossens et du sieur de la Salle, sous-lieutenant et enseigne. Ils furent conduits au château de Vincennes, d'où leur escorte revint à Paris sur les huit à neuf heures de ce soir même.

Le sieur de Comminges, lieutenant ès gardes de la Reine, se mit en leur carrosse, avec un garde ; et le comte de Miossens et le sieur de la Salle à cheval l'escortoient, au nombre de quatorze au plus. Le carrosse demeura embourbé et même renversa. On prit des chevaux de certaines charrettes qui passoient, avec lesquelles on retira le carrosse de la chute et du bourbier.

Cependant M. le Prince s'étoit jeté par la portière ; mais le comte de Miossens, qui étoit à terre, le prit par le haut de ses chausses et l'arrêta. Lui, repoussant le comte de Miossens avec la main, lui disoit : « Je ne veux pas m'en aller, toutefois regardez. » Le comte de Miossens répondant qu'il le supplioit de ne pas trouver mauvais qu'il fît le service du Roi et son devoir, le prince repartit : « Monsieur de Miossens, je ne vous prie de rien. » Et cela se dit entr'eux plus d'une fois. Puis il rentra dans le carrosse débourbé.

Étant arrivé au château de Vincennes, le maréchal de Rantzau, qui en devoit sortir ce jour là, et y avoit été retardé jusques au samedi, envoya de quoi souper aux princes.

Le sieur de Comminges demeura à Vincennes avec les trois princes ; et celui de Condé, dans une grande tranquilité d'esprit, lui conta en devisant, ce qui lors se passoit à Paris, du bourgeois en cervelle et de la cavalcade du duc de Beaufort par la ville pour l'assurer. Les jours suivants, son esprit s'est aigri sur ce qu'on lui a envoyé Bar, capitaine aux gardes, qu'il n'aime pas, pour le garder, au lieu de Comminges ; et avant que celui-ci le quittât, il pesta fort contre le comte de Miossens.

Depuis lors, on n'ouït le reste de la nuit par les rues que gens à pied et à cheval, mais principalement en carrosse, allant de toute la force des chevaux, et quelques coups de fusil, mousquet et pistolet s'entendent par les quartiers de la ville, laquelle le lendemain étoit fort coie.

Après que les trois prisonniers furent descendus pour être emmenés, la Reine entra dans la galerie et, à demi émue et attristée, elle dit : « *Ce que je viens de faire est en mon corps défendant.* « *J'ai longtemps différé et patienté, mais enfin, où il y va du* « *salut de celui-ci* (montrant le Roi qui étoit entré avec elle), *il* « *n'y a chose à quoi je ne me résoude.* »

Le cardinal Mazarin, qui aussi étoit entré, se mit à dire la pressante avidité du prince de Condé, à qui rien ne suffisoit, non pas même si on ne lui eût donné la couronne ; il étoit à présent après l'épée de connétable ; il marioit la fille d'Erlach à son favori la Moussaye, et la duchesse de Châtillon au comte du Daugnon, comme il avoit déjà fait madame de Pons au duc de Richelieu ; puis se mit sur le bout de la table à écrire.

On envoya ordre au chevalier du guet d'aller prendre le président des Comptes Perrault, intendant et confident du prince de Condé. Il fut mené à la Bastille, selon le bruit commun, mais on a su depuis qu'il est dans le bois de Vincennes, en la première chambre, au-dessus des princes, dans le donjon, d'où il a été amené à la Bastille au commencement de septembre ensuivant.

On envoya M. de Brienne vers Madame la Princesse la mère, avec laquelle on trouva madame de Longueville, laquelle se laissa aller, pâmée, en entendant la nouvelle. Cela n'est pas certain, comme il est qu'elle s'en alla tôt après et passa au port du Pecq sur le minuit, tenant le chemin de Normandie, et se rendit le jeudi matin au vieux palais de Rouen, et de là ensuite à Dieppe.

La Reine avoit dessein de la faire amener au Palais-Royal et mettre en sûreté dans la chambre de madame de Brégy, pour y être jusques à ce que toutes choses fussent bien faites en Normandie.

M. de la Vrillère fut chez la jeune princesse de Condé et, à la sortie, fut accueilli par la marmaille des valets qui lui fit insulte.

Ensuite il fut parlé dans la galerie d'envoyer quérir les nièces [1], ce qui fut fait, et elles vinrent, ce soir là, coucher dans le Palais-Royal.

On fut chez le jeune de la Moussaye, favori de M. le Prince, et les archers de la garde du corps, qui alloient pour l'arrêter, vinrent une heure trop tard. Il se sauva, lui deuxième, sur deux bons chevaux.

Le maréchal de Gramont, ayant la nouvelle, fut trouver la Reine et lui dit qu'il ne lui pouvoit celer la douleur qu'il avoit de la perte de monsieur le Prince, duquel il étoit serviteur, et qu'il venoit faire cette déclaration à Sa Majesté, afin qu'elle avisât de disposer de lui et le mettre ou envoyer prisonnier où il lui plairoit. La Reine lui dit qu'elle le connaissoit pour bon serviteur du Roi, et étoit assurée de sa fidélité et que néanmoins elle vouloit qu'il demeurât en arrêt dans le Palais Cardinal, où elle lui fit donner une chambre à l'heure même, où, le lendemain, le marquis de Bournonville le fut voir, et il pleura devant ledit marquis ; puis fut demander permission à la Reine d'aller voir Madame la Princesse, comme il fit l'après-dîner.

M. le duc d'Orléans fit, par le sieur de Frémont, son secrétaire des commandements, écrire aux seize colonels de Paris de l'aller trouver ce soir là même, avec le plus qu'ils pourroient mener de leurs capitaines, pour recevoir son avis, qui fut que la Reine avoit fait arrêter les princes de Condé, de Conti et le duc de Longueville, et qu'ils donnassent ordre en leurs quartiers qu'il n'y arrivât rien de désordre.

Le duc de Beaufort fut, en ce temps, à l'hôtel d'Orléans, d'où il fut en carrosse et à cheval par le faubourg, rue et quartier Saint-André-des-Arts et autres de la ville; force gens du peuple parlant à lui et criant : « *Vive le Roi et le duc de Beaufort* » et apaisant par ce moyen l'émeute qui s'étoit faite d'abord, que l'on avoit cru le duc de Beaufort être celui que l'on auroit emmené prisonnier, et que le maréchal de l'Hôpital fut attaqué à la place Dauphine par le peuple, ému sur cette croyance, et qu'il eut beaucoup de peine à assurer du contraire.

En quelques quartiers, le peuple voulut faire feux de joie et en fut à peine empêché par les quarteniers.

---

1. Les nièces de Mazarin. Elles étaient au Val-de-Grâce ; on craignait qu'elles ne fussent enlevées comme otages par les partisans des Princes.

Le duc de Bouillon et le maréchal de Turenne s'en allèrent aussi; mais on a envoyé chez eux dire qu'ils retournassent en assurance. Le maréchal de Brezé s'en alla tout de bon à Saumur.

Le prince de Marsillac s'est retiré et, dit le bruit commun, qu'il est avec madame de Longueville et le marquis de Sillery et Saint-Ybar, comme aussi le petit Courtin. Le sieur de Barrière l'est allé trouver depuis.

— Mercredi 19, le Parlement est assemblé pour juger l'affaire de ces quatre messieurs : duc de Beaufort, Coadjuteur, conseiller Broussel et président Charton, et est dit que l'on continuera et achèvera le lendemain.

Le maréchal de l'Hôpital, gouverneur de Paris, y va avec une lettre de cachet du Roi, portant créance qui est que ces Messieurs aient à aller, par députés, l'après-dîner au Palais-Royal, comme ils ont été, et les est allé, ledit maréchal de l'Hôpital, recevoir au lieu et place de M. du Plessis de Guénegaud, secrétaire des commandements[1], ayant le département de Paris et de la maison du Roi.

Le Premier Président y étoit et le sieur Broussel, quoi qu'il n'eût pas été nommé pour être entre les députés. La Reine leur a dit qu'elle vouloit que l'on procédât à la justification de ces quatre messieurs. Le Premier Président, chef de la députation, a répondu que leur justification étoit bien apparente par ce qui s'étoit fait depuis hier au soir.

La lettre du Roi, que l'on croit avoir été travaillée par monsieur de Lyonne, depuis un mois entier, et non encore mise au net, quoique depuis six heures du matin ledit sieur du Plessis ait travaillé avec ses commis chez monsieur le Cardinal, ainsi que les autres trois secrétaires d'État y ont aussi travaillé, pour faire dépêches en leurs provinces, comme elle n'étoit achevée de transcrire, à cause de sa prolixité qui est de neuf feuillets de papier bien pressés et raturés, ledit sieur de Lyonne, par ordre exprès de la Reine l'a lue, comme en ayant l'intelligence, mieux que ledit sieur du Plessis, à qui il touchoit d'en faire la lecture. Elle a été ensuite envoyée chez le gazetier

---

1. Dans l'*État de la maison du Roi pour 1648*, M. du Plessis de Guénegaud figure une première fois comme *secrétaire de la chambre*, avec les trois autres secrétaires d'État, Brienne, La Vrillière, Le Tellier, aux gages de 1200 livres. Il figure ensuite seul, aux gages de 8000 livres, comme *secrétaire de la maison*, mais pas avec le titre de *secrétaire des commandements*. — Archives nationales, Z^{1b}, 473.

pour être imprimée tout le reste du jour et de la nuit suivante, afin de l'avoir pour jeudi matin, à dix heures, à lire en Parlement.

L'après-dîner de ce même jour, tout le monde est allé en foule voir madame la Princesse, mère, en son hôtel de Condé, dont la cour étoit toute pleine de carrosses et la rue aussi. Elle a demandé ce jour à la Reine pour faire ses affaires et plier bagage, afin de s'en aller demain à Chantilly ou, selon aucuns, à Vallery.

La nuit, on a fait des feux de joie en beaucoup de rues. On y a mis des tables et fait boire des passants, [les] valets aussi bien que les maîtres. Cela est certainement arrivé en la rue de la Mortellerie et en celle de la Coutellerie, où même on arrêta le comte de Miossens pour boire à sa santé, tandis qu'il buvoit à celle du Roi et de la Reine.

On dit même que dans le village de Saint-Maur, quoi qu'il soit à monsieur le Prince, on y a fait réjouissance de sa détention.

Madame la duchesse d'Orléans a été voir la Reine, en une chaise rouge toute ouverte, environnée de valets de pied et un exempt à cheval derrière elle ; le carrosse de ses dames et filles d'honneur après ; devant elle, celui de ses écuyers et gentilshommes.

Le maréchal de Brézé se retire à Saumur. Les ducs de Bouillon et de Turenne s'en vont aussi de Paris. Chamboy, qui étoit à monsieur de Longueville, pique droit au Pont-de-l'Arche, place depuis peu livrée ès mains dudit sieur de Longueville, et se jette dedans.

Le Palais-Royal regorgeoit de monde. Toute la maison de Lorraine, hommes et femmes, y étoit bien gaiement, et toute celle de Vendôme, excepté le duc de Beaufort, qui est remis à voir la Reine à demain, après la justification.

La Reine a reçu les députés du Parlement assise en un fauteuil, et le Roi de même à sa droite ; monsieur d'Orléans étoit debout tout proche. La minute de la lettre du Roi fut lue, non par monsieur du Plessis, secrétaire d'État, à qui il lui touchoit, mais par M. de Lyonne, secrétaire des commandements de la Reine, qui l'avoit écrite et qui savoit démêler les ratures et renvois.

— Jeudi 20, le Parlement assemblé opine sur la justification des ducs de Beaufort, Coadjuteur, conseiller Broussel et président Charton ; on y revit aussi la lettre du Roi sur la détention des trois princes. A la sortie, le Premier Président fut rencontré par un séditieux qui lui dit en face : « Vous avez aujourd'hui perdu « votre cause, Monsieur, et vivent les gens de bien. »

On ordonne deux valets de chambre du Roi pour aller servir les princes de Condé et de Conti, et un garçon de la Chambre pour servir M. de Longueville. Mais le prince de Conti, priant que l'on lui donnât son valet de chambre ordinaire, on le lui a donné à cause de son incommodité et indisposition. Le prince de Condé a aussi déclaré que si l'on ne lui vouloit promettre d'avoir un de ses valets de chambre, il se feroit servir par l'un de ses gardes.

On parle diversement du président Perrault et quelques-uns disent qu'il est en la Bastille, autres au bois de Vincennes, et les autres dans le fort de Meulan et qu'il est inconsolable. Depuis, s'est vérifié qu'il étoit dans le bois de Vincennes, en même tour et donjon que les Princes.

— Vendredi 21, Parlement assemblé continue à opiner, non plus sur la justification, qui est toute résolue pour ces messieurs, mais sur la manière dont elle doit être faite, aucuns la voulant selon les formes, et que les accusés soient au moins derrière le barreau pour être ouïs sur leurs faits, et puis ouïr leur arrêt ; les autres voulant qu'ils soient en leurs places de conseillers, tous, excepté le président Charton. Aucuns même y veulent celui-ci.

Courrier du marquis de Beuvron, qui, sur l'heure de l'arrêt des Princes, se retira diligemment en Normandie, ainsi que fit aussi le comte de Matignon, celui-ci en la Basse et l'autre à Rouen, où ensuite madame de Longueville arriva.

Ce jourd'hui, le courrier arrivé à Paris dès le matin, a dit à force gens que M. de Beuvron avoit supplié ladite dame de se retirer et passer outre. Autres néanmoins assurent qu'elle avoit avec elle le marquis d'Ectot et qu'elle est entrée dans le Vieux Palais et non pas allée ni à Caen ni à Dieppe, ainsi que semble dire le courrier de Beuvron.

Les députés du parlement de Rouen sont arrivés ce soir, ou devoient arriver, pour assurer le Roi de leur fidélité ; car madame de Longueville n'arriva que le jeudi matin ou le mercredi soir à Rouen, et fut reçue au Vieux Palais par le marquis d'Ectot, qu'autres disent être venu avec elle. Le prince de Marsillac aussi la conduisoit, et le marquis de Sillery et le petit Courtin ; et ledit sieur prince repartit le soir même.

L'après-dîner, le parlement s'assembla et fit la semonce envers elle, pour la prier de se retirer et sa lettre et députation vers le Roi, pour l'assurer de sa fidélité.

Monsieur le Cardinal avoit aussi envoyé quérir le sieur Miron, conseiller ancien audit parlement, et ci-devant employé par ses confrères en députation à Paris et Saint-Germain, durant les derniers mouvements, pour porter parole au parlement de Rouen que l'on n'innoveroit rien et que toutes choses demeureroient audit parlement comme elles sont; c'est-à-dire que l'on ne renouvelleroit point la mention du semestre.

Ce jour, le valet de chambre du Roi, choisi pour aller servir le prince de Condé, n'y étoit point encore allé, à cause de la contestation d'un sien camarade qui y vouloit aller par préférence. L'un étoit plus vieux reçu, mais l'autre l'avoit été dès il y a quatre ans par survivance à son père et prétendoit en cette raison être plus ancien en date, par le service de son père, que le sien, avoit seulement continué et non changé, ni renouvelé. Cela étoit encore indécis ce jourd'hui.

— Samedi 22, au matin, le Parlement assemblé, tout d'une voix déclare les ducs de Beaufort, Coadjuteur de l'archevêque, conseiller Broussel et président Charton innocents et absous : et les ayant envoyés quérir, les fait asseoir en leurs places ordinaires. On n'a point parlé des prisonniers, mais on croit qu'après avoir un peu laissé dormir et assoupir leur affaire, on les élargira; et déjà il y en a qui disent par la ville que ce fut M. le Prince qui fit faire au marquis de la Boulaye et aux autres ce qu'ils ont fait.

Madame la Princesse, la jeune, est partie, ayant eu ordre, par la bouche de M. du Plessis de Guénegaud de choisir une des maisons de monsieur son mari pour y aller demeurer. Elle a choisi Vallery. Madame la Princesse, sa mère, va à Chantilly, maison de son estoc.

Ce même matin, les députés de Rouen (les conseillers Le Noble et de Colleville), ont vu le Roi et la Reine et les ont assurés de la fidélité, non seulement de la ville de Rouen, mais aussi de toute la province.

On a nouvelles des trois princes prisonniers à Vincennes, que le bruit commun vouloit faussement avoir été transférés en la Bastille.

Bar, capitaine aux gardes, y commande aux trois compagnies du régiment des gardes, composées de dix-huit hommes, choisis de chaque compagnie dudit régiment. On a donné au sieur de Droué, qui y étoit dès le bloquement de Paris, deux mille écus de récompense et promis un gouvernement. Dans le donjon, près des Princes, il y a dix-huit gardes de la Reine avec trois exempts : Saint-Esprit, Thomassin et de Visé. On a permis auxdits Princes de se voir, manger et être ensemble et d'avoir un médecin, le vieil Guénaud, et un chirurgien. Ils se traitent à leurs propres dépens.

Bruit que le Roi et toute la cour iront en Normandie pour s'y faire obéir et y mettre un nouveau gouverneur.

Le Roi, l'après-dîner, fut par tous les quartiers de Paris ayant en son carosse M. son frère, et M. le cardinal Mazarin.

Dès le matin, la Reine allant à Notre-Dame, selon son ordinaire, recut les acclamations continuelles du peuple, en tous les endroits où elle passa.

Ce soir, le duc de Beaufort et Coadjuteur furent menés par M. le duc d'Orléans voir le Roi et la Reine, laquelle prit ledit duc de Beaufort par la main et le réconcilia avec M. le Cardinal, ce qui avoit été concerté et promis dès les jours précédents.

Autres disent, et est plus vrai, que ce fut le duc d'Orléans qui mena le duc de Beaufort vers M. le Cardinal qui vint et se tint au passage, comme ils alloient, et les reçut.

Le lendemain dimanche, le duc de Beaufort soupa avec ledit Cardinal.

— Dimanche 23, M. le Cardinal sort et va par les rues, lui seul, en son carrosse, prenant grande confiance au peuple, dont on dit qu'en quelques quartiers, la nuit même, ou celle d'après que les princes furent arrêtés, il fut crié « *Vive Mazarin.* » Il y a des triolets improvisés où il y a « *Vive Mazarin.* »

On parle que M. de la Ferté-Imbault s'en va en Normandie avec escortes et forces suffisantes pour faire obéir le Pont-de-l'Arche, Dieppe, Caen et autres places, que l'on veut ôter à M. de Longueville. Il est allé depuis en Bourbonnois.

— Lundi matin 24, bruit que deux prisonniers ont été de nuit conduits en la Bastille et que l'abbé de la Rivière en est un. — Faux.

L'abbé de la Rivière, disgracié et chassé de chez M. le duc d'Orléans, en est parti à six heures du matin et est allé à Petit-Bourg, sienne maison, près Essonne, où il doit être jusques autre ordre de Son Altesse Royale.

Les chevaux-légers du Roi sont cependant logés à Essonne.

Au Parlement assemblé, l'on a mis en délibération si l'on renvoiera le procès des criminels d'État et prisonniers de la Tournelle, pour y être vidé, ou si l'on les jugera toutes les chambres assemblées. Le reste au lendemain.

Madame la Princesse douairière est partie pour s'en aller à Chantilly, où l'on a envoyé dire à madame de Longueville, qui est à Dieppe, de se rendre près madame sa mère, où elle sera en toute sûreté.

Le bagage de ladite princesse a été arrêté à Saint-Denys et fouillé par les Suisses, mais la Reine a désavoué que ce fût par son ordre. La jeune princesse de Condé et son fils, le duc d'Enghien, ayant près eux M. Bourdelot, médecin, y sont aussi.

Régiment des gardes, commandé d'hier pour aller au Pont-de-l'Arche, est sursis ce jourd'hui, attendant déjà la réponse de Chamboy, vers qui l'on a envoyé pour lui persuader de ne pas donner la peine que l'on aille à lui, parce qu'alors il n'y auroit plus de quartier pour lui.

Appel du duc de Candale, secondé par Bouteville, au duc de Beaufort, pour la vieille affaire des Tuileries, au sujet du marquis de Jarzé. M. le duc d'Orléans, averti, les a mis d'accord.

M. de la Ferté-Imbaut part pour le Bourbonnois et Auvergne, où il va pour empêcher que les troupes de M. le Prince, qui sont de delà, ne remuent.

On parle fort que M. de Châteauneuf-Laubépine retourne et prend place au conseil du Roi. Il prétend d'être garde des sceaux, en titre d'office, comme le fut aussi le premier de tous M. Du Vair, et avoir par ses lettres la survivance du Chancelier. Or le chancelier d'Aligre étant mort depuis, cela lui appartenoit et il le prétend. Mais ses lettres, non plus que celles de Du Vair, ne furent point vérifiées en Parlement et ne le purent; il prétend que M. le Chancelier n'a exercé cette charge que par son absence et en commission seulement.

La Chambre des Comptes s'assemble le matin sur la détention du président Perrault, qui est de son corps. Elle prétend se servir de l'article de la déclaration de 1648, du 24 octobre, vérifiée le 24 suivant, couché en faveur des officiers qui ne peuvent être emprisonnés ni destitués de leur fonction que par forme ordinaire, suivant l'ordonnance du roi Louis XI.

Le maréchal de Rantzau est sorti du château de Vincennes, et s'en est allé à Meaux, où sa femme étoit, l'attendant.

Le régiment de Conti, défait en Brie, revient par bandes séparées et démontées, se sauvant à Paris. Les secrétaires, qui avoient pris de l'argent pour sauver Provins de garnison et ne l'avoient fait, l'ont rendu.

M. le Chancelier est sur les rangs [1]. On dit que M. de Châteauneuf le pourra précéder au Conseil.

— Mardi 25, on continue au Parlement d'opiner s'il y aura décret de prise de corps contre les témoins qui ont déposé en l'affaire de la Boulaye et des Martineaux, Belot, etc. Nommément contre Canto, Sociondo et Pichon, qui ont été trouvés saisis de lettres de cachet pour pouvoir impunément être des assemblées et y dire et agir ce que bon leur a semblé, attendu que ce sont délateurs, sycophantes, introduisant un moyen de calomnie et d'inquisition jusques à présent inouï et contre les franchises et libertés du peuple françois et l'ancienne coutume du gouvernement de l'État. — Item si on renvoiera le jugement desdits Belot et des Martineaux, prisonniers, et de la Boulaye, Descoutures, Parrain et autres accusés à la Tournelle, ou si l'on les remettra aux chambres assemblées. Le conseiller Machault a dit là dessus qu'il falloit les renvoyer à la Tournelle, attendu que l'on avoit autres choses à proposer et à traiter en l'assemblée du Parlement (ce que l'on a interprété pour la détention du président Perrault et des Princes), et qu'il falloit achever le procès des prisonniers et accusés avant que de toucher à leurs témoins; la cause desquels se doit joindre au fond et jugement de celle des autres selon les formes ordinaires. On en est demeuré là et remis au lendemain.

La Chambre des Comptes va, par députation, dont étoit chef le président Larcher, au Palais-Royal, pour faire remontrances à la Reine sur la détention du président Perrault; et le lendemain matin qui est le

— mercredi 26, il en a fait sa relation en la Chambre.

Ce jour, dès le fin matin, l'arrêt d'absolution contre les quatre exceptés, duc de Beaufort, Coadjuteur de l'archevêque, conseiller Broussel et président Charton, a été publié par imprimé dans les rues.

Au Parlement assemblé, il a été arrêté que l'on continuera l'affaire des criminels prisonniers et accusés jusques à ce que les informations soient décrétées (c'est-à-dire que prise de corps soit donnée sur eux, car il n'y a que la simple réquisition de décret

---

1. C'est-à-dire : est en dispute sur les rangs.

faite par le procureur général), après quoi le procès sera renvoyé à la Tournelle pour y être jugé.

Nouvelle en la cour que M. d'Orléans et M. le Cardinal vont en Normandie et que douze compagnies du régiment partent vendredi prochain comme pour aller au Pont-de-l'Arche ; et néanmoins les raffinants veulent que ce soit pour Dieppe.

Avis, par gens de Paris, qui étoient allés voir madame de Longueville à Dieppe, et en sont retournés ici d'hier au soir, qu'elle est là ; le prince de Marsillac, qui l'y a accompagnée, en devant partir et s'en aller par mer en Poitou, son gouvernement. Le marquis de Sillery y est aussi.

Courriers de la cour en Normandie, d'où il y a divers bruits.

L'ordre donné par la Reine à ses officiers et à ceux du Roi pour partir lundi prochain.

M. le Cardinal en est avec Leurs Majestés, mais M. d'Orléans ne bouge et a, près de lui, M. Le Tellier, secrétaire d'État.

— Jeudi et vendredi 27 et 28, tout le monde s'empresse à la cour pour faire le voyage de Normandie. Le Roi, la Reine et M. le Cardinal doivent partir lundi prochain.

M. le duc d'Orléans demeure à Paris. M. Le Tellier, secrétaire d'État, près de lui.

Vendredi n'y eut point de Palais, à cause de la fête de saint Charlemagne.

Dès jeudi matin, le Parlement assemblé acheva les informations des prisonniers et accusés, et décréta contre eux, joignant l'affaire des témoins au fond de la cause, pour être jugée conjointement.

On dit que l'on envoie aux Princes dans le bois de Vincennes, pour demander leurs démissions.

On dit aussi que l'on a donné quelque avis à M. de Chavigny de sortir de Paris et se retirer.

Bruit que M. de Metz va être cardinal. L'évêque d'Avranches, M. d'Aumont, semble traiter de cet évêché.

M. l'abbé de la Rivière, à Petit-Bourg, témoignant s'estimer heureux si l'on l'y laisse.

Le cardinal Mazarin fait effort vers M. d'Orléans, qui s'excuse de rappeler ledit abbé de la Rivière, disant qu'il vouloit paix en sa maison.

La demoiselle Saugeon, depuis quelques mois, par ordre de M. d'Orléans, retirée des Carmélites, est faite dame d'atours de la duchesse d'Orléans, qui l'a ainsi souhàité, engageant dans la confidence de cette demoiselle M. son mari, pour le divertir d'avoir un favori. La dame de Fontaine-Chalendray témoigne d'être marrie de quitter cette charge. On lui donne douze mille écus de récompense. Madame d'Orléans mal contente de cette nouvelle confidente.

— Samedi 29, les nouvelles que dessus; et de plus, assemblée et bal au palais d'Orléans, où M. d'Humières donna les violons.

— Dimanche 30, au matin, onze compagnies du régiment des gardes partent pour le voyage de Normandie ; elles ont été fort remplies de la défaite du régiment de Conti.

Le même matin, M. de Chavigny est parti pour aller coucher à Pons, en la maison des Caves, chez son père, où la dame sa femme ira le trouver au premier jour.

Assemblée et violons donnés par le sieur de Malicorne, fils du sieur Tellier, à madame d'Orgeval, en la maison des père et mère d'elle. Mademoiselle de Montbazon y dansa fort. La duchesse sa mère étoit au palais d'Orléans, où mademoiselle tenoit encore bal ce soir.

Le prince de Condé raille et se réjouit dans sa prison de Vincennes ; son fils, le duc d'Enghien, a été transféré par le comte de Tavanes à Seurre, dit Bellegarde-sur-Saône ; mais il a pourtant répondu fort fièrement à M. Servien, qui lui est allé, et aux deux autres, demander lettres pour ceux qui commandent dans les places de leurs gouvernements, à ce qu'ils aient à recevoir les ordres et garnisons nouvelles que le Roi y enverra.

Les deux princes frères sont ensemble, et M. de Longueville mis à part. Les Coadjuteur, duc de Retz, etc., favorisent fort et sollicitent son accommodement. Il offre rendre tout ce qu'il a eu depuis la Régence.

Le sieur Hervart, intendant des finances, s'en va porter de l'argent aux Allemands, en Lorraine et en Luxembourg.

— Lundi matin 31, assemblée au Parlement, où l'on a continué sur les informations contre les accusés de sédition : La Boulaye, des Martineaux et autres, renvoyés pour être jugés à la Tournelle. Portail-Jouan congédié et envoyé hors de cours, Belot, avocat au Conseil, élargi, à la charge de se représenter toutes fois et quantes. Pour Joly, conseiller au Châtelet, qui d'accusateur en assassinat commis en sa personne est rendu accusé, on en a parlé, et n'a-t-on pas fini si l'on décrètera contre lui.

Le bruit du voyage du Roi et de la cour continue, pour, demain, coucher à Pontoise; il y a le soir comédie au Palais-Royal pour dire adieu.

Février 1650.

M. le Tellier en mois de secrétaire d'État.

— Mardi, premier jour de février, le Parlement assemblé pour la dernière fois, et finit, ayant déclaré le sieur Joly, conseiller du Châtelet, absous de la supposition de s'être fait assassiner; et son affaire, pour la plainte et poursuite qu'il en a intentée, renvoyée, avec l'affaire entière de ce jour là, samedi 11 décembre dernier, à la Tournelle.

La Reine reçoit une lettre de madame de Longueville et lui fait réponse par le même gentilhomme, qui étoit sans créance.

Placart affiché en aucuns endroits de Paris portant [que], s'il y a quelques-uns qui veulent emplois, ils aillent à Stenay et y en auront.

Lettre arrive de la part du comte don Louis de Haro, favori du roi d'Espagne, au cardinal Mazarin, l'invitant à se rendre sur la frontière des deux Biscayes de France et d'Espagne, pour s'aboucher à un traité de paix.

Ce matin, M. le duc d'Orléans a amené à la Reine le sieur Goulas, secrétaire des commandements de Son Altesse Royale, qui est nouvellement de retour, depuis la retraite de l'abbé de la Rivière, qui l'avoit fait chasser et retirer en sa maison de Ferrières en Brie, où il a été depuis deux ou trois ans.

Ce jour là sur les neuf à dix heures, le Roi est parti avec la Reine, sa mère, pour aller coucher à Pontoise. M. le Cardinal est ici resté jusques à demain, après dîner. La plupart des grands de la cour ne partent que jeudi.

Les sieurs Fouquet et de la Marguerie, tous deux maîtres des Requêtes, vont intendants à la suite de la cour. Celui-ci dit être parti le jour de la Chandeleur.

Gardes donnés par le sieur de Carnavalet à la dame duchesse et à mademoiselle de Bouillon, à cause de l'absence de leurs mari, frère et beau-frère, maréchal de Turenne, qui sont et lèvent gens à Stenay et frontières de Lorraine et de Luxembourg.

— Mercredi 2, le nommé Le Roy Dubosc, jeune homme, ayant une sœur mariée au nommé Thomas, secrétaire de M. de Nouveau, général des postes et demeurant en la rue Saint-Antoine, au coin de la rue Royale, au logis qui étoit d'un notaire Guénechot, tue cette sienne sœur, qu'il avoit aimée éperduement, et puis se tue soi-même, sans que l'on en puisse savoir aucune raison. Le bruit court que cette femme étoit grosse d'enfant, mais du fait de son mari, et que, sur la poursuite que ce frère lui faisoit d'amour, elle lui avoit dit que s'il lui en parloit plus, elle le feroit savoir à leur père, étant de présent, comme officier de la Reine, à la suite de la cour en Normandie; il est sur l'état de la Reine comme son valet de chambre.

— Jeudi 3, bruit que mademoiselle de Longueville, ayant eu démêlés avec la dame duchesse sa belle-mère, auroit quitté et s'en reviendroit et que Chamboy se seroit aussi retiré du Pont-de-l'Arche, où le chevalier de la Chaise seroit demeuré. — Vrai est que madame de Longueville s'embarque avec dix mille écus, qu'elle a trouvés à Rouen, sur cinquante mille de pierreries, et s'en va en Hollande, pour aller, à ce que l'on croit, de là à Stenay.

Ce matin les audiences ont recommencé et été tenues au Palais, toutes assemblées ayant cessé.

Autre bruit de la mort d'Erlach, gouverneur de Brisach, par poison; que le marquis de la Moussaye est à Bruxelles, impétrant des troupes du roi d'Espagne et de Lorraine pour soutenir les places de Clermont, Stenay, etc.; et que le maréchal de Turenne, qui est audit Stenay, et Damvilliers ont déjà force Allemands à leur service.

Sur l'après-dîner une vingtaine de charrettes et plus sont sorties de l'Arsenal, chargées de mèches, poudres, boulets et munitions de guerre, et sont passées à travers la ville, allant vers la Normandie.

Avis que la Reine a séjourné ce jour là encore à Pontoise.

Ce matin, M. le cardinal Mazarin est parti avec cent cavaliers d'escorte et force beaux chevaux menés en main. Il a gagné les soirs précédents, du marquis de Roquelaure, quatorze cens pistoles au jeu, et beaucoup plus de M. de Créquy.

Bruit que le maréchal de Brezé, qui s'est de Paris retiré à Saumur à cheval, pour faire diligence, dès la nuit du 18 de janvier, après l'arrêt fait de la personne de M. le Prince, est malade grièvement de cette fatigue.

Lettre du comte d'Alais, étant à Toulon, comme il assure le Roi de sa fidélité à son service. Sa fille est grosse et le duc de Joyeuse, son gendre, revient en cour.

— Vendredi 4, après midi, des Martineaux fut amené en la chambre de la Tournelle, et là ouï et confronté.

Le jeune de la Meilleraye a la survivance de la lieutenance de Roi de son père en Bretagne, mais seulement ès comtés et villes de Nantes, Rennes et Vannes.

Avis que la Reine d'Espagne est grosse.

La duchesse de Bouillon accouchée d'un fils. Ses autres enfans, par son ordre, sont mis à part et retirés de sa maison.

On dit que le duc de Guise est d'accord de reconnaître et recevoir à femme la comtesse de Bossut et qu'il lui a écrit et prié de le venir trouver de Bruxelles.

Le marquis d'Aubeterre, d'esprit gaillard et tendant à folie, ayant maltraité avec la canne le sieur de Saint-Marc, commandant de la cavalerie au service des Bordelois, a été tué par lui. Sa femme, sœur de l'archevêque de Sens, Montespan, et demeurant avec lui, quoique maltraitée du défunt, son mari, ne laisse pas d'en prendre le deuil grand.

Bruit que M. de Metz a grande part au cardinalat qui étoit préparé pour l'abbé de la Rivière.

Le sieur Hervart, de Lyon, originaire d'Alsace, où il a beaucoup de biens, ayant été reçu l'un des huit intendants des finances à la place d'un des quatre anciens, le sieur Charon, décédé, est allé en Alsace et en Lorraine contenter les Allemands qui y servent.

Le sieur Gargan a été de même reçu en la première place des quatre anciens intendants, vacante par la démission du sieur Tubeuf, président ès Comptes.

Le sieur d'Émery, surintendant des finances, bien malade de néphrétique et menacé d'avoir la pierre en l'uretère. Les médecins Valot et d'Aquin le traitent. On dit que le lieutenant d'Erlach, nommé Charleroy, a la patente du Roi pour commander dans Brisach. La *Gazette* le nomme aussi Erlach, et neveu du premier, qui est décédé.

— Samedi 5, les trois chambres assemblées en la grande, la déclaration du Roi contre les duc de Bouillon, maréchal de Turenne, maréchal de Brezé et prince de Marsillac a été lue et registrée; et ordonné qu'il en seroit envoyé copies par tous les bailliages et sénéchaussées du ressort.

Avis que le comte de Grandpré, gouverneur de Mouzon, s'est déclaré du parti de Stenay, pour les Princes prisonniers au château de Vincennes; et l'on a pour suspect le sieur de Feuquières, gouverneur de Verdun.

On travaille à une apologie pour lesdits Princes prisonniers. Elle a depuis été secrètement imprimée et distribuée, jusques au nombre de cinq cens copies, portées aux portes des maisons par gens inconnus sous le titre de « *Réponse à la lettre écrite au Parlement, sous le nom du Roi, sur la détention de M. le Prince.* »

Le sieur Paris, retourné devers le maréchal de Turenne, n'en rapporte en cour aucune obéissance. Ledit maréchal a déjà quatre régiments allemands nommés de Turenne, Passage, la Couronne et Fleckenstein, et attend Duras.

Duc de Lorraine vend ses troupes à l'archiduc en Flandres pour cent vingt-quatre mille écus. Il traite fort avec la France.

— Dimanche 6, avis que le sieur Hervart, allant pour traiter avec les Allemands, a été guetté et pris par le maréchal de Turenne. — Faux.

On dit aussi que Chamboy, qui étoit allé à Dieppe trouver madame de Longueville, est retourné dans le Pont-de-l'Arche, résolu d'y périr. Madame de Longueville, résolue à tenir dans Dieppe jusques à l'extrémité, puis se retirer par mer, ayant avec elle les sieurs Barrière et Saint-Ybar et l'abbé Merey, à elle envoyé des Pays-Bas. Sarrasin, qui étoit secrétaire du prince de Conti, y est aussi, et le sieur de Tracy, quoiqu'il se fût depuis quelques mois retiré du service domestique de M. de Longueville, s'est rendu pourtant près de Madame; — que l'abbé de Richelieu est venu à Rouen trouver Leurs Majestés, y arrivées d'hier au soir, pour les assurer, de la part du duc son frère, de sa fidélité dans le Hâvre.

Le prince de Marsillac est, dès jeudi ou vendredi, passé par Paris, venant de Dieppe, et s'en retournant en Poitou.

Avis de la jonction des villes de Marseille et d'Aix en Provence, et de l'arrêt du Parlement de Toulouse pour le soulagement du peuple au paiement des tailles.

— Lundi 7, publication de la déclaration du Roi lue et registrée en Parlement. Dès le samedi 5, arrêt donné pour ladite publication, laquelle n'est datée que du 7 qui est lundi.

Bruit que le cadet de la Moussaye, étant à Bruxelles, pour demander secours à l'archiduc, a découvert à Son Altesse Impériale le traité que le duc de Lorraine a avec la France et l'a fait arrêter.

Autres disent que c'est le duc de Lorraine qui a fait arrêter ledit la Moussaye à cause qu'il a empêché la liberté du comte de Saint-Amour, prisonnier de guerre à Paris depuis la bataille de Lens; et que la Moussaye, prisonnier à Bruxelles, avoit été relâché à bonne rançon, sur l'espérance de même pour ledit comte de Saint-Amour.

Publication du décri des louis d'argent contrefaits en Orange.

— Mardi 8, mademoiselle de Longueville, arrivée à Paris l'un des soirs précédents, dîne en l'hôtel de Longueville ce jourd'hui, la dame de Rhodes et quelque autre encore avec elle.

Ordonnance de la part du lieutenant civil, affichée, portant ordre à tous officiers d'armée de s'en aller dans trois jours en leurs postes, à peine de, etc.

Autre défense publiée, à tous bourgeois, habitans et hôteliers, loueurs de chambre, de retirer aucuns des officiers des Princes emprisonnés, sur peine, etc., et à eux enjoint de vider la ville dans vingt-quatre heures, à peine d'être emprisonnés.

Commandement à mademoiselle de Longueville de s'en aller à Coulommiers.

Avis que huit cens chevaux, conduits par le comte de Coligny, cadet du comte de Saligny, sont passés par le Bourbonnois (où M. de la Ferté-Imbaut, y envoyé à ce sujet, est arrivé trop tard), tirant en Bourgogne.

Toutes les troupes du Roi, de delà la Loire, sont mandées et l'ont passée, tirant en Bourgogne, pour s'opposer à celles que Coligny y a conduites.

Avis que le lieutenant-général Marsin, liégeois qui commandoit en Catalogne, et étoit créature du prince de Condé, ayant su sa détention et soupçonnant sa dépossession [est] dans Tortose.

Retour du maréchal du Plessis-Praslin de Bordeaux.

Retour du marquis de Chandenier, rappelé de son interdiction, ainsi que ses compagnons, capitaines des gardes, pour venir servir son quartier, qui commence le premier jour de janvier.

Avis que le lieutenant au gouvernement de Damvilliers (Bescherelle, ou La Bescherelle, qui pourtant n'étoit pas dans la place pour lors), s'étant rendu le plus fort avec toute la faveur de la garnison, a mis dehors le chevalier de la Rochefoucauld qui y étoit de la part du prince de Conti. L'abbé Fouquet est à Tugny, dès le 3 février, chez le marquis de Mouy, ayant été, pour cette affaire, trois ou quatre nuits précédentes, vers Damvilliers. Après cet exploit, le maréchal de Turenne, qui n'en savoit encore rien, voulut, avec troupes, entrer à Damvilliers et en fut exclu et repoussé à coups de canon.

Ce jour, au matin, le duc de Vendôme part en relais pour aller en Bourgogne, d'où les lettres portent que les amis et serviteurs du prince de Condé s'amassent; que le maréchal de Turenne a écrit au comte de Tavanes et aussi au parlement de Dijon, les exhortant et animant à prendre les armes pour la liberté des Princes emprisonnés, et protestant, pour lui, qu'il ne les poseroit jamais. Son messager a été emprisonné et les lettres envoyées au Roi.

La duchesse de Bouillon a offert de faire revenir son mari et qu'elle lui écriroit, si l'on vouloit que l'on lui donnât seulement moyen de vivre.

— Jeudi 10, lettres de Rouen, confirmatives de la reddition du Pont-de-l'Arche au Roi moyennant vingt (trente selon aucuns) mille livres rendus à Chamboy, pour autant qu'il en avoit payé, pour M. de Longueville, au précédent gouverneur, Beaumont.

Les honneurs, réceptions, harangues à Leurs Majestés par le Parlement et, *quod notandum*, à Son Éminence par les députés du Parlement et des autres cours et corps de la ville.

Le renvoi de l'abbé de Richelieu vers son frère au Hâvre, après avoir promis de l'amener, au moins lui retourné en cour dans quatre jours.

L'arrivée près du Roi d'un fils ou parent de la Croisette, avec espoir qu'il viendra lui-même certifier son obéissance, pour assurer le château de Caen à Sa Majesté. Ledit sieur de la Croisette a mis hors de Caen les sieurs de Montigny, gouverneur de Dieppe, et lieutenant au gouvernement de Caen, et Plenoche, là envoyés par madame de Longueville, et s'est assuré de la place, à leur préjudice.

Partement du Roi et de la cour entière pour s'en aller à Bacqueville, trois lieues de Dieppe. Arrivée d'un gentilhomme de la part du sieur de Montigny, offrant les clefs et entrées du château-fort de la ville de Dieppe au Roi, depuis le départ de la duchesse de Longueville, qui s'est, par mer, retirée en Hollande, d'où elle fait état de s'en aller en sa souveraineté de Neufchâtel en Suisse. — En partie faux.

— Vendredi 11. Ce qui est vrai, par lettre de très bonne part, du mercredi 9 au soir, reçue le vendredi 11 à Paris, est que la duchesse de Longueville, ayant en vain, à cause du vent contraire, tenté de s'en aller par mer en Hollande, s'est résolue, voyant les habitans de Dieppe résolus de recevoir le Roi dans leur ville, de monter à cheval, le matin de ce jour là, Saint-Ybar et autres trois ou quatre avec elle. On dit qu'elle s'en va droit à Neufchâtel en Suisse, en la principauté du duc son mari, qui y est traité d'Altesse, et que les clefs de la ville et château de Dieppe ont été portées au Roi.

Que le château de Caen s'est aussi remis au Roi par le sieur de la Croisette, et que l'on y a envoyé un exempt : que l'on a changé la garnison et officiers du vieux palais de Rouen, et l'on y a mis de nouveaux et garnison de cent Suisses.

Que le marquis de Beuvron est encore gouverneur et lieutenant de Roi en Normandie haute, mais néanmoins entre deux fers.

Que le château de Caen s'est soumis, aussi bien que celui du Pont-de-l'Arche.

Que l'on parle fort du retour du Roi et de la cour à Paris pour la semaine prochaine.

— Samedi 12, lettres de Rouen portant, de bonne part, comme celles ci-dessus, que la duchesse de Longueville est à Étaples, où Barrière et Saint-Ybar lui persuadent de s'embarquer et retirer au Pays-Bas. Tracy, qui ne l'a jamais voulu quitter, la retient au contraire, et fait ce qu'il peut pour la résoudre à demeurer en France et s'en aller en l'une de ses maisons. On glose là-dessus à la cour et on dit qu'elle appréhende qu'étant en l'une de ses maisons, son mari prisonnier la demande et qu'elle soit obligée de lui tenir compagnie en sa prison.

L'abbé de la Rivière a ordre de s'en aller en son abbaye de La Grasse, ès-quartiers de Narbonne, en Languedoc.

— Dimanche 13, lettre de bonne part, de Rouen, le 12, portant qu'on n'est pas assuré de partir d'ici lundi ni mardi, comme on croyoit. On attend nouvelles du Hâvre, où l'on a renvoyé Heuzenat (ou Uzenat) pour persuader au duc de Richelieu de venir, et s'il ne vient, on ira à lui lundi. M. de Matignon est ici et on lui ôte le gouvernement de Cherbourg et d'une autre place sur mer.

Le gouvernement de Damvilliers est donné à Vandy, ci-devant gouverneur de Jametz, et qui a conduit l'affaire avec les soldats de la garnison. On dit pourtant que l'on a fait injustice à La Bescherelle et que c'est lui qui a exécuté cette affaire.

Madame de Longueville est venue de Dieppe à Tancarville-sur-Seine, où elle s'est embarquée pour aller en Hollande.

Montreuil-Fourilles, capitaine aux gardes, est gouverneur du vieux palais de cette ville, et le marquis de Piennes [gouverneur] du château de Caen, où Melleville, enseigne des gardes, est, avec cinquante de ses archers, le maître, par le consentement de la Croisette qui y étoit pour M. de Longueville.

Le prince de Marsillac a été arrêté en Poitou; — faux pour ce dernier.

Le duc de la Rochefoucauld mort en Poitou.

Le lieutenant-général Marsin arrêté en Catalogne par le président de Marca, qui y est intendant; il étoit dans Barcelone et non à Tortose dont il est gouverneur. Il l'étoit aussi de Seurre, autrement Bellegarde-sur-Saône, en Bourgogne, place appartenant au prince de Condé, où il a pour lieutenant le nommé Saint-Micaud.

A Paris, un homme inconnu vient au pénitencier et lui met un billet cacheté dans lequel il y avoit quatre sols marqués, lui disant que c'étoient seulement quatre écus d'or dont il falloit faire une restitution, qui étoit importante pour des suites, comme il verroit par ledit billet, que ledit pénitencier pourroit ouvrir quand le porteur n'y seroit plus. Il s'en va donc; et le billet étant ouvert, on trouve les quatre sols marqués et le discours portant que ledit sieur pénitencier pouvoit avertir M. le Coadjuteur qu'il y avoit dessein parmi la garnison de sauver M. le Prince.

En ce même temps, M. le Prince, ayant fait une lanterne de papier et mis une bougie dedans, l'avoit mise à la fenêtre, ce qui avoit donné l'alarme à la garnison et aux gardes qui avoient éveillé le sieur de Bar, comme si ladite lanterne étoit un signal du prince, pour quelque entreprise. Ledit prince parle à ses gardes et soldats, les amorçant tout en riant et goguenardant, car il leur dit qu'ils sont misérables et qu'ils peuvent d'un seul coup, en le sauvant, faire une grande fortune. Puis dit aussi à Bar, pour le faire estriver, qu'il a beau le garder et qu'il se sauvera. Sur quoi, l'on dit que Bar, lui ayant fait grande soumission et respect, avoit ajouté qu'il falloit pourtant qu'il lui dît qu'il avoit ordre de le garder bien et retenir là-dedans mort ou vif.

— Lundi 14, lettre de bonne part de Rouen, du 13 matin, portant que l'on attendoit ce matin là le duc de Richelieu, qui avoit mandé venir du Hâvre. — Postdate portant qu'un secrétaire de M. Le Lard.....[1] étoit parti, envoyé au Hâvre par M. le Cardinal.

Avis à Paris que la garnison de Clermont en Argonne avoit fait de même que celle de Damvilliers; s'étant saisie de son gouverneur et officiers et que le sieur de la Ferté-Sennecterre, gouverneur de Nancy, jadis gouverneur dudit Clermont, avoit été appelé, introduit et rendu maître dans la place.

Réjouissances et bals fréquents dans les maisons particulières. Cejourd'hui au palais d'Orléans, chez la dame Sanguin, qui donne à souper à madame d'Angoulême, Martel, etc. Hier au soir, c'étoit en la place Royale chez la dame d'Escure et chez madame d'Étampes. Demain sera à la place Royale en l'hôtel de Saint-Géran, où le sieur Fieubet donne le bal à la demoiselle du Vouldy, après en avoir eu le bouquet de mademoiselle d'Orgeval, chez laquelle le bal a été par deux fois.

— Mardi 15, lettres de bonne part de Rouen du 14, portant que, le soir du 13, le duc de Richelieu arriva dans Rouen et à la cour; que l'on ne sait pas encore de certain si elle ira au Hâvre; qu'il y a à régler certaines choses touchant les finances de la province, ce qui ne peut être fait qu'à mi-semaine et qu'ainsi la cour ne peut pas sitôt retourner à Paris.

Les maréchaux de France restés à Paris sont assemblés et consultés par M. Le Tellier, secrétaire d'État, pour savoir si l'on doit raser la forteresse du Pont-de-l'Arche.

Bruit que le nommé Beaujeu, conduisant des gens de guerre de Bourgogne en Champagne et vers Stenay, comme pour le maréchal de Turenne, avoit été pris prisonnier par le sieur de la Ferté-Sennecterre.

Bruit que le maréchal de Turenne, fortifié des troupes du général Wirtemberg, impérial, a pris ou pour le moins assiégé Mouzon, dans lequel la ville et garnison n'avoient point voulu recevoir le comte de Grandpré, leur gouverneur.

— Mercredi 16, lettre de bonne part de Rouen, du matin du

---

1. Ce nom est incomplet au manuscrit.

jour précédent, portant que la dame jadis de Pons, à présent de Richelieu, y étoit attendue et devoit arriver le soir dudit jour 15, ce que le sieur de Brancas, arrivé ce jourd'hui mercredi, confirme.

— Jeudi 17, avis de Rouen que la duchesse de Richelieu y est arrivée de mardi soir et que la cour en doit partir à la fin de cette semaine pour être ici au commencement de l'autre.

Le sieur de Saint-Quentin et autres sont commandés par le duc d'Orléans de s'en aller au château de Vincennes et garder les environs, avenues et issues, sur un avis qu'il y a de faire sauver le prince de Condé.

— Vendredi 18, lettres de Rouen du 17, et de bonne part, portent que la dame de Richelieu a été fort bien accueillie à la cour et a eu le tabouret au cercle de la Reine, comme duchesse. Cela emporte la ratification de son mariage avec le duc de Richelieu, au moins de la part du Roi qui est le principal : parce que le duc de Richelieu étant pair et ayant les charges de général des galères et gouvernement de la plus belle et importante place de France, qui est le Hâvre, il est en la perpétuelle tutelle du Roi et ne se peut en aucun temps marier, sinon de son consentement.

Que dans le Hâvre est mis un commandant en chef (Sainte-Maure étant avec le duc de Richelieu à Rouen), qui y sera jusques à la pleine majorité du duc de Richelieu. On dit qu'il sera de la main ou, au moins, par la participation de la duchesse d'Aiguillon.

Que l'on est encore sur la démolition du fort du Pont-de-l'Arche.

Que le président de Criqueville est mort.

Que la Cour partira de là lundi prochain pour s'en retourner à Paris.

Que ce jour-là 17, le comte de Clère, fils aîné du sieur de Fontaine-Martel, donne le bal au Roi, et que cela sent sa lieutenance de Roi en Haute-Normandie; qu'elle est néanmoins assurée, au moins continuée, au marquis de Beuvron, comme celle de la Basse au comte de Matignon, mais à condition que tous deux 'ne séjourneront, ni ne se tiendront sur les lieux de leurs lieutenances, mais iront demeurer à Paris jusques après la majorité du Roi.

Nouvelles assurées que le maréchal de Brézé est mort à Saumur, dont on dit que le gouvernement est donné à M. de la Roche-Servien, et que madame la princesse de Condé, sa fille, a envoyé à la cour demander |permission d'aller audit lieu de Saumur et sur les terres qui lui sont échues par ce décès, pour y donner ordre.

Le sieur de Vineuil-Ardier, créature de M. le Prince et conseiller d'État ordinaire, par lui fait, et qui parla fort hardiment à M. le duc d'Orléans, pourquoi il abandonnoit un tel Prince, qui étoit de la maison et en a depuis parlé de cette hauteur là, a été commandé de sortir de Paris et de s'en aller à Beauregard, près Blois, maison de son frère, M. Ardier, président des Comptes, qui y est.

Samedi 19, l'avis que la cour part de Rouen ce jour-là, ou en doit partir le lendemain ; que le sieur de V...[1] va commander dans le Hâvre, — et celui-ci faux —, et le sieur de Droué, capitaine aux gardes dans Caen ; que les finances ont fait une affaire de deux millions pour le Roi en Normandie, et que Leurs Majestés s'en reviennent très satisfaites des Normands.

Que le sieur de Guitaut, capitaine des gardes de la Reine, est fait gouverneur de Saumur, et que le gouvernement de Brisach est pour M. le Cardinal ; et le sieur de Tilladet, ci-devant capitaine aux gardes et gouverneur de Bapaume, sera lieutenant de Roi et y commandera.

Le marquis de Crenan, capitaine-lieutenant des gendarmes du prince de Conti, mené prisonnier à la Bastille, où l'intendant de M. de Bouillon a naguères été emprisonné. Le gouvernement en a été confirmé au sieur de Broussel, conseiller en Parlement, et la lieutenance avec la survivance à son fils, le sieur de la Louvière.

— Dimanche 20, bal chez M. d'Orgeval, maître des Requêtes, rue de la Couture-Sainte-Catherine, où la demoiselle sa fille commença par prendre M. de Beaufort, et lui prit Mademoiselle de Montbazon. Il y eut brouillerie entre le chevalier de Créquy et le sieur de Commigny, qui se gourmèrent et se houspillèrent pour avoir voulu, celui-là passer d'une place en une autre par-dessus celui-ci, qui le repoussa. Le duc de Beaufort eut soin de les mettre à part, mais on ne put pas, à l'heure même, les accorder.

— Lundi 21, avis que les ennemis font entreprise. Les uns disent qu'ils se sont saisis de Lens en Artois, les autres que c'est qu'ils veulent attaquer Gravelines ou Dunkerque.

---

1. Ce blanc est au manuscrit.

On sait que la duchesse d'Aiguillon est partie de Paris, dès le 18, ou environ, pour aller au Hâvre, en reprendre la possession et y établir ses officiers.

On sait que madame de Longueville, le sieur de Barrière et autres, comme Saint-Ybar, Sarrazin, etc., avec elle, ayant été dix ou douze jours à Tancarville si secrètement que, quoi qu'aucuns le disent, on ne le savoit point au vrai, en est partie seulement le 18 ou 19, pour gagner la mer par le Hâvre et s'en aller en Hollande.

— Mardi 22, le Roi étant parti de Rouen, dimanche à dix heures du matin, pour, par le pont, gagner le port Saint-Ouen où il passa la Seine en bac, et delà, par le pont du Pont-de-l'Arche, Gaillon, où il coucha, accueilli et harangué par l'archevêque, et le lendemain,

— mercredi 23, étant, par Vernon, venu coucher à Mantes, est, ce jourd'hui, par Saint-Germain-en-Laye, où il avoit un relais à sa dînée, arrivé à Paris sur les cinq heures du soir, avec grande joie du peuple; et la cour très satisfaite du voyage et des Normands, où elle a, des terres vaines et vagues, fait une affaire de deux millions, sur quoi les officiers retranchés du semestre supprimé ont leur remboursement assigné.

Tout le monde va voir la duchesse de Richelieu, jadis dame de Pons, logée au bout de la rue Neuve-des-Bons-Enfants, et là tout près aussi, les sieurs de Beuvron sont visités de leurs amis, y étant arrivés avec la cour.

— Jeudi 24, jour de Saint-Mathias. au matin, carrosse à deux chevaux passe en la rue Saint-Honoré, plein d'étrangers et suivi de quinze à vingt hommes de pied, portant leurs paquets, couvertures et valises, vêtus comme Turcs, fors que leurs bonnets n'étoient turbans ordinaires, mais approchoient de la polonoise. On vouloit que ce fût le train du sieur de Brégy-Flécelles, arrivé de Pologne, où il a été longtemps ambassadeur de la part du Roi de Suède, et où la Reine l'a dit-on retenu pour capitaine de ses gardes et l'a laissé aller en France à cause des affaires qui lui y sont survenues par la mort de son père, président des Comptes, avec qualité qu'elle lui a donné de son ambassadeur, pour raison de quoi sa femme entra, à la fin du mois de janvier, dans le carrosse de la Reine; — mais ce sont marchands arméniens de qui le vaisseau ayant été pris à la côte de Gênes par vaisseaux français, ils sont ici venus pour en faire plainte et demander justice. Ils sont chrétiens, de secte à part, dite arménienne; ils trafiquent en Perse, ils approchent de l'habillement polonois.

— Vendredi 25, avis que le duc de Vendôme a été reçu en la ville et parlement de Dijon, comme l'avoit accoutumé d'être M. le Prince, que le sieur Commau, commandant dans le château, le lui a rendu moyennant cinq mille livres, qui lui ont été données pour ses dédommagements; que delà, ce duc est allé à Beaune, pour y donner ordre aux troupes qui y sont arrivées et arrivent du côté de la rivière de Loire, et pour investir Seurre, autrement Bellegarde.

— Samedi 26, après dîner, les compagnies souveraines vont saluer et haranguer Leurs Majestés au Palais-Cardinal, ce qu'elles n'avoient point encore fait depuis leur retour de Rouen. Le soir, leursdites Majestés vont voir la comédie d'*Andromède*, jouée avec machines très belles, dans la salle du Petit-Bourbon.

Force assemblées et bals en divers endroits de la ville. Bruit sourd touchant les frondeurs qui veulent que l'on amène le prince de Condé dans la Bastille à Paris. M. de Novion, président, malcontent pour l'évêché de Beauvais, dont il se vouloit assurer pour l'abbé de Buzenval, son cousin. Le conseiller Broussel ayant eu la confirmation du gouvernement de la Bastille avec survivance pour son fils la Louvière.

— Dimanche 27, ballet au Palais-Royal, le soir, qui est le ballet de Montbrun-Souscarrière, rapetassis de toutes les vieilles danses, conduites par une vielle.

Avis que le duc de Bouillon a fait sa déclaration; qu'il est tout prêt de venir en cour, pourvu que l'on lui donne sûreté et de quoi vivre, ainsi que l'on lui a promis ci-devant. Il est à Limeuil en Périgord, proche de Bergerac et au confluent de la Vézère en la Dordogne.

Dunkerque est menacé des ennemis qui se sont amassés huit mille hommes de pied et mille chevaux, en ces quartiers de la Flandre, quoi qu'ils ne se soient pas saisis de Bourbourg, ni du fort de Luisy, ainsi que l'on avoit fait courre le bruit. Dix compagnies du régiment des gardes y sont envoyées pour y tenir la place des Suisses qui en sortent et s'en reviennent, étant rappelés en leurs pays par les cantons, à cause que l'on ne les paie pas des dix-huit mois que l'on leur doit de paie en France.

— Lundi 28 et dernier jour de février, bal au Palais-Royal,

devant le Roi et la Reine. Le petit M. d'Anjou menoit mademoiselle de Montbazon.

Ce jour, après dîner, M. le Cardinal fut faire visite chez le duc de Beaufort et M. le Coadjuteur, ayant le sieur de Laigue en son carrosse.

Mars.

M. le marquis de Brienne-Loménie en mois de secrétaire d'État.

Le marquis de Chandenier rappelé à la cour, continue le reste de son quartier de capitaine des gardes.

— Mardi premier jour de mars, étoit le mardi gras; dévotions ès Jésuites de la rue Saint-Antoine. Messe, vêpres et prédications, sans indulgence toutefois, à cause de l'An Saint, ou jubilé général, durant lequel toutes indulgences particulières cessent.

Grand concours en la rue Saint-Antoine, hors la porte, par le faubourg et jusques vers Vincennes. Foule de carrosses, troupes diverses de masques à cheval, quelques-uns à pied, peu en carrosse, mais beaucoup et de bien vêtus, aucuns desquels ont leurs cochers et laquais aussi en masque, tout alentour de la place Royale ce qui a fort déchargé la foule, la rue et porte Saint-Antoine.

Assemblée, souper et bal au palais d'Orléans, que M. le duc d'Orléans donne aux dépens de mille écus.

Assemblées et bals par divers quartiers de la ville, comme en celui de la rue Neuve-Saint-Louis, chez l'abbé de Bullion, où la dame de Bonnelles, sa belle-sœur, assistée de sa mère, la marquise de Toucy, fait les honneurs de la maison. M. de Nemours y est. Il y a souper et bal avec six violons d'une part et douze d'une autre bande. Il y a aussi le ballet de Souscarrière-Montbrun qui fut dansé le dimanche 27 février, au Palais-Cardinal.

Grand soupçon parmi les bons courtisans que hier, dernier février, les visites que le cardinal fit au duc de Beaufort et Coadjuteur furent sur le sujet qu'eux, par l'entremise de la duchesse de Chevreuse, insistent à ce que les sceaux soient rendus à M. de

Châteauneuf et que cela fut arrêté entr'eux de la sorte ; et pour le témoigner, c'est que cejourd'hui, à six heures du soir, M. de la Vrillère fut prendre les sceaux chez M. le Chancelier et les porta à la Reine, au bout de 17 ans, précisément, qu'il les fut aussi prendre audit sieur de Châteauneuf.

Bruit du département de la cour pour le voyage de Champagne et de Bourgogne, à la fin de la semaine, ou commencement de l'autre.

— Mercredi 2, toute la ville parle du changement des sceaux et que M. de Châteauneuf, étant en sa maison de Montrouge, doit être, ce soir à sept heures, présenté par M. le duc d'Orléans à la Reine, qui lui doit bailler les sceaux. On dit que le Cardinal le loge chez lui, ou au Palais-Mazarin ; et est vrai qu'il lui est préparé.

M. de Châteauneuf arriva sur les six heures dans Paris et coucha rue de Grenelle chez son neveu, le marquis de Louville. Il alla descendre au Palais-Royal, où la Reine, le menant en son oratoire, lui bailla les sceaux, qui y étoient du soir précédent, et lui dit que longtemps y a qu'elle les lui eût rendus, n'eût été celui qui l'en empêchoit, désignant par là le prince de Condé et la princesse sa mère, haïssant ledit de Châteauneuf pour avoir condamné à mort le feu duc de Montmorency, frère de ladite princesse.

Dix compagnies du régiment des gardes commandées et parties pour aller prendre le poste et garde de Dunkerque, à la place des Suisses qui y sont et s'en veulent aller.

— Jeudi 3, matin, maître François de Guénegaud, ayant par un rapporteur, que le Premier Président lui avoit donné les jours précédents, fait information de sa vie et mœurs, avec témoignage du curé et autres personnes qualifiées de sa connoissance, et sur icelle obtenu les conclusions des gens du Roi, s'est, ce jour, sous la conduite dudit rapporteur, conseiller en la Grande Chambre, présenté en icelle et prêté devant ledit Premier Président, toute la Chambre présente, le serment de président en la troisième chambre des Enquêtes, où il s'en est ensuite allé et fait appeler un des anciens conseillers, son ami, qui l'a introduit, et lui servant comme de paranymphe, a dit à la chambre qu'il y venoit prendre sa séance comme président, ce qu'il a fait, après le sieur de Thoré-Particelli, qui est le premier ou ancien. Il a eu ses lettres de conseiller d'État du 25 mai ensuivant.

Le marquis de la Boulaye à Paris, ayant son abolition assurée.

Le marquis de Noirmoutiers, qui fut durant le siège de Paris aux Pays-Bas, et en amena l'archiduc avec ses forces en France, est fait duc et pair, ainsi que son demi-frère, le marquis de Vitry, qui, commandant le régiment de la Reine, le déserta, lors dudit siège et passa dans Paris où il servoit.— Item le comte de Tresmes, l'un des capitaines des gardes disgraciés; cela n'est pas certain.

M. le Chancelier reçoit le commandement de se retirer et obéit sans réplique; c'est la première infraction à l'article 15 de la déclaration du Roi du 22 octobre 1648, vérifié le 24, portant que nul officier (le Chancelier est le premier et plus grand de France) ne pourra être congédié, ni empêché de la fonction de sa charge par aucun ordre secret, ni ordre de cachet ou commandement.

Mauvaises nouvelles des troupes de Catalogne et du désavantage que le duc de Mercœur y a. Il s'est tardé en chemin, à Montpellier ou environs, pour recevoir et porter avec soi à son armée cent mille écus. Il n'y a point de nouvelles que le duc de Mercœur y soit arrivé.

Bruit qu'il est marié et que sa femme est grosse. On dit qu'elle et les deux autres nièces du cardinal, qui ont été, durant tout l'autre voyage de Normandie, au palais d'Orléans, et ne sont retournés au Palais-Royal qu'au retour de leur oncle dudit voyage, feront avec lui ce voyage en Bourgogne.

Mademoiselle, fille aînée de M. le duc d'Orléans, s'excuse du voyage avec la Reine, sur la lassitude qu'elle a rapportée de celui de Normandie et qu'elle a prise en dansant en ce carnaval; mais dit qu'elle ira trouver Sa Majesté, si elle n'est ici de retour à la fin de ce mois.

— Samedi 5, la Reine, avec le Roi et M. le duc d'Anjou, a été à Notre-Dame en dévotion, puis s'en est allée coucher par relais à Melun, où demain elle séjournera, attendant M. le Cardinal, passa au pont de Charenton, où elle et le Roi mirent pied à terre, à cause qu'il est mal sûr et que l'on le refait.

Après le partement de Leurs Majestés, une compagnie, des huit restées à Paris, est entrée en garde au palais d'Orléans. Les sieurs Servien, ministre d'État, et le Tellier, secrétaire d'État, sont demeurés à Paris.

Monsieur de Vendôme a l'Amirauté de France et M. de Beaufort, son fils, par survivance, avec soixante mille livres de pension ou appointements, dès à présent, à prendre sur l'amirauté de Bretagne.

Bruit que le maréchal de Turenne a reçu des troupes et deux cens mille francs de l'archiduc Léopold, auquel il a, pour cela, livré la ville de Stenay, en laquelle cet archiduc a fait entrer deux mille hommes des troupes lorraines, — faux ; — il a bien voulu faire cela, ce maréchal ; mais Chamilly et autres hauts officiers françois l'en ont empêché.

Chambre de Justice faite et, à ce qu'on croit, mais faussement, scellée ce jourd'hui par M. de Châteauneuf, et de laquelle M. de Laffemas est. — Item, l'abolition de la Boulaye. — Finalement l'Amirauté de M. de Vendôme avec la survivance pour le duc de Beaufort.

— Dimanche matin 6, à onze heures du matin, M. le Cardinal part, accompagné de deux cens chevaux, par la porte Saint-Victor et est allé coucher à Melun, où Leurs Majestés couchent aussi. Il avoit dans son carrosse son neveu et ses trois nièces qui font le voyage. M. le chancelier Séguier part de Paris et s'en va à Pontoise. On dit qu'il prend le chemin de Rosny, maison de son gendre. Mais il séjourne quelques semaines à Pontoise, près de sa sœur, la mère Jeanne, supérieure des Carmélites, jusques au retour du voyage du Roi, et fin d'avril.

Ce jour, dimanche, le sieur de Lingendes, ancien évêque de Sarlat, prêcha en sa station de Saint-Gervais l'histoire d'Absalon, et comme d'abord il ne prétendit point de chasser son père, le roi David, mais seulement se mettre bien avec la cour et se faire aimer du peuple ; ce qui, puis après, le conduisit dans la rébellion. Ceux qui l'entendirent interprétèrent cela malignement, et en fut fait le soir, que toute ou la principale Fronde soupoit chez le marquis de Noirmoutiers, récit au duc de Beaufort, avec addition qu'il avoit proféré le blond Absalon.

M. le Coadjuteur de Paris, qui est ami de M. de Sarlat, le voulut excuser, et M. Servien, qui est demeuré à Paris, alla trouver ledit sieur de Sarlat, et aussi l'évêque d'Alby y alla, pour lui dire qu'il ne devait pas prêcher comme cela. A quoi il répondit que ceux qui avoient fait ce rapport parloient selon leur intention et non pas selon la sienne, qu'ils ne pouvoient savoir et qui n'avoit jamais été telle qu'ils la représentoient.

— Lundi 7, après dîner, les députés des Cantons Suisses, étant avec leurs gens à cheval, furent accueillis par les officiers de leur nation, étant en France, allés au-devant d'eux à Charenton. Ils ne veulent point traiter avec M. le duc d'Orléans.

Ce jour, Leurs Majestés firent collation à Fontainebleau et furent coucher à Montereau-Faut-Yonne, où M. du Plessis-Guénegaud, secrétaire d'État, parti de Paris le matin, se rendit le jour même.

— Mardi 8, M. de Châteauneuf, garde des sceaux de France, scelle en public. On dit que c'est de ce coup qu'il a scellé la lettre de l'établissement de la chambre de Justice.

Bruit que M. d'Aubray, lieutenant civil de Paris, a eu secret ordre de se défaire de sa charge, et que M. de Caumartin, conseiller en Parlement, la veut acheter; — faux ou incertain.

Le soir, chez le président de Maisons-Longueil, le ballet de Souscarrière-Montbrun est dansé devant les joueurs, qui avoient soupé avec ce président, et devant quelques dames et demoiselles invitées par sa fille.

— Mercredi 9, M. le duc d'Orléans va à Limours pour jusques à vendredi soir; la compagnie du régiment des gardes, à qui il échoit de monter en garde à son palais, n'a laissé d'y monter, quoiqu'il n'y eût que Madame.

Divers et tout contraires bruits, tant de Bellegarde que de Stenay; aucuns faisant la jonction du général Lamboy et du duc Ulrich de Wurtemberg, forts de dix mille hommes, avec le maréchal de Turenne, qui en a deux mille cinq cens. Les autres assurant qu'ils sont encore éloignés et que ce maréchal n'a pas six cens hommes effectifs.

— Jeudi 10, ce soir le Roi, parti le matin de Sens (où Sa Majesté et toute la cour fut traitée le mercredi tout entier et le mardi soir, que fut l'arrivée, par l'Archevêque, M. de Gondrin-Montespan) alla coucher à Joigny, qui est au duc de Retz.

Ce jour, le sieur de Brancas, avec son beau-frère, le sieur d'Oradour, et un tiers, furent chez le sieur d'Émery, surintendant, forcèrent le portier, et, entrant malgré lui, furent lui parler avec menaces sur ce qu'il vouloit mettre taxes nouvelles sur les greffes.

— Vendredi 11, le matin, la cour, partie de Joigny, alla coucher à Auxerre, d'où l'on dit qu'elle va demain à Tanlay, autrement Emery, maison du surintendant des finances, qui est pour retourner vers Troyes.

— Samedi 12, ce jour ou le jour précédent, la Chambre des Comptes fut, par députation, saluer le marquis de Châteauneuf, comme garde des sceaux, pour lui faire plaintes ou remontrances sur un arrêt, qu'il a donné au Conseil, contre l'autorité de la

Chambre. Elle envoya aussi des députés à l'assemblée, tenue chez le Premier Président, des syndics des rentiers, sans qu'il y aient été reçus.

Le sieur d'Aiguebonne ayant abandonné Casal, comme place dépourvue de garnison et munitions, et l'ayant laissée ès mains du sieur de Montpezat, est arrivé à Paris.

Ce soir le ballet de Montbrun-Souscarrière, où, en douze entrées, plus ou moins, se dansent toutes les vieilles danses, bourrées, pavanes, voltes, etc., conduit par une vielle et un violon masqués et habillés en ballet, s'est dansé au palais d'Orléans, où déjà il avoit été dansé une fois, sans que Monsieur eût daigné le voir, comme il a fait celle-ci.

Bruit de l'accommodement de M. de Bouillon et de celui du duc de la Rochefoucauld.

Lettres de Montgaillard, écuyer de madame de Longueville, du 27 février, d'Amsterdam en Hollande, portant que ladite dame partoit de là le lendemain, sans que personne sût où elle alloit. On voit une grande lettre d'elle imprimée.

— Vendredi 18, on parle fort de la paix générale, sur l'avis que l'on a que celle d'Allemagne est en bons termes de s'exécuter.

Ce jour là, monsieur maître [Armand-Léon][1] Bouthillier fut reçu, tout jeune, conseiller en Parlement en la place et par la démission de monsieur maître François de Guénegaud, passé à la commission de président, en la troisième des Enquêtes.

Le jeune Barillon a aussi été reçu, passé quelque temps, et, quoique plus savant et ayant mieux étudié que celui-ci, n'a pourtant pas tant satisfait la cour.

L'abbé Mondin, piémontois, jadis valet ou petit précepteur des Largentier, gentilshommes savoyards, au collège de Navarre, depuis, par l'approche qu'il eut vers le feu cardinal de Richelieu et la confidence du cardinal Mazarin, pour le trafic des pierreries et des meubles, est mort d'une fièvre pourprée, en l'âge d'environ 50 ans, laissant vaquer trois bénéfices de quinze à vingt mille livres de rente ensemble.

Il a un neveu au collège, pour lequel l'ambassadeur de Savoie intercède vers le cardinal Mazarin, et parce qu'il avoit un canonicat à Notre-Dame, qui a été donné à M. de Ventadour l'ainé, de longtemps aspirant à tel degré, les chanoines de là ont prétendu

---

1. Les prénoms sont en blanc au manuscrit.

de venir enlever son corps en la maison; mais le curé de Saint-Eustache, sur la paroisse de qui cela est, s'en est saisi et y ayant envoyé de ses prêtres en habit de ville, pour le saisir de la place où il étoit exposé, puis tous les autres en habit d'officiants, avec la croix et bannière, et l'a emporté en son église. Les chanoines de Notre-Dame ont fait plainte de cela au Parlement et a été ordonné qu'ils pourroient enlever ce corps, qui cependant étoit enfermé dans une chapelle de ladite église Saint-Eustache.

— Samedi 19, les députés pour le payement des rentes ou syndics, entre lesquelles sont quelques conseillers du Parlement, font instance à ce qu'un arrêt donné audit Parlement et portant que le Prévôt des Marchands leur fournira un lieu dans l'Hôtel de Ville, pour tenir leur bureau certains jours, soit exécuté par ledit Prévôt des Marchands qui ne le veut faire qu'à condition d'y assister pour pouvoir répondre de tout ce qui se passera. Lesdits députés ou syndics ne veulent point qu'il y assiste et ont, ce jour-d'hui demandé un arrêt explicatif de cela à M. le Premier Président ou l'assemblée des chambres pour lundi.

Avis que le Roi est à Dijon de mercredi soir, avec toute la cour, qui s'en va à Châlon, que ce pourroit être pour un voyage à Lyon, où madame de Savoie se trouvera, pour le mariage de madame Adelaïde, sa fille, proposé avec le Roi, en même temps que celui du duc de Savoie est proposé avec la fille, Infante d'Espagne.

Autre avis contraire que le rendez-vous à tout le monde est au 20 avril, à Reims pour le sacre du Roi et que l'on fait fond de deux cens mille livres pour les frais et dépenses.

Autre avis que l'on prépare un siège à Bellegarde ou Seurre, où Saint-Micaut, gouverneur, et le comte de Tavanes tiennent pour M. le Prince.

Autre discours, qu'il se fait un traité entre ceux de Bellegarde et les ministres pour la reddition de la place, qui est déjà comme investie et environnée des troupes du Roi.

Autre discours que le maréchal de Turenne attend madame de Longueville, partie de Hollande et qui va à Stenay, pour faire un traité avec le roi d'Espagne, portant l'engagement de cette place là entre leurs mains, moyennant que la paix ne se fera jamais entre lui et le roi de France, que la liberté du prince de Condé et des deux autres prisonniers avec lui ne soit comprise.

Bruit sourd, dans Paris, qu'il y a une requête que l'on cherche à présenter au Parlement au nom des Princes prisonniers, tendant à élargissement, conformément à la déclaration du Roi du 22 octobre 1648, et que beaucoup y a t-il des frondeurs qui la favorisent.

Avis de Rome que le commandeur de Valençay a obtenu la dispense de Rome pour le mariage de Jars avec la demoiselle de Guerchy et rétention de...[1] mille livres de pension sur ses bénéfices, dont ledit commandeur, ambassadeur pour le Roi vers le Pape, a obtenu pour soi la provision de Lagny-le-Sec, près Dammartin, valant 18 mille livres de rente.

Avis de Dijon que M. de Vendôme y est fort malade d'une fièvre continue. Depuis on a su qu'il est guéri.

Autre avis que l'armée allemande, qui a servi l'an passé, a été contentée et a reçu onze cent mille livres, et servira cette campagne.

Les quatre envoyés des treize cantons des Suisses et qui sont des deux premiers protestants, de Zurich et de Berne, et des deux plus grands catholiques de Fribourg et de Soleure, un de chacun des quatre sont encore à Paris, faisant déloger et sortir leur milice de toutes les garnisons pour la ramener en leur pays.

Depuis, ils ont reçu ordre de la Cour d'en attendre à Paris le retour et cependant négocier. Ils ont, à cet effet, été voir M. le duc d'Orléans et ont eu bonne audience de Son Altesse Royale.

— Lundi 21, la dame du Vigean obtint elle-même décret de prise de corps sur le sieur Desmarais, jadis poëte-romaniste et gentil auteur, et depuis secrétaire des galères, par la faveur de ladite dame du Vigean, sa cousine germaine, et de la duchesse d'Aiguillon, nonobstant quoi il n'a pas laissé de tremper au mariage de la dame veuve de Pons avec le duc de Richelieu, qui s'est fait au desçu desdites dames et par l'entremise, et en la maison de Trie, de la duchesse de Longueville, présente, à cause de quoi, sur l'information faite par le lieutenant criminel, décret de prise de corps a été donné auxdites dames, en vertu duquel,

— le lendemain mardi 22 ou mercredi suivant, ledit sieur Desmarais fut constitué prisonnier; et fut aussi donné ajournement personnel contre ladite dame veuve de Pons, duchesse de Richelieu, laquelle ayant vu faire commandement au duc son mari de suivre le Roi, lors de son partement de Bourgogne, pra-

---

1. Blanc au manuscrit.

tiqua qu'il lui fût aussi fait commandement à elle de suivre conjointement, ce qui fut fait.

Cependant la duchesse d'Aiguillon ayant pratiqué Dense, peintre miniateur en petit, demeurant au-dessous de l'hôtel de Luxembourg ou d'Aiguillon, descendant vers le cimetière Saint-Sulpice, vit le duc de Richelieu par rencontre, chez ce peintre, qui l'y avoit invité, sous prétexte de lui faire voir d'excellentes miniatures, et même prendre son portrait. La duchesse d'Aiguillon déploya son éloquence, qui est très forte et persuasive, et tira des larmes des yeux de son neveu, lequel, à ce que disent les gens là présents, du parti de ladite dame, en grand nombre, lui demanda pardon et s'offrit de s'en aller avec elle en son hôtel et y demeurer. Lui, dit que non, mais demeura d'accord et lui promit de l'aller voir et trouver une autre fois, qu'aucuns disent le lendemain. Mais lui, ayant le soir dit tout ce qui s'étoit passé à sa femme, elle le regagna et le fit partir dès le lendemain, l'emmenant de Paris.

Mardi au soir 22, le sieur de Carnavalet, lieutenant ès gardes du corps du Roi et commis avec vingt quatre archers des gardes à la garde de la duchesse de Bouillon, joua dans sa chambre avec elle jusqu'à dix heures, puis se retira ; et elle demanda d'aller au quartier de ses enfans, qui sont deux, les plus petits, qui lui sont restés, les autres plus grands ayant été sauvés peu après que leur père fut en sûreté. Le garde, qui étoit à la porte de sa chambre en faction, l'y accompagna et demeura à la porte, mais elle, qui étoit entrée en la chambre, en sortit aussitôt par une ouverture qui répondoit à un petit huis secret, par où elle descendit en la cave et de là fut tirée en la rue par un soupirail. Le garde, adossé à la porte de cette chambre, y passa la nuit ; et le matin, Carnavalet y venant, l'y trouva, puis entrant chez les enfans découvrit par où la mère s'étoit sauvée. Il fut encore jeudi toute la matinée au Palais d'Orléans, où se tenoit le Conseil d'Etat, et le soir fut envoyé prisonnier à la Bastille. Mademoiselle de Bouillon, belle sœur de ladite dame, avec ses deux petits enfans, sont restés à Paris.

Mort du sieur de Montmor, professeur royal en grec, et intendant des devises et inscriptions pour les bâtiments royaux de France, d'une pleurésie, au septième jour. Il avoit bénéfices, titres ou offices du Roi, rentes et beaucoup d'argent.

Avis de la mort du sieur Descartes en Suède, où la reine l'avoit fait venir de Hollande, où elle lui avoit envoyé trois mille écus pour son voyage. Étant près d'elle et voyant qu'il ne lui pouvoit faire goûter sa philosophie, à cause qu'elle est prévenue et imbue de celle de Platon, il devint chagrin et demanda congé de s'en retourner, ce que la Reine lui permit avec témoignage d'estime et présent de quatre mille écus et une chaîne d'or, avec la médaille. Mais sa mélancolie le saisissant tout à fait, il ne put partir et mourut.

— Jeudi 24, au matin, les huit compagnies du régiment des gardes, ici restées pour la garde du duc d'Orléans, continuèrent et achevèrent de partir d'ici pour marcher vers Saint-Quentin, et à cette frontière là, où l'on dit ici que l'ennemi menace de quelque entreprise.

— Vendredi 25, le courrier, dès le commencement établi pour aller en Cour et redoubler chaque mardi de la semaine, est parti la nuit de devers samedi prochain. On lui a envoyé nos lettres dès ce jourd'hui à huit heures du soir.

— Samedi 26, est envoyé un conseiller de la Grande Chambre par les autres dire qu'à cause de l'audience tenue ce jour en la Tournelle, les présidents d'icelle Tournelle ne pouvant être en la Grande Chambre, ils ne pouvoient délibérer en icelle Grande Chambre sur la demande que font les députés des rentes d'une assemblée des chambres, qui demandent un arrêt pour avoir un bureau à eux propre et particulier en l'Hôtel de Ville, pour y assembler et traiter de leurs affaires, sans participation du gouverneur et du Prévôt des Marchands, qui s'y opposent, disant qu'ils sont maîtres de l'Hôtel de Ville et qu'étant responsables de tout ce qui s'y fait, personne qu'eux n'y peuvent avoir chambre ou bureaux, ni faire aucune assemblée qu'eux. Ainsi le Premier Président a remis et promis cette délibération pour lundi prochain.

— Lundi 28, les sieurs Ménardeau-Champré et Doujat ont rapporté en leur Grande Chambre que M. le duc d'Orléans les ayant envoyés quérir le jour précédent, il leur avoit dit qu'après avoir tenu conseil, il avoit trouvé fondé et expédient pour faire payer deux quartiers des rentes par le Roi, constituées sur les tailles; et que, partant, il n'étoit plus à propos que les Chambres s'assemblassent pour le fait desdites rentes, ni pour avoir un bureau en l'Hôtel de Ville pour les députés d'icelle, puisque dorénavant elles se payeroient sans faute. Lesdits deux conseillers de la Grande Chambre sont allés par toutes les autres dire la même chose, et, en la troisième, les sieurs Dorat, Quatresolz, Hervé et autres firent grand bruit, disant que c'étoit tromperie et amusement et qu'il falloit agir et s'assembler; monsieur de Guénegaud, deuxième président, les en empêchant, le premier, qui est monsieur Particelli-Thoré, ne disant mot.

Conseil d'État chez M. le duc d'Orléans, comme à l'ordinaire chez la Reine.

— Mardi 29, les trois chambres ont été assemblées pour délibérer ce qu'il y avoit à faire touchant la demande des dix huit députés des rentes qui disent tout haut que ceux d'entre eux qui sont conseillers en Parlement iront vendredi prochain, de haute lutte, prendre leurs séances et place en la Grande Chambre, si de gré le Premier Président n'assemble.

Messieurs les duc de Beaufort et Coadjuteur, avec les frondeurs originaux ne veulent point ladite assemblée, craignant que la requête, qu'on dit être toute prête pour liberté des Princes, ne se présente et qu'au moins il n'en soit parlé.

Avis du sieur de Villequier que l'ennemi paroît du côté d'Artois et Boulonnois.

Autre nouvelle, écrite de Dijon, que l'on ne peut faire siège à Seurre-Bellegarde, à cause des eaux, dont la prairie de Saône est couverte. — Item, que le comte de Tavanes a tué Saint-Micaut, gouverneur et s'est rendu maître de la place.

Bruit à Paris que le sieur de Richelieu y est arrivé de la cour, en poste, et qu'il agit de concert avec sa tante pour la nullité de son mariage avec la veuve de Pons. Autres disent que c'est pour dégager Desmarais, proxénète de ce mariage, retenu en prison (après l'élargissement qu'il en avoit eu pour le fait dudit mariage), par les créanciers, qui lui demandent vingt mille écus.

Guyonnet et autres députés de Bordeaux font grandes plaintes contre le duc d'Epernon qui a, par vengeance, brûlé des maisons, des champs d'aucuns conseillers et bourgeois.

Avis de Provence que ceux de Marseille, ayant élu des consuls de haute lutte, sans participation du comte d'Alais, il auroit résolu de s'y en aller, pour remédier à la chute de son autorité, et y ayant envoyé le sieur de Mathan, gentilhomme normand, capitaine de ses gardes, devant, avec aucuns de ses gardes, il auroit été assassiné par ceux de la ville.

L'abbé de la Rivière s'est retiré de Petit Bourg, où il étoit retiré, à Saint-Benoît-sur-Loire, sienne abbaye, au dessus d'Orléans.

Point de nouvelles de la cour qui est à Dijon depuis le 20 dernier, ce que l'on interprète à mauvais succès.

La cour est à Dijon dès le 16.

Bruit que le gouverneur de Montrond, en Berry, se fortifie et lève gens pour Monsieur le Prince; et dans le Vendomois, Touraine, pour le château de Saumur, Anjou, Poitou par M. de la Trémoïlle, et Limousin, Bordelois, et Périgord, on fait de même.

Le député de Bordeaux, Guyonnet, parti de cette ville la nuit d'entre mardi 29 et mercredi 30, pour s'en aller à Bordeaux et en rapporter à monsieur d'Orléans la vérité de ce qui s'y est passé.

— Mercredi matin [30], l'archevêque d'Embrun fut parler à M. le garde des sceaux pour lui faire trouver bon de députer pour les affaires du Clergé ; il répondit qu'il n'y avoit point d'assemblée de Clergé et, partant, nulle déclaration à faire.

— Jeudi 31, au matin, les trois chambres s'assemblent pour délibérer sur l'assemblée générale du Parlement, que les Enquêtes demandent, pour la prétention des dix huit députés des rentes d'avoir un bureau particulier et secret dans l'Hôtel de Ville.

Au soir, le courrier de Lyon arrivé, ayant couru fortune par les grandes eaux qui l'ont retardé plus d'un jour et demi. Les lettres de Dijon sont des 24, 25 et 26.

Messieurs de Vendôme et le cardinal Mazarin partirent le 27 pour aller à Saint-Jean-de-Losne, deux lieues au dessus de Seurre-Bellegarde, pour donner les ordres nécessaires à l'attaque de cette dernière place. Ceux de dedans sont résolus de tenir, sur l'espérance qu'ils ont au grand débordement des eaux qui inondent la prairie où est la place et la rendent inaccessible.

Le Cardinal dit tout haut : « que le Roi prendra Seurre, ou « Seurre prendra le Roi et qu'après le premier coup de canon tiré « il n'y aura plus de quartier. »

Les habitans ont fait une assemblée secrète et ont envoyé au Roi, à Dijon, l'acte de leur fidélité et protestation que s'ils ne reçoivent Sa Majesté, comme ils désireroient, ce n'est que par la seule raison qu'ils en sont hors de pouvoir, par la violence qu'exerce sur eux la garnison, qui est de huit cens hommes de pied, trois cent quatre-vingts cavaliers et cent cinquante officiers. Le commandement, pour soutenir le siège, a été déféré au sieur du Passage.

Vingt-cinq soldats, qu'ils avoient mis en garde au bout du pont, se sont débandés de nuit et six se sont rendus au Roi dans le quartier du marquis d'Huxelles.

Le Parlement de Dôle a envoyé assurer le Roi que la Franche-Comté demeureroit ponctuellement en sa neutralité et ne prêteroit aucune aide ni faveur à ceux de Seurre.

Les États de Bourgogne sont termés à lundi prochain, quatrième jour d'avril, que les cardinal Mazarin et duc de Vendôme doivent être de retour de Saint-Jean-de-Losne. — Faux.

Lettres du 30 présent, que M. de Vendôme est de retour à Dijon, où les États du pays se tiennent du jour précédent; et que M. le Cardinal est demeuré à Saint-Jean-de-Losne, pour faire passer les troupes nécessaires au delà de la Saône, pour le siège, dont les tranchées doivent être ouvertes le vendredi huitième jour d'avril prochain.

Bruit que Chastelux auroit été tué en combat par le comte de Coligny, à Bellegarde; que les derniers jours de ce mois, les États de Bourgogne ayant tenu, quoi qu'ils souhaitent et demandent à la Reine de n'être tenus que pour assemblée de notables, ont promis de faire un effort extraordinaire pour donner au Roi de quoi subsister et fournir en cette affaire de Bellegarde; aucuns disent quatre cent mille livres.

Avril 1650.

Monsieur de la Vrillière-Phélypeaux en mois de secrétaire d'État.

M. le comte de Charost, retourné de disgrâce, sert son quartier de capitaine des gardes.

— Vendredi (*Geta*) premier jour d'avril, les tranchées devoient être ouvertes à la nuit; mais les eaux et fâcheux temps les firent différer au lundi prochain.

— Samedi 2, on se met après pour accommoder les dix-huit députés des rentes avec le Prévôt des Marchands de Paris.

— Lundi 4, cet accommodement est fait; et le Prévôt des Marchands consent que lesdits députés aient un bureau dans l'Hôtel de Ville, où ils s'assemblent, sans que ledit Prévôt, qui est monsieur Le Féron, président en la.....[1] des enquêtes du Parlement, y puisse assister. Pourra néanmoins passer à travers ladite chambre, allant par la maison, si le cas y échoit.

— Mardi 5, on parle diversement des affaires de Provence et de Bordeaux ; les uns disant que M. le duc d'Orléans a dit ici et écrit en cour qu'il étoit nécessaire et pressé de faire venir par deçà et vers le Roi les duc d'Épernon et comte d'Alais, afin d'apaiser l'émotion des peuples en leurs gouvernements.

A quoi l'on ajoute que M. Le Tellier a fait une dépêche circulaire à tous les gouverneurs de France, avec mandement et injonction très expresse qu'ils aient à se rendre près du Roi pour lui donner avis de tout ce qui se passe en leur gouvernement et recevoir ses ordres.

Autres disent que l'affaire de Bordeaux est accommodée avec le duc d'Épernon.

— Mercredi 6, avant jour, la duchesse de Bouillon qui s'étoit évadée par un soupirail de cave de la maison du Marais, où Carnavalet, qui, pour ce, en a été emprisonné dans la Bastille, la gardoit ce mois de mars dernier, a été reprise au faubourg Saint-Germain, cachée en la maison du sieur Bartet, agent de Pologne, par le chevalier du guet (ledit Bartet aussi arrêté) et conduite chez M. d'Aubray, lieutenant civil.

Avis que le château de Saumur se rend, par le commandant, au sieur de Comminges, gouverneur pourvu et envoyé pour le Roi, moyennant quarante mille livres.

Autre, que Bellegarde est sur le traité et presse à se rendre.

Le sieur Guérapin, maître des Comptes, originaire de Brienne en Champagne et venu petit garçon à Paris, où il commença par être copiste et clerc de gens d'affaires, rapatrié avec M. d'Émery, a derechef rompu avec lui et lui a rendu les livres et commission de premier commis des finances, qu'il avoit par la volontaire démission et retraite de M. Tubeuf, président ès Comptes.

On prend les mille écus destinés aux chevaliers du Saint-Esprit, au premier jour de l'an, pour toujours, et lesdits chevaliers, irrités de cela, sont allés trouver M. le duc d'Orléans, demandant raison du surintendant.

Le marquis de Nesle se fait chef des malcontents.

---

1. Le chiffre est en blanc au manuscrit.

Trois femmes qui ont bu à la santé du prince de Condé, ou caqueté d'affaires, à savoir la dame de Bonnelles-Bullion, la comtesse de Fiesque et la dame de Saint-Loup, femme du sieur Le Page, trésorier de l'extraordinaire des guerres, qui, comme elle est gentille-femme et de la maison de la Rochepozay, dédaigne de se faire appeler du surnom de son mari, et prend le nom d'une terre, que lui ne prend pas; elles en ont eu seulement l'alarme.

Ce même jour, au matin, un homme de qualité fut arrêté dans la rue de l'Arbre-Sec, mis en chaise et mené prisonnier à la Bastille.

— Jeudi 7, bruit que le comte de Tavanes a demandé permission de sortir de Bellegarde, et passeport pour s'en aller trouver le maréchal de Turenne à Stenay et tirer de lui consentement pour rendre la place de Bellegarde aux troupes qui l'assiègent. — N'est pas confirmé.

Conseil tenu chez M. le duc d'Orléans sur ce que l'on fera de la duchesse de Bouillon, qui est cependant en garde chez M. d'Aubray, lieutenant civil; il a été résolu de l'envoyer à la Bastille, où l'on a ôté le sieur de Carnan ou Crénan, qui y est, ayant permission d'avoir sa femme avec lui, de son appartement, pour le préparer pour ladite duchesse, qui y a été conduite le soir même, à ce que l'on a dit; mais tout le contraire on dit que ça a été l'agent de Pologne, nommé Bartet, françois de nation, et chez qui ladite duchesse de Bouillon a été reprise.

— Vendredi 8, aucuns disent que, ce matin, la duchesse de Bouillon a été conduite à la Bastille pour y tenir en prison; son affection, à ce qu'elle dit, est pour sa fille qui a la petite vérole, dont elle a appréhension qu'elle meure et d'autant plus qu'elle s'attristera lorsqu'elle ne verra plus sa mère et saura qu'elle est prisonnière.

Là est aussi, sous la garde du sieur de la Louvière, lieutenant de son père, Broussel, conseiller en la Grande Chambre et gouverneur de cette place, la demoiselle d'Elvaz ou Elvois, ci-devant maîtresse et dame du maréchal de Brezé défunt, dont elle gouvernoit entièrement l'esprit, aussi bien que les affaires; et y a aussi été emprisonnée la demoiselle de Bouillon, quelques jours après sa belle sœur. — Item, l'agent de Pologne nommé Bartet, chez qui la duchesse susdite a été reprise.

Un envoyé de la part du roi d'Espagne, passant à Paris avec passeport pour aller à Bruxelles, a, ce jourd'hui après dîner, audience de Madame de Chevreuse, qui est incommodée d'une perte de sang ; aucuns tiennent que c'est le comte de Fuensaldagne, confident de don Louis de Haro, favori du Roi d'Espagne, lequel est venu des Pays-Bas, où il est gouverneur d'Anvers, ce me semble ; mais la vérité est que c'est le comte de Schwarzemberg, qui passa avec passeport en cette ville, il y a deux ou trois mois, et repasse de même d'Espagne aux Pays-Bas, vers l'archiduc Léopold, de qui il est favori, lui portant les ordres pour cette campagne. Toutefois, en ce même temps, un Espagnol, don Balthazar de Morena ou Moreno, grand serviteur dudit comte de Fuensaldagne, arriva dans Paris, ayant été favorablement laissé passer ès frontières ; et fut ici un mois, sur l'attente ou feinte que Madame de Chevreuse lui feroit avoir un passeport pour Espagne, sans lequel toutefois il s'en alla par le chemin de Bordeaux.

On a ici des lettres de Madame de Longueville, écrites de Stenay; et celles de Bruxelles portent qu'elle y est, elle treizième, et se fait, et à ses filles, faire des habits d'homme, pour s'en aller on ne sait où.

Lettres du 6, reçues de Dijon à Paris, portent que les tranchées ne doivent être ouvertes devant Bellegarde que le 8, qui est aujourd'hui, et que le sieur du Passage, qui commande au siège dans la ville, avoit demandé à conférer avec le sieur de Navailles, proche ladite ville, ce qui avoit été fait. Que sur ce que des pionniers des assiégeants avoient été tués en travaillant et un officier pris par les assiégés, les assiégeants ayant pris deux cavaliers des assiégés, ils les avoient fait pendre tout à l'heure ; que le duc de Vendôme commande au siège comme général, et le sieur de Navailles y est maréchal de camp. Le cardinal Mazarin s'est réservé la qualité de généralissime.

Avis à Paris de la violente maladie et puis de la mort de M. de Miossens, âgé de 63 ans, dans la ville de Pons ; le chevalier d'Albret y est allé en diligence.

— Samedi 9, bruit que l'affaire de Saumur continue et que le duc de Rohan, ayant depuis naguères pris possession du gouvernement d'Anjou, étant requis par le sieur de Comminges de lui prêter secours, l'en a refusé.

Autre bruit que le lieutenant du feu sieur Erlach, commandant dans Brisach, sur le Rhin, a mandé au sieur de Tilladet qu'il n'avoit que faire d'y aller, et qu'il garderoit bien la place.

Messieurs le duc d'Orléans, le Garde des sceaux, M. d'Avaux, etc., vont tenir conseil chez M. d'Emery, toujours malade.

Ce soir, le sieur Guyonnet, grand frondeur, arrive de Bordeaux apportant un arrêt du Parlement par lequel le duc d'Epernon est déclaré indigne et incapable du gouvernement de la province; est ordonné qu'il en videra, sans que lui ni aucun de son nom ou maison puisse jamais le tenir. Ledit sieur Guyonnet s'en va en cour porter cet arrêt au Roi.

Monsieur d'Angoulême se donne la fièvre par un remède qu'il prend contre la douleur qu'il avoit de la goutte.

— Dimanche 10, jour de Pâques fleuries, avis chez M. d'Angoulême que la Provence a pris les armes et qu'ils sont douze mille hommes tenant la campagne, n'y ayant aucune ville qui soit pour le gouverneur, comte d'Alais, fors Toulon.

Avis de la mort de l'abbé de Pontigny, fils du bonhomme, le sieur de Mégrigny et frère du Premier Président d'Aix.

Un homme est allé trouver le duc d'Orléans, protestant qu'il avoit un très important secret à lui dire. Il lui a donc dit que, si dans trois jours on ne donnoit la liberté aux Princes, il arriveroit de très grands malheurs pour la France. Le duc d'Orléans l'a envoyé prisonnier en une abbaye, pour être traité comme fou. C'est en l'abbaye Saint-Victor.

L'affaire de Saumur s'aigrit et le commandant du château, sieur du Mont, parent du sous-gouverneur du Roi, commença de tirer force coups de canon et de mousquet contre Comminges, lorsqu'il vit qu'au lieu de vingt-cinq mille livres, à quoi il s'étoit enfin restreint pour sa récompense, et qu'il pensoit avoir comptant, on lui vouloit donner du papier. Il en demande aujourd'hui cent mille, et cependant il y a eu des maisons abattues et des bourgeois tués.

— Lundi 11, bruit que Chantilly étoit investi par troupes du Roi, et que commandement avoit été fait, de la part de Sa Majesté, aux princesses de Condé, de sortir de là et s'en aller en Berry; ce qu'elles avoient refusé de faire, la mère ayant dit qu'elle se portoit mal.

La nuit du lundi au mardi, la petite princesse de Condé emmenant son fils, le duc d'Enghien, s'en alla secrètement de Chantilly, trompant du Vouldy et ses gardes.

— Mardi 12, avis que M. de Saint-Simon s'étant plaint à

M. Le Tellier qu'il y avoit des gens de guerre autour de Senlis, et par tout le gouvernement par lui ci-devant conservé, qui faisoient ravage, M. Le Tellier auroit répondu qu'il falloit qu'ils fussent là pour s'opposer à ce que, de la part du Pays-Bas, on pourroit entreprendre de ce côté là.

— Mercredi 13, au matin, grand bruit que le petit duc d'Enghien avoit été enlevé par gens du maréchal de Turenne.

Après dîner, la porte du bois de Vincennes, proche du château, ouverte pour les carrosses qui alloient aux ténèbres aux Bons-Hommes.

Le soir, courrier arrive portant que composition avoit été faite le 11 à ceux de Bellegarde, à telle condition que, si dans dix jours, finissant au midi du 21, ils n'avoient secours du maréchal de Turenne, auquel ils envoyoient, ou de ce parti là, ils rendroient la place au Roi.

Grand bruit que la jeune princesse de Condé s'est retirée de Chantilly, avec son fils, sans que l'on sache où elle est allée, nonobstant les troupes du Roi, qui tiennent la maison comme investie.

Le duc de Bouillon fortifie Turenne en Limousin, ayant fait équiper ses vassaux qui peuvent être mille hommes de cheval et trois ou quatre mille de pied, mais non pas gens pour sortir de leur pays.

Le duc de La Rochefoucauld arme aussi et a bien cinq cens chevaux. Le duc d'Épernon s'est saisi du château de Dax, où il a fait entrer dix huit cens hommes, dont il occupe aussi la ville.

— Jeudi 14, les susdits bruits continuèrent, comme aussi le vendredi et samedi veille de Pâques.

— Le samedi matin [16], le secrétaire de l'abbé de La Rivière, sur lettres de son maître, rend les sceaux de l'ordre du Saint-Esprit au sieur de Frémont, qui les lui demanda de la part de M. le duc d'Orléans, ledit abbé ayant eu ordre de se retirer de son abbaye de Saint-Benoît-sur-Loire et de s'en aller à Aurillac ; mais auparavant il est fait prêtre à Orléans, par les mains de l'évêque.

— Le Dimanche [17], jour de Pâques, avis, par lettre du 14, que l'affaire de Saumur est accommodée. Le sieur du Mont père, étant arrivé de la cour, en a apporté la grâce à son fils, qui commande en la place, avec trente mille livres de récompense, ce qu'il a accepté, à condition, si, dans lundi 18, il n'arrive secours plus fort que n'est le sieur de Comminges assiégeant, qui a les bourgeois et toutes les communes des environs armés pour sa cause. Le duc de la Rochefoucauld, qui venoit avec cinq cens hommes, s'en est retourné.

A l'issue des vêpres, les notables bourgeois de chaque paroisse de Paris, assemblés avec les anciens marguilliers et les curés, par tolérance, quoiqu'ils prétendent que c'est par droit qu'ils y sont, ont nommé deux nouveaux marguilliers à la place des deux qui sortent, le premier et le dernier, qui sont à Saint-Paul, le président Larcher et le sieur Vassor, procureur en Parlement, à la place desquels, le sieur Ardier, aussi président ès Comptes, et le nommé Hénaut, notaire, ont été mis.

— Lundi soir 18, lettres de Dijon du 16 portent que le 21, à midi, les armes du Roi seront dans Bellegarde : que l'on a tenté avec Tavanes, Le Passage et Saint-Micaut, un traité pour leur faire par avance rendre la place dès le 18, afin que le Roi pût partir et s'en retourner à Paris dès le 19 ; mais qu'ils n'ont point voulu. Que le Roi ne peut donc être à Paris que le 3 ou 4 mai et n'y tardera que dix jours, pour aller en Amiens, voir passer l'armée de Flandres commandée, ou par le prince Thomas de Savoie, ou par le duc de Nemours, que M. d'Orléans appuie.

Cependant on envoie les abolitions à Des Coutures, Parrain et Des Martineaux, prisonniers et autres accusés de sédition populaire, avant l'arrêt fait de la personne de Messieurs les Princes, à la charge de s'absenter un an durant de Paris et de tous les lieux où le Roi sera. — Item, au marquis de la Boulaye, à la charge qu'il ira servir le Roi dans Fontenay-le-Comte, dont les habitans ont ordre de le recevoir.

Chamilly, gouverneur de la citadelle de Stenay, a son frère en cour, près de M. le Cardinal, et il écrit à Son Eminence qu'il conservera Stenay au Roi.

— Mardi 19, bruit continue à Paris que le sieur du Vouldy, ordinaire de chez le Roi, envoyé par M. le duc d'Orléans à Chantilly, pour la sûreté des dames princesses de Condé, mère et femme du Prince, et du duc d'Enghien, fils unique dudit prince de Condé, prisonnier au château de Vincennes, [a fait savoir que ces princesses] se sont sauvées, la bru emmenant son fils, dès le 15, et laissant une de ses femmes avec un enfant emprunté, travesti, jouant dans la chambre, couchée comme si c'étoit elle en son lit ; et sa belle-mère, la nuit du samedi au dimanche de Pâques, laissant pareillement une de ses femmes, qui demeure en son lit sous prétexte de maladie, comme si c'étoit elle qui fût malade.

La vérité est que les princesses ayant, le 14, eu commandement de sortir de Chantilly et s'en aller en Berry, à Montrond, leur château, la douairière fit prier M. le duc d'Orléans de lui donner quelque temps, à quoi il répondit que c'étoit ordre exprès, non de lui, mais de la Cour, et que si elles n'obéissoient de gré, il étoit à craindre que l'on ne lui fît faire de force; de quoi les princesses, ayant pris l'alarme, s'en sont allées d'elles-mêmes, la jeune, avec son fils, à Montrond, près la ville de Saint-Amand, généralité de Moulins; et la mère deux jours après, à savoir la nuit de Pâques, s'est rendue à Paris secrètement, où elle est cachée jusques au mercredi 27.

— Mercredi 20, avis que le sieur de la Ferté-Sennecterre et le colonel Rose ont investi Stenay.

Avis que dix conseillers de la Cour des Aides de Paris sont arrivés à Moulins en Bourbonnois, où ils vont pour faire payer la taille, ayant compagnie de gens de guerre. — Item, que le marquis ou baron d'Arsy, manceau, vieux faux-monnoyeur, y a été amené par le prévôt d'Autun, qui l'a, par ordre de M. de Vendôme, pris travaillant dans un château de la Bourgogne.

L'abbé de Richelieu s'est accommodé avec sa tante, la duchesse d'Aiguillon, qui l'a attiré à loger chez elle où elle lui a donné une chambre proche de la sienne; elle lui a fait quitter tous ses bénéfices qui montoient à cent mille livres de rente, se réservant seulement quarante deux mille livres de pension que lui fera son dernier frère, le comte d'Agenois, auquel il les a résignés. Lui a pris l'épée et les plumes et s'est déjà voulu battre avec le marquis de Fors, qui lui reprochoit lâcheté d'abandonner ainsi son frère.

Les lettres de Flandres ont été saisies au courrier ordinaire, par l'ordre de M. de Nouveau, général des postes et courriers : et quant à celles d'Allemagne, elles ont été laissées passer, pour ceux à qui elles étoient adressées.

— Jeudi [21], vendredi [22], samedi [23], avis que les forces de l'Archiduc sont entre Arras et la Bassée et que le roi d'Espagne est dangereusement malade.

— Dimanche 24, bruit à Paris que madame la Princesse, la mère, s'est retirée de Chantilly à Avesne en Hainaut.

Autres maintiennent qu'elle est secrètement dans Paris, et doit présenter requête au Parlement, pour avoir sûreté.

La Reine d'Angleterre est toujours dans les grandes Carmélites du faubourg Saint-Jacques et sa fille avec elle.

Cet après-dîner, on a travaillé chez le Premier Président sur l'affaire qu'il entreprend, d'ériger et établir un Mont de Piété dans Paris, comme il y en a déjà un dans Arras, ainsi qu'ès autres villes des Pays-Bas, et sur le modèle de celui de Rome. Le chevalier Gerbier, en 1643, fut rebuté et dès 1636 le seigneur Alessandro Venturi.

Bruit, par Paris, que hier au soir on travailla, par ordre de Monsieur le duc d'Orléans, dans le jardin de l'hôtel des Ambassadeurs extraordinaires, où loge à présent le duc de Damville, comte de Brion, qui est allé en son gouvernement de Limousin et y a laissé sa femme ; et ce, pour chercher deux cent mille pistoles qu'un avis venant d'Italie, envoyé par une femme, porte devoir être caché en terre, dans des caques, en ce lieu là, dès le temps que le maréchal d'Ancre y demeuroit.

— Dimanche et lundi 24 et 25, grand cours en celui de la Reine, vers Chaillot. M. le duc d'Orléans, M. le grand Chambellan, nouvellement retourné de la cour, M. de Beaufort y étoient, chacun dans son carrosse. Mademoiselle d'Orléans, ayant près d'elle en portière mademoiselle de Chevreuse, y étoit en son carrosse, couvert partout, sur le cuir, de velours rouge cramoisi, cloué à clous dorés. Le sieur de Brancas y étoit aussi en carrosse doré et avec franges d'or et d'argent, et le marquis de Vardes, le jeune, en avoit un pareillement doré, avec franges de soie mêlée d'or. La jeune marquise de la Vieuville en un carrosse, aussi très beau, et tout environné ou garni d'armoiries, les portières ballant à terre à grandes crépines, et couvertes toutes de broderies de soie blanches et jaunes, ainsi que le dedans du carrosse et les couvertures des chevaux : en sorte que cela paroît comme broderie d'or et d'argent. Beaucoup de gens se scandalisent desdits carrosses avec de l'or pour ce qu'ils ont été depuis quelques années défendus par déclaration du Roi et ceux-ci sont les premiers qui paroissent tels.

Le bien et dépense de Mademoiselle augmenté par Monsieur son père, qui lui donne de quoi avoir encore une table pour des gentilshommes servants, et autre train.

Grand bruit que le lendemain, au Palais, on parleroit d'une requête pour les Princes prisonniers. — Sans effet.

— Mardi 26, bruit continue, mais plus dans le peuple que parmi les gens du Parlement.

— Mercredi 27, Madame la Princesse la mère se trouve au Palais, au parquet des huissiers, où elle salue tous les Conseillers et Présidents qui entrent en la Grande Chambre, pour tenir assemblée de la première mercuriale, d'après les vacations de Pâques. — (Voyez le récit imprimé par le gazetier Renaudot, le 2 mai, n° 64, qui est exact et fait par ordre de M. d'Orléans.)

Dès 5 heures du matin, elle étoit là, et dit-on même qu'elle y avoit déjeuné, ayant avec soi les dames de Ventadour, sa sœur aînée, et de Châtillon, jeune veuve, sa parente; d'hommes, M. de Saint-Simon, l'aîné, et le marquis de Fors. Elle étoit au parquet des huissiers (auxquels elle a fait donner douze pistoles) quand Messieurs de la Grande Chambre sont entrés. M. Deslandes-Payen s'est chargé de la requête et d'une autre du sieur Perrault, président ès Comptes, prisonnier dans le donjon de Vincennes. Les trois Chambres ont été assemblées pour délibérer sur ces requêtes.

Cependant Madame la Princesse est allée par toutes les chambres des Enquêtes, faisant la requête verbalement; disant qu'elle demandoit justice contre le cardinal Mazarin qui détenoit injustement ses enfants et opprimoit toute sa maison et demandant sûreté dans Paris pour y demeurer et entendre aux affaires de sadite maison.

Tandis que cela se faisoit, les sieurs Payen, rapporteur de la requête, et Ménardeau-Champré, conseillers de la Grande Chambre, ont été envoyés vers M. le duc d'Orléans pour lui faire rapport que, sur ce que Son Altesse Royale avoit le matin envoyé en la Grande Chambre la prier de ne point, ce jour là, assembler la Mercuriale, elle n'avoit point été assemblée jusques à cette heure là, qu'il étoit plus de neuf heures. Mais que les trois Chambres ayant arrêté que la requête de Madame la Princesse seroit sursise et remise à être répondue jusques après le retour du Roi en cette ville, elles croyoient que la prière de Son Altesse Royale d'empêcher ladite Mercuriale d'assembler, n'ayant été que pour empêcher l'effet de ladite requête, elle devoit être contente; lesdites Chambres la prioient de trouver bon que ladite assemblée de Mercuriale se tînt.

Le duc d'Orléans ayant répondu qu'il étoit satisfait par ladite surséance de requête et qu'il n'avoit plus sujet de désirer l'empêchement de ladite assemblée, les deux députés s'en sont revenus, ayant été hâtés par un secrétaire du Parlement qui les est allé quérir, disant que les Enquêtes étoient émues, et sans attendre vouloient aller prendre leurs places en la Grande Chambre.

L'assemblée a donc tenu et, comme le Premier Président y faisoit sa harangue, madame la Princesse y est entrée, de la quatrième chambre des Enquêtes ; et, se tenant derrière le parquet, jusques à ce que le Premier Président ait eu achevé de parler. Après qu'il a eu fait, elle est entrée dedans et a fait sa requête verbale, suppliant la Cour de lui donner sûreté dans les maisons du président de Nesmond ou du président Viole (qui a fort hautement parlé pour elle), ou dans l'enclos du Palais, de peur qu'autrement on ne l'arrêtât prisonnière.

Là dessus on a derechef député à M. le duc d'Orléans, pour le prier que Madame la Princesse eût sûreté et liberté dans Paris ; à quoi Son Altesse Royale a répondu qu'il assembleroit son conseil et rendroit réponse là-dessus à cinq heures du soir.

Le conseiller Coulon, cependant, a représenté l'inconvénient qu'il y avoit de permettre à cette princesse de demeurer dans Paris, elle qui avoit sa fille, madame de Longueville, entre les ennemis de l'État et communiquant avec eux ; tellement que la mère et la fille pourroient s'informer l'une l'autre et correspondre ; que le sujet pour quoi commandement avoit été fait de la part du Roi aux princesses de se retirer de Chantilly et de s'en aller en Berry étoit pour leur ôter la commodité de ce commerce avec madame de Longueville.

Enfin la princesse est demeurée dans l'enclos du Palais, en la maison non d'un chanoine, comme on proposoit, mais de M. de la Grange-Neuville, parent et ami de M. le Premier Président et maître des Comptes, jusques à cinq heures du soir, si M. le duc d'Orléans accorde la sûreté, sinon jusques à demain matin, pour voir ce qu'il y aura à faire là dessus. Madame la Princesse a un tapis rouge sur la fenêtre de sa chambre, afin que tout le peuple voie qu'elle est là. Elle fait donner des quadruples d'or aux pauvres.

A six heures, sont retournés du palais d'Orléans chez M. le Premier Président rapportant que Son Altesse Royale proposoit, du résultat de son Conseil, que Madame la Princesse eût à s'en aller à Chilly, où il l'assuroit de toute liberté, jusques au retour du Roi.

En la Chambre des Comptes, ce même matin, a été présentée une requête du président Perrault susdit, tendant à ce que la Chambre, ayant déjà fait office pour sa liberté vers Leurs Majestés, qu'il lui plaise avoir la bonté de la continuer. Le Premier Président a éludé cela, de sorte qu'elle n'a point été répondue.

Ce soir, M. le Prince, par ordre que le sieur Ferrand, président ès Comptes de Dijon et intendant par lui nommé pour ses affaires, entrant en la prison de M. Perrault, porta à Son Altesse de la part de M. Le Tellier, secrétaire d'État, eut la liberté d'aller se promener sur le donjon de Vincennes.

— Jeudi 28, au matin, le Parlement étant assemblé, M. le Premier Président a dit la proposition de M. le duc d'Orléans touchant l'offre à Madame la Princesse d'être à Chilly avec sûreté de sa part jusques au retour du Roi ; puis a ajouté que Son Altesse Royale l'avoit mandé pour aller à deux heures le trouver et qu'il iroit, avec les deux députés du Parlement, comme en effet il y a été ; et y ont été aussi les Gouverneur et Prévôt des Marchands de Paris.

Ce jour, à midi, le sieur Doublet, de Troyes, qui a été dans les affaires fort avant, et engagé pour trois millions six cent mille livres vers ses amis et parents, pour prêts qu'il a faits au Roi, à raison de quoi il présente une requête au Conseil, ce carême dernier, fut arrêté par gens de l'hôtel d'Épernon, ayant avec eux un huissier du Châtelet ou du Parlement, et conduit prisonnier en la conciergerie du Palais, où, étant entre deux guichets, il en sortit pour quelques douzaines de pistoles, payées aux huissiers, geôliers, guichetiers, etc., après l'ordonnance verbale que Monsieur le Premier Président donna sur le champ à l'assistance du sieur Dejean, son beau-frère, premier commis au comptant de l'Épargne, chez M. le trésorier de Guénegaud et à la caution du sieur Chastelain, qui s'y trouva et qui promit qu'il satisferoit ou d'argent ou d'un billet valable à la veuve, à la requête de laquelle les sieurs abbé de Nogaret et du Raincy-Bordier l'avoient fait prendre.

Bruit de mariage entre le duc de Beaufort et mademoiselle de Longueville, laquelle il avoit été voir à Coulommiers en Brie, où elle est retirée.

— Vendredi matin 29, le Premier Président a été voir M. le duc d'Orléans, lequel, aussi accompagné des ducs de Beaufort, d'Elbeuf, du Coadjuteur de Paris et du gouverneur maréchal de L'Hôpital, est venu au Palais, en l'assemblée du Parlement, qui s'y est tenue, où madame la Princesse étoit aussi ; et nonobstant l'arrêté fait par les trois Chambres, que ladite dame auroit liberté et sûreté pour demeurer à Paris, dans l'enclos du Palais, jusques à huitaine (autres disent jusqu'au retour du Roi), que l'on répondroit et feroit droit sur sa requête, il a été résolu et dit qu'elle sortira de Paris et s'en ira ou à Chilly, suivant les offres de Son

Altesse Royale, faites d'avant hier, ou autre lieu, à deux, trois ou quatre lieues de Paris, vers le chemin d'Orléans et Berry, où elle auroit sûreté, jusques à trois jours après le retour du Roi dans Paris.

L'assemblée s'est levée avant onze heures et M. le duc d'Orléans est entré dans la quatrième chambre des Enquêtes, où étoit ladite dame princesse, où l'on croit qu'il a parlé à elle et est demeuré d'accord du lieu où elle doit cejourd'hui s'en aller.

En sortant avec sanglots et larmes, elle a regardé un jeune conseiller, monsieur de Précy, qui achetoit des gants en une boutique de la galerie des marchands, et, s'arrêtant à lui, a dit : « Est-il possible, Monsieur, que l'on ne me fasse point justice ? cela « vous regarde, Monsieur, et il vous en pend autant qu'à moi. » L'autre n'a répondu que par une grande soumission.

Auparavant l'assemblée, elle est allée au parquet de messieurs les gens du Roi, où étoit M. d'Orléans et, là, s'est prosternée à Son Altesse Royale, lui embrassant les genoux. Il l'a promptement reçue et relevée, lui disant être fort touché et attendri de l'état où il la voit; mais qu'elle et lui étant, comme ils sont, sujets du Roi, il faut obéir à ses ordres et qu'il n'y a point à délibérer ni à différer là dessus.

Le duc de Beaufort a dit à Madame la Princesse qu'il la voudroit servir, mais qu'il falloit obéir au Roi. Elle lui a répondu : « Plût à Dieu, Monsieur, qu'en lui obéissant je pusse trouver « mon compte et ma sûreté, tout autant que vous y avez trouvé « le vôtre en ne pas obéissant. »

Ce jour, fut crié à ban et son de trompe que tous domestiques des Princes prisonniers et Princesses eussent à se retirer hors de Paris, sous peine de la vie.

Item, par ordonnance du Lieutenant civil, furent faites grosses défenses d'avoir carrosses à or et argent, tels que l'on en vit dimanche dernier au cours de la Reine.

M. d'Émery, surintendant des finances, malade à l'extrémité; il se réconcilie le matin avec son fils, le sieur de Thoré, président en la troisième chambre des Enquêtes, qui étoit mal avec lui, à cause qu'il traite jalousement et rudement sa femme, veuve du baron de.....[1] et fille du premier lit du vieux président Le Coi-

---

1. Blanc au manuscrit. — Geneviève Le Coigneux avait épousé en premières noces N. le Cirier, baron de Semur, au Maine. (Blanchard, *Éloge des premiers Présidents au Parlement*, in-fol., p. 442.)

gneux, lequel fut, chez ledit surintendant député, pour lui dire qu'il se résolût à mourir cejourd'hui. Il répondit que ce seroit assez qu'on l'avertit un quart d'heure auparavant.

Après dîner, madame la Princesse est partie de chez le sieur de la Grange-Neuville, de l'enclos du Palais, ayant beaucoup de noblesse à lui dire adieu et l'accompagner à son carrosse. M. de Saint-Simon l'aîné, qui l'a toujours accompagnée, y étoit et lui a offert son carosse de lui, qui étoit à six chevaux; elle ne l'a point voulu et l'a laissé pour monter en un à deux chevaux. On dit qu'elle est allée au Bourg-la-Reine, au logis du sieur Simonet, demeurant en la rue Saint-Denys.

Elle fut mercredi et jeudi fort visitée, même de nuit. Enfin elle fit fermer sa porte jeudi soir, sur ce qu'en dit M. d'Orléans.

Cette après dîner, assemblée en l'Hôtel de Ville pour les rentiers, où la dame Cornuel leur persuada que les frondeurs étoient cause de tout le désordre de l'État et de l'impuissance du Roi : qu'au reste il ne falloit plus s'amuser à s'aller plaindre au palais d'Orléans, et fit résoudre que dorénavant, et au premier jour, ils iroient au cabinet de la première chambre des Enquêtes, au Palais, où leurs dix-huit députés se trouveroient, pour ouïr leurs plaintes et en faire rapport au Parlement, demandant toujours l'exécution des déclarations des mois d'octobre 1648 et mars 1649.

— Samedi 30 et dernier d'avril, bruit faux de la mort du surintendant d'Émery.

Mai.

Secrétaire d'État en mois, M. du Plessis de Guénegaud.

— Le dimanche (*Barbacus*), premier jour du mois de mai, M. d'Émery n'est plus mort et le sieur Valot, son médecin, dit qu'il en peut réchapper et guérir.

Traité de madame de Longueville avec l'Espagne, comme on a su depuis[1].

---

1. TRAITÉ FAIT ENTRE LE ROI D'ESPAGNE, LA DUCHESSE DE LONGUEVILLE ET LE MARÉCHAL DE TURENNE.

Le Roi donne à ce maréchal 250,000 écus pour faire des levées, et tous les mois 80,000 livres pour l'entretien d'icelles; il lui baille de plus 5,000 hommes, trois d'infanterie et deux de cavalerie.

L'on donne 60,000 écus, une fois payés, à madame de Longueville, le

M. du Plessis, secrétaire d'État, arrive le soir de la cour, et le lendemain

— lundi 2, son train arrive ; les commis à midi, en carrosse et à cheval, et les chariots, au soir, avec le bagage.

Bruit que Stenay est investi par les troupes du Roi ; que Chamilly a bien reçu madame de Longueville, elle sixième en la citadelle, mais non le maréchal de Turenne, qui, dépité de cela, traite et avec l'Archiduc et avec le Roi.

Le marquis de la Boulaye, bien en cour extérieurement, pour donner jalousie à ceux de Bouillon-la-Tour et leur faire appréhender que l'on s'accommode des droits de Sedan avec ceux de Bouillon la Mark, dont la Boulaye est un des héritiers.

Autre bruit que les Flamands, forts de vingt-quatre mille hommes, près la Bassée, la menacent ou Béthune.

Ce soir, sur les six heures, le roi est arrivé à Paris, ayant couché à Nangis, dîné avec la Reine à Brie-Comte-Robert, fait collation à Grosbois, chez M. d'Angoulême, et rencontré par M. le duc d'Orléans, qui s'est mis avec le Roi dans le carrosse de la Reine, où étoit aussi M. le duc d'Anjou et M. le Cardinal ; cha-

---

maréchal a 3,000 fantassins. Toutes les troupes d'Espagne sont commandées par don de Gamara.

Le traité a été accordé et signé le premier jour de mai. Madame de Longueville l'a signé la première, don Gabriel de Toledo, le deuxième, au nom du Roi, et le maréchal, le troisième. La ville de Stenay a pour gouverneur le colonel Broeck avec six cents hommes et la citadelle a pour garnison quatre cents Allemands qui sont venus au service du maréchal de Turenne.

LISTE DES RÉGIMENTS QUI SONT AVEC LE MARÉCHAL DE TURENNE.

Le Régiment du duc de Wurtemberg. De Montmal.
Le régiment du général major Broeck. De Darmstadt.
Celui de la Vastine. De Inptine.
De Jarmer. Du baron de Calo.
De Michel. Du baron du Four.
De Cortembark. Des Croates.
De Douché. De Longueval.

INFANTERIE.

Le régiment de Giraldin. Du comte d'Isembourg.
De Berlo. Du comte de Riqberghe.
De Corbrande. De Meternic.
De Kerlin.

[Note de Dubuisson. — Plusieurs des noms qui se trouvent dans la liste des régiments doivent être défigurés.]

cun criant « *Vive le Roi* », par la rue Saint-Antoine, et autres, où leurs Majestés ont passé, jusques au Palais-Royal.

— Mardi 3, les Garde des Sceaux et Premier Président se trouvent, vers le soir, chez M. le Cardinal, en petit conseil; il n'y eut point de conseil devant la Reine, comme il devoit, à cause que le lundi, qu'il en est pour ordinaire, il n'y en avoit point eu.

— Mercredi 4, on envoie vers madame la Princesse, au Bourg-la-Reine, où elle est au logis du sieur Simonet, le maréchal de L'Hôpital lui dire qu'elle ait à s'en aller en Berry, au bout des trois jours à elle donnés, c'est-à-dire vendredi; à qui elle a fait réponse qu'elle est indisposée; et quand elle ne le seroit pas, elle prétend avoir justice des insolences et tracas commis en sa maison de Chantilly.

Ce jour, le Parlement fut au Palais-Cardinal, faire visite au Roi et à la Reine et les haranguer. Les autres cours souveraines de même; et le sieur Nicolaï, premier président de la Chambre des Comptes, a dit assez intelligiblement que cela étoit mal que ceux qui avoient bien servi l'État fussent dans l'oppression.

La Reine dit, pour nouvelles, aux députés desdites cours, que madame de Longueville avoit traité avec les ennemis et les avoit rendus maîtres de Stenay, où toutefois Chamilly conservoit toujours la citadelle.

— Jeudi 5, au matin, le Prévôt des Marchands a fait ôter les bancs du bureau destinés aux députés des rentiers, dont ils sont fort indignés.

Le sieur Deslandes-Payen, conseiller en la Grande-Chambre, va par toutes les chambres du Parlement les solliciter de se trouver en la Grande, pour l'assemblée de demain, où il y aura une seconde requête de Madame la Princesse.

Sa première requête, en deux feuillets in-4°, a été imprimée et publiée ces trois jours derniers, et le factum des Princes prisonniers avec une autre pièce intitulée : « Avis aux Parisiens ser« vant de response aux impostures du Cardinal Mazarin. MDCL, » de 9 feuilles ou cahiers in-4°, se sont vendus assez librement par les colporteurs. Ce qui montre que la Fronde est partagée en Paris, et qu'une partie tient aux Princes.

Le matin, le sieur Servien, ministre d'État, et ci-devant plénipotentiaire pour la paix de Münster, a reçu les sceaux de l'ordre du Saint-Esprit du Roi, à qui il a prêté serment, comme garde desdits sceaux, en la place du sieur abbé de la Rivière, relégué à Aurillac, où il s'est fait prêtre en son abbaye.

Ce même matin, le sieur Catelan, gendre du sieur de la Milletière, secrétaire du Conseil et grand partisan, étant à huit heures au Louvre, en la chambre du Conseil, conférant sur une requête dont étoit rapporteur contre lui le sieur Manoury, abbé de Gaillac, maître des Requêtes, en attendant la venue de M. le Garde des Sceaux, fut abordé par aucuns autres maîtres des Requêtes, comme ayant autrefois traité de nouvelles charges augmentées sur leur nombre, et même du retranchement de leurs gages et de ceux des autres officiers du Parlement et Cours souveraines, fut injurié de paroles atroces et reprochantes, puis, sur sa réplique, battu à coups de poing, tiré aux cheveux, gourfoulé et mis hors à coups de pied.

— Vendredi [6], samedi [7], dimanche [8], il ne se passe et dit chose qui mérite ; seulement que l'Espagnol est foible en Flandres et n'a pas plus de sept mille hommes et que les bonnes villes n'ont rien voulu contribuer, pour cette présente campagne, à l'Archiduc, disant que leurs contributions des années précédentes avoient empêché la paix, laquelle elles désiroient ; et prioient Son Altesse Impériale de la faire, tandis que la France étoit en état de ne pas la refuser, voire de la souhaiter et rechercher, comme elles savoient qu'elle avoit fait depuis deux ans.

— Lundi 9, M. le Cardinal fut, après dîner, faire visite chez madame de Chevreuse, et, de là chez M. d'Orléans qui étoit malade de la goutte.

Cependant les députés ambassadeurs des treize cantons des Suisses furent au Palais-Royal, à l'audience du Roi et de la Reine, y conduits, dans les carrosses de Leurs Majestés, par le maréchal de Schonberg, colonel général de la milice de leur nation en France. On les vit fort gais à la sortie. On tient qu'ils ont été contentés par huit cent mille livres, que le Roi leur donne sur ce qu'il leur doit de leur solde.

M. le Cardinal ne retourna qu'après huit heures ; et ainsi le Conseil tint fort tard.

— Mercredi 11, au matin, entre dix et onze heures, fut par un greffier de la Cour lu l'arrêt d'icelle contre le livre *in-folio*, intitulé : « *Le Ministère du Cardinal de Richelieu* », contenant l'histoire de ce ministère, en un continuel éloge dudit cardinal, avec réflexions politiques par chapitres à part. On dit que c'est l'ouvrage du Père Charles de Saint-Paul, général jadis des Feuillants, et depuis évêque d'Avranches, où il est mort. Il étoit des Vialart de Paris, parent du Chancelier Séguier, lequel il loue et extolle au chapitre de sa promotion, à la dépréciation du garde des sceaux Châteauneuf, dont il parle injurieusement, comme aussi fait-il du président Le Coigneux, du maître des Comptes Montigot et autres. Il a donc été condamné à être brûlé par les mains du bourreau, ce qui a été exécuté cejourd'hui, au bas du grand degré, au pied du mai, avec défenses à tous imprimeurs de l'imprimer, sur peine de la vie.

Ces jours passés, le baron de Castres, étant servi par Matharel, capitaine au régiment de Normandie, qui en est mort de blessures, s'est battu avec désavantage contre le chevalier de Fourilles, servi par Heudicourt.

Querelles en Cour entre les chevaliers de Créqui et le jeune Caumesnil, dit le Cravate, qui se sont battus avec seconds, à l'épée et au pistolet, à pied; Caumesnil désarmé; — entre Créqui l'aîné, premier gentilhomme de la chambre du Roi, et un cornette de son régiment, qui l'a fait appeler; et ont été séparés dans le bois de Boulogne, se battant trois contre trois.

Appel pour une seconde fois du duc de Beaufort, de la part des ducs de Candale et de Joyeuse, pour l'affaire qui se passa ès Tuileries l'été 1649, contre le marquis de Jarzé, que ledit duc de Candale assistoit.

Ledit marquis de Jarzé a aussi fait appeler ledit duc de Beaufort par le comte de Moret; il n'a point voulu sortir de Paris et a dit qu'il ne se battroit point contre Jarzé, qui n'étoit point gentilhomme, mais bien contre Moret; puis, se reprenant, contre le duc de Candale, qu'il voyoit bien être celui qui étoit auteur de tout ceci. Cela ainsi concerté, Moret se promenant lundi 9, ès Tuileries, fut abordé par l'aîné Caumesnil, fort ami et serviteur de M. de Beaufort, qui le mit sur les difficultés d'exécuter ce combat, dont le chevalier de la Vieuville s'étant aperçu, fut les dénoncer comme ayant querelle (parce que déjà les deux s'étoient, il n'y a pas trop de temps, battus), et leur fit donner des gardes, ce qui a éventé et fait paroître toute l'affaire.

Lettres de survivance de l'Amirauté données au duc de Vendôme, pour le duc de Beaufort, son cadet, au préjudice et déplaisir de l'aîné, duc de Mercœur, qui est en Catalogne.

Jeudi matin 12, lettres patentes du Roi d'abolition et amnistie générale pour tout ce qui s'est passé le onzième jour de décembre 1649, en l'affaire de ce jour, tant de la Boulaye que du conseiller Joly, et prétendu guet-apens contre le prince de Condé ; ensuite de celle dont Roquemont et Des Martineaux étoient jusques à cette heure prisonniers.

Les Suisses ambassadeurs, au nombre de quatre pour les treize cantons, viennent au Palais-Royal, pensant avoir leur audience de M. le Cardinal, qui sortoit pour s'en aller avec le Roi et la Reine visiter M. le duc d'Orléans, malade en son Palais, et y tenir le Conseil d'État ; après lequel on accorda la querelle ou appel des ducs de Candale et de Beaufort, cousins germains du côté paternel et de Henri le Grand.

Les Suisses donc furent remis au lendemain matin vendredi.

Le sieur de Laigue est fait capitaine des gardes de M. le duc d'Anjou, en la place du marquis de Jarzé.

— Vendredi 13, avis que le gouvernement du Mont-Olympe, sur Charleville, est donné au marquis de Noirmoûtiers, moyennant récompense de cinquante mille écus que l'on donne au sieur d'Aigueberre, gouverneur.

Louis-Henri de Gondrin, archevêque de Sens, de la maison de Gondrin-Montespan, actionne et interdit les Jésuites pour avoir, à ce qu'on dit, confessé et communié des paroissiens des églises de Sens, en leur église, contre les canons et règlements.— Item, voulant convoquer un synode de sa province, y a fait appeler l'évêque de Paris, avec les autres qui ont été faits suffragants de lui, lorsqu'il fut érigé en archevêché l'an 1623, à sçavoir Meaux, Chartres, Orléans.

Le même archevêque de Sens renouvelle ses prétentions sur l'archevêché de Paris, comme simple évêché ; à raison de quoi, sur requête de M. de Paris, il y a arrêt du Parlement, le 14 mai, signifié à l'hôtel de Sens ce même jour.

Il y a une déclaration du Roi, portée contre la duchesse de Longueville et le maréchal de Turenne, déclarés criminels de lèse-majesté, et confisqués de corps et de biens, pour avoir livré la ville de Stenay au pouvoir des ennemis, qui leur ont envoyé quatre mille hommes de leurs troupes, sous la conduite du colonel Broeck. Leur autre corps, de huit mille hommes, est vers Valenciennes.

Avis que la jeune princesse de Condé est sortie de Montrond, et s'en est allée vers Limousin et Bordeaux ; et l'on conjecture qu'elle se rendra à Blaye ou à Brouage avec son fils.

La Reine s'en va, après dîner, enfermer au Val de Grâce, et là se consoler et prier Dieu, pour la journée encore de demain,

— samedi 14, qui est anniversaire de la mort du feu Roi, arrivée en 1643.

Ce jour, commence le huitième an du règne de Louis XIV. Ce jour est sorti librement de la conciergerie du Palais, en vertu de la déclaration et abolition que le Roi a donnée, le sieur des Martineaux, y amené de Coutances, où il fut arrêté, pour ce qui se passa de désordre à Paris le 11 décembre 1649.

Ce matin, la déclaration du Roi, pour amnistie et abolition générale de tout ce qui se passa le 11 décembre 1649 et s'est passé ensuite, touchant les assassinats et remuements ou séditions, a été publiée par les rues de Paris, imprimée, ayant été vérifiée en Parlement dès jeudi.

Lettre de madame la princesse de Condé se publie par les rues. Elle est sans date, mais écrite de Montrond en Berry, depuis huit jours.

— Dimanche 15, on dit qu'un gentilhomme, envoyé de Blaye par le duc de Saint-Simon, vient assurer le Roi de son inébranlable fidélité. Mais cependant, on tient que ledit duc s'est trouvé en assemblée et conférence avec les ducs de la Rochefoucault, de Bouillon et de la Force, marquis de la Force et comte de Duras.

— Lundi 16, la princesse de Carignan donne la collation, en sa maison de Bagnolet, au Roi et à M. le duc d'Anjou. La Reine va visiter M. le duc d'Orléans, en son palais, où il y a eu quelque petit conseil, le cardinal Mazarin s'y étant aussi trouvé vers le soir.

— Mardi 27, le chevalier du guet, par ordre du Roi et de la Reine régente, va trouver Fontrailles et le comte de Matha, et leur faire commandement de se retirer en leurs maisons. A quoi ils ont témoigné ne vouloir obéir, ains se pourvoir par requête au Parlement, afin d'avoir permission et sûreté de demeurer à Paris ; dont le

— mercredi 18, au matin, il y a eu bruit entre les Frondeurs.

Ce jour, madame la princesse de Condé, douairière, part de Chilly et s'en va coucher à Essonne chez le sieur Inselin, où elle doit tarder demain, puis tirer vers Vallery.

Autre bruit que l'affaire de Bordeaux est accommodée, et que l'on fait ici venir le duc d'Épernon, *sub specie honoris*, mais en effet pour contenter les Bordelois. Les députés de leur ville, autres que ceux du Parlement, étant partis cejourd'hui, fort contents des bonnes paroles qu'hier ils reçurent ès Palais-Royal et d'Orléans sur ce sujet, et qu'ils vont remporter en leur ville.

La déclaration du Roi contre la duchesse de Longueville, duc de Bouillon, maréchal de Turenne, prince de Marsillac, leurs complices et adhérents, déclarés perturbateurs du repos, criminels de lèse-majesté au premier chef et confisqués, donnée à Paris le 9 mai, signée de Guénegaud, vérifiée lundi dernier 16 en Parlement, a, cejourd'hui, été publiée, imprimée, par les rues de Paris.

Le sieur Marin, jadis de la poste, puis dans les fermes du Roi est prêt à acheter du sieur de Monnerville-Mallier l'une des quatre anciennes charges d'intendant des finances deux cent dix mille livres.

Le sieur de Mauroy, autre intendant, des quatre anciens susdits, épouse la veuve du sieur du Breuil-Royer, conseiller en Parlement et fille du sieur Fardoil, avocat au Conseil, belle et dévote femme.

Le sieur Des Fontaines-Bouer, secrétaire du Conseil, mort.

Le duc de Vendôme arrive de Bourgogne à Paris, pour prendre possession de l'Amirauté; le duc de Beaufort, son fils, a ses lettres de survivance, avec vingt mille écus à prendre par an, dès à présent, de liquide sur les arrérages.

— Jeudi 13, bruit au Palais et députés des enquêtes envoyés en la Grande Chambre se plaindre de ce qu'elle a, lundi dernier, vérifié la déclaration du Roi contre madame de Longueville, etc.

Duel du comte d'Olonne-Royan, cornette des chevau-légers de la Reine, contre le sieur de Chappes-Villequier, capitaine des gardes en survivance de son père; point de coups mortels.

Avis que la jeune princesse de Condé est arrivée à Turenne, où le duc de Bouillon l'a reçue et que ledit duc de Bouillon emprunte quatre années de la taille que lui payent ses vassaux de ladite vicomté de Turenne, dont il leur donne un quart.

— Vendredi 20, bruit général et joie au Palais-Royal de ce que les affaires de Bordeaux sont accommodées.

— Samedi 21, bruit tout contraire et tristesse de ce que les députés des Suisses, remis à ce jour, pour tout délai de satisfaire leur nation, s'étant réduits à la demande de seize cent mille livres, à prendre par eux sur cinq millions de livres qui leur sont dues pour dix-huit mois ou plus de leurs soldes et pensions, désespèrent la cour, qui n'a point cet argent là, de les contenter. On leur a offert beaucoup moins que cela et M. le duc d'Orléans, nonobstant ses gouttes, s'est levé et est allé au Palais-Royal pour cette affaire, ou pour celle de Fontrailles, ci-après.

Les officiers de l'armée ont aussi fait courre le bruit qu'ils ne vouloient point servir sous le maréchal du Plessis-Praslin, lequel d'ailleurs demande cent mille livres d'argent comptant pour se mettre en équipage et fournir à sa dépense, durant cette campagne.

Neuilly, gentilhomme ordinaire en la maison du Roi, étant allé à Bordeaux pour contenter cette ville là et obliger M. d'Épernon à venir en cour, — item, pour assurer le marquis de la Force que la cour est fort satisfaite de ses procédés et que l'on lui destine le bâton de maréchal de France, — a fait croire en partant que tout ira bien du côté où il va.

— Dimanche 22, bruit que M. Le Tellier, secrétaire d'État, seroit allé vers M. le chancelier à Rosny-sous-Mantes. — Faux.

— Lundi 23, sur les quatre à cinq heures du matin, le sieur d'Émery, surintendant des finances, est mort, de sa longue fièvre automnale, de l'an 1649, après avoir été saigné soixante fois et pris du vin d'antimoine ou émétique pour vomitif cinquante fois. — On a brûlé un tableau très grand et beau de nudités ayant coûté quatre mille livres et une tapisserie de Jeanne, reine de Navarre, portant une dérision de la messe et des cérémonies de l'Église Catholique. — On dit que la veuve dudit sieur d'Émery, du nom de Camus, femme dévote, a brûlé plusieurs autres tableaux de nudités qui valoient plus de dix mille francs.

Les Suisses toujours sur la menace et mine de s'en vouloir aller et retirer leur milice de France.

Au Parlement, les gens du Roi ont présenté requête et demandé qu'il fût informé et procédé à décréter prise de corps contre les sieurs de Fontrailles et de Matha, pour n'avoir pas obéi aux ordres du Roi et, au lieu de se retirer et s'en aller chez eux, avoir sollicité une assemblée de la noblesse à Paris, et pour cela même avoir écrit aux provinces, afin d'engager le corps de la noblesse à signer une requête qu'ils vouloient présenter au Parlement pour avoir liberté et sûreté de demeurer dans Paris; et étoient, à ce que l'on dit, déjà cinquante de cette cabale, où les duc de Nemours et chevalier de Guise avoient donné leurs noms, qui avoient signé à une requête au Roi tendant à la convocation des États généraux du royaume.

— Mardi 24, le maréchal du Plessis-Praslin est sur l'apprêt de partir et s'en aller commander l'armée en Flandres, n'attendant que l'arrivée, qui se fera demain au soir, de son frère, l'évêque de Comminges, député du Clergé de la province, pour l'Assemblée générale indicte à Paris au 25 de ce mois.

La noblesse, excitée par Fontrailles et Matha et autres frondeurs, ayant fait un écrit d'union, où M. de Nemours et le chevalier de Guise avoient signé, se sont départis, sachant que les gens du Roi remuoient au Parlement et avoient requis et obtenu qu'il fût informé contre ladite assemblée, laquelle ils prétendoient tenir pour demander la tenue des états généraux du Royaume.

Fontrailles et Matha obéissent et se retirent hors la ville.

Aucuns colporteurs crient la requête de M. de Bouillon, autres l'arrêt du Parlement contre l'assemblée ci-dessus mentionnée de la noblesse.

Le matin, l'affaire de la surintendance des finances, vacante par la mort du sieur d'Émery, fut raccommodée à l'avantage du président de Maisons-Longueil, ayant été comme faillie, le soir précédent, par l'humeur de M. le duc d'Orléans, qui avoit été sollicité par les frondeurs; auxquels, à la fin, il a fallu promettre de faire le conseiller Broussel, ou autre des leurs, Prévôt des Marchands, à ce mois d'août prochain, afin de les faire consentir à ladite surintendance qui détache d'eux et réunit à la cour le sieur de Longueil, conseiller en la Grande Chambre, frère dudit président et le plus ardent et ancien de la Fronde. Le soir, à 9 heures, ledit président fut déclaré surintendant au Palais-Royal, et, après cela, il déclara à M. le Cardinal qu'il avoit choisi pour son premier commis M. des Brosses-Guénegaud, maître des Comptes, dont Son Éminence fait l'agrément et l'éloge sur le champ; mais ledit sieur des Brosses, qui est un homme froid et fort prudent, se tient sur la réserve et ne se veut résoudre à accepter la commission.

M. l'Évêque de Comminges arrive et loge en l'hôtel de Sens, comme aussi arrive l'archevêque de Reims, qui doit présider en l'assemblée du Clergé.

Ce jour, arriva nouvelle brouillerie, au château de Vincennes, pour le service et nourriture des Princes prisonniers, ensuite de celle qui, ces jours passés, y arriva et qui fut que l'argent du Roi venant à manquer, le sieur de Bar en fournit du sien pendant quelques jours, au bout desquels il dit aux officiers du Roi qu'ils fissent leur avance ce jour-là, en attendant qu'il lui vînt de l'argent : ce qu'eux n'ayant voulu faire, il fit faire la cuisine de son argent, par ses propres valets et voulut que les officiers du Roi portassent la viande aux Princes à leur ordinaire ; ce qu'eux refusant, pour n'être responsables de ladite viande, s'il en arrivoit accident, il se mit en grosse colère et frappa de son épée le plus apparent et résolu desdits officiers sur la tête, où il fit contusion et entamure ; ce qui, ayant été su par les Princes, ils ne voulurent point de viande pour ce repas là et se contentèrent du fruit que lesdits officiers du Roi leur servirent, puis réglèrent leur service et dépense, qui seroit désormais prise sur leurs biens et payée par leurs intendants et receveurs, pour une table de deux plats à messieurs les deux Princes frères, pour les potages et viandes bouillies, rôties, grosses et menues, et quatre plats de fruits et pour un plat à M. de Longueville, qui est à part, sans qu'ils se soient voulu obliger à nourrir et défrayer les officiers du Roi qui les servent : ce qui monte à cent livres par jour, les deux Princes, et cinquante livres le duc de Longueville ; le président Perrault vingt livres par jour, pour sa nourriture et service.

La nouvelle de la maîtrise dont le sieur de Bar a usé sur ledit officier étant venue aux officiers du Roi, au Palais Royal, ils ont tous fait grand bruit et plainte au Roi et à la Reine, qui y a envoyé le sieur du Cormier, maréchal des logis des gendarmes du Roi, maître d'hôtel servant de quartier, et l'écuyer Baudouin, qui ont été à Vincennes parler audit sieur de Bar.

— Mercredi 25, sur les onze heures du matin, le corps du surintendant d'Émery fut tiré de sa maison, gardé ès portes par huit suisses du Roi, et porté à Saint-Eustache ; M. d'Avaux qui est le premier surintendant, menant le premier deuil, qui est le sieur de Thoré-Particelli, fils unique du défunt et président en la troisième chambre des Enquêtes, et M. de Lezeau, conseiller d'État, menant le deuxième qui est M. de la Vrillère-Phélipeaux, secrétaire d'État, gendre dudit défunt.

Trois femmes, les dames de Bonnelles, de Saint-Loup-Le-Page et comtesse de Fiesque, dès longtemps menacées d'exil pour avoir avec chaleur parlé de la délivrance des Princes prisonniers, ont enfin été commandées de ce faire et sont cejourd'hui parties de Paris pour aller coucher à la Grange-le-Roi, belle maison en Brie, près Coubert, appartenant à l'abbé de Bullion, beau-frère de ladite dame de Bonnelles. Il n'y a pourtant eu que la comtesse de Fiesque, qui y est allée, ayant emprunté cette maison à cause qu'elle n'en a point près Paris. La dame de Bonnelles est allée à Éclimont, maison sienne, et la dame de Saint-Loup aussi à la sienne de Chilly.

Mariage du sieur de Mauroy, intendant des finances, avec la dame du Breuil, veuve d'un conseiller du parlement de Paris, belle et modeste femme.

Ce jour, tout Paris fut voir le président de Maisons, nouveau surintendant; et lui, fut rendre la première visite à M. d'Avaux, son compagnon et premier en rang, lequel celui-ci disoit vouloir maintenir et exercer sa charge absolument; mais il changea de résolution et de langage le lendemain,

— jeudi, jour de l'Ascension, 26 mai, qu'il fut rendre au matin la visite audit président de Maisons, auquel il dit qu'il lui venoit dire et déclarer qu'il étoit seul et absolu surintendant; il fut aussi au Palais d'Orléans, où il vit Son Altesse Royale, à l'issue de sa messe et lui dit, en présence de toute la Cour, qu'il venoit supplier Son Altesse Royale d'agréer et trouver bon qu'il sortît de sa charge de surintendant; à quoi M. le duc d'Orléans lui ayant demandé s'il y avoit assez pensé et y étoit bien résolu, il répondit qu'oui, pourvu que Son Altesse Royale l'eût agréable, ainsi qu'il l'en supplioit; sur quoi, M. d'Orléans se tourna sans répliquer autre chose et le laissa. Le marquis de la Vieuville se remet à poursuivre la surintendance, à cause de cette place vacante.

Le comte de Peñaranda, ci-devant plénipotentiaire pour la paix à Munster, passe auprès de Paris sans y entrer, s'en retournant des Pays-Bas en Espagne avec notre passe-port, et escorté, depuis notre frontière, d'un maître d'hôtel du Roi, le sieur Marandé, d'un gentilhomme servant du Roi, d'un courrier servant du Roi, d'un courrier de cabinet et du nommé Le Féron, qui est à M. de Loménie-Brienne, secrétaire d'État pour les étrangers.

Ils l'ont amené par Beauvais et Pontoise, de doute qu'il ne fût rencontré sur le chemin ordinaire et abouché par ceux de sa correspondance.

— Vendredi 27, la lettre patente de surintendant singulier, expédiée et signée de Guénegaud, est portée par M. de Lingendes, premier commis dudit sieur de Guénegaud, secrétaire d'État, à M. le président de Maisons.

Ce jour fut donné un arrêt au parlement de Toulouse, depuis imprimé, portant enregistrement de la déclaration du Roi contre le duc de Bouillon ; défenses à toutes personnes, places et communautés d'entrer en son parti ; commandement à tous ceux qui y avoient prêté l'oreille de le quitter, sur les peines d'être punis de mort, confiscations de biens, rasement de bois et maisons etc., comme criminels de lèse-majesté et perturbateurs du repos public. Défenses aussi de s'enroler en guerre, ni lever troupes, sous et avec très expresses défenses, commission du Roi et attache du gouverneur de la province, sous les mêmes peines.

Ce jour, est parti de Paris le maréchal du Plessis-Praslin, pour aller commander l'armée de Picardie.

M. de Villequier, qui y avoit toujours été comme lieutenant général, s'en étoit revenu ici ; mais il est retourné pour servir sous ledit sieur maréchal, avec protestation que les bruits que l'on faisoit courre du contraire étoient faux.

Est en même temps, ou peu après, parti le sieur de Villeneuve-Bordeaux, maître des Requêtes et intendant en cette armée là, fils de M. de Bordeaux, jadis intendant de M. le duc d'Orléans et secrétaire du Conseil et à présent l'un des huit intendants des finances.

On dit aussi que le maréchal de Rantzau va pour commander.

Ce jour, les Suisses, en humeur de s'en aller, levèrent la garde du Palais-Royal et abandonnèrent la faction ; néanmoins, le soir, le Roi dit qu'il ne vouloit point qu'ils s'en allassent, et appela le capitaine Jacques, qui est lieutenant des Cent Suisses de la garde, sous le duc de Bouillon-la-Marck, et lui dit cela. M. le Cardinal dit que s'ils étoient opiniâtres à s'en aller, qu'ils s'en allassent et qu'il avoit en main une autre milice pour la garde du Roi. On croit que ce sont Italiens.

Les Suisses témoignent amour pour le Roi et désir de demeurer à son service. Ils demandent un million comptant, sur cinq millions (autres disent trois) et six cent mille livres qui leur sont dus de leurs soldes des ans passés et présent.

Paris, en sa bourgeoisie, murmure que l'on les congédie pour prendre des Italiens.

— Samedi 28, les Suisses, au moins les Grisons, engagés au service comme les Suisses, reprirent leur poste au Palais-Royal, ce qui a fait croire que leur affaire étoit accommodée. Ils furent aussi chez le surintendant nouveau et en sortirent fort gais. On leur donne deux cent mille livres qui sont chez le sieur Boulin, receveur du marc d'or pour les chevaliers de l'ordre du Saint-Esprit, et de leur consentement, parce qu'ils se remboursent d'autant sur les parties casuelles et droit annuel de cette armée au nouvel an venant prochain et deux cents autres mille livres comptant, puis six cent mille livres en trois termes, le reste de cette année de 2 mois en 2 mois. Les six prochaines années suivantes, on leur payera le reste de ce qui leur est dû, montant à trois millions environ, avec l'intérêt.

Bruit tout commun du voyage du Roi à Compiègne pour la semaine prochaine.

Le marquis de Nesle, de la maison de Laval-Aux-Épaules, chevalier des ordres du Roi et gouverneur de la Fère en Picardie, septuagénaire ou plus, mais de forte santé, tombant de son degré le matin de ce jour, s'est tellement blessé à la tête qu'il en est mort depuis entre les mains des chirurgiens. Son gouvernement est pour le marquis de Noirmoûtiers, au lieu de celui du Mont-Olympe. Autres assurent qu'il est donné au sieur de Manicamp-Longueval, à l'insistance du maréchal d'Estrées; mais cela est faux et l'on dit que la Reine le retient pour elle.

Avis de Constantinople que notre ambassadeur, le sieur de la Haye-Ventelet, est arrêté à la suscitation du grand-douanier, beau-frère ou allié du marchand arménien qui a été pillé sur les côtes de Gênes ou Toscane, par le chevalier de Bourlemont, faisant course, avec perte de douze cent mille livres.

— Lundi 30, après midi, comme on pensoit qu'il y auroit conseil à l'ordinaire devant la Reine, M. le Cardinal s'est trouvé mal, et s'est mis sur son lit; la Reine fort triste.

— Mardi 31, à midi, les premières chambres du Roi et de la Reine partent de Paris, et le bruit est tout commun que la cour part jeudi prochain.

Cependant le duc de Beaufort, à qui, samedi 28, la lettre de survivance en l'Amirauté fut donnée, en la forme qu'il a désiré, avec clause de soixante mille livres à prendre pour lui sur les droits d'ancrage, pendant la vie du duc de Vendôme son père, pourvu de ladite Amirauté, est, nonobstant cela, mécontent à cause de la surintendance du président de Maisons, que lui et les autres de la cabale n'agréent point.

La Reine a paru fort triste tout ce jour-là, et n'a presque point mangé.

Avis, par les lettres de Flandres, que leur armée, qu'ils écrivent être de vingt-trois mille hommes, où l'Archiduc est en personne, s'avance de Valenciennes, dès le 25 de ce mois, où cent mille rations de pain ont été cuites, par Avesnes vers Maubeuge et Rocroy et Stenay, avec bruit qu'elle entrera en France; ce qui s'accorde aux lettres de Rethel portant que les ennemis paraissent de ce côté là et que le colonel Rose a retiré de cette ville là douze cents hommes qu'il y avoit jetés.

Le maréchal de Rantzau a sa patente expédiée pour aller commander en cette campagne.

Le prince de Conti se trouve bien mal depuis quelques jours. On dit que c'est encore de ce coup de chandelier qu'il se donna en se jouant, il y a déjà quelques mois; mais ce n'est point cela, oui bien sa foiblesse naturelle et le défaut de son corps tortu et de mauvaise conformation.

Avis certain que les ennemis sont à Ligny-l'Abbaye, près Rethel, et, de là, se reculent à Hirson, retournant vers Rocroy, à qui 'ils font mine d'en vouloir, ou bien à Sedan.

Assemblée du Clergé à Paris, aux Grands Augustins; quelques députés sont encore à Paris.

Cependant l'archevêque d'Embrun, de la maison de la Feuillade, offensé de ce que de quinze provinces qu'il y a dans le Royaume, dont il est métropolitain d'une, il y en a onze qui sont toutes entières contre lui pour l'exclure de la présidence, sollicite et fait ses brigues avec d'autant plus de chaleur qu'il n'y a point mémoire qu'aucun archevêque, jusques à lui, ait été exclus de ladite présidence, et que, où il y a eu des archevêques, les évêques ayant présidé, bien est vrai que M. Victor Bouthillier, en l'assemblée de 1635 ou 1640, étant encore évêque de Boulogne, présida, mais ce fut en qualité de coadjuteur qu'il étoit de Tours. Au reste le clergé prétend que ladite présidence est en la pure et entière liberté de son élection, et se roidit à interrompre à ce coup et par cette occasion la possession où les archevêques se sont mis et intrus depuis plusieurs assemblées.

Juin.

M. Le Tellier en mois de secrétaire d'État, et lui demeurant à Paris, M. de Brienne fait en sa place et pour lui.

— Mercredi (*Ense*), premier jour de juin, le duc de Vendôme prête le serment comme amiral de France ; son fils, duc de Beaufort, a ses lettres de survivance avec vingt mille écus à prendre sur les ancrages, par an, et a fait aussi le serment. L'amirauté de Bretagne en est retranchée ; et, ce même jour, la Reine a dit audit duc de Vendôme qu'il ne s'attendît plus que le mariage de son fils aîné se fît avec la nièce de M. le Cardinal ; et sur ce que le duc demanda pourquoi, la Reine répliqua : — *Pour ce que le monde en parloit trop.*

— Jeudi 2, au matin, le Roi et la Reine partent de Paris et vont dîner à Senlis, et, par relais, coucher à Compiègne.

Ce jour là, le jeune Sainctot, enseigne ès gardes, second dans une querelle, a été tué dans le bois de Boulogne et, abandonné, est mort sur la place, en sorte que le lendemain

— vendredi 3, on a trouvé son corps dans un hallier, que les voleurs avoient dépouillé.

Le contrat de la ville avec M. du Plessis Guénegaud, pour l'ouverture du rempart et obligation au sieur du Plessis d'y faire une porte, au bout de la rue de Guénegaud, qui doit traverser le quai de Château-Gaillard, à travers l'ancien jardin de l'hôtel de Nevers, avec rempart, ainsi que la porte Dauphine, au bout de la rue de son nom, a été lu, le matin, devant les parties, en l'hôtel de Ville, concerté et arrêté pour être signé le soir et lendemain, tant dudit sieur du Plessis, que des Prévôt des Marchands et échevins de la ville.

Courrier arrive ici, portant que l'armée navale espagnole, de soixante vaisseaux, commandée par Juan d'Autriche, assiége Porto-Longone.

Le sieur Tabouret, jadis fripier, puis partisan, achète, à ce qu'on dit, une des quatre nouvelles charges d'intendants des finances, qu'il achète du sieur Foullé-Prunevaux. — Cela est faux.

Comme l'un des jours derniers du mois de mai dernier passé, le sieur Marin, beau-père du sieur Bonneau, procureur du Roi au Châtelet, et jadis de la poste, puis trésorier des grosses fermes et dans les grands partis, a acheté l'une des quatre anciennes charges d'intendants des finances, à savoir celle du sieur de Monnerville-Mallier. — Celui-ci vrai.

— Dimanche, jour de la Pentecôte, 5 juin, avis de l'hôtel de Guise que l'armée ennemie, qui étoit ces jours derniers aux environs de la ville de Rethel, s'est, par une assez grande marche, rendue aux environs de celle de Guise, ayant donné l'épouvante à Vervins, en passant.

Ce jour, M. Servien, ministre d'État, fut au service dans Notre-Dame et dîna chez l'archevêque, ayant l'ordre du Roi et cordon bleu, pour la charge de garde des sceaux de l'ordre du Saint-Esprit qu'avoit le sieur abbé de la Rivière, et qui lui ont été donnés.

Le prince de Conti, que l'on faisoit fort malade tous ces jours derniers, se porte mieux. On refuse au duc de Longueville pour confesseur un carme déchaux, qui lui est ordinaire et qu'il avoit demandé pour cette fête de Pentecôte. Néanmoins, le sieur de Guénegaud dit que le prince ne peut pas vivre encore un mois et on a envoyé vers madame la Princesse à Augerville la préparer à ce qu'il peut arriver.

Ce même jour, le sieur de la Ferrière-Comminges, qui demeure en Saintonge, proche de Pons, venant de là en poste, passe ici pour aller en cour porter avis que le premier de ce mois, le duc d'Enghien, avec madame la Princesse sa mère et tous ceux de ce parti (sans pourtant qu'il y en ait aucun nommé : mais on devine les ducs de Bouillon et de la Rochefoucault) ont été reçus dans la ville de Bordeaux, où les marquis de Lusignan et de Théobon se sont déjà assurés d'un secours d'Espagne, ayant traité avec espagnols, là venus par mer, et reçus et qui même y ont semé de leur argent, à ce que l'on croit.

Le Parlement de Bordeaux députe vers le duc de Bouillon et le harangue; il écrit à Paris à M. le duc d'Orléans que la ville n'a pas pu refuser l'asile et entrée à la première princesse du sang de France et à son fils.

— Lundi 6, bruit que Porto-Longone est rendu à l'armée espagnole, et qu'un chevalier de Malte est ici passé, portant cette nouvelle en cour. Autres disent que c'est Plombin seulement, et que Porto-Longone tient et tiendra, ayant quinze cents soldats qui le défendent et cent braves officiers, dedans de bonnes et grandes fortifications. Lorsque nous le prîmes en l'an 1646, ces fortifications n'y étoient point, et il n'y avoit que quatre cens hommes dedans.

Ce jour, le président de Bellièvre traite à Berny la duchesse de Chevreuse et autres de la Fronde ; et le Garde des Sceaux y fut aussi, ayant dit qu'il s'en alloit seulement à Montrouge.

— Mardi 7, avis au maréchal d'Estrées, gouverneur de Laon, que cette ville là étoit investie par l'armée espagnole et que tout ce que le maréchal du Plessis-Praslin avoit pu faire, étoit d'y avoir jeté quatre régiments pour la défendre. Le comte d'Estrées, dernier fils de ce maréchal, s'y en va pour y commander en l'absence de son père; il est allé à Villers-Cotterêts, et son fils, le comte, avec lui et y étoit encore le 10 juin ; mais le marquis de Cœuvres, son fils aîné, est allé à Laon, où la bourgeoisie n'a point voulu recevoir les troupes du maréchal du Plessis.

En même temps, est venu un bruit que l'Archiduc étoit tombé malade et s'étoit fait porter à Bruxelles.

Ce soir, M. le duc d'Orléans retourne de Limours à Paris.

— Mercredi 8, M. le Garde des Sceaux part pour s'en aller à Compiègne en la cour, où M. le duc d'Orléans doit aller le lendemain.

— Jeudi 9, le surintendant s'y doit rendre aussi, par relais. On doit y tenir un grand conseil sur l'état des affaires présentes.

M. de Lyonne, qui est ici arrivé de mardi soir, doit cejourd'hui se rendre aussi à la cour.

Très mauvaises nouvelles de Guyenne et même des huguenots, à Montauban; ils relèvent leurs fossés et remparts.

Lettres du 4, de Bruxelles, portent que le château d'Hirson, entre Rethel et Rocroy, pris par les Flamands qui l'ont pillé, contre les ordres de l'Archiduc, leur étoit d'importance à cause que la garnison couroit de là jusques à Nivelles au Wallon-Brabant; que le roi d'Espagne a envoyé quatre-vingt ou quatre-vingt-dix mille livres (autres lettres ont un zéro de plus et portent huit cent mille livres, ce qui est plus considérable), au duc de Bouillon, pour faire guerre en France; que l'on attend en Flandres des lettres de change pour cinq cent mille écus ou quinze cent mille livres; que les troupes du duc de Lorraine, qui ne bouge de Bruxelles, ont joint l'Archiduc, et qu'il en lève encore d'autres sur la Moselle; qu'il a quelque mécontentement du traité de l'Archiduc avec madame de Longueville, qui demeure toujours maîtresse de Stenay; que les Suédois ont résolu de faire restituer avec force au Palatin Frankenthal, et que les États de l'Empire y consentent et s'apprêtent pour cela. Ce dernier article est conforme aux avis venus de l'assemblée de Nüremberg, datés du 27 mai dernier.

Messager du pays de Berry, ou plutôt courrier, arrive à Paris et dit avoir vu, le jour d'hier 8, madame la Princesse arrivant à cheval à Montrond ; ce qui s'entend de la douairière, que l'on sait s'en être allée d'Augerville, où elle étoit depuis sa sortie de Paris, à Châtillon-sur-Loing, d'où n'y a pas loin jusques à la rivière de Loire, laquelle, passée à Briare ou Cosne, il y a peu de chemin à gagner Montrond, lieu bien fortifié, près la Villette-Saint-Amand, généralité de Moulins.

Bruit que l'armade Espagnole n'a fait que couler devant Porto-Longone, et est à présent arrivée devant Toulon en Provence. Elle peut prendre aisément Toulon, mais le peut difficilement garder, n'ayant pas Porto-Longone ni Monaco. Il y a quelque apparence qu'elle ruse et glisse en Catalogne. Gare à Tortose, et à Barcelone encore plus !

—Vendredi 10, bruit, dès le matin au Palais, que le cardinal Mazarin auroit été arrêté, du soir précédent, à Compiègne, à l'arrivée de M. le duc d'Orléans. L'allée du Garde des Sceaux au-devant de Son Altesse Royale, jusques à deux lieues, et l'honneur que fit ladite Altesse Royale audit Garde des Sceaux, descendant à sa vue de son carosse, le tirant à part et l'entretenant longtemps, après l'avoir fait couvrir, étant entré seul dans le carosse de lui et ainsi arrivé à Compiègne et été chez la Reine longtemps, eux trois seuls, sans le Cardinal, donnèrent lieu à ce bruit, que des valets, arrivant de là à Paris, semèrent et fut recueilli à Paris avec tant de joie que bien qu'il se découvrît faux sur le soir, et détrompât la bourgeoisie, il y en avoit qui, nonobstant, ne laissoient pas d'en vouloir faire feux de joie.

Un cavalier de grande mine et bien monté, joignant un honnête bourgeois de Paris, qui revenoit de sa maison des champs, dans le parc de Vincennes, lui dit, après long discours sur la prison des Princes et affaires présentes, qu'un savant astrologue florentin lui avoit écrit que le cardinal Mazarin portoit en sa nativité sa mort violente au mois d'août prochain.

On dit, et il y a déjà quelques mois, que le prince de Condé est persuadé qu'il sortira de prison au mois d'août prochain. On devine que c'est l'avocat Goisel[1], qui prédisit la sortie du duc de Beaufort il y a plus de deux ans, qui a prédit celle-ci.

---

1. Ce nom a été imprimé Goiset (pp. 24 et 60 de ce vol.); la leçon Goisel, donnée ici par le manuscrit, est préférable. Dans une pièce de Jean-François Sarrazin intitulée : *Coq à l'asne ou lettre burlesque du sieur Voiture*

— Samedi 11, jour de saint Barnabé, le duc de Richelieu, persuadé par un homme dévot qui le sert en ses affaires, s'est rendu au village de la Chapelle, entre le faubourg et la ville de Saint-Denys, sous prétexte de quelque rendez-vous pour traiter d'affaires. La duchesse d'Aiguillon et la dame du Vigean y étoient avec force gens qui se sont saisis dudit duc de Richelieu et l'ont emmené en l'hôtel de Luxembourg, chez ladite duchesse, qui s'en est allée trouver madame d'Orléans pour lui demander protection, défense et sûreté, au cas que l'on la voulût attaquer et forcer sa maison ; ce que Son Altesse lui a accordé. La nouvelle portée à la dame duchesse de Richelieu, ci-devant de Pons, elle s'est évanouie.

Retour du Roi résolu, de Compiègne à Fontainebleau ou à Paris, pour aller en Guyenne, où le Parlement de Bordeaux a donné un arrêt portant que la requête de la dame princesse de Condé sera en original envoyée au Roi, copie en demeurant au greffe par deçà, et que Sa Majesté sera très humblement suppliée touchant la liberté des Princes et la révocation du duc d'Épernon.

Il y a aussi, dit-on, un autre arrêt, par lequel il est ordonné au marquis de Lusignan de sortir de la ville ; c'est lui qui a amené l'espagnol à Bordeaux, l'y a fait recevoir et traiter.

Le duc d'Épernon, mandé de la part du Roi pour venir ici ; c'est afin de contenter les Bordelois.

Il y a encore à Bordeaux un arrêt sur la requête présentée par les ducs de Bouillon et de la Rochefoucault, portant surséance de six semaines pour eux sur la déclaration du Roi, par laquelle ils sont déclarés criminels de lèse-majesté, si dans quinze jours ils ne viennent trouver Sa Majesté et se mettre en devoir.

— Lundi 13, au matin, la dame de Richelieu, autrement de Pons, s'est trouvée à l'entrée de Messieurs, au Palais, et a présenté sa requête à la Grande Chambre, demandant justice pour l'enlèvement et détention que la duchesse d'Aiguillon a fait de son mari, et requiert qu'il lui soit rendu ; sur quoi a été ordonné que,

---

ressuscité, on lit ces vers à propos de la naissance d'un fils de la duchesse de Longueville, le 28 janvier 1649 :

        Lagneau, Goizel et nos Prophètes,
        Comme de bruyantes trompettes,
        Disent desjà que cet enfant
        Doit estre un héros triomphant.

(*Choix de Mazarinades,* publ. par C. Moreau, 2 vol. in-8°, 1853, t. I, p. 177.)

mercredi prochain, il viendra pour être ouï devant Messieurs, en présence d'elle.

Elle étoit menée par l'archevêque de Sens, oncle du feu sieur de Pons, son mari, et accompagnée des sieurs du Vigean, père d'elle, marquis de Fors, frère, de Sarcelles, oncle, de Villayer et Hallé, maris des cousines, les marquis de Sourdis, de Cœuvres, maréchal de L'Hôpital, M. de Liancourt et marquis de Gesvres, et autres de leurs amis. La maréchale de Guébriant y est aussi survenue, comme on sortoit, sur les neuf à dix heures, ayant avec elle les sieurs de Vardes, ses neveux, comme parents de ladite dame de Pons-Richelieu.

— Mercredi 15, bruit que les ennemis assiègent le Câtelet, entre Cambrai et Saint-Quentin, ès sources de l'Escaut.

En l'audience à la Grande Chambre, le duc de Richelieu apporte . . . . . [1] ou excuse par Gautier, avocat de la dame mère du duc de Richelieu, et Langlois, avocat de la tante, duchesse d'Aiguillon, à cause qu'il est malade, du jour même, qu'il est chez ladite duchesse sa tante et a produit l'attestation de plusieurs médecins qui le traitent. Bataille, avocat pour les parents de la dame de Richelieu intervenants, et l'avocat de la dame de Richelieu complaignante, qui est un jeune homme à elle attouchant de parenté, nommé Laudière, ont obtenu qu'ils en viendront pour tout délai à samedi, sous les peines de l'ordonnance.

Cette audience est extraordinaire et s'appelle audience à huis clos, quoique tout le monde y entre à foule extrême. Les parents de ladite dame de Richelieu, qui y ont signé en la requête d'elle complaignante sont : les ducs de Nemours, marquis de Cœuvres et de Sourdis, comte d'Estrées, maréchal de l'Hôpital, sieurs de Miossens et de Liancourt, d'Estampes-Valençay, de Villayer et Hallé, deux maris de deux cousines germaines, et autres.

— Jeudi 16, au soir, bruit de la reddition du Catelet à l'ennemi où les lettres de Cambrai, du 13, disent qu'artillerie et munitions furent, ce jour là, menées de cette ville là et que, en l'absence de l'Archiduc, se guérissant d'une fièvre tierce à Mons en Hainaut, ou, selon les autres, étant mal content de ce que Fuensaldagne, qui est créature du favori d'Espagne, a le secret du conseil plus que lui, l'armée des Pays-Bas, qu'ils font de vingt-deux mille hommes, mais qui n'est plus que de douze ou quinze mille (à cause de la

---

1. Le mot est en blanc au manuscrit.

débandade de leurs soldats, qui, pour la cherté du pain, qui vaut, au lieu d'un sol, un écu, s'en vont, chargés de butin, et se retirent en leur pays (les Espagnols naturels passent à travers la France pour se retirer en Espagne, mais gare à Bordeaux!), est commandée par le comte de Fuensaldagne; et le maréchal de Turenne y est en personne.

Le sieur de Vandy, étant dans la place, après avoir récompensé le gouverneur, depuis la sortie du comte de Quincey, qui a été pourvu du château de Caen, par la remise de son gouvernement de Jametz, et dix ou douze mille livres de plus, et voulant obliger les officiers de la garnison à se bien défendre, même tué un d'eux qui lui maintenoit qu'il se falloit rendre, a été accablé par eux et mortellement blessé et contraint à se rendre à composition. Il s'est fait porter dans Saint-Quentin. Il n'a été que neuf jours là dedans gouverneur, dont il n'a été que trois paisible et quatre assiégé; et les deux autres, au premier il a été investi, au neuvième il est sorti, car le Catelet fut assiégé le vendredi 10 et pris le mardi 14.

Griève et extrême maladie, dont s'est ensuivie la mort, de l'évêque de Beauvais, Messire Augustin Potier, en la place duquel succède M. de Buzenval, [Nicolas] Chouart, auparavant maître des Requêtes et conseiller d'État, assuré par survivance et néanmoins pourvu comme d'un bénéfice vacant par mort, expédié par M. Du Plessis-Guénegaud, secrétaire d'État.

Bruit, huée et violons par les rues, après minuit, des sieurs de Brancas, marquis d'Illiers et jeune Béthune, ou comte de Selles, Vassé et Barillon, nouveau conseiller reçu en Parlement, qui avoient fait carousse ensemble à souper.

Notre armée est de dix-sept mille hommes, celle des ennemis se débande, il en est passé deux mille à Compiègne, où l'on leur donne argent avec sauf-conduit.

— Samedi 19, audience, dite à huis clos, en la Grande Chambre, quoique tout le monde y entre qui veut, pour l'affaire, remise du mercredi 15, touchant le mariage du duc de Richelieu, qui n'y comparut point, non plus que la dame d'Aiguillon, sa tante, ni personne pour elle, qui dès le soir précédent fit signifier au logis de la dame de Richelieu ou de Pons, comme elle l'appelle, une commission donnée sur sa requête au Conseil, aux fins d'y appeler et faire procéder ladite dame de Pons, pour voir dire que l'affaire sera évoquée en un autre parlement, attendu le grand nombre de parentèles et alliances qu'y a ladite dame de Pons, à cause de ses parens intervenants en sa requête (comme les sieurs d'Étampes, de Villayer et Hallé entre autres) ont en celui de Paris. Ainsi les avocats ne plaidèrent point et fut dit néanmoins défaut à la dame de Pons sur la duchesse d'Aiguillon, et ordonné que deux conseillers, commissaires du Parlement, les sieurs Ménardeau-Champré et Doujat, iroient au logis de ladite duchesse pour informer sur l'enlèvement du duc de Richelieu, faire perquisition de sa personne et l'interroger. Aucuns ont voulu dire que le Premier Président, favorisant la dame d'Aiguillon, par ordre du ministère, avoit donné cet arrêt, quoiqu'il n'y eût que neuf voix contre douze qu'il y avoit, pour faire ordonner que ladite dame, faute d'avoir comparu et satisfait à l'arrêt de mercredi, mettroit le duc son neveu en liberté.

Et à neuf heures de ladite matinée, ladite duchesse présenta sa requête au Conseil, demandant cassation dudit arrêt du Parlement, à cause d'attentat contre celui d'hier du Conseil. Le Garde des Sceaux n'a voulu donner ladite cassation.

— Dimanche 20, bruit que Guise est rendu à l'ennemi, au moins la ville, et que le château tient encore.

— Lundi 21, autre bruit contraire au matin, savoir que le sieur de Bridieu, gouverneur, avoit mis le feu à la basse ville et consumé toutes les provisions de blé et munitions, avec les meubles qu'il n'avoit pu emporter et retirer avec soi dans le château et demi-lune, où il s'est retranché avec deux mille soldats et grand nombre de paysans aguerris et résolus. Le soir, ce bruit continue par ceux qui, ce jour, sont ici venus de Compiègne ou en ont écrit; et y est ajouté que les ennemis s'étoient retirés de Guise, voyant qu'il n'y avoit plus rien à gagner que des coups.

Ce jour, soixante espagnols, débandés de l'armée qui est devant Guise, se sont retirés par Paris, où M. Le Tellier leur a donné passe-port et argent, comme il fait tous les jours à beaucoup qui passent de cette sorte là.

Les soldats sortis du Catelet, suivant la composition à eux faite, et conduits à Saint-Quentin, y ont été décimés, et cinq d'eux pendus, pour expier la violence par eux commise contre le sieur de Vandy, leur gouverneur, lequel se porte bien de ses meurtrissures.

Cependant les deux commissaires du Parlement ayant été, le samedi 19, au logis de la duchesse d'Aiguillon, dit le petit Luxembourg, ils y furent fort civilement reçus par elle, et invités à voir même le duc de Richelieu, mais toujours en qualité d'amis et non pas de juges; ce qu'eux ne voulant, après longues contestations, firent écrire par leurs greffiers leur procès-verbal de toute cette opposition, lequel, mis entre les mains du procureur général, qui s'est rendu partie pour l'intérêt du Roi et du public, il a mis ses conclusions, et requit que, nonosbtant l'opposition de ladite dame d'Aiguillon, il seroit passé outre, comme il a été cejourd'hui, que les deux mêmes commissaires du Parlement, Doujat et Ménardeau, se sont transportés au Palais d'Orléans, où l'avis portoit que la duchesse d'Aiguillon avoit mis comme en sûreté son neveu, le duc de Richelieu; et là ont prié le duc d'Orléans de tenir la main à l'exécution de l'arrêt du Parlement de ce jour, portant que la dame d'Aiguillon remettroit en pure et franche liberté ledit duc, son neveu, dans cejourd'hui, pour toutes préfixions et délais, sous peine de quatre-vingt mille livres parisis d'amende, qui sont cent mille livres tournois; ce que Son Altesse Royale leur a promis de faire, comme aussi l'a-t-il promis à la dame de Richelieu et à tous les parents et amis qui l'accompagnoient en cette conjoncture, l'un desquels, marquis de Fors, frère d'elle, a trouvé moyen de parler audit duc, lui disant, en présence de sa tante, que madame sa femme étoit là pour le voir et le tirer de la captivité où il étoit; à quoi il ne répondit rien, et la dame d'Aiguillon dit audit marquis qu'il songeât où il étoit, qui étoit lieu de respect, etc.; et le sieur de Miossens parla aussi audit duc conformément et n'eut réponse, sinon que le duc lui serra doucement la main, comme pour consentir à ce qu'il disoit; mais le sieur du Coudray-Montpensier, ayant, comme non suspect, pris l'occasion de parler aussi audit duc, lorsque sa tante n'y prenoit garde, il lui dit qu'il ne pouvoit pas quitter sa tante pour aller voir madame de Richelieu, mais que lui, sieur du Coudray, le pouvoit et étoit prié de l'assurer de sa part qu'il ne manqueroit jamais à ce qu'il lui avoit promis et qu'il périroit mille fois plutôt que de lui fausser sa foi.

On dit pourtant qu'il bailla déclaration, comme en tout ce qui s'étoit passé il n'avoit point été violenté, ce qu'aucuns interprètent disant qu'il entend dire en l'enlèvement dernier, fait de lui par sa tante, quoiqu'entre ses amis il confesse qu'il fut surpris et enlevé de force; et autres disent qu'il entend qu'en tout son mariage il a été très libre et a fait toutes choses sans aucune contrainte. Enfin il y en a qui assurent qu'il a dit cela de toutes les deux occasions, de l'une parce qu'il est vrai qu'il s'est volontairement marié, et de l'autre parce qu'il n'a pas voulu désobliger sa tante. Après quoi, Son Altesse Royale, du consentement des parties, remit le duc de Richelieu entre les mains de l'un de ses capitaines des gardes, lors non en quartier, le sieur de la Frette, allié de la dame de Richelieu, comme étant frère du feu sieur du Lonzat, qui avoit épousé la sœur du feu sieur de Pons, premier mari de ladite dame, et fut ledit duc, sur les cinq heures, conduit par le jardin du Luxembourg, au logis du sieur de la Frette, qui est dans la rue des Carmes, ou autre aboutissante, vis à vis de la petite porte dudit jardin.

— Mercredi 22, les deux commissaires du Parlement vont vers M. le duc d'Orléans, le prier, de la part de Messieurs d'ôter de chez le sieur de la Frette le duc de Richelieu et le renvoyer en sa maison ordinaire, ou pour le moins commander que chez ledit sieur de la Frette il eût l'entière liberté de voir tous ses amis et d'aller aussi lui-même partout où il voudroit.

Ce jour même, le sieur de Miossens, beau-frère de la dame de Richelieu, a dîné chez M. de la Frette avec ce duc, auquel il a fait les mêmes protestations de fidélité et fermeté pour sa femme, laquelle l'est allé voir là dedans le soir même.

Ce soir, fut fait en Grève le feu de la saint Jean, quoique ce ne soit que l'anti-veille, mais le maréchal de l'Hôpital, gouverneur de Paris, le fit ainsi, afin que, n'étant jeûne, il pût donner, comme il fit, jambons et autres pièces de collation, avec largesse de vin aux bateliers et autres gens de la Grève. Il pria aussi M. le duc d'Orléans d'assister à la cérémonie, et d'y mettre le feu, ce qu'il fit; ensuite on fit des feux particuliers par toute la ville. — Voyez la Gazette du samedi 25.

— Jeudi 23, on ne laissa pas de faire les feux ordinaires, à la veille de saint Jean, par tout Paris, fors celui de Grève, qui fut fait dès le jour précédent; les processions aussi de l'octave du Saint-Sacrement allèrent partout; mais la pluie, la nuit, fit détendre les beaux reposoirs encommencés en divers lieux, et la crotte incommoda lesdites processions.

Le maréchal de l'Hôpital, comme gouverneur de Paris, fut à la procession. — Voyez la Gazette dudit jour 25 de ce mois.

La dame de Richelieu voit le duc son mari et mange avec lui chez le sieur de la Frette; mais il sollicite lui-même sa pleine liberté pour s'en aller chez lui et M. le duc d'Orléans le remet.

Cependant il va se promener dans le jardin et parc d'Orléans, où même la duchesse d'Aiguillon l'a vu comme par rencontre.

Ce jour, petite Fête-Dieu, on jeûna, comme veille saint Jean, et on ne laissa pas de fêter et chomer tout le jour et faire les feux particuliers devant chaque porte des maisons de la ville.

Proverbe :

> Quand Jean fait jeûner Dieu
> La paix est en tout lieu.

Ce qui pourtant ne se trouve vrai, cette année, que la paix par deçà n'est en nul lieu de France, d'Angleterre, d'Allemagne et d'Espagne.

— Vendredi 24. Ce jour, un député de Bordeaux arrive ici, qui parle fort hardiment contre le voyage publié du Roi en ces pays-là[1].

---

1. Dubuisson-Aubenay transcrit dans ses annexes la correspondance suivante, qui dut arriver à Paris vers le 24 ou le 25 juin.

De Bordeaux, 20 juin 1650.

Madame la Princesse avoit commencé à marcher le jour de la Fête-Dieu après le Parlement, M. le duc d'Enghien devant elle, après avoir ouï la messe pontificale de M. l'archevêque, lequel, étant allé au sermon dans l'église Saint-André, le soir du même jour, rebroussa, ayant eu avis que madame la Princesse y étoit, laquelle il n'a pas visitée. Dans les rues, on obligea madame la Princesse de se retirer chez elle, lui ayant été rapporté que M. de Sauvebœuf étoit sorti pour se battre en duel avec la Motte-Guyonnet et quelques autres et qu'il falloit qu'elle y mît ordre ; je ne vous dis point que le Parlement eut donné place à l'ordinaire à M. le duc d'Enghien, entre les deux présidents, qui marchoient les premiers, mais à cause de la longueur du chemin, étant nécessaire que quelqu'un le portât on ne trouva pas bon qu'il y fut ; ce fut le prétexte. Vous saurez aussi qu'on ne voulut pas souffrir qu'un gentilhomme qui étoit à madame la Princesse portât le flambeau blanc au devant du Parlement, après le poêle, parce que le Parlement ne souffre point de séparation entre eux deux. Madame la Princesse, étant arrivée chez elle, fit monter à cheval grand nombre de noblesse pour empêcher le duel, qui étoit fait sur une vieille querelle et sur quelque injure que M. de Sauvebœuf avoit dite à La Motte-Guyonnet, l'ayant appelé fripon, durant la guerre passée, sur quelque argent dérobé et qu'il avoit retrouvé. M. de Sauvebœuf se voulut battre à cheval, disant à tous, savoir à ce second et à quatre autres, qui étoient arrivés les premiers pour les séparer, qui s'étoient faits de la partie, qu'il étoit leur général, et qu'il vouloit leur commander et qu'il vouloit se battre à cheval à coups d'épée. Son adresse, et l'accoutumance qu'il a à cette manière de combattre, le rendit aisément vainqueur ; et son ennemi, lui ayant porté un coup d'épée qui passa sous son bras, fut renversé à terre par son

— Samedi 25, les charrois commandés pour ramener les bagages de la Cour, de Compiègne à Paris.

---

cheval, lequel ayant reçu un coup d'épée sur la tête, se cabra et se mit en fougue. M. de Sauvebeuf l'obligea à lui demander la vie et l'épée; et la Motte ne l'ayant pas voulu faire, la générosité de Sauvebeuf lui donna l'un et l'autre; après quoi, ils revinrent dîner ensemble, ce matin du jeudi.

Le chevalier de la Valette entra dans le bourg de Coutras et il n'y eut que peu d'habitans tués et quelques bûches mises au feu, quoique l'on fasse courir le bruit qu'il a mis tout à feu et à sang. Ses troupes sont entrées dans le Fronsadois, d'où celles de M. de Bouillon étoient sorties pour aller en Médoc, où il a pris Castelnau, et ses gens de pied fait un très grand butin du bétail, assez bon nombre de chevaux et de juments, pour se monter; et on peut dire qu'il n'a plus de gens de pied. Les troupes du parti contraire le suivent de près; et il a passé aujourd'hui grand nombre de cavalerie de M. d'Épernon vers Portets et vers Castres, pour aller, par les Landes, en Médoc. Celles de M. de la Meilleraye ont joint M. de la Valette et elles passent l'eau vers Roque-de-Taux, ou Blaye, après avoir pris le château de Vayres, duquel deux cents hommes de M. de Bouillon se sont saisis et que les troupes du Roi ont assiégé.

M. de Bouillon est revenu aujourd'hui de son armée, où il étoit allé hier.

M. de Sauvebeuf partit hier au soir, à six heures, après s'être confessé et pris congé de ses amis, leur disant qu'il ne savoit pas quand il reviendroit; il est allé vers La Teste-de-Buch, escorté de trente ou quarante chevaux, sans le marquis de Sillery. Il va trouver cinq ou six vaisseaux espagnols qui sont vers cette côte; et on a dit à ces messieurs, qui font pourtant ce qui leur plaît, leur parlant sur la frégate prise, qu'ils faisoient leur affaire trop proche de la ville et à découvert; et le Parlement a été obligé de permettre d'informer et prier M. de Saint-Simon d'envoyer les mémoires qu'il a trouvés, afin d'avoir des preuves; et on a écrit aussi à M. de Lavie sur ce sujet, quoique sa dernière lettre soit piquante contre le Parlement.

Les nouvelles du voyage du Roi en ce pays partagent les esprits et les inclinations; et chacun en parle suivant ses mouvements intérieurs. On s'est échappé de dire qu'il seroit le bienvenu avec sa maison; mais point de Cardinal.

Je crains que nos gouverneurs ne fassent faire quelque sédition pour ce sujet; ils sont les plus forts et ont beaucoup plus d'appui dans ces lieux qu'il ne faudroit; ils ont leurs agents partout et hier ils firent sortir de la ville deux canons de fer, un de fonte. Il leur sera facile de prendre tous ceux qui étoient au château Trompette et ceux de la ville quand il leur plaira.

Hier matin, le Parlement délibéra de demander l'union au Parlement de Paris, et, quoi qu'il ait été dit que la délibération seroit secrète, on le sait en plusieurs endroits.

Hier, sur le soir, arriva le secrétaire de M. Guyonnet, portant une lettre au Parlement sur le congé qu'ils ont eu au palais d'Orléans et l'ordre de

— Dimanche 26, grande croyance que la Cour sera de retour pour le lendemain, de Compiègne à Paris.

— Lundi 27, croyance que le Parlement s'assembleroit ce matin pour délibérer sur la lettre circulaire du Parlement de Bordeaux, apportée par son député à celui de Paris; ce qui n'eut pourtant point effet.

Ce jour, le duc de Richelieu eut entière liberté et sortit de la maison et garde du sieur de la Frette pour s'en aller en sa maison et avec sa femme.

— Mardi 28, la nuit du lundi, Clinchant, courrier de M. de Brienne, secrétaire d'État, arriva chez ledit sieur à Paris, pour contremander son carosse qui le devoit aller quérir à Compiègne et pour apporter une dépêche à M. Le Tellier, autre secrétaire d'État, dont il remporta, ce jour même, la réponse, comme il avoit ordre de faire, et d'être à Compiègne à cinq heures du soir. Ce même courrier ayant rencontré, le lundi soir, les aumôniers du Roi congédiés, et qui s'en venoient ce soir là coucher à Paris, les fit retourner pour être à Compiègne le soir du lendemain, veille de Saint-Pierre, afin de célébrer devant Leurs Majestés, le lendemain mercredi 29, jour et fête de saint Pierre et saint Paul.

En cette vigile, il ne se fait pas de feux à Paris (oui bien en Normandie), comme il s'en fait le soir de la veille Saint-Jean.

Le même jour, 28 au matin, le sieur Voisin, député de Bordeaux, fut au parquet de messieurs les Gens du Roi, demandant l'assemblée des Chambres, en laquelle il protesta d'exposer sa commission, et qu'il n'en feroit aucune ouverture ailleurs auparavant.

---

se retirer aujourd'hui. Le Parlement s'est assemblé, quoique dimanche, pour la lire et l'on a dit que M. le garde des sceaux leur avoit ordonné de ne pas partir, quoiqu'ils ne l'aient pas écrit; [*le copiste doit avoir omis quelques mots en cet endroit; de là l'obscurité du passage qui suit*] ... et l'on ajoute qu'il n'est pas en chemin encore, sa présence étant trop nécessaire dans les frontières, les ennemis ayant assiégé et pris le Catelet.

L'on attend demain, savoir la résolution de Leurs Majestés en ce pays et vous puis assurer qu'il s'en prend d'étranges en ce pays ici.

On dit que messieurs de la Force doivent arriver ici aujourd'hui; mais il est neuf heures du soir et ils ne sont pas encore venus. On assure qu'ils ont signé et qu'on leur doit donner cinquante mille écus; mais il n'y a pas un sol.

On fait deux régiments dans la ville, de Sauvebeuf et de Lusignan; et seront prêts à la fin de la semaine.

Les Enquêtes s'émurent, et on croit que ladite assemblée se fera le jeudi 30, pour délibérer sur la lettre circulaire du Parlement de Bordeaux, qui requiert à celui-ci sa jonction, pour remédier aux désordres de l'État.

— Mercredi 29, jour et fête de saint Pierre et saint Paul, avis de Bordeaux, par lettres du 23, que les généraux et le peuple s'unirent et contraignirent aussi le Parlement à s'unir à eux, tellement qu'il n'est plus obéi, ses arrêts n'étant plus exécutés et les généraux étant les maîtres.

Les marquis de Sauvebeuf et de Sillery, avec l'un des fils de M. de Bouillon, sont allés pour otages à Saint-Sébastien de Biscaye, d'où le secours d'hommes et d'argent est attendu à Bordeaux. Les troupes du duc de Bouillon ont pris Castelnau de Médoc et celles du duc d'Épernon l'île Saint-Georges, dans la Garonne, au dessous de Podensac et au dessus de Bordeaux : que M. de la Force est dans Bordeaux incognito, que les troupes du maréchal de la Meilleraye sont assez près de cette ville là, dans laquelle il a envoyé un trompette pour savoir leur déclaration, s'ils veulent obéir au Roi ou se tenir du côté des généraux qui forment le parti des Princes.

Mercredi soir, sur les sept heures, le Roi, la Reine et M. le Cardinal arrivent de Compiègne à Paris, avec bruit d'en partir dans quatre jours pour le voyage de Bordeaux.

Confirmation de l'avis que le marquis de Jarzé, et autres avec lui, ont été arrêtés au faubourg de Péronne, passant pour s'en aller jeter en l'armée ennemie, avec le maréchal de Turenne.

Le soir le nommé Barrau, de Pons, est arrivé de là, envoyé à M. de Miossens, qui l'a produit en Cour, par son frère, le chevalier d'Albret. On lui a pourtant dressé son ordonnance, comme à envoyé de la part du sieur Constant, illustre Bordelois, réfugié de sa ville, à cause du service du Roi, en celle de Pons. Il apporte avis du combat d'entre les troupes du général de la Valette, qui ont eu du bon, et celles du duc de Bouillon, au lieu de Palu, commencement de Médoc.

— Jeudi matin, 30 juin, arrive un autre courrier du général la Valette apportant confirmation du premier avis du combat gagné par le général la Valette sur le duc de Bouillon.

Après dîner, conseil d'en haut chez la Reine ; les gens du Roi y viennent, mandés sur l'affaire touchant l'assemblée des chambres du Parlement, prétendue et sollicitée par le sieur Voisin, nouveau venu, député de Bordeaux.

Mort de la demoiselle Marion de Lorme, sur les six heures du soir, après avoir été saignée, son sang toujours fort beau ; est morte fort chrétiennement. Elle a été mise en lit de parade, parée et vue de tout le monde le lendemain, comme si c'eût été une princesse. Elle avoit une couronne de fleurs d'oranger sur la tête et étoit peu ou point changée de visage. Sur la fin du jour, qu'elle eut été de cette sorte exposée, la populace s'en indigna, à cause qu'elle avoit eu réputation de faire l'amour avec diverses gens et particulièrement avec le sieur d'Émery, surintendant des finances, qui lui auroit beaucoup donné. Les parents surent cela et ôtèrent le corps de là, fermant leur porte à la populace.

Juillet.

M. de Brienne-Loménie en mois de secrétaire d'État.

Capitaine des gardes du corps, pour ce quartier commençant, M. le marquis de Gesvres, par survivance et aide à son père, le comte de Tresmes.

—Vendredi (*grandevam*), premier jour de juillet, avis de notre armée, près de Guise, que les compagnies des maréchal du Plessis, marquis de Praslin, et gouverneur de la Capelle ont défait un convoi des ennemis, venant de devers Cambrésis et Hainaut pour leur armée assiégeant Guise, et que quatre cents chevaux chargés de farine ont par les nôtres été pris et menés dans la Capelle.

Ce jour, l'après-dîner, les députés du Parlement, mandés de par le Roi, furent au Palais sur le sujet du prochain voyage de Bordeaux.

— Samedi matin, Voisin, député de Bordeaux, se trouve au parquet des gens du Roi, au Palais, demandant audience en la Grande Chambre, et a été remis à lundi.

L'après-dîner, les députés de l'assemblée du Clergé, au nombre d'environ vingt évêques, ont été conduits par M. du Plessis-Guénegaud à l'audience du Roi et de la Reine, où l'archevêque de Reims, messire Léonor d'Étampes, porté dans sa chaire, à cause de son indisposition, l'archevêque d'Embrun, autre et deuxième président de l'assemblée, a représenté les plaintes des évêques de Guyenne contre le duc d'Épernon, qui veut être encensé par eux et que, par eux aussi, la parole lui soit adressée alors qu'ils prêchent.

La Reine a dit qu'ils baillent leurs plaintes susdites par écrit et que le Roi leur fera raison.

M. du Plessis de Guénegaud, secrétaire d'État, est fait commissaire du Roi vers le Clergé, ce qui lui vaudra six mille livres, outre les quinze mille livres qu'il a comme secrétaire d'État, ayant le département dudit Clergé, toutes les fois qu'il s'assemble, qui est de cinq ans en cinq ans. En son absence, et lorsqu'il est allé au voyage de Bordeaux, ci-après, le sieur Gargan, intendant des finances, a été donné pour adjoint à M. d'Aligre, directeur.

Sur les cinq heures, le sieur de Jouy est arrivé de la part du maréchal du Plessis-Praslin, général de notre armée auprès de Guise, apportant que ce matin, à quatre ou cinq heures, on a vu des feux dans les lignes et logements des ennemis, à l'entour de ladite place de Guise; ce qu'ayant envoyé reconnoître, il s'est trouvé que les ennemis avoient mis le feu à leur camp et s'étoient levés du siège et retirés, dès la nuit, vers Avesnes, prochaine place à eux dans le Hainaut. — (Voyez les gazettes extraordinaires.)

Querelle et appel du sieur de Manicamp au marquis de Noirmoutiers, pour le gouvernement de la Fère, que celui-ci est sur le point d'avoir, au lieu du Mont-Olympe, et que le premier prétend lui être dû. — Faux.

— Lundi 4, le sieur Voisin, député de Bordeaux, vint au Palais pour y exposer sa créance et commission; mais il vint trop tard, le Premier Président ayant fait commencer l'audience un quart d'heure plus tôt qu'à l'ordinaire.

— Mardi 5, les Enquêtes ont demandé l'assemblée, et on l'a remise au lendemain.

Assemblée en l'hôtel de ville pour les rentes sur le Roi.

Les assignations aux parents, qui ont signé en la requête de la dame de Pons et Richelieu, se font au conseil privé du Roi, pour y procéder sur l'évocation obtenue par les dames duchesse d'Aiguillon et comtesse d'Ouroüer, hors du Parlement de Paris, pour la cause concernant le mariage du duc de Richelieu avec ladite dame de Pons.

— Mercredi 6, au matin, M. du Plessis de Guénegaud, commissaire de la part du Roi en l'assemblée du Clergé. Son collègue en députation est M. d'Aligre, directeur des finances.

Ce matin, les chambres assemblées, et M. le duc d'Orléans présent, le député de Bordeaux, nommé Voisin, a dit sa créance et déclaré sa députation, portant que la jonction des deux parlements étoit aux fins de supplier le Roi qu'il lui plût révoquer le duc d'Épernon, pacifier les troubles de la ville et de la province, et d'accorder la liberté aux princes prisonniers. On fut aux voix. Le sieur de Bachaumont-Le Coigneux, conseiller, et fils du vieil président, dit que faire comme on faisoit, n'étoit que plâtrer une affaire et qu'il falloit aller au fond et à la racine, y couper le mal et l'origine de tous les désordres. Son frère, le président en survivance, surpris de l'ouïr ainsi parler, lui demanda tout haut à quelle charge de la cour ou gouvernement il prétendoit, voulant dire par là que tous ceux qui avoient poussé le cardinal Mazarin avoient eu des prétentions particulières, que l'on avoit reconnues et assouvies pour les faire taire.

M. Broussel dit son avis, qui fut fort suivi, portant que deux députés du Parlement seroient choisis pour aller vers le Roi porter à Sa Majesté copie de la créance et demande du député de Bordeaux, qui les bailleroit par écrit pour être mis ès registres du Parlement, et seroit Sa Majesté très humblement suppliée d'y avoir égard et d'en accorder l'effet touchant la révocation du duc d'Épernon. Le sieur Coulon, conseiller, dit, touchant la liberté des Princes, que cette corde n'ayant point encore été touchée, méritoit bien que l'on y pensât.

La commission ou créance du sieur Voisin est de joindre le Parlement de Paris à celui de Bordeaux, pour obtenir du Roi, premièrement la révocation de M. d'Épernon, la pacification et amnistie à Bordeaux[1], la liberté des trois princes prisonniers, et

---

1. *Lettre de Bordeaux le 30 juin 1650.*

En suite de la reprise de l'Isle-Saint-Georges, les prisonniers qui y furent faits par le chevalier de Roquelaure, qui commandoit à cette expédition, furent conduits à la Bastide, au nombre de quatre-vingts; l'on n'osa pas les faire entrer en cette ville, à cause que le peuple menaçoit de les mettre en pièces. Mais à onze heures du soir, tout le

raison contre le sieur Foulé, pour les violences par lui commises en son intendance de Limousin.

— Jeudi matin 7, le Parlement étant encore assemblé, M. le duc d'Orléans a dit que si l'on passoit outre sur le point de la liberté des Princes, qu'il se retiroit, ne pouvant assister à telles propositions qui ne pourroient qu'être préjudiciables au Royaume, attendu l'état des affaires présentes. Que les créatures, partisans et amis desdits Princes se trouvant les armes à la main, il étoit expédient, pour le salut public, que lesdits Princes demeurassent arrêtés et mis en sûreté. Là dessus on lui a dit que ce n'étoit point que les avis de messieurs fussent pour la liberté desdits Princes, mais seulement pour la leur, parce qu'ils prétendent être libres de recevoir les députations et propositions des autres parlements et d'en dire librement leur avis. A quoi ledit duc d'Orléans a répliqué qu'il ne voudroit pour rien au monde leur ôter la liberté qu'ils ont de proposer et dire leurs sentiments, et que, pour la leur laisser entière, il choisissoit de se retirer au cas que, comme dit est, ils voulussent passer outre en ce point. M. de Broussel a donné par écrit son avis d'hier, qui a été reçu par le greffier et passé par la compagnie, qui en a fait un arrêt. M. le duc d'Orléans sortit, la tête couverte, ayant les duc de Beaufort et Coad-

---

monde étant retiré, quatre compagnies en armes les conduisirent dans le château du Hâ, où ils sont encore, fort maigrement traités.

Le lendemain 28, messieurs de Bouillon et de la Rochefoucauld et autres furent visiter cette île, pour y faire ce qu'ils jugeroient nécessaire pour la conserver, et l'on en rapporta un ordre de M. d'Épernon, trouvé dans la poche d'un commandant mort, pour l'attaque et les fortifications qu'il y devoit faire, avec permission de laisser passer encore quelque temps les marchands par la rivière jusques à nouvel ordre.

M. d'Épernon délogea dès le 27 du camp de Blanquefort, et ayant été suivi en queue par les nôtres, perdit quelques-uns des siens ; et, au retour, l'on apporta à madame la Princesse treize casaques de ses gardes dont on dit que le capitaine, nommé Saint-Quentin, a été tué. On assure que M. de la Valette a assiégé Castelnau de Médoc, où M. de la Meilleraye ayant envoyé le lendemain un bateau chargé de mille pains de munition, pris à Bourg, ce bateau fut pris le lendemain et mené ici avec quatre bourgeois de Bourg qui le conduisoient.

On fait travailler à un fort de quatre bastions à la Bastide.

juteur de Paris à ses côtés, nu-tête, aucuns de la foule criant : « La paix ! la paix ! et point de Mazarin ! »[1].

[1]. Ici se placent les deux pièces suivantes que Dubuisson a transcrites dans ses annexes.

Lettre de M. de la Meilleraye pour réponse à celle que M. le Procureur général lui avoit écrite, du consentement du Parlement.

Monsieur, je m'assure que lorsque messieurs du Parlement ont trouvé à redire à l'envoi que j'ai fait du trompette pour leur porter des lettres, qui ne pouvoient donner que beaucoup de satisfaction à la Compagnie, ils n'ont pas fait réflexion sur le traitement qu'avoit reçu dernièrement le sieur d'Alvimar, envoyé de la part du Roi. Si j'avois su avoir sûreté pour un gentilhomme, je leur aurois dépêché, pour leur faire entendre les intentions de Sa Majesté, ainsi qu'elles étoient par mes lettres, et toutes quantes fois qu'ils auront agréable de m'envoyer un passeport, ou telle autre assurance qu'ils désireront, je leur ferai connoître que mon approche de leur ville n'est point pour leur faire la guerre, mais seulement pour m'opposer à l'entrée des Espagnols dans l'État, ainsi qu'à ceux qui le veulent troubler par les voies dont ils se servent ; et que si ces messieurs ont le zèle qu'ils ont ci-devant fait paroître et auquel les oblige le dû de leurs charges, pour la tranquillité publique, ils peuvent éviter les désordres que cause d'ordinaire la guerre et remettre la paix dans la province, ainsi que le souhaite de tout son cœur,

Monsieur,

Votre très affectionné serviteur,
La Meilleraye.

Au camp de Saint-André le 27ᵉ juin.

Prédiction.

Les Bordelois seront vaincus dès le dixième jour du mois de septembre 1650. Le Roi se rendra souverain chez eux et chassera les navires espagnols qu'ils ont appelés à leur secours. Il leur donnera pour gouverneur le duc d'Anjou et pour lieutenant Praslin. Le Parlement ployera le genou devant le Roi et lui rendra toutes sortes de soumissions, tellement que le voyage du Roi ne peut être qu'heureux et même la conjonction des deux luminaires, qui se doit faire le 15 juillet, nous promet qu'il ne reviendra pas de ce voyage sans nous apporter la paix. Et bien qu'il y ait quelques combats de part et d'autre donnés, et que plusieurs des nôtres soient maltraités en iceux, nous ne laisserons pas pourtant d'avoir le dessus.

Les plus âpres mutins seront châtiés et le menu peuple reconnoîtra la majesté royale. Nos ennemis seront confus, au plus tard dans le

— Vendredi 8, il ne s'est rien fait au Palais.

Retour de M. de Miossens et avis de Fontainebleau que le Roi en est parti ce matin 8, après dix heures, pour aller coucher à Malesherbes.

Ce matin 8, le bonhomme M. de Bellièvre, doyen des conseillers d'État, âgé de soixante-sept ans, et jadis président au mortier, est décédé apoplectique, n'ayant été malade que du jour précédent. Il mangeoit et buvoit beaucoup, faisant quatre repas, dont le déjeuner étoit un chapon bouilli avec bonne soupe.

— Samedi 9, on se doit assembler pour faire le choix des députés du Parlement vers le Roi, pour lui porter, tant la créance du député de Bordeaux, que pour faire expliquer M. de Broussel sur son avis, duquel il a parlé en deux ou trois sens différents et qui ne sont pas clairs en son écrit.

---

commencement de septembre et en ce temps là, que le Roi sera roi, les Hollandois fléchiront devant lui.

Pendant ce voyage, le Roi sera attaqué d'une fièvre qui ne durera que huit jours. La Reine aura un flux de ventre accompagné d'une fièvre véhémente ; elle ne gardera pas longtemps ce mal, mais elle ne sauroit éviter une trahison qui lui sera brassée à la fin du mois d'août, que si elle n'en fait faire la punition, quand le traître sera découvert, elle est en danger de sa personne.

De Bordeaux, le 4ᵉ juillet 1650.

Le chevalier de la Valette a repris le château de Castelnau de Médoc, de la même façon que le duc de Bouillon l'avoit pris. Il menace de venir prendre l'Isle-Saint-Georges ; mais elle est maintenant si bien gardée qu'on ne l'appréhende pas. Il s'en va avec ses troupes à Cadillac, ainsi que M. d'Épernon, lequel s'est abouché avec le maréchal de la Meilleraye, dans une de ses maisons, située vis-à-vis de Blaye, de l'autre côté de la rivière, où ils ont eu une longue conférence, après laquelle ce maréchal est revenu dans son camp à Saint-André. L'on attend ici en impatience la réponse que le Parlement de Paris fera au nouveau député que notre Parlement lui a envoyé ; et cependant l'on demeure ici au même état, c'est-à-dire en suspens, et l'on a peine à croire que le Roi vienne ici. On publie que madame la Princesse a encore reçu cent mille livres que les Espagnols lui ont envoyé ; mais quant aux cinq cent mille livres qu'elle attendoit d'eux, ils ne paroissent point encore, non plus que le marquis de la Force, duquel on ne peut pas dire qu'on soit encore assuré, quoiqu'il ait ramassé quantité de troupes.

Ce jour, samedi 9, au matin, le Parlement étant assemblé, le sieur Foulé, ci devant maître des Requêtes et, à présent, l'un des quatre nouveaux intendants des finances, étant en sa place de maître des Requêtes, a rendu compte de ce qui s'est passé en l'intendance qu'il a eue, l'an passé, dans le Limousin, pour raison de quoi, et sur plaintes par les particuliers contre lui rendues, le Parlement de Bordeaux avoit donné un arrêt. M. Broussel, le vieux conseiller, a voulu dire qu'il ne devoit pas être assis là, mais parler de derrière le parquet, dont plusieurs conseillers se sont trouvés scandalisés, comme n'étant de son avis. A dix heures, on s'est levé et a-t-on dit que l'on députeroit lundi en l'assemblée des Chambres ceux qui iront vers le Roi, suivant l'avis de M. Broussel, de l'explication duquel on n'a nullement parlé, quoiqu'il semblât que l'on se fût principalement assemblé pour cela.

Là dessus le député de Bordeaux a fait dire qu'il étoit là, et ceux qui le favorisent ont emporté qu'il soit venu. Adonc, le Premier Président lui a dit que lundi l'on députeroit pour porter au Roi sa créance. Il a demandé si les députés ne feroient pas instance vers Sa Majesté sur tous les points de sa créance ; mais il ne lui a pas été précisément répondu là dessus, tout le monde s'en allant en confusion.

Le sieur de Longueil-Maisons, reçu en survivance de son père président au mortier, a vendu sa charge de conseiller pour en prendre une de maître des Requêtes ; il étoit fort ami et portant les intérêts du prince de Conti.

Ce même matin, furent faites à Saint-Germain-l'Auxerrois les funérailles du bonhomme M. de Bellièvre, jadis président au mortier et depuis conseiller d'État et doyen du Conseil. Néanmoins il n'y eut aucun conseiller d'État invité, mais bien force conseillers et quatre présidents, messieurs de Bailleul, Le Coigneux, de Nesmond et de Maisons-Longueil. Aussi les deux fils du défunt sont-ils du Parlement et présidents, l'un au mortier, en la place du père, et l'autre ès Requêtes du Palais.

— Dimanche 10, l'archevêque de Sens, pour le sujet de sa réconciliation avec M. le Coadjuteur de Paris, lui donna à dîner et à douze évêques et deux archevêques, présidents en l'assemblée du Clergé : messieurs de Reims et d'Embrun. Ils étoient seize en tout, en table carrée, servie de quatre grands potages, une bisque en bassin au milieu et quatre assiettes creuses entre les quatre plats, pleines de quatre menestres ou petits potages ; au deuxième service, cinq plats de bouilli avec quatre assiettes d'entrée; au troisième, cinq plats de rôti, douze faisandeaux, autant de dindons et poulets et huit lapereaux, pour plats, avec quatre assiettes de douze cailleteaux, perdreaux et pigeonneaux ramerots. A l'entremets, autant de plats et assiettes de ragoûts et nouveautés; et au fruit, tout de même, fruits crus et confits ou en compote. L'archevêque doit traiter la même compagnie dimanche prochain.

— Lundi [11], mardi [12], mercredi [13], il ne se fait rien au Parlement, le député de Bordeaux ayant différé de bailler sa créance par écrit, comme il avoit été arrêté qu'il feroit.

Divers bruits sur le voyage du Roi, qui cependant arrive et repart de Blois pour se rendre à Tours, où il doit tarder.

Le garde des Sceaux, malade à Paris, est saigné pour la deuxième fois.

— Mardi matin 12, service à Saint-Germain-l'Auxerrois pour feu M. le président de Bellièvre.

— Mercredi et jours suivants, jusques à dimanche 17 inclus, avis que le Roi s'en va de Tours par Richelieu, sans arrêter, jusques à Poitiers.

Relations et lettres de Bordeaux portent, les unes premières, que le chevalier de Rivière, premier gentilhomme de la chambre du prince de Condé et pour lui gouverneur de Nérac et duché d'Albret, étant arrivé de Flandres, étoit tout aussitôt reparti pour aller à Saint-Sébastien, hâter le secours que l'on en attendoit : les secondes, que vaisseaux et chaloupes armées étoient arrivées à Bordeaux, avec don Osorio et d'autres espagnols et de l'argent, cinq ou six cent mille livres, autres disent treize cent mille livres, en or, argent et lettres de change, bien reçus par la dame Princesse et les généraux. Mais le Parlement, assemblé tout aussitôt, avoit donné arrêt par lequel lesdits Oserio et fauteurs étoient déclarés ennemis de l'État et perturbateurs du repos public, et leur étoit ordonné de vider la ville. Que les généraux ayant semé de l'argent parmi le menu peuple, à la tête duquel ils s'étoient mis, avoient voulu faire violence au Parlement, qui avoit tenu bon et demeuré le maître; les jurats et bons bourgeois s'étant armés et repoussé la populace[1].

---

1. *De Bordeaux le 14 juillet 1650.*
Le 12 du courant, le Parlement s'assembla pour délibérer sur ce qu'ils devoient faire dans la conjoncture de la venue des Espagnols,

— Lundi 18, à midi, bruit que M. le duc d'Orléans auroit été enlevé à Limours, où il étoit, par deux cents chevaux venant de Monrond en Berry. — Faux et ridicule.

---

et sur l'union que le parti des Princes demandoit dans la poursuite de leur liberté; en même temps, le Palais se remplit de canaille, et trois ou quatre cents mutins y firent grand bruit avec l'épée nue et le pistolet à la main, menaçant d'égorger tout le Parlement, s'il n'entroit dans tous les intérêts de messieurs les Princes et s'ils ne donnoient arrêté d'union avec eux. Le bruit dura jusqu'à six heures du soir, que le Parlement, se voyant assiégé par cette canaille, envoya ordre aux jurats de faire mettre les bourgeois sous les armes pour l'aller délivrer.

En même temps, M. de Pontac-Beautiran, premier jurat, assembla deux cents hommes bien résolus, avec les archers du guet, et alla, tambour battant, au Palais, où, étant arrivé, il fit décharger le premier rang de ses mousquetaires, lesquels tuèrent d'abord cinq ou six de ces séditieux sur la place, et blessèrent plusieurs autres, et chassèrent le reste.

Cependant madame la Princesse fut au Palais, pour tâcher de fléchir messieurs du Parlement sur la demande qu'elle leur faisoit ; mais au lieu d'écouter ses prières, ils lui firent de grandes plaintes de la violence qu'elle leur faisoit faire, lui protestant qu'ils ne délibéreroient jamais rien par force et que ce n'étoit pas le moyen d'obtenir ce qu'elle demandoit. Sur quoi elle s'excusa fort, faisant de grands serments qu'elle n'y avoit aucune part.

Ainsi ils se levèrent sans rien délibérer touchant l'intérêt des Princes, ayant seulement donné l'arrêt dont je vous ai déjà parlé, portant ordre à toutes personnes de courir sus à tous les Espagnols qui étoient venus, lesquels se retirèrent ensuite, voyant qu'il ne faisoit pas bon ici pour eux ; ils n'étoient en tout que douze.

Pendant ce tumulte, M. de Bouillon, voulant faire accroire qu'il n'y avoit pas contribué, envoya offrir son service à messieurs du Parlement qui l'en remercièrent et lui firent réponse qu'ils avoient accoutumé de protéger les autres, en qualité de dépositaires souverains de la justice du Roi.

Le lendemain, qui étoit hier, ils ne voulurent point aller au Palais, mais quelques-uns d'eux s'assemblèrent chez M. le président Daffis, pour délibérer sur ce qu'on devoit faire touchant un paquet du Roi qu'on venoit de recevoir, et arrêtèrent qu'étant obligés d'être dans la maison du Roi pour l'ouvrir, on s'assembleroit au Palais à cet effet ; mais ils n'y firent rien, étant en trop petit nombre et n'y ayant que vingt ou vingt-deux conseillers qui s'y trouvèrent. L'après-dîner ils

Le reste de la semaine, étranges bruits du siège de la Capelle par les ennemis, de l'arrêt donné par le Parlement de Bordeaux pour la réception du Roi, à l'exclusion du cardinal Mazarin, et autres semés à Paris.

— Les 23, 24 et 25, les députés du Parlement de Paris (ils sont au nombre de neuf, — dont le président de Bailleul, qui ne va pas par même chemin que les autres, et se défraie de sa bourse, est l'un. — Des huit autres, il y a Pontcarré pour la [*] Chambre, Bitaut pour la 3e) partent pour aller après le Roi, que l'on tient être passé Poitiers et lui faire remontrance sur l'affaire de Bordeaux.

— Le mardi 26 et fête de sainte Anne, ailleurs qu'à Paris, où se fait commémoration de la translation saint Marcel, sans que pourtant il soit fête au Parlement, qui se tient; on parle et demande l'assemblée pour le lendemain

---

s'y assemblèrent tous, et, bien loin d'accorder l'union avec les Princes, il fut ordonné au contraire que M. de Lusignan, qui étoit logé à la Bourse, vis-à-vis du Palais, en délogeroit et que les capitaines des quartiers de la ville seroient réformés pour avoir manqué à leur devoir et pour ne s'être pas trouvés le 12 à la suite de M. de Beautiran, afin de chasser les séditieux hors du Palais, et qu'on nommeroit des dixainiers par toute la ville, afin de faire plus promptement mettre les bourgeois sous les armes, en cas de besoin.

Le sujet pour lequel on a fait déloger M. de Lusignan de devant le Palais, est parce que c'étoit un poste dans lequel il donnoit jalousie au Parlement, par le crédit qu'il a parmi la canaille ; et que lui et M. de Sauvebeuf étoient ceux qui la poussoient dans l'action du 12 ; messieurs de Bouillon et de la Rochefoucault en ayant jeté la faute sur eux.

Lesdits sieurs de Lusignan et de Sauvebeuf partirent hier, avec un des fils de M. de Bouillon, pour retourner en Espagne ; l'on dit que c'est pour hâter un secours de quatre mille hommes que les Espagnols promettent et pour faire venir davantage d'argent, celui qu'ils ont envoyé cette dernière fois ne consistant qu'en deux cent mille livres.

Quant au marquis de la Force, on l'attend toujours et néanmoins il ne paroît jamais. On dit que le comte de Lauzun, son frère, est en cette ville incognito, avec procuration de lui et du maréchal, son père, pour traiter avec le Parlement.

M. de la Meilleraye est toujours dans le pays des deux mers et M. d'Épernon vers Saint-Jean-de-Luz. Il ne se trouve pas vrai que celui-ci ait été reçu dans la ville d'Acqs.

— mercredi 27, afin que le député de Bordeaux y exhibe lettres et créances nouvelles.

M. le duc d'Orléans a reçu aussi lettres dudit Parlement de Bordeaux, que l'on dit demander l'exclusion du cardinal Mazarin, pour entrer dans leur ville, dont Son Altesse Royale témoigne être en colère.

Lettre imprimée en deux pages des jurats de Bordeaux à messieurs de la ville de Paris, vraie ou supposée; se trouve jetée dans le Palais et autres lieux; et certaines gens la débitent secrètement. Elle ramentoit le siège de Paris et comme Bordeaux y a compati, demande à Paris qu'elle compatisse à présent à Bordeaux et l'aide et protège contre le cardinal Mazarin, ennemi public, qui ne va là que pour y rétablir le tyran (c'est le duc d'Épernon) et faire du mal aux gens de bien, qui, partant, protestent d'obéir au Roi et le recevoir avec la Reine et leurs domestiques dans la ville, mais non le cardinal Mazarin.

Ledit mercredi, au Parlement assemblé, le sieur Foulé, maître des Requêtes, ci-devant intendant en Limousin et accusé de violences grandes par Chambrette, gentilhomme de delà, présente sa requête de récusation contre M. Broussel, conseiller de la Grande Chambre, par l'organe d'autre conseiller de la Grande Chambre, M. Ménardeau-Champré.

Nouvelles de Bordeaux, arrivées le mardi soir par l'ordinaire, portant l'union du Parlement avec tous les ordres de la ville et les Princes, avec permission à madame la Princesse de lever gens par terre et par mer, défenses d'envoyer députés vers le Roi, qui étant sorti de Poitiers le 23, doit être arrivé lors à Angoulême, d'où il va à Libourne[1].

---

1.   *De Bordeaux le 21º juillet.*

Vous savez que le 18e du courant, madame la Princesse présenta requête au Parlement, par laquelle elle exposa la persécution que M. le Cardinal faisoit à la maison des Princes; que messieurs d'Épernon et de la Meilleraye empêchoient sa subsistance, l'un s'étant emparé de Coutras et de Fronsac et l'autre du duché d'Albret, où ils mettoient des impositions extraordinaires. Après quoi elle demandoit qu'il plût au Parlement lui confirmer sa protection et sauvegarde dans la ville de Bordeaux, de lui permettre sa légitime défense et de mettre pour cet effet ses troupes sur pied. Il y eut grande contestation sur la délibération de cette requête; mais enfin le plus fort avis

— Jeudi la fête de sainte Anne, transférée du 26, à cause de la translation Saint-Marcel à Paris, se célèbre ce jour 28.

fut d'assembler tout le Corps de Ville et y convoquer tous les principaux bourgeois pour savoir leurs sentiments, à cause que toute la ville avoit un notable intérêt dans cette délibération. Cette assemblée générale se tint dans l'hôtel de ville et dura depuis neuf heures du matin jusqu'à neuf heures du soir, à cause des grandes contestations qu'il y eut à résoudre là dessus.

La lettre du Roi, par laquelle Sa Majesté leur mandoit qu'elle venoit en cette ville pour y établir le repos et qu'ils eussent à faire sortir madame la Princesse, le duc d'Enghien, messieurs de Bouillon et de Marsillac et autres factieux, y fut longtemps examinée et enfin plusieurs ayant soutenu avec opiniâtreté qu'elle y devoit être suspecte puisque c'étoit le suppôt de M. d'Épernon et l'ennemi commun, qui ne pouvoit venir qu'à mauvaise intention, que d'ailleurs on ne pouvoit obéir au contenu de cette lettre sans s'attirer un reproche éternel d'avoir abandonné les intérêts d'un prince du sang, après lui avoir donné sa protection, et qu'enfin, la lui continuant, nous pourrons espérer d'obtenir ce que nous demandons à la Cour et de l'avoir toujours pour notre protecteur; enfin, toutes ces raisons amplement déduites, il passa tout d'une voix que la ville s'armeroit contre les oppressions du cardinal Mazarin, comme protecteur du duc d'Épernon, le tout sous le bon plaisir et pour le service du Roi.

Et ce matin les jurats et les commissaires du Parlement, qui ont assisté à cette assemblée, doivent rapporter au Parlement le résultat de cette délibération, après laquelle vous pouvez juger où cela peut aller. Cependant les levées se continuent sur les commissions délivrées par madame la Princesse, laquelle n'a reçu que cent mille écus des Espagnols à deux fois; mais on assure qu'elle a reçu d'autre argent, qu'on lui a envoyé des terres de M. le Prince et qu'un courrier d'Espagne, arrivé ce matin, lui porte nouvelle qu'il y a un vaisseau en mer qui lui en porte davantage.

De Poitiers le 24 juillet.

La cour arriva avant hier ici et en partit hier pour poursuivre le voyage, n'ayant pas jugé à propos de séjourner ici.

A cause de la résolution de messieurs de Bordeaux, on a fait sortir de Blaye 24 pièces de canons qu'on fait conduire vers Libourne, vers l'armée du maréchal de la Meilleraye, lequel a sept ou huit mille hommes.

Le comte du Daugnon continue à faire fortifier sa place de Brouage en diligence, y faisant travailler tous les jours quinze cents hommes, dont la cour s'étonne fort, à cause qu'il n'en a point reçu d'ordre.

— Jeudi et vendredi, 28 et 29, bonnes nouvelles de devers les Pays-Bas : que le sieur d'Estrades, gouverneur de Dunkerque, a surpris Dixmude; que le maréchal du Plessis-Praslin a jeté douze ou quinze cents hommes des plus braves dans la Capelle, assiégée sur nous par l'armée de l'Archiduc, qui a déjà ouvert les tranchées et qui commence à être travaillée de flux de sang et de contagion.
— La nouvelle de Dixmude fausse.
M. d'Orléans à Limours.
— Samedi 30, Parlement assemblé pour l'affaire du sieur Foulé, qui est reçu en son opposition à l'expédition faite par M. Broussel, conseiller en la Grande Chambre, qui avoit mis au bas de la requête de Chambrette, déclaré partie contre ledit sieur Foulé, ce qu'il n'y pouvoit mettre, qu'après en avoir communiqué à la compagnie, attendu que le privilège de ceux qui en sont, comme le sieur Foulé, porte cela.
— Dimanche 31, M. le garde des Sceaux tient l'enfant de sa nièce ou cousine remuée germain, la dame de Courcelles.
Il a commis, pour rapporter durant tout ce quartier les affaires au Conseil, nombre de maîtres des Requêtes, entre lesquels sont aucuns absents et qui ne sont pas de ce quartier ci, comme M. Fouquet, qui n'en est pas, et est en Cour, où ledit sieur garde des Sceaux, par ce moyen, témoigne et fait semblant de vouloir aller.
Nouvelles du 23 de Bordeaux, et du 25 d'Angoulême, où la Cour étoit arrivée le jour précédent et en devoit partir le 28 pour aller à Barbezieux coucher et le 29 à Montguyon et le 30 à Libourne, et ce jourd'hui à Cadillac où la Cour fait état de demeurer durant tout le siège que le conseil du Roi est résolu de faire à Bordeaux et cette ville l'a résolue de soutenir.
Les lettres à M. Thonnier sont du 29, à Aubeterre, où la Reine arriva de nuit, son carrosse ayant versé[1]. Le Roi étoit

---

1. *Lettre du camp de Libourne du 29 juillet.*
Vous auriez raison de trouver mauvais que je ne vous eusse point rendu compte de la commission que vous dites m'avoir donnée à Tours. Je n'ai reçu aucun commandement de vous que celui que vous me fîtes l'honneur de me faire, en partant, pour un moine lai ; et comme vous ne m'avez envoyé ni son nom, ni les certificats nécessaires, je n'ai pu encore rien faire pour cette affaire. Quoique les irrésolutions de la cour rendent les nouvelles ridicules et que je ne vous

devant à cheval. Il dit que le lendemain ils alloient à Coutras et le 31 à Libourne et que Largentier, envoyé de Poitiers à Bordeaux pour savoir comme la ville recevroit Leurs Majestés, étoit de retour à Aubeterre et n'avoit apporté pour toute réponse qu'une

---

en puisse mander que fort peu d'autres, puisque vous vous en contentez, je vous obéirai très volontiers.

Les Bordelois s'échauffent fort, et quelqu'espérance que l'on ait eue, jusques à présent, de la fidélité des bons bourgeois, ou ils n'ont pas le pouvoir, ou ils n'ont pas une ferme résolution de résister à la canaille et ils se laissent entraîner à leur rebellion.

Largentier, que l'on avoit dépêché de Poitiers pour donner avis au Parlement et aux jurats de l'arrivée du Roi et reconnoître l'état de la ville, en retourna hier au soir et assure qu'ils sont opiniâtres à la protection de madame la Princesse et que le duc de Bouillon a trois mille hommes de milice réglée. Il en envoya avant hier mille en parti pour observer la marche du maréchal de la Meilleraye qui devoit assiéger Vayres. Je ne sais quel chemin ils ont pris, mais je suis assuré que si deux cents d'entre eux se fussent saisis du chemin que nous fimes hier, il étoit si mauvais et le Roi si mal accompagné à onze heures du soir, qu'il arriva, qu'ils l'auroient pu enlever. C'est le maréchal de Villeroy qui a ordonné de ces belles routes, sans en conférer avec personne; et parce que tout le monde et la Reine même, de qui le carrosse versa dans un bourbier horrible, s'en plaignit hautement, on a ordonné ce matin à Langlée d'en prendre soin.

Un différend avoit commencé à Angoulême qui éclata hier ici. M. Servien prétend, comme ministre, tirer le logement devant messieurs les secrétaires d'État; mais comme cette contestation avoit déjà été faite, et que M. l'abbé de la Rivière l'avoit cédé, et qu'il avoit été jugé à Amiens par la Reine mère contre M. d'Avaux, les maréchaux des logis ne le voulurent point faire sans ordres exprès de la Reine. M. Servien leur fit commander en secret, un moment avant qu'ils partissent pour venir ici, afin que personne ne le pût savoir, qu'il n'en fût en possession. Cela arriva comme il l'avoit prémédité; et afin qu'il ne fût pas sujet au bruit qu'il prévoyoit qui en arriveroit, il alla coucher à Barbezieux et fit dire ici par son fourrier qu'il n'y étoit allé que parce qu'il n'avoit point ici de logis. Le fourrier de M. de Brienne le contesta longtemps; mais quand les maréchaux des logis lui eurent dit qu'ils avoient ordre de la Reine de poser ainsi leur craie, il s'empara du logis que l'on avoit marqué pour M. Servien et ne voulut point que l'on en marquât d'autre pour son maître. Le fourrier de M. Servien, voyant que la force lui emportoit son logis, dit aux maréchaux des logis qu'il avoit ordre de son maître

seule lettre du procureur général, contenant que le peuple étoit tellement attaché aux Princes, qu'il n'y avoit aucune espérance qu'il voulût s'en départir, ni recevoir, non pas même députer vers

de leur dire que plutôt qu'il demeurât à M. de Brienne, ils y missent le commun du Roi; ils le firent en même temps, et le fourrier de M. de Brienne, se voyant absolument délogé, monta à cheval et vint au devant de son maître l'en avertir. Il reçut cette nouvelle avec tant d'émotion qu'il n'eut presque pas la patience que la Reine eût mis pied à terre de son carosse pour lui en faire ses plaintes et pour lui demander s'il étoit vrai qu'elle l'eût commandé. Il lui parla avec tant de colère, qu'elle ne lui répondit rien sur le commandement, mais qu'elle lui dit seulement que l'on verroit à régler cela ce matin.

Vous jugez bien qu'elle ne prenoit ce temps que pour prendre langue.

M. de Brienne en a parlé ce matin à Son Éminence. Il lui a dit que la Reine l'avoit jugé, et que difficilement elle changeroit de sentiment; que s'il s'opiniâtroit à cette affaire, M. Servien avoit des amis et qu'il seroit obligé d'en être. M. de Brienne lui a répondu qu'il s'étonnoit fort qu'il se rendît partie en une affaire dont il devoit être juge et que puisqu'il étoit assez malheureux pour ne le pas trouver favorable, il espéroit que la Reine lui feroit justice.

Il fait une affaire d'État de ce différend et se persuade que ce règlement regarde moins son logis que sa charge. Sa femme en peste tout haut et dit à tout le monde que la Reine lui fait injure de la faire suivre pour être témoin d'une [avanie] qu'elle fait à son mari.

Je ne sais comme cela se terminera, mais M. de la Vrillière et Monseigneur se sont joints ce matin avec lui pour en parler.

On part demain d'ici pour aller coucher à Coutras, le lendemain à Libourne et le jour suivant à Cadillac où la cour séjournera durant le siège de Bordeaux. On a choisi ce lieu, tant pour la sûreté de Leurs Majestés, parce que le château est fort et ne se peut prendre sans canon, que parce que la garde du Roi gardera la rivière sur laquelle ce château est bâti.

M. d'Épernon fut fort bien reçu à Angoulême. Il est allé à Plassac où il demeurera jusques à ce que l'on ait fini l'affaire de Guyenne. Cependant M. de Candale le suit.

C'est tout ce que sait, Madame, votre très humble et très obéissant serviteur

Du Toc.

A Aubeterre, le 29 juillet 1650.

[Cette lettre doit être écrite à madame du Plessis-Guénégaud.]

Leurs Majestés. — Le duc d'Épernon étoit le 26 à La Valette, sienne terre à trois lieues d'Angoulême.

Ce jour, au matin, furent trouvés placards en divers lieux de la ville de Paris, comme contre le devant de l'église de Notre-Dame, du côté de Saint-Jean-le-Rond, intitulés : « Arrêt de la Cour céleste », et ordonnant de la part et parole de Dieu aux peuples de courre sus au cardinal Mazarin, qui auroit enlevé l'an passé le Roi hors de Paris et, à présent, l'auroit mené en voyage lointain et périlleux pour perdre ces deux villes et ruiner l'État, le poursuivre comme perturbateur du repos public et ennemi commun, jusques à l'appréhender, si faire se peut, l'envoyer pieds et mains liés à Rome, pour y être livré au bras ecclésiastique, afin qu'il soit châtié selon ses démérites ; et faisant droit sur la requête et prétention des Princes, tendant à être élargis, ordonner qu'ils tiendront prison et demeureront, comme ils sont, au donjon de Vincennes, jusques à la majorité du Roi, que droit leur sera fait ainsi que de raison.

Tout le peuple s'est amassé à lire tels placards.

Août.

M. de la Vrillère secrétaire d'État en mois.

— Le lundi (*Cybelen*), premier jour d'août, grande rumeur dans le palais d'Orléans sur l'opinion que l'on y a que le cardinal Mazarin traite avec la princesse de Condé, dans Bordeaux, pour la liberté des Princes, et que M. Le Tellier, secrétaire d'État, confident dudit Cardinal, a été voir madame de Bouillon en la Bastille, où elle est prisonnière, et négocier avec elle pour cela.

Au Palais, les députés de Bordeaux, Voisin et Guyonnet (ce dernier dit avoir lettre et créance nouvelle à exhiber au Parlement) ont été par les Chambres pour les exciter à demander l'assemblée, au moins au cabinet de la première des Enquêtes ; et pourtant sans effet.

— Mardi 2, avis d'une grande sortie faite par nos gens assiégés dans la Capelle, qui ont nettoyé la tranchée des ennemis jusque sur contrescarpe, où ils sont logés, et tué le comte de Garcia, gouverneur de Cambray. On tient à Paris toutes prêtes six cent mille livres pour une demi-montre à l'armée, que l'on assûre être de quinze mille hommes de braves soldats; en sorte que le maréchal du Plessis-Praslin a résolu de donner bataille aux ennemis, quoiqu'au nombre de vingt mille, les trois quarts cavalerie, et en a envoyé demander ici permission à M. le duc d'Orléans, qui est demeuré Régent en l'absence de la Reine, au pays en deçà Loire. Ce Prince n'a pas voulu accorder ladite permission.

De cette somme, le maréchal de L'Hôpital en a pressé et fourni cinquante mille livres. Il semble que l'on l'enverra en deux fois à l'armée.

Le duc d'Orléans, Régent en deçà Loire, durant le voyage du Roi, par une lettre que Sa Majesté en a écrite au Parlement, en partant, où toutes fois la qualité de Régent n'est pas, mais bien l'effet.

On sait à Paris qu'un des derniers jours passés, le sieur Le Tellier, secrétaire d'État, ici resté, est allé, de soir, bien tard, à la Bastille visiter madame de Bouillon et traiter avec elle.

Le sieur de Louviers-Broussel, lieutenant de son père au gouvernement de la Bastille, est fort bien payé de la nourriture et entretien des prisonniers; il tient bonne table.

— Mercredi 3, au matin, Parlement assemblé jugea la récusation du sieur Foulé, maître des Requêtes, accusé, et son opposition contre le conseiller Broussel valable, et, sur la requête présentée par le sieur de Chambrette, accusateur, ou partie tendante à récusation des sieurs Ménardeau, l'un de la Grande et l'autre de la quatrième Chambre, frères, à cause qu'un de leurs frères avoit épousé la sœur dudit sieur Foulé, dont il y a un fils; item du sieur de Vilhayer-Renouard, maître des Requêtes, à cause qu'il étoit déclaré ami intime dudit sieur Foulé, a déclaré ladite récusation invalable.

Et sur ce que le sieur Guyonnet, l'un des députés du Parlement de Bordeaux, étant à la porte de la Grande Chambre, demandoit à entrer et présenter une lettre qu'il a dès l'autre semaine, le Premier Président a dit, qu'étant après dix heures, il falloit remettre à vendredi, et là-dessus, la Cour s'est levée.

— Jeudi 4, matin, la cause de la marquise d'Aubeterre, sœur des messieurs de Gondrin-Montespan et de l'archevêque de Sens, et de son fils unique et orphelin de père, a été appointée contre le vicomte d'Aubeterre prétantant, par dotation, être en possession de la succession de sa mère, ayeule de l'enfant. Ladite marquise, veuve, a, par même moyen, provision de huit mille livres en attendant le jugement du procès.

La grande nouvelle du secours fait à Porto-Longone par une de nos galères, qui est entrée avec les rafraîchissements désirés par les assiégés, et ensuite la levée et retraite des assiégeants, se confirme.

— Vendredi 5, les gens du Roi, instruits et chargés par M. le duc d'Orléans, vont, par toutes les chambres du Parlement, dire que Son Altesse Royale avoit envoyé le soir et nuit précédente quérir les députés de Bordeaux, pour leur dire que son courrier étoit de retour de la cour, avec lettres par lesquelles le duc d'Épernon est hors de son gouvernement et envoyé à Loches[1]. Qu'ainsi Son Altesse Royale est quitte de la parole qui, de par lui, avoit été donnée au Parlement de Paris, où elle fut enregistrée. Que par les mêmes lettres, l'amnistie étoit assurée pour ceux de Bordeaux, même à ceux qui étoient allés en Espagne, ou avoient traité avec l'Espagne, et la protection et sûreté accordée en leur ville à madame la Princesse, à M. le duc d'Enghien, comme aussi au duc de Bouillon, leur étoit consentie et donnée, en tout autre lieu et de telle manière qu'ils désireroient, pourvu qu'ils se missent à leur devoir et reçussent en leur ville Leurs Majestés.

Sur quoi la jeunesse demanda tout aussitôt à s'assembler ; et de fait elle fut prendre place en la Grande Chambre ; mais comme il étoit dix heures, le Premier Président les congédia et remit au lendemain.

Ce jour, le carrosse du duc de Beaufort s'étant embarrassé sur le Pont-Neuf avec celui du comte de Tonnerre, et les cochers s'étant entrefouettés pour passer l'un malgré l'autre, puis les

---

1. Cette réponse a été emportée par les députés de Bordeaux dans leur ville, où ils retournèrent le jour ensuivant et on attend ce qu'ils diront et répliqueront là dessus au Roi. — Semble que cette réponse du Roi ait été de sa part donnée auxdits députés par M. de la Vrillière, secrétaire d'État ayant le département de Guyenne. — Renaudot, du 12ᵉ jour d'août 1650, numéro 115, signature B. 12. et C., page 1020 et sq., dit que ce fut M. de la Vrillière qui donna cette réponse par écrit aux députés de Bordeaux, après la harangue de soumission qu'ils eurent faite au Roi et dont Renaudot rapporte le sommaire comme il donne cette réponse tout au long.

(Note de Dubuisson-Aubenay, à la suite de la transcription de cette réponse, dans ses pièces jointes.)

pages et laquais ayant mis l'épée à la main, le comte se jeta hors de son carrosse, et fut à celui du duc lui témoigner son déplaisir et lui offrir toute satisfaction de son cocher ; ce que le duc ayant reçu civilement, comme ils se séparoient, quelques-uns du peuple amassé cependant crièrent tout hautement à M. de Beaufort qu'ils étoient là pour le servir ; mais qu'ils verroient le lendemain s'il étoit Mazarin.

— Samedi 6, au matin, le Parlement assemblé, les députés de Bordeaux y sont assis, le président de Gourgues au banc et au-dessus du doyen des conseillers, les sieurs Guyonnet et Voisin conseillers et le quatrième au rang des conseillers de Paris[1]. M. le duc d'Orléans y vient, comme aussi les ducs de Beaufort et de Brissac, le maréchal de L'Hôpital et le Coadjuteur de Paris.

Le premier député de Bordeaux, président de Gourgues, fit un bref compliment ; puis la lettre de leur Parlement fut ouverte et lue. Elle contenoit, comme les autres précédentes, que le duc d'Épernon n'étoit point hors de Guyenne, ou y laissoit un autre soi-même, son frère naturel, le général La Vallette, faisant les mêmes violences et désordres. Puis le cardinal Mazarin y étoit entré, prétendant rétablir ledit duc, auquel il avoit promis de marier sa nièce au duc de Candale et que le Parlement et gens de la ville assisteroient à la noce.

Il fut remarqué que l'un des autres députés, sieur Guyonnet, avoit, passé dix jours, demandé et poursuivi une assemblée telle que celle d'aujourd'hui, pour y présenter une lettre de son Parlement. Or ce ne pouvoit pas être celle-ci, qui étoit datée du premier jour d'août, de Bordeaux. L'opinion des plus raisonnables est que cette lettre a été fabriquée, à poste, par ces députés et les frondeurs de leur cabale, ainsi qu'avoit été l'autre.

La lecture faite, les députés sortirent, sans attendre le compliment que le Premier Président leur eût fait et comme gens qui avoient hâte de se tirer, ayant fait leur coup.

M. le duc d'Orléans parla des propositions qu'il leur avoit faites, dès le jeudi soir, et qu'il avoit fait entendre à la Compagnie par les Chambres, le jour d'hier, auxquelles il ajoutoit qu'il se soumettoit de faire que la révocation du duc d'Épernon seroit absolue et perpétuelle ; qu'il en donneroit son écrit de sa main,

---

1. Le *Journal du Parlement* dit que Guyonnet et Voisin furent placés au barreau : il n'y est pas question d'un quatrième.

non pas comme en ayant charge de la part du Roi, mais comme le faisant de soi et s'assurant de le faire agréer à Leurs Majestés et qu'il demandoit acte de tout et requéroit qu'il fût enregistré. Il ajouta à cela des plaintes pour les violences et désordres que la garnison de Monrond commettoit, ruinant toute une province, à quoi il falloit remédier, comme aussi aux desseins du sieur de la Roque, jadis capitaine des gardes du prince de Condé, qui vouloit faire descendre trois mille Flamands, à lui promis, sur les côtes de Normandie, ce que Bretteville, gentilhomme en ce pays-là, surpris avec mémoires et instructions et mis prisonnier au Châtelet, avoit confessé. Là dessus les enquêtes demandèrent à délibérer sur le tout.

Puis on parla de faire revenir les députés de Bordeaux pour les ouïr sur les propositions de Son Altesse Royale. Enfin on s'en remit aux conclusions des gens du Roi qui demandèrent d'en délibérer par ensemble; et après être allés à leur parquet, et en être revenus, parlèrent longuement, par M. Talon, qui s'étendit sur les désordres et ruines que causoit en Berry la forteresse de Monrond et, par tout l'État, l'affaire de Bordeaux ; et conclut à s'interposer vers le Roi et lui faire très humbles remontrances. Sur quoi, la compagnie remit à délibérer lundi prochain.

Aucunes gens, levant à Paris secrètement des gens pour servir dans le parti des Princes, ont été arrêtés et menés en la Bastille.

— Dimanche 7, bruit assez constant de la reddition de la Capelle aux Espagnols et de la mortelle blessure du sieur de Roquépine, gouverneur.

— Lundi 8, le Parlement assemblé le matin, le doyen des conseillers, Coquelay, parle de la libération des Princes, auxquels, comme à enfans de la maison, le Parlement doit justice prompte et favorable et allégua que le Sénat de Rome prit en protection les enfans de Drusus, frère de l'empereur Tibère. Le conseiller Deslandes-Payen dit que le cardinal Mazarin, n'ayant ni assez de suffisance ni assez de bonheur pour gouverner l'État, en devoit être mis hors, attendu même la haine et mépris qu'en ont les peuples, et allégua l'exemple du cardinal Ximenès qui, quoique sage et homme de bien, néanmoins parce qu'il étoit mésestimé des Espagnols, fut ôté du gouvernement par le roi Philippe II, prince très prudent (ce doit être Charles, depuis empereur cinquième du nom, sous le commencement du règne duquel ce cardinal mourut. Ou bien plutôt on s'est mépris au nom du cardinal Ximenès, qui ne fut jamais mis hors des affaires, au lieu que ce fut le cardinal Granvelle, que Philippe II retira des Pays-Bas, à cause de l'envie que les Flamands lui portoient). Que la Reine devoit être suppliée de faire la même chose et de choisir, pour mettre en la place de ce cardinal, douze hommes de sagesse et probité reconnue, afin de manier toutes les affaires sous la régence.

Le président Molé Jussenvigny, de la cinquième, dit au plus près cela, par un discours préparé, et si fit aussi le président Violé. Comme c'étoit au président de Thoré, qui sans doute alloit opiner de même, l'heure se trouvant passée, on se leva. M. de Broussel, le vieux, n'avoit dit que fort peu de choses et proposé des remontrances au Roi pour les deux accommodements de Bordeaux.

Au sortir, il y eut quelque rumeur de la populace, qui cria : « Point de Mazarin » lorsque M. le duc d'Orléans sortit.

Cette après-dîner, quelques larrons ayant été condamnés au fouet, comme on les tira de la Conciergerie, la canaille qui étoit dans la cour du Palais, s'assembla, menaçant le bourreau ou ses valets, qui s'enfuirent, et furent les criminels ainsi délivrés.

— Mardi matin 9, le Parlement assemblé est depuis huit heures jusques après une heure. Il y eut treize voix à la révocation du cardinal Mazarin hors du ministère, et plusieurs (aucuns disent quarante-cinq, autres soixante) à la libération des Princes ; enfin tout revint à recevoir les propositions faites par M. le duc d'Orléans, le samedi dernier. *Tacito senatus-consulto,* il est dit que si Messieurs de Bordeaux ne s'en contentent, le Parlement de Paris ne se mêlera plus de leurs affaires.

A la sortie, M. d'Orléans a été pressé de la populace, en foule, et un de ses valets de pied qui vouloit faire large, blessé.

— Mercredi 10, avis de Bordeaux que le château de Vayres fut pris par l'armée du Roi et le commandant pendu[1].

---

1. *De Libourne, le 5 août 1650.*

Madame,

Les gants que j'avois mandé pour vous en Espagne arrivèrent avant-hier ; mais comme ils étoient dans le paquet de ceux de la Reine, ainsi que je l'avois écrit, afin qu'ils passassent plus sûrement, le commis de la poste, pour se faire de fête, les porta à la Reine même, quoique l'adresse de la boîte fût à ma grand'-mère, pour la Reine, sans prendre

Les députés de ce Parlement ont parlé à Leurs Majestés, M. le Cardinal présent, par la bouche du président Pichon, qui ne fit que des soumissions et protestations de fidélité, sans parler de la révocation du duc d'Épernon, de la liberté des Princes, de la sûreté de Madame la Princesse, ni de l'amnistie.

---

les lettres, qu'il laissa au courrier qui est passé pour Paris ; de sorte que la Reine s'en est emparée et, quoi que j'aie dit que des deux douzaines il y en avoit une pour vous, et que l'on les reconnoîtroit à la taille, la Reine les trouva si bien faits qu'elle ne veut point entendre raison. Je mandai hier, par l'ordre de Sa Majesté, qu'ils avoient été reçus, et en même temps que l'on me renvoyât une douzaine de paires pour vous, afin de réparer le tort que ce malheureux rencontre me faisoit ; j'espère qu'ils répareront cette perte, qui m'a donné un déplaisir sensible au dernier point.

Il est encore dans l'incertitude si nous partirons demain pour Lormont, quoique tous les ordres soient donnés pour cela, et que l'on ait envoyé devant dix compagnies des gardes pour se saisir des chemins, car on marchera en corps d'armée et les maréchaux des logis n'iront point devant ; le Roi, la Reine, Monsieur et Mademoiselle logeront en une abbaye et le reste de la Cour dans un village où il n'y a pas un habitant, et qu'un seul puits pour boire et pour abreuver les chevaux, car Lormont sera le quartier de l'armée.

Le général de La Vallette prit hier l'Isle-Saint-Georges ; il y fut blessé d'une mousquetade à la cuisse, et du Breuil, maréchal de camp, d'une au bras. Ils doivent attaquer cette nuit le fort, mais comme il y a du monde dedans, et qu'ils peuvent être rafraîchis par ceux de Bordeaux à toutes les marées, on appréhende que l'on ne le prenne pas si facilement, si l'exemple de Richon, gouverneur du château de Vayres, ne touche celui qui y commande. Celui-là vient d'être pendu à un des piliers de la halle de cette ville ; on a donné la vie aux soldats qui ont pris parti tous, à la réserve des espagnols naturels, à qui l'on a donné passeport pour se retirer en Espagne.

Quatre vaisseaux, des sept que nous avions à la Rochelle, arrivèrent hier matin à Blaye, avec huit pinasses de Saint-Jean-de-Luz ; on attend les douze que ceux de Bayonne ont promises et les trois vaisseaux restant qui achèveront de boucher la rivière.

Le maître des courriers de Bordeaux vient d'arriver avec une lettre de madame la Princesse à M. de la Vrillière ; on ne sait pas encore ce qu'elle contient, mais il dit que les députés qui étoient venus ici n'y arrivèrent qu'hier au soir et que le peuple attendoit avec grande chaleur le rapport qu'ils doivent faire ce matin. Il est plus échauffé que jamais ; il doit élire M. de Bouillon maire perpétuel, à l'exemple du

— Jeudi 11, le sieur du Coudray-Montpensier part, envoyé de M. le duc d'Orléans, pour aller en cour; il n'est pas ami de M. d'Épernon, et ce fut lui qui l'appela, il y a douze ou quinze ans, sur la querelle de l'archevêque de Bordeaux avec le défunt père de lui.

Arrêt du Parlement, imprimé, publié à son de trompe et affiché ce jourd'hui, portant défense, sous peine de la vie, à toutes personnes de s'attrouper, ni se trouver avec armes à l'entrée et issue des assemblées au Palais, sur peine de la vie; et injonction à tous prévôts et autres juges et officiers de se saisir des contrevenants et les mettre en prison.

— Vendredi 12, avis par la ville qu'une lettre auroit été surprise et interceptée à la poste par le commis Burin et qui étoit du duc de Bouillon, écrivant à sa femme qu'elle accommodât l'affaire avec M. Le Tellier, à quelque condition que ce pût être, même à celle du mariage. Elle a été portée à M. le duc d'Orléans, qui l'a ouverte et expliquée du mariage du fils aîné de ce duc avec la demoiselle Martinozzi, ou autre des nièces du cardinal Mazarin.

Le sieur d'Allier, homme d'affaires, demeurant ès maisons du sieur Falconri, demeurant rue Neuve-de-l'Hôpital-de-la-Charité, près l'hôtel d'Enghien, distribuant deux ou trois quarts d'écus à tous les coquins de la ville pour se trouver dans le Palais à faire du bruit et crier : « Point de Mazarin », a été mené à la Bastille.

— Samedi 13, avis de Bordeaux que le duc de Bouillon, du dédain de la penderie du commandant de Vayres, avoit fait pendre un officier des armées du Roi, que dès longtemps il tenoit prisonnier de guerre et qui avoit quartier. — Item, qu'il avoit envoyé brûler et saccager Lormont, jolie maison de l'archevêque.

---

comte de Saint-Paul; et quelque chose que l'on espère des belles promesses que les députés ont données ici, s'ils n'exécutent ce qu'ils ont promis, en cas d'extrémité, qui est de nous livrer une porte, je doute fort que l'on soit dans Bordeaux sitôt que l'on espère. La maréchale de la Meilleraye, arrivant avant-hier au soir ici, l'on y attend demain au soir les députés de Bordeaux, qui ont promis de retourner. Ceux de Paris couchèrent hier à Chalais, et doivent être ici lundi.

Je suis, Madame, votre très humble et très obéissant serviteur,
FAUVELET DU TOC.

A Libourne, le 5 août 1650.
[Cette lettre a dû être adressée à madame de Guénegaud.]

— Dimanche 14 et lundi 15, bruit que Porto-Longone est pris ou prêt à être rendu à l'ennemi, faute du secours qui, contre la nouvelle ci-devant, n'y auroit pu entrer.

Lundi, fête Notre-Dame, procession solennelle à Notre-Dame. (Voyez la Gazette.)

— Mardi 16 au soir, par le courrier de Bordeaux, nouvelles y arrivées en la cour de Provence, portant que la galère du commandeur de Châtelux, partie de Toulon, étoit entrée en la place assiégée, y portant cinq cents soldats, vivres, munitions, médicaments, médecins, chirurgiens nécessaires, et que la place étoit secourue.

De Soissons, avis de ce jour-là, à Paris, que l'armée de l'archiduc étoit à Pontavert; que ceux de Soissons avoient avis qu'elle venoit à eux et qu'eux s'étoient saisis du château, pour le soupçon qu'ils avoient du gouverneur Sanguin, qui est originaire de la vallée de Montmorency et qui avoit épousé la veuve de La Verpillière, morte durant le siège de Guise dernier, de douleur ou de poison, pour un billet qu'elle avoit perdu, contenant intelligence avec les ennemis, dont la fille étoit, depuis plusieurs années, suivante de Madame de Longueville, et, à présent, avec elle à Stenay, dont elle avoit tenu correspondance avec sadite mère et son beau-père.

Avis de Provence que la duchesse de Joyeuse est accouchée d'un fils.

Mercredi, la nuit, entre trois et quatre heures du matin, 17, la duchesse d'Orléans est accouchée d'un fils, nommé dans la suite le duc de Valois. Le père a envoyé quérir le président de Nesmond, jadis intendant de la maison du prince de Condé, pour lui dire et faire voir, et aussi le sieur de Cumont, qui est fort ami et attaché à la dite maison de Condé, qui est venu en temps pour être audit accouchement, car le président y est venu trop tard : et la duchesse de Damville, qui est femme d'un neveu de la princesse de Condé douairière, et qui avoit été invitée de la part de M. d'Orléans, ne s'y est point trouvée.

Le Prince est né à cinq heures et un quart du matin, ainsi il a eu le signe de *Leo*, et sa plus belle étoile, dite *Regulus* ou *Kebet-Alkeʒet*, qui est située en son cœur pour ascendant et horoscope. — Autres disent un quart avant cinq heures. — Prenant le milieu de ces deux opinions, qui est cinq heures, le Prince a pour ascendant le 24ᵉ dégré de *Léo* et le *Basilique*, où *Cor Leonis*, étoile royale de la première grandeur, étoit jointe avec le Soleil (dont le Lion est domicile), levant sur notre horizon dans la première maison de la figure genétliaque. — Ceci, par l'astrolabe, au 48ᵉ degré de latitude arctique.

Ce jour et ces deux précédents il a fait un temps modéré et raisonnable, au prix des jours précédents, qui furent tristes et pluvieux; c'étoit le vingtième jour de la lune d'août, tant astronomique qu'épactale vulgaire. Il faut ajouter que la canicule *Sirius*, ou *Alhabor*, précédoit sur l'horizon d'environ neuf degrés, et néanmoins encore jointe au Soleil et plongée en ses rayons. Ce jour aussi étoit la fête de saint Libéral, abbé.

Aussitôt M. d'Orléans a envoyé vers le sieur de Bar, commandant à la garde du château de Vincennes, pour avertir de ceci le prince de Condé.

A la levée du Parlement, sur les dix heures, ses députés ont été féliciter Son Altesse Royale : de la grande Chambre, le président de Bellièvre, et les conseillers Ménardeau, Doujat et du Tillet de la grande Chambre ; de la troisième des Enquêtes, le conseiller Portail, et de chacune des autres quatre, un ; et les conseillers Broussel et Pinon, chacun de l'une des deux chambres des Requêtes du Palais. Les autres cours souveraines y ont aussi députe. Le chapitre de Notre-Dame, ayant en tête le Coadjuteur de Paris y a aussi été de relevée, et, sur les six heures du soir, le gouverneur de Paris, Prévôt des Marchands, échevins, conseillers de ville, quarteniers, dixainiers et cinquanteniers et tout le corps de Ville.

Monsieur a reçu leurs compliments dans la galerie de son Palais.

L'Université y a aussi été. Tous particuliers y ont de même été, conseillers, maître des Requêtes, présidents.

Les dames de condition ont été voir Madame et l'Enfant, qui n'avoit point encore de layette faite et étoit couché dans le lit d'une de ses sœurs.

On a défoncé quelques muids de vin à la populace dans la rue de Tournon, comme le sieur Aubert, fermier des gabelles, avoit, dès les sept heures du matin, fait devant sa porte, rue Payenne, et des lanternes de papier, avec chandelles dedans, ont été mises en quelques fenêtres de ladite rue de Tournon, avec feux de joie, comme en diverses autres rues de la ville, ainsi qu'en celle des Francs-Bourgeois, sur les neuf heures, où, chez M. du Plessis, secrétaire d'État, on a donné à boire à tous passants, et sur les huit, fusées, pétards, boîtes et feux d'artifice ont joué sur le rempart Saint-Antoine, en l'Arsenal et à la Grève, où des pièces ont tiré.

Les charbonniers trouvèrent moyen de se faire voir à M. le duc d'Orléans, qui commanda qu'on leur donnât six pistoles pour boire à la santé de l'Enfant.

Le comte de Matignon a été arrêté dans sa maison par le chevalier du guet qui lui a donné deux gardes, et, par l'intercession de son frère, l'évêque de Lisieux, de tous ses amis, et diligence de son beau-frère, M. de Bercy-Malon, à toute force a obtenu, sous leur caution, de n'être point mené dans la Bastille, mais demeurer sous sûre garde en sa maison.

— Jeudi 18, dès la pointe du jour, les laquais de la noblesse, disant avoir permission du maréchal de l'Hôpital, gouverneur de Paris, se sont assemblés et, avec deux tambours, ont été par les rues jusqu'au Palais d'Orléans témoigner leur réjouissance.

Le Parlement, assemblé pour l'affaire du sieur Foulé, a parlé aussi des moyens de repousser l'ennemi qui est sur la rivière d'Aisne, et de faire perquisition de grand nombre de gens à cheval qui, toutes les nuits, arrivent de divers endroits à Paris.

En l'Hôtel-de-Ville il y eut pareille délibération de perquisition.

— Vendredi 19 au matin, fut publiée, à son de trompe, ladite délibération, portant que les quarteniers, dixainiers et cinquanteniers étoient commandés d'aller faire leur visite par toutes les maisons publiques et particulières, du nombre et qualité des personnes qui s'y trouvoient, et en faire leurs procès-verbaux ; enjoint aux colonels de chaque quartier de tenir la main à ce que la perquisition s'en fasse sans obstacle ni rumeur.

L'après-dîner, les colonels des seize quartiers ont assemblé chez eux les capitaines, lieutenants et enseignes, qui sont sous leur charge, pour leur exposer le résultat de l'assemblée et résolution faite d'hier en l'Hôtel-de-Ville, publiée ce matin, et leur enjoindre de tenir la main à l'exécution.

Le matin, le Parlement, assemblé pour l'affaire du sieur Foulé, contre lequel M. Broussel, conseiller en la Grande Chambre, se porte avec chaleur, et l'autre prétend le récuser à juge et à rapporteur. L'affaire n'a point encore été achevée.

— Samedi matin 20, courrier extraordinaire apportant de

l'armée du Roi suspension d'armes avec Bordeaux pour quatre jours, et l'entrée du sieur du Coudray-Montpensier en cette ville là, de la part de M. d'Orléans, nonobstant l'opposition à ce faite par le duc de Bouillon. — Lettres du seizième·de ce mois portent cela.

— Dimanche matin 21, autre semblable courrier de Bordeaux. Assemblée des colonels en la maison de ville dès neuf heures du matin; de là, sur le midi, ils ont été au palais d'Orléans jusques à deux heures, puis ont reçu chez eux l'ordre de la ville, entre eux arrêté, qui est que demain, jour d'assemblée du Parlement, ils aient, eux et leurs capitaines, lieutenants et enseignes, à se tenir en leurs quartiers, chacun chez soi, leurs armes toutes prêtes, pour les cas de besoin, sans que pourtant cela paroisse. L'ordre signé Le Maire [1].

Il a de plus été entre eux arrêté, de l'ordre de M. le duc d'Orléans, qu'en ce même matin de demain, et pour ladite assemblée, le Palais sera gardé par quatre compagnies colonelles des plus proches, à savoir de Champlâtreux, qui est le quartier du Palais, ... [2] Sève-Châtignonville, pour la porte et faubourg Saint-Germain, et Boucher.

— Lundi 22, le Palais, gardé par quatre compagnies bourgeoises, l'assemblée du Parlement tint, où quatre ou cinq conseillers voulurent dire quelque chose de la prison des Princes. M. le duc d'Orléans rompit cela et dit que la Reine avoit accepté les propositions, par lui à Sa Majesté envoyées, selon qu'il les avoit faites en·Parlement, dès le cinq, par les gens du Roi, puis le six et le neuf par soi-même, et qu'à cet effet Sa Majesté avoit

---

1. De par les Prévôts des Marchands et Échevins de la ville de Paris.

M. le Président de Guénegaud, colonel, nous vous prions de mander à tous capitaines de votre colonelle qu'ils envoient leurs officiers, chacun en l'étendue de leur compagnie, avertir tous les bourgeois d'icelle qu'ils se tiennent demain tout le jour en leurs maisons et leurs armes toutes prêtes, à ce qu'il ne se fasse aucune rumeur ni assemblée illicite. Ce qu'ils ne feront paroître qu'en cas qu'il en soit nécessaire.

Fait au Bureau de la Ville, le vingt et unième jour d'août mil six cent cinquante.

Signé : Le Maire.

2. Le nom de la seconde colonelle est en blanc au manuscrit.

envoyé le sieur du Coudray-Montpensier, envoyé de lui le onze, et que Sa Majesté attendoit la réponse des Bordelois, et lui celle de Sa Majesté.

Tout se passa fort doucement.

Après que messieurs furent tous hors du Palais et les gardes levées, on vit entrer quelques troupes de ces coquins qui ont accoutumé de faire du bruit et de crier : « au Mazarin » pour de l'argent, entrer dans la cour fort tristes et sans armes.

M. d'Orléans dit qu'il avoit les jours précédents fait emprisonner aucuns de tels coquins.

Il dit aussi que les ennemis étoient retirés vers Rocroy.

— Mardi 23, la nuit, vers le 24, ont été pris, dans les villages et campagne d'Issy, Vanves, Meudon, etc., quinze cavaliers, et bien trente chevaux abandonnés par autres qui se sont cachés, de ces gens, dont on a fait la semaine passée perquisition dans Paris, où ils étoient pour exciter ou fomenter une sédition.

L'après-dîner on s'assembla, par députés du Parlement, avec messieurs des finances chez M. le duc d'Orléans, pour trouver les moyens d'argent à faire troupes contre l'ennemi qui est ès frontières.

On a pris un homme dans Paris, levant soldats pour l'armée de l'Archiduc.

— Mercredi 24, assemblée au Palais d'Orléans pour déterminer du nom que prendra le fils nouveau-né, dont la Gazette fera la publication. MM. de Sainte-Marthe y étoient avec le baron d'Auteuil et MM. Bignon, de Cumont et le Coadjuteur.

— Mercredi et jeudi, 24 et 25, lettres par le courrier de Bordeaux, des dix-neuf et vingt, portent que le Roi ayant reçu les conditions proposées par M. le duc d'Orléans en plein Parlement, la Reine avoit envoyé le porteur d'icelles, sieur du Coudray-Montpensier, pour les faire entendre au Parlement de Bordeaux. Il seroit allé le lundi quinze, y ayant prémis un trompette, et le lendemain seize un autre, et encore le dix-sept un troisième, sans qu'il en revînt aucun, ce qui lui fit écrire une lettre de plaintes au dit Parlement, qui la lui renvoya, parce qu'il ne les nommoit que *Messieurs* et non *Messeigneurs*. Enfin, y étant lui-même allé, il fut refusé et s'en revint le vingt en Cour, où l'on se résout de les avoir par force, y ayant quatre vaisseaux de guerre dans la rivière et seize pinasses et deux galiotes, et douze canons, étant envoyés de ceux de Toulouse par la rivière ; le maréchal de

La Meilleraye disant qu'il prendra Bordeaux dans six jours que les batteries seront faites.

Le chevalier ou général de La Valette mort de sa blessure à Cadillac.

Le 25, assemblée des députés du Parlement et des Finances, chez M. d'Orléans, pour trouver de l'argent à faire la guerre et soutenir les ennemis. On proposa divers moyens : de faire avancer la paulette pour quelques années aux officiers ; de prendre le tiers des droits que tous les regrattiers du Royaume prennent en vertu de leurs offices, auxquels on n'a point encore touché ; de faire payer le supplément, jusqu'à la concurrence du denier quatorze, à tous ceux qui, ci-devant, ont acheté du Roi des rentes sur l'Hôtel de Ville, et qui les ont revendues au Roi, même audit denier quatorze.

— Vendredi et samedi, 26 et 27, par lettres du vingt-deux, du camp de Bordeaux, on assure à Paris que les Bordelois avoient renvoyé vers le Coudray-Montpensier le prier d'aller en leur ville, et qu'à ce coup, tout de bon, ils l'avoient reçu avec honneur, conduit en la maison de la Mairie ou Hôtel de Ville, où ils l'avoient logé et lui avoient donné séance avec les jurats, sous titre de conseiller honoraire de la ville, et que l'on espéroit de là l'accommodement.

Le soir, arrivèrent nouvelles que l'Archiduc et le maréchal de Turenne, ayant feint de marcher vers Châlons et Sainte-Menehould. après avoir pris Château-Portien et Rethel, où ils avoient laissé Delponti pour faire fortifier, avec deux mille hommes, avoient tourné tête, passé les rivières d'Aisne et de Vesle, poussé le sieur d'Hoquincourt, qui s'opposoit à eux ; et s'étoit sauvé, lui vingt-sixième, dans Soissons, avoient pris Fîmes d'emblée, et fait avancer leurs coureurs, conduits par le sieur de Bouteville, jusqu'à la Ferté-Milon.

— Dimanche 28, confirmation de ce que dessus et suite du côté de Mesnil-Madame-Rance et Gonesse par les gens du pays qui amènent leurs familles et meubles dans Paris et y apportent l'épouvante, disant que tout est perdu, et que les ennemis sont à Dammartin.

Deux cents hommes de cheval levés pour escorter un convoi d'argent (on dit qu'il y a trois cent mille livres pour nos troupes, distribuées aux villages voisins de Paris vers Picardie) aident bien à cette terreur, parce que ne disent point qui ils sont, et, volant comme s'ils étoient ennemis, font croire qu'ils le sont.

Cette après-dîner, M. le duc d'Orléans, accompagné du duc de Beaufort, se trouve dans le pavillon du bout du mail de l'Arsenal, jusqu'à cinq à six heures du soir, et de là voit les bateliers tirer l'oison. Lorsqu'il fut emporté, les boîtes tirèrent dans l'Arsenal.

Le bruit augmente de l'approche des ennemis; le maréchal d'Estrées, qui s'en alloit vers Soissons, revint de Dammartin, disant que les ennemis y arrivoient, et qu'un gentilhomme de son fils, le marquis de Cœuvres, qui est dans Laon, l'avoit joint là et dit que ce marquis avoit envoyé seize compagnies du régiment des gardes dans Soissons, où M. d'Hocquincourt s'étoit jeté.

— Lundi 29, dès la nuit précédente, résolution est prise d'enlever les Princes du château de Vincennes. On vient à la pointe du jour chez le sieur Bordier, intendant des finances, lui demander son carrosse à six chevaux, et sur quelque refus, un exempt des gardes du duc d'Orléans dit qu'il le prendra d'autorité. On le lui baille donc et le mène à Vincennes, ayant encore un autre à six chevaux qui l'accompagne, et prend les trois Princes qui, escortés de deux cents chevaux, passent au bac de Charenton et sont conduits par le sieur de Bar au château de Marcoussis, où ils couchent.

Après dîner, assemblée en l'Hôtel de Ville, où il fut résolu de faire garde en la ville, ce qui a été différé et n'a point eu lieu; — et que M. d'Orléans résoudroit si on la feroit de nuit et de jour; — que demain

— mardi 30, six compagnies colonelles garderoient le Palais, durant l'assemblée du Parlement qui a été remise, dudit jour de lundi, à cause des occupations de M. d'Orléans.

Le Président aux Comptes, Perrault, est amené du château de Vincennes prisonnier en la Bastille de Paris.

Lettres du vingt-quatre, de Bordeaux, assurent que les Bordelois ne veulent point de paix, et que l'on commence d'agir contre eux à force ouverte.

Le Palais, au matin, est gardé par les compagnies colonelles des sieurs de Champlâtreux qui a le premier poste, à cause que le Palais est dans le territoire de sa dîte colonelle, Miron et Sève-Chastignonville, qui le contestoient, et trois autres qui sont six en tout; nulle canaille n'y entre, par ce moyen, et n'y a aucun bruit.

Les sieurs Machaut et autres ont parlé de l'enlèvement des Princes ; autres ont proposé de faire très humbles remontrances au Roi, à ce qu'il lui plût retourner ici. Enfin tout s'est terminé à résoudre et arrêter que le Parlement donnera dès à présent, par avance, incessamment, l'argent de la paulette qu'il doit payer au Roi seulement au jour de l'an prochain. Cela se monte à deux cent mille livres. On prétend que les autres cours souveraines en feront de même, et le tout ira à cinq cent mille livres.

Outre cela, M. le duc d'Orléans donne soixante mille livres, les Chancelier, Garde des Sceaux et surintendant des finances, chacun douze mille livres, les ministres et secrétaires d'État chacun trois mille livres, et la duchesse d'Aiguillon autant.

Les sieurs de Chavigny et Bouthillier, son père, sont aussi taxés à douze mille livres chacun, et de même le sont chacune des dames de Guénegaud, de la Bazinière et de Fieublet, veuves de trois trésoriers de l'Épargne, sont taxées deux mille écus chacune, et leur premier commis mille. Tous les intendants des finances, secrétaires et greffiers du Conseil sont taxés de six mille livres. M. d'Orléans leur envoie, par ses secrétaires et autres de ses gens, une lettre signée de lui, par laquelle il leur demande les dites sommes, sans pourtant les spécifier dans le corps de la lettre, mais les porteurs la disent.

On ne sait point au vrai si les Princes sont encore dans Marcoussis, qui est un château de plus de défense que celui de Vincennes, ou s'ils ont été emmenés plus loin. On a su depuis qu'ils y étoient encore.

— Mercredi 31, avis que l'armée flamande est, partie dans Fîmes et environs jusqu'à Basoche-sur-Vesle, et partie, en son gros, où est l'Archiduc, à Pontavert-sur-Aisne qu'ils fortifient. Divers faux bruits que cette armée marche à Château-Thierry et à la Ferté-aux-Coqs ou sous-Jouarre, pour passer la rivière de Marne et entrer en Brie. — Item, que les Princes se sont sauvés ; que les Bordelois ont bien tué des gens du Roi à l'attaque de la Bastide. — Et de tout cela il n'en est rien.

Septembre.

M. Duplessis de Guénegaud, secrétaire d'État en mois.

Le jeudi (*fugit*) et premier jour de septembre, les Enquêtes demandent l'assemblée pour le lendemain matin au Premier Président, qui envoie le faire savoir au duc d'Orléans, disant que c'étoit principalement pour avoir la continuation du Parlement. M. d'Orléans envoie dire qu'il y avoit pourvu et que les lettres en étoient prêtes chez le Garde des Sceaux, lesquelles il apporteroit lundi au Parlement, auquel jour il prioit que l'on différât l'assemblée, en laquelle il feroit voir lettres du marquis de Sillery, montrant la confédération des Bordelois avec l'Espagne.

— Vendredi 2, au matin, le Premier Président envoie le message du duc d'Orléans par les Chambres, dont aucuns se piquent de vouloir ce matin là même assembler, et vont prendre leur place en la Grande Chambre ; mais comme celle de l'Édit tenoit lors son audience, et n'y pouvoit venir, que l'heure aussi se passoit, on s'en est allé sans rien faire et la partie remise au lendemain.

Force gens de guerre et régiments entiers de Digby, Villette et Ruvigny approchent Paris.

Tous les ponts dessus Marne depuis Meaux, et dessus Seine, depuis Paris jusques à Saint-Germain inclus, sont rompus, par ordre de M. d'Orléans.

Aucunes troupes passent les rivières par ordre de M. d'Orléans, et vont à Montlhéry, Linas et à Châtres, pour la sûreté de Marcoussis, où les Princes sont toujours gardés par le sieur de Bar, qui a son poste en haut de la tour, près leurs chambres. On dit que le sieur de la Frette, capitaine des gardes de M. d'Orléans, y a été par lui envoyé et garde les entrées du château, auquel on fait travailler et fortifier pour le rendre plus sûr.

L'après-dîner, un trompette en poste, accompagné de deux hommes, arrive de l'armée de l'Archiduc et apporte une lettre à M. d'Orléans, qui baille le trompette en garde au sieur de Saint-Rémy, lieutenant de ses gardes.

Le maréchal du Plessis-Praslin dans Reims, où les habitants sont fort résolus pour le service du Roi.

L'Archiduc est toujours à Fîmes, près Soissons, et n'a encore entrepris aucun siège. Il a fait passer mardi de son canon à Pontavert, où il fait faire un fort royal qui est de défense.

Sur les dix heures, il est arrivé un courrier de la Cour chez M. Le Tellier, qui est parti le vingt-neuf, et dit que la circonvallation de Bordeaux devoit être achevée le trente, et qu'on devoit en même temps ouvrir la tranchée et le battre de cinquante pièces de canon; que de plus M. le Grand-Maître a mis dans une île une batterie de huit pièces, d'où il incommode fort les vaisseaux des Bordelois, et que dans huit jours il forcera Bordeaux.

La batterie jouera au quartier du faubourg Saint-Seurin, avec vingt pièces de canon ; le comte du Daugnon est arrivé dans la rivière avec huit vaisseaux, et doit commander l'armée navale, ce qui met les Bordelois en merveilleux émoi.

— Samedi 3, au matin, le Palais, gardé par les compagnies bourgeoises, entre lesquelles étoit celle de M. d'Estampes, colonel du quartier du cimetière Saint-Jean, ou rue de la Verrerie.

Le Parlement assemblé, les députés, qui sont de retour de Bordeaux (comme aussi en est de retour le député ou envoyé de M. d'Orléans en cour, et qui a été dans Bordeaux, le sieur du Coudray-Montpensier), ont fait leur relation par la bouche du président de Bailleul, qui a témoigné la bonne réception et chère que Leurs Majestés leur firent à Libourne, où ils furent traités et logés et ne tint qu'à eux qu'ils n'y couchassent ce jour là ; mais, à cause des maladies, aimèrent mieux s'en retourner à Coutras, d'où ils étoient venus, et où ils demeurèrent encore trois jours, sans avoir eu aucunes nouvelles de ceux de Bordeaux. Furent à Angoulême encore de séjour, et enfin, s'étant là séparés, pour aller par chez leurs amis, se rejoignirent tous à Blois, où ils reçurent un paquet de vieille date, le courrier s'en excusant sur ce que M. de la Vrillière l'avoit arrêté, passant à Libourne, et y avoit une lettre d'un simple remerciement du Parlement de Bordeaux auxdits députés de Paris, pour la peine qu'ils avoient prise pour eux, sans leur faire autre invitation, ni prière, ni déclaration sur leurs affaires.

Les sieurs Guyonnet, Voisin et un troisième, députés de Bordeaux, ont aussi apporté certaines remontrances pour être, de la part du Parlement de Paris, envoyées en Cour, contenant des plaintes contre le cardinal Mazarin, comme à cause de ce qu'ils n'acceptoient point les conditions de paix, à cause qu'il avoit fait pendre le gouverneur de Vayres, qu'il avoit aussi fait attaquer la

Bastide (ceci est tout à fait faux), alors que l'on parloit d'accommodement, et qu'enfin ils ne se pouvoient fier en lui, ni aux dites propositions de paix. — Notez qu'elles sont faites et garanties par M. le duc d'Orléans et le Parlement de Paris, et partant on doit s'y fier. — Lesquelles lettres ont été ce jourd'hui représentées et levées en l'assemblée avec la réponse par écrit, baillée de la part de la Reine aux députés susdits et avec celle de Sa Majesté aussi faite aux députés de Bordeaux. — Item, lesdites remontrances nouvelles du Parlement de Bordeaux ont aussi été lues et depuis imprimées.

Après quoi, M. le duc d'Orléans a dit qu'hier un trompette lui vint, de la part de l'Archiduc, avec une lettre en espagnol ou latin, portant comme le Roi Catholique lui avoit donné pouvoir de faire tant la paix que la guerre; qu'il croyoit bien que Son Altesse Royale auroit le même pouvoir et inclineroit, comme lui, plutôt à la paix qu'à la guerre, qu'il avoit donc envoyé ce trompette pour en savoir la vérité. A quoi M. d'Orléans a dit qu'il avoit répondu par une autre lettre, qu'il envoyoit audit Archiduc par un gentilhomme, qui est M. de Verderonne-l'Aubespine, parti

— le dimanche 4, à dix heures du matin, auquel matin furent trouvés des placards affichés au coin des rues, portant que M. de Turenne invitoit tous et chacun les bons François à se joindre à lui pour faire faire la paix. Quelques hommes sages et bons François voulurent arracher tels placards qui étoient ès poteaux des deux bouts du Pont-Neuf et ailleurs; mais aucuns coquins, gagés pour les garder, se jetèrent dessus ces honnêtes gens, les blessèrent et firent retirer. Il y en avoit aussi un en la place de Sorbonne.

Après dîner, le Prévôt des Marchands et les échevins et conseillers de la Ville, avec le gouverneur et les colonels de tous les quartiers, item quelques notables bourgeois de chaque quartier, furent chez M. d'Orléans, qui leur parla des placards trouvés le matin affichés et leur ordonna la garde du Palais pour demain.

Trois régiments : de Villette, Digby et Ruvigny sont ès environs d'Argenteuil; on dit qu'ils vont vers Marcoussis, à Châtres et Linas, pour la sûreté des Princes, prisonniers dans ledit château de Marcoussis.

— Lundi 5, Parlement assemblé. Six compagnies, dont il y en avoit deux de la colonelle du quartier Saint-Antoine, à savoir celle de M. le Président de Guénegaud, colonel, et celle de M. d'Herbaut, capitaine, gardèrent le Palais. Mais elles étoient peu fournies et à peine de vingt bourgeois. Le reste, qui étoit encore d'autant, étoit de valets.

Le Coudray-Montpensier, assis et couvert, fait la relation de son voyage de Bordeaux, lit même les lettres qu'il écrivit lors, trois jours qu'on le fit demeurer à Créon, aux Présidents Pichon et Daffis, et à la fin s'excuse un peu lentement et prolixement de ce qu'il n'avoit pas réussi et n'étoit point retourné encore une fois dans la ville.

On a donné arrêt de députation, choisi deux conseillers du Parlement, le sieur de Lartige-Meunier, de la Grande Chambre, et le sieur Bitaut, de la troisième, pour y retourner promptement, et dès aujourd'hui et en poste. Ledit sieur du Coudray pense retourner avec eux de la part de Son Altesse Royale, laquelle produit lettres du marquis de Sillery et autres, écrites d'Espagne et interceptées, portant que Mazerolles, député de Bordeaux, et depuis eux envoyé en Espagne, étant à Saint-Sébastien, pour hâter le secours, avoit pensé gâter tout et avoit retardé la bonne volonté de la cour du Roi Catholique de quinze jours.

Aucuns de l'assemblée ont voulu douter de la vérité de cette interception. Autres ont pensé parler des placards hier affichés au nom du maréchal de Turenne. On est sorti après onze heures.

Bruit que M. de Nemours est allé à Monrond se rendre chef de parti pour les Princes. — Faux.

Ce jour même devoient partir à midi les deux députés susdits du Parlement, ayant avec eux un ou deux des conseillers députés de Bordeaux, ainsi que les gens du Roi ce matin l'avoient requis, et le sieur du Coudray-Montpensier les accompagnant de la part de Son Altesse Royale; mais enfin, par le retardement du sieur du Coudray-Montpensier, ils ne sont point partis que le mercredi sept, à sept heures du matin.

Ce jour, s'imprime par le gazetier et se débite la lettre de l'Archiduc Léopold avec la réponse de M. d'Orléans. — Le soir, courrier du maréchal d'Estrées portant que l'armée ennemie étoit repassée à Pontavert, sur un avis que nos troupes des garnisons d'Oise avoient surpris La Capelle. Autres disent que c'est que la ville de Lille en Flandre, vexée par notre garnison de la Bassée, a révoqué l'Archiduc pour la venir assiéger, en ce temps qu'elle ne s'en prend pas garde.

Avis de Soissons que M. de Villequier y a fait arrêter le lieutenant de Roi et gouverneur du château, nommé Sanguin, mari de la veuve (depuis le siège de Guise décédée de regret ou de poison) de La Verpillère, de qui la fille est avec madame de Longueville, à Stenay. Le fils dudit Sanguin s'étant retiré de bonne heure avec les ennemis.

— Mardi 6, nouvelles contraires et que l'armée ennemie s'avance à la Ferté-Milon. Le soir, cela change, et la plupart des avis s'accordent à la retraite des ennemis au delà de Pontavert, et au dessein qu'ils ont sur Laon ou autre place; et néanmoins les gens des champs, de tous les environs de Paris, principalement du côté de la rivière de Marne, continuent d'amener en sûreté leurs meubles, morts et vivants dans Paris.

— Mercredi 7, à sept heures, le conseiller Bitaut, de la troisième des Enquêtes, est venu à Saint-Jean-de-Latran recueillir le sieur de Lartige-Meunier, conseiller en la Grande Chambre, et sont partis en même carrosse pour leur députation à Bordeaux. L'arrêté du lundi 5 porte qu'ils demeureront là jusques et tant que la paix, pour laquelle ils vont, sera faite à Bordeaux. M. le duc d'Orléans se réfère au Parlement de Paris de faire cette députation.

Ce jour, le Parlement s'est encore assemblé sans que M. d'Orléans y fût, et y a été lue et enregistrée la patente du Roi, en forme de déclaration, portant continuation du Parlement pour les affaires publiques, pour lesquelles il pourra s'assembler, lorsque besoin sera. Ils ont proposé de s'assembler une fois toutes les semaines et commenceront lundi et détermineront entièrement là-dessus.

— Jeudi 8, bruit que six mille cavaliers suédois, qui depuis six semaines sont dans le pays de Liège, sont, pour notre cause, entrés dans les Pays-Bas, où leur ravage a fait crier les Flamands à l'aide à l'Archiduc, qui s'y en retourna.

— Vendredi 9, le soir, le carrosse du sieur Bordier, intendant des finances, qui toujours avoit été retenu à Châtres ou Linas, depuis qu'il avoit mené du château de Vincennes, le vingt-neuf d'août dernier, les Princes prisonniers au château de Marcoussis, a eu, avec celui de M. de la Bazinière, trésorier de l'Épargne, qui l'avoit accompagné, licence et congé de s'en revenir, comme il l'a fait, à Paris. Ce qui, joint à la visite que le sieur de Champfleury, capitaine des gardes du cardinal Mazarin, et aussi le sieur de Tivolière, gentilhomme de la maison et confidence de

Son Éminence (et de cette année lieutenant des gardes de la Reine par la démission du sieur de Comminges ; — il est arrivé un jour après l'autre), ont fait audit lieu de Marcoussis, où le sieur de Bar fait travailler pour s'accommoder et fortifier, donne croyance au bruit qui court que lesdits Princes y demeureront et ne retourneront plus au château de Vincennes, d'où l'on transporte aussi tous les meubles, toutes les chambres étant vides et n'y ayant plus que des paysans sujets à la garde, qui en laissent l'entrée libre à un chacun, même celle du donjon, où quelque soldat de l'ancienne garnison est resté pour la forme.

Ce jour, on vida tous les magasins du château de Vincennes et en furent emportées les armes offensives et défensives, piques et mousquets, qui furent, avec escorte, conduites dans treize charrettes au port des Carrières, à Conflans, où l'on leur fit passer l'eau, pour les conduire à Marcoussis,

— le lendemain samedi 10, au matin, auquel arriva à Paris le courrier extraordinaire de M. de Brienne, secrétaire d'État, apportant lettres de Bourg-sur-Dordogne et de l'armée, du cinq, et à cinq heures du soir, portant que le faubourg de Saint-Seurin venoit d'être pris par le corps commandé du maréchal de la Meilleraye, avant que celui commandé par le comte de Palluau, où étoit Son Éminence, pût y arriver à temps.

Conseil tenu au Palais d'Orléans l'après-dîner.

Bruit que madame de Bouillon auroit été ces jours derniers, lors de la translation des Princes, transférée de la Bastille de Paris au château de Saumur, et cela même est écrit de la Cour devant Bordeaux. — Faux.

— Dimanche 11, par le courrier ordinaire, les lettres du 5 au soir, datées de l'armée et de la Cour, qui est à Bourg-sur-Dordogne, confirment la prise du faubourg Saint-Seurin par l'armée du maréchal de la Meilleraye, qui étoit en une chaise, à cause de ses gouttes, commandant à l'attaque[1]. Aucuns parlent

---

1. *De Bourg, le 2 septembre 1650.*

M. le Cardinal pensoit partir aujourd'hui pour aller à l'armée, mais il a fait un vent si horrible et une pluie si continuelle, qu'il lui a été impossible de s'embarquer. Il partira demain matin, pour être le soir à l'ouverture de la tranchée, car les quartiers ont été pris aujourd'hui. Il porte cent mille livres pour distribuer aux travailleurs. On prétend emporter d'emblée un faubourg, afin d'y loger l'armée et de battre

d'une députation du Parlement, qui envoie au Roi le doyen des conseillers, et ce, par l'entremise des Récollets ou autres moines, qui ont parlé à M. le Cardinal.

---

après la muraille avec vingt-quatre pièces de canon, et ce sera du côté de l'Archevêché, et l'on croit que dans quinze jours nous serons maîtres de la ville, quand les bourgeois se défendroient; mais on a eu nouvelle que leur feu commence à diminuer, et que les plus grands frondeurs du Parlement voudroient porter les choses à la douceur. Le duc de Bouillon l'appréhende si fort qu'il se retranche dans un quartier.

Lorsque M. le Cardinal alla à Libourne, à l'armée, il lui envoya un moine avec une lettre de créance pleine de beaux raisonnements, pour le persuader de s'unir au parti de M. le Prince et de grandes promesses d'une amitié et d'une protection inviolable. Il la lut publiquement et fit réponse au moine que ce n'étoit l'affaire de question et qu'il s'agissoit d'obéir au Roi. Ce même moine est revenu ce matin et a été deux heures avec Son Éminence. Je ne sais ce qu'ils ont fait, mais on témoigne tant de résolution pour mettre Bordeaux à la raison et il est si indubitable de le faire, que je ne crois pas que l'on s'amuse à la négociation. Il est de l'intérêt de l'État, et de celui de Son Éminence en particulier, de donner un exemple fameux aux rebelles, du châtiment de ceux-ci.

Il nous est arrivé un malheur assez considérable si le secours d'Espagne étoit à craindre. Du Quesne a été si fort battu par quatre vaisseaux anglois qu'il a été obligé de se retirer à Brest, fort blessé et ses vaisseaux percés de huit coups de canon. On attend ceux du comte du Daugnon dans trois jours; on en équipe trois marchands à Saint-Sébastien, mais on ne croit point qu'ils osent entrer dans la rivière.

Le gouvernement de Pignerol a été donné au marquis de Piennes et celui d'Ardres a rendu La Salle très mécontent. Il a parlé à Son Éminence en homme fou et au-delà.

Nous avons vu de nos fenêtres un malheur qui est arrivé à notre armée navale. Le comte de Palluau étant allé dîner avec Monthéry dans son vaisseau, en buvant la santé du Roi, à la sortie de la table, comme c'est la coutume de tirer le canon, celui qui étoit le plus proche de la chambre creva, tua le lieutenant-colonel de Reims, et quatre autres officiers qui étoient de son côté, et coupa les bras au canonnier, etc.

Extrait d'une lettre de Bourg-sur-Dordogne, du 5 septembre au soir 1650.

Bordeaux a été attaqué tout de bon et le maréchal de la Meilleraye

Autres disent que M. de Bouillon médite sa fuite, et qu'il étoit dans les Chartreux ou chez les Jésuites, lieux propres pour son évasion.

M. de Verderonne arrive de nuit de son voyage vers l'Archiduc et amène avec soi don Gabriel de Tolède, homme de cinquante ans, fort galant et spirituel. Il est maître de camp d'un terze ou régiment espagnol, et, pris en la bataille de Lens, fut amené pri-

---

a commencé ce matin, à huit heures, par le faubourg Saint-Seurin, si vigoureusement et si prudemment, que, quelque résistance que quatre cents hommes, et, pour le moins, cent des braves qui y sont enfermés, aient faite, il l'a pris en une heure, et n'y a perdu que quinze ou vingt soldats.

Son Éminence y a dîné et s'y est voulu loger, afin de faire ouvrir la tranchée le soir. Elle sera courte, car il n'y a que trente pas d'esplanade des maisons de ce faubourg aux murailles de la ville. Elles sont sèches entièrement de ce côté là, et le duc de Bouillon, pour les fortifier, y a fait faire deux fortins de terre pour en défendre l'approche; mais, outre que le travail en est trop frais, dix coups de canon les ruineront aisément. Avant qu'il soit une heure après minuit, on sera logé au pied.

Nous avons déjà quatre pièces de canon en batterie, et demain il y en aura encore onze, de sorte qu'on les poussera vertement; et personne ne doute qu'auparavant dix jours, ils ne viennent implorer miséricorde, après que le duc de Bouillon les aura quittés. Car, quoique l'on ait laissé Chouppes avec cinq cents hommes de pied et trois cents chevaux pour bloquer la Bastide, on ne lui peut ôter le moyen de se sauver de ce côté-là.

Les États de Languedoc sont convoqués à Montpellier au premier octobre. On croit que nous les irons tenir, quoique les progrès des ennemis vous fassent crier après nous, car nous nous en étonnons peu; et nous considérons que, comme le plus grand avantage de nos ennemis vient de nos désordres, nous en aurons facilement raison quand nous les aurons calmés, et nous ferons l'année prochaine chez eux ce qu'ils font celle-ci chez nous.

M. d'Aiguebonne va en Provence avec le même pouvoir que le comte d'Harcourt a en Normandie.

MM. de Saint-Luc et de Miossens sont bien mal contents de ce que Palluau commande un corps à part. Ils ont demandé et obtenu congé de se retirer, et le comte de Miossens s'en va en ses terres de Béarn.

[Cette lettre paraît, comme la précédente, être de Fauvelet du Toc.]

sonnier au château de Vincennes, avec les barons Beck, le jeune, et de Crèvecœur et le prince de Ligne. Je l'y vis. C'est lui qui a fait le traité de madame de Longueville avec l'Archiduc. Il est issu légitime, à ce qu'il prétend, de la maison illustre dont il porte le nom. Il fut logé dans la maison de M. Tubeuf, à Issy, et traité à quatre services, chacun de quatre grands plats et de quatre assiettes.

— Lundi matin 12, le Parlement assemblé ouvre les lettres de celui de Toulouse, qui demande de faire jonction et union pour maintenir et faire exécuter la déclaration du 22 octobre 1648; auquel propos on a fait des plaintes de la facilité et abus dont l'on en use à mettre quantité de prisonniers dans la Bastille, sans savoir pourquoi, et a été proposé de commettre à présent, et de temps en temps, des conseillers pour aller visiter et interroger lesdits prisonniers. L'heure sonnant, que l'on n'étoit pas encore bien d'accord de tout ce que dessus, on s'est séparé et remis la décision à demain.

L'après-dîner, don Gabriel de Tolède a audience au Palais d'Orléans, où le Premier Président s'est trouvé, mais non celui de Mesme, qui étoit invité à s'y trouver aussi. Il donna sa lettre à M. d'Orléans et lui parla conformément à icelle, comme aussi à Madame, qu'il vit ensuite.

En somme l'Archiduc invite M. d'Orléans à se trouver le 18 à Reims, et lui sera à Rethel; et là, ou s'aboucheront en lieu mitoyen, ou traiteront par leurs secrétaires et envoyés.

Il vit aussi M. de Valois et les petites princesses. Il parla toujours françois et traita toujours M. d'Orléans d'Altesse Royale. Il parle françois comme un naturel du Pays-Bas qui le sait de jeunesse.

— Mardi 13, le Parlement, assemblé le matin, confirme la réponse à faire au Parlement de Toulouse de leur jonction, en termes généraux, pour faire exécuter la déclaration du mois d'octobre 1648, sans pourtant qu'il y en ait aucun arrêté; et de plus propose qu'il y aura commissaires du Parlement pour aller en la Bastille et autres lieux voir quels prisonniers d'État il y a et les interroger.

Courriers partis du 9 et lettres de cette date de la Cour et armée devant Bordeaux, portant que les Bordelois n'auroient pas repris, comme un bruit du Palais en couroit, le faubourg Saint-Seurin, mais que le maréchal de la Meilleraye y auroit fait brûler quelques maisons et qu'il avançoit toujours à la prise de la ville [1].

---

1.   *A Bourg, le 8 septembre 1650.*

Depuis la prise de Saint-Seurin, que je vous ai mandée par le dernier ordinaire, nous en avons eu des particularités que nous ne savions pas quand je vous écrivis. Il est constant que jamais attaque ne fut plus vigoureuse ni mieux soutenue. Nous y avons perdu quatre cents hommes et tué plus de douze; et, si le comte de Palluau se fût trouvé à l'heure donnée, comme il avoit été résolu, le duc de Bouillon étoit pris et nous entrions pêle-mêle dans la ville avec les bourgeois qui se retiroient.

Nous avons pris Beauvais, le capitaine des gardes de M. de Bouillon, l'écuyer de M. de Coligny, et plus de vingt gentilshommes; ils n'ont des nôtres qu'un garde du maréchal de la Meilleraye.

Chouppes a été dangereusement blessé à l'épaule. Genlis et Riberpré l'ont été très légèrement. Un enseigne aux gardes de la compagnie de Lognac a été tué et un capitaine suisse du régiment des gardes; le pauvre Villeserin, gentilhomme servant de la Reine, l'a été aussi; la Durandière a eu deux coups de mousquet, l'un à la gorge et l'autre au bras, mais il n'en mourra point; Tilleul a été légèrement blessé d'un coup de mousquet à la tête.

Le lendemain, on acheva de prendre quelques maisons qui étoient entre ce faubourg et les Chartreux.

Hier on avoit résolu d'attaquer une demi-lune, qui est vis-à-vis Saint-Seurin et qui défend la porte; mais on eut avis qu'il y avoit deux mille hommes dedans, la muraille étoit terrassée de ce côté là, et qu'il y avoit une place derrière, que l'on appelle la Corderie, où il y avoit six mille bourgeois en bataille et douze pièces de canon en batterie, que l'on changea de dessein et prit celui de tirer une tranchée vers la porte Dijaux, où la muraille est sèche, et de mettre une batterie de ce côté là, pour faire brèche. Mais, comme notre canon n'est pas encore monté, on emploiera cette nuit à le mettre en état, et, la première, on commencera à battre tout de bon, et vous verrez que le maréchal de la Meilleraye ne se trompera pas d'avoir promis Bordeaux dix jours après son canon en batterie.

Pomiers, doyen du Parlement, vint hier ici pour voir si l'on étoit en état de les écouter et lui offrir une députation. On lui fit deux propositions générales, que l'on lui a dit être les dernières, qui sont l'amnistie et un sauf-conduit pour M. de Bouillon, madame la Princesse et les autres, pour se retirer où ils voudront. Il est parti aujourd'hui, pour s'en retourner, avec un passeport en blanc pour les députés

Autre bruit, semé par lettres ou gens des députés de Bordeaux, que Mazerolles, envoyé de cette ville là à Saint-Sébastien-de-Biscaye, étoit de retour, assurant que la flotte de secours arriveroit dans la rivière à tel jour que demain.

Avis de Moulins que tout le pays de Bourbonnois est en grande combustion et plein de gens de guerre, le sieur de Saint-Géran étant suspect, comme penchant au parti des Princes; le sieur de Châteauneuf-Saint-Hérem a surpris la ville et château de Cosne.

— Mercredi 14, jour de l'exaltation Sainte-Croix, quatre canons conduits à Marcoussis, où l'on mure et on grille, répare et travaille-t-on de neuf pour l'accommodement et sûreté des Princes prisonniers.

Le Président Perrault, malade en la Bastille, où il est logé dans une petite chambre très obscure.

Ce jour, au matin, comme le précédent après-dîner, il y eut grande assemblée et conseil au Palais d'Orléans, pour la réponse et dépêche qu'il y avoit à faire à l'envoyé de l'Archiduc, lequel eut son audience de congé, et, après cela, fut promener par le Jardin d'Orléans, tout rempli de gens ; et là, le sieur de Verde-

---

qu'ils enverront, en cas qu'ils soient en état de satisfaire à ces conditions.

Nous sommes si assurés du succès de cette affaire, que nous ne voulons point de négociations, si elles ne commencent par une obéissance sans condition; et la plus grande de nos appréhensions est que la Fronde ne nous forge quelque paix que Monsieur nous envoie.

On craint que l'arrivée du comte d'Aubijoux, qui est venu ce matin et qui est parti aussitôt pour aller trouver M. le Cardinal à l'armée, sans voir personne, n'ait quelque effet de cette nature.

J'allai hier à Blaye avec le Roi, que M. de Saint-Simon traita splendidement et toute la Cour. Ce n'est une place qui approche de sa réputation, et, hors sa situation, on ne l'estime pas plus que Corbeil.

Un valet de chambre du maréchal de Gramont y arriva, qui venoit de donner avis que les quatre galions d'Espagne, destinés pour le secours de Bordeaux étoient en état de partir de Saint-Sébastien au premier vent. Il est bon à présent; s'ils ont la hardiesse d'entrer, nous les verrons. Quelques-uns disent qu'ils mettront pied à terre au Cap de Buch, mais il y a peu d'apparence, y ayant quinze lieues de France de là à Bordeaux, qu'ils quittent leurs vaisseaux de si loin. Ceux de La Rochelle arriveront à nous dimanche.

[Probablement de Fauvelet du Toc.]

ronne lui fit apporter du vin, et il but à la santé de M. d'Orléans.

— Il partit le lendemain, jeudi 15, à sept heures du matin, le sieur de Verderonne l'étant allé accompagner.

Courrier de la Cour, arrivé chez M. Le Tellier et portant que les gens du maréchal de la Meilleraye sont au pied de la muraille de Bordeaux [1], que les députés du Parlement de Bordeaux sont

---

1.   *A Bourg, le 12 septembre 1650.*
Croyez-moi frondeur tant qu'il vous plaira, mais je ne suis pas assez charlatan pour vous écrire avantageusement de nos affaires, ce pendant qu'elles vont mal. Je vous mande les choses comme elles sont, non pas comme elles devroient être ; et si elles suivoient mes sentiments, vous apprendriez plutôt dans mes lettres la punition exemplaire de la rébellion de Bordeaux que leur vigoureuse résistance. Elle l'est à un point que nos soldats commencent à se rebuter et à se détromper de l'opinion qu'ils avoient qu'ils n'avoient affaire qu'à des bourgeois. Ce nom leur passe à présent en quelque estime, et ils confessent que si ceux de toutes les villes ressembloient ceux de Bordeaux, les garnisons seroient inutiles.

Depuis la prise de Saint-Seurin, où nous avons perdu cinq à six gentilshommes, le maréchal de la Meilleraye avoit résolu d'attaquer une demi-lune, qui commande dans ce faubourg et qui défend les portes Dauphine et Dijaux ; mais après que l'on eut su qu'elle étoit gardée par mille hommes, qu'il y en avoit quatre mille derrière la muraille qui y commandoit, et que nos soldats disoient tout haut qu'il leur falloit donner du temps pour se reposer, on remit l'attaque, et l'on travailla à faire une batterie entre la porte Dijaux et celle de Saint-Germain, où la muraille est sèche. Mais comme le maréchal de la Meilleraye n'a pas accoutumé de manquer des choses nécessaires au siège, il fut deux jours à enrager en attendant des affûts de canon que Son Éminence avoit fait faire à Cadillac pour épargner dix écus qu'il en eût coûté davantage, si c'eût été les charrons de l'artillerie.

Enfin la batterie fut en état le jour de la Notre-Dame. Elle est de quatre pièces de canon.

Le comte de Palluau en fait commencer une en son quartier, du côté du château Trompette, de quatre autres pièces, qui incommodera davantage que celle du maréchal, mais tout cela va avec tant de lenteur que le temps, qui les fortifie, nous ruine.

Avant-hier au soir, le comte de Palluau attaqua une demi-lune avec son régiment et celui de Navailles. Après une longue résistance de la part des ennemis, ils l'emportèrent ; mais comme ils n'avoient pas de quoi s'y loger et qu'ils étoient à découvert des murailles de la ville,

les plus grands frondeurs; que néanmoins ils ont eu ce respect au Roi de ne pas lui envoyer les jurats nouveaux, créés contre son autorité, mais les anciens; que les lettres arrivées de La Rochelle du dix portent que ce jour-là le capitaine Du Quesne en partoit,

d'où l'on les tuoit à coups de mousquet et de pierre, ils furent contraints de l'abandonner, après avoir perdu cinq cents hommes de ces deux régiments et plusieurs officiers. La batterie du maréchal de la Meilleraye commença hier à percer la muraille, mais on ne veut point donner l'assaut que la brèche ne soit assez grande pour entrer un bataillon de front.

Le duc de Bouillon lui envoya dire hier que s'il avoit envie de donner, il n'étoit pas besoin de brèche, qu'il feroit ouvrir les portes et qu'il le recevroit bien. Cela passeroit pour une bravoure, si les bourgeois, à toutes les sorties qu'ils font, ne nous faisoient le même défi, après nous avoir dit injures. Ils en firent hier après dîner une de cent mariniers en chemise et les bras retroussés, qui vinrent brûler nos travaux et tuer huit soldats de notre garde avancée; il est vrai qu'il en demeura vingt-deux, mais cela ne les dégoûta point, et ils retournèrent deux fois à la charge comme si de rien n'eût été.

Le désordre est horrible en notre armée; il n'y a point d'hôpital, et quand un soldat est blessé, on le met dans une grange, où l'on le laisse mourir comme un chien. Le pain y est rare et il n'y a pas de vin, même pour les principaux officiers. Les soldats sont dans une licence horrible; ils menacent les officiers et les battent. M. de Saint-Mégrin en ayant fait condamner trois à être pendus, qui avoient forcé la maison d'un gentilhomme, gardée par six de ses gardes, tué un d'eux et volé tout ce qu'il y avoit dans cette maison, toute l'armée se souleva et alla enlever ces soldats d'entre les mains du prévôt de l'armée, et dire aux officiers qu'ils périroient plutôt que leurs camarades. Voilà l'état de notre armée de terre, qui est composée de six à sept mille hommes, depuis la réduction que ceux de Bordeaux en ont fait.

Pour celle de mer, si l'on peut appeler armée trois méchants moyens vaisseaux et quelques pinasses, elle est revenue au Bec-d'Ambès pour s'opposer aux quatre galions d'Espagne qui sont à l'embouchure de la rivière, en attendant le vent pour entrer.

M. le Cardinal est venu cette nuit de l'armée pour conférer avec la Reine sur ce qu'elle a à faire avec les députés de Bordeaux, que l'on attend ce soir ici, et ceux de Paris que l'on y attend demain matin. Il vient de partir pour s'en retourner.

M. de Saint-Luc partit avant-hier avec les gendarmes et chevau-légers du Roi et de la Reine, le régiment de Saint-Simon et celui de Lillebonne, pour s'aller opposer à Chavagnac, qui lève dans la vicomté

pour joindre en Garonne, avec cinq grands vaisseaux et trois brûlots, et que le secours ennemi paroissoit à la pointe de la rivière.

Bruit continue et augmente de la mort du roi d'Espagne, confirmée par les lettres des marchands de Nantes, qui disent en avoir nouvelle du Portugal et des ports d'Espagne.

— Vendredi 16 devoient partir le nonce et le résident de Venise, accompagnés du comte d'Avaux; mais

— le samedi 17, ils ne partirent pas encore, pour aller trouver l'Archiduc.

La nuit du vendredi au samedi, M. le duc d'Orléans fait arrêter le nommé Chapuiseau qui retournoit du maréchal de Turenne à la princesse de Condé, à qui il est, dans Bordeaux. Il fut pris à Châtres, où il déjeunoit et étoit prêt à partir, lui troisième.

— Le dimanche, à sept heures du soir, le curé de Saint-Paul porte le Saint-Sacrement, pour viatique, à M. le duc d'Angoulême, malade périlleusement depuis trois ou quatre jours.

— Lundi 19, les nonce et agent de Venise sont partis pour aller vers l'Archiduc; étant en deux carrosses et un chariot plein de bagage; sont sortis par la porte Saint-Martin et allés coucher à

---

de Turenne et qui a déjà mille hommes de pied et six cents chevaux. Le marquis de Hautefort a fait un régiment en Périgord, qu'il tient comme assiégé dans Montignac et dans Hautefort.

Le marquis de la Force est parti des environs de Sarlat pour l'aller joindre, avec quinze cents hommes, de manière qu'il n'y a point d'apparence que M. de Saint-Luc passe fort bien son temps en ce pays là.

Le comte d'Olonne et M. de la Salle y sont allés commander les compagnies du Roi.

M. le comte de Brienne a eu aujourd'hui le troisième accès d'une fièvre tierce fort violente. M. Servien l'a aussi d'hier au soir.

Sanguin, maître d'hôtel ordinaire, a été à l'extrémité, mais il se porte mieux.

Nous sommes très heureux de ce que Monseigneur a une santé très vigoureuse, car il y a ici une très grande quantité de malades. La Reine l'a été trois ou quatre jours; elle se divertit à aller à la paroisse et aux Récollets de cette ville, où sont les quarante heures, et à travailler chez elle en tapisserie, car il n'y a aucune promenade ici autour.

[Il est facile de juger que cette lettre n'est pas du même correspondant que les précédentes.]

Nanteuil, où ils attendront les passeports de l'Archiduc pour aller à lui. M. d'Avaux est avec eux.

Cette nuit, M. le duc d'Angoulême, étant plus malade et comme en assoupissement, a été ventousé avec scarification, ce qui le lui a fait sentir et réveiller, puis il a eu l'extrême-onction.

— Mardi 20, le Parlement assemblé, comme il a arrêté de faire à tel jour toutes les semaines, durant les vacations, le conseiller Coulon invectiva contre le procédé du cardinal Mazarin, qu'il traita de charlatan, de coquin, d'infâme.

On remet, sur la proposition faite dès le treize, d'envoyer commissaires pour visiter la Bastille et interroger les prisonniers, ce qui n'a eu effet.

On parla du Président Perrault, qui est malade et logé très mal, et du sieur de Carnavalet, à qui l'on a demandé, de la part de la Cour, la démission de sa charge, ce qui a fait fort parler le même conseiller Coulon.

Publication de la prise de Château-Renaud, faite sur le sieur de Saint-Étienne, qui se vouloit déclarer pour madame de Longueville, par le marquis de Noirmoûtier, nouveau gouverneur du Mont-Olympe de Charleville.

Ce jour, à dix heures du matin, est arrivé Doret, courrier ordinaire de M. le duc d'Orléans, apportant lettres du 17, comme le 14 les députés d'Orléans firent leur harangue en Cour, où ils parlèrent en termes généraux et fort altiers de la paix qu'ils demandent au Roi. On les envoya conférer avec MM. le maréchal de Villeroy, Servien, ministre, et du Plessis-Guénegaud, secrétaire d'État.

Les députés du Parlement de Paris, aussi arrivés, virent ceux de Bordeaux et depuis ont été dans Bordeaux même, à la prière des autres, pour y porter la suspension d'armes pour six jours, qu'ils ont à ladite prière obtenue de la Reine, et qui doit commencer le seize, à six heures du matin et ainsi finir le vingt-deux, à six heures du matin aussi. Que le comte du Daugnon est entré dans la Garonne avec ses vaisseaux, et que Du Quesne y est aussi arrivé avec les siens. Que M. de Saint-Luc, lieutenant-général au gouvernement de Guyenne et l'un des quatre en l'armée du Roi, étoit allé contre le comte de Tavanes, qui amenoit du secours à Bordeaux et l'avoit défait.

— Mercredi, jour Saint-Mathieu (ce jour commencent les Quatre-Temps, d'après la Sainte-Croix, à la fin d'été), et jeudi 22, les sieurs nonce du Pape, agent de Venise et comte d'Avaux, envoyés de M. le duc d'Orléans, demeurent encore, attendant les passeports de l'Archiduc qui, ne venant point le jeudi soir, ces messieurs retournent à Paris.

— La nuit du vendredi 23 au samedi 24, M. d'Angoulême, qui s'étoit mieux porté les deux jours précédents, et faisoit espérer sa guérison aux siens, est décédé. Dès l'après-dîner il fut vu en son lit de parade et de velours rouge, à large passement d'or, un bonnet de satin blanc en tête, des brassières de même; l'ordre du Saint-Esprit au col et la robe ou grand manteau de cérémonie de l'ordre étendue sur son lit. A la main gauche, sur un carreau de velours ou satin, son épée à son fourreau, et, à son pied droit, la couronne de fleurs de lis d'or, comme de prince du sang, sur un semblable carreau; sur la table, au pied du lit, une grande croix d'argent avec deux grands chandeliers de chaque côté, portant quatre cierges blancs; par terre, ès deux côtés du lit, chacun six autres chandeliers et cierges blancs, qui sont douze en tout. Entre la table du pied du lit et la balustrade qui ferme et enclot le lit, le séparant du reste de la chambre, un grand bénitier d'argent où le peuple qui vient à la balustrade prend de l'eau bénite pour jeter sur le lit. Ès deux ruelles, et en chacune, quatre ou cinq prêtres de la paroisse, qui est Saint-Paul, et deux religieux minimes.

— Le lundi 26, on porte son cœur aux Petites Filles de Saint-François, où est celui de feu madame d'Angoulême, sa femme, et son corps en la cave de la chapelle des Minimes où est celui de Diane de France, sa tante et bienfaitrice, fille légitimée bâtarde de Henri II et d'une Piémontaise, du nom de Duc.

Madame d'Angoulême, sa veuve, est demeurée en la maison, où le scellé a été apposé, tant pour elle que pour le comte d'Alais, fils héritier unique du défunt. On lui a, à elle, confié l'argenterie pour son usage, et on lui donnera là-dedans sa demeure en deuil convenable à sa qualité, durant quarante jours.

— Mardi 27, au matin, assemblée du Parlement, où on a lu les lettres des députés de ce Parlement, des 16 et 19, à Bourg-sur-Dordogne, portant en termes généraux qu'ils espèrent faire l'accommodement de Bordeaux.

Item on y a lu deux Édits, l'un portant que tous ceux qui ont ci-devant et depuis l'an revendu au Roi des rentes sur l'Hôtel de Ville au denier 18, en rendront au Roi la moitié du prix : et ceux qui, par trafic, les auront même revendues au Roi le denier 14, ne laisseront pas d'être taxés. Ceux enfin qui en ont eu pour récompense, ou pour se faire payer de prêts, recouvrements, ou vider de telles affaires avec le Roi, n'en rendront que le quart. On vouloit opiner là-dessus, mais le vieux conseiller Broussel a dit qu'il falloit du temps pour examiner l'affaire, qui a été remise à huitaine.

Le matin, à dix ou onze heures, courrier extraordinaire arrivé de Bordeaux, apportant à M. le duc d'Orléans la nouvelle de la conclusion de la paix, faite le soir du 22 aux conditions proposées dès le [9 août dernier] en Parlement, qui les trouva raisonnables, en la bouche et de la part de M. le duc d'Orléans, et qui, portées par le sieur du Coudray-Montpensier à la Reine, les avoit ratifiées.

Ainsi l'amnistie sera générale.

Madame la Princesse, pour elle et son fils, aura sûreté dans Nérac, M. de Bouillon dans Turenne, M. de la Rochefoucauld en une de ses maisons, et le duc d'Épernon évincé pour lui et les siens du gouvernement de Guyenne.

— Les 28, 29 et 30, la nouvelle confirmée de l'accommodement de Bordeaux, avec quelques particularités de madame la Princesse retirée avec mécontentement et du duc de Bouillon, que les uns disent avoir été escorté avec cinq cents chevaux jusques dans Turenne, les autres s'être retiré à la dérobée où ne sait on pas; ce qui se vérifiera. — Faux, ci-après.

Octobre.

M. Le Tellier en mois de secrétaire d'État. Mais il est resté à Paris, la cour allant et étant à Bordeaux. — Capitaine des Gardes du Corps, M. de Charost, entre en quartier.

— Samedi (*Atys*), premier jour d'octobre, le Roi devoit faire son entrée en la ville de Bordeaux, suivant les avis du 27 septembre, arrivés à Paris ce jourd'hui soir.

— Dimanche et lundi [2 et 3], mêmes avis que le samedi.

— Le mardi 4, assemblée du Parlement en laquelle les deux

édits proposés en la précédente furent repris et on commença par celui de la revente des rentes sur l'Hôtel de Ville, sans achever.

Ce jour, ou le précédent, le duc d'York partit de Paris pour aller à Bruxelles, la reine d'Angleterre, sa mère, ignorant ou dissimulant le sujet. Il est prince d'espérance, âgé d'environ dix-huit ans. On dit que le duc de Lorraine l'y appelle pour lui faire épouser la fille qu'il a de la princesse de Cantecroix. — Faux.

— Mercredi 5, le comte de l'Hôpital, frère du marquis de Choisy, arrive de la Cour et apporte à Paris les nouvelles de la paix de Bordeaux[1].

— Jeudi 6, ladite paix, avec ses articles imprimés, se publie à Paris, mais sans certitude : lesdits articles supposés.

Les eaux tellement grosses à Paris et environs, contre l'ordinaire de la saison, en laquelle sont les plus basses ès autres années, que la Seine déborde jusques en la rue de la Mortellerie

---

1.   *De Paris, mercredi soir.*

M. le comte de l'Hôpital partit de Bourg samedi dernier à deux heures après-midi et a rapporté les nouvelles de la paix, signée de vendredi dernier, laquelle avoit été presque rompue le mercredi, sur les intérêts de M. de Bouillon ; mais les gros bourgeois étant allés en armes au Palais, pour avoir la paix, n'ont trouvé que dix-sept conseillers pour la guerre et quarante pour le roi et l'accommodement. Le Roi devoit entrer le lundi ou mardi dans Bordeaux, avec ses gens d'armes et chevau-légers et ses gardes suisses et françaises et, de là, s'en vient à Fontainebleau. Le séjour ordonné pour madame la Princesse, MM. de Bouillon et de la Rochefoucauld n'a point été changé dans cette dernière ratification. Les lettres datées de vendredi à Bourg et arrivées cejourd'hui en cette ville sont conformes à ce que dit ledit sieur de l'Hôpital et portent que M. de Bouillon se retire à Turenne et doit avoir cinquante mille francs à prendre sur le Convoi de Bordeaux par an, pour la récompense de Sedan, jusqu'à ce qu'il jouisse de Château-Thierry et autres places à lui promises. Le duc de la Rochefoucauld va en sa maison de Poitou et son gouvernement ne lui sera rendu qu'après la majorité du Roi.

Madame la princesse et monsieur son fils vont à Monrond ou en Anjou.

Si je puis avoir le carrosse de M. le comte de l'Hôpital, je me donnerai l'honneur d'aller vous assurer que je suis, monsieur,

Votre très humble et très obéissant serviteur,

La Vallière.

Paris, mercredi 5 octobre 1650.

et la Marne au pont de Charenton jusques en la campagne (quoique fort élevée) de Créteil.

— Dimanche matin 9, l'ordinaire de Bordeaux apporte les articles de la paix et tout ce qui s'y est passé à la sortie de madame la Princesse et des ducs de Bouillon et de la Rochefoucauld, le lundi 3 dernier[1].

Ce jour, M. le duc d'Orléans va à Limours ou plutôt y étoit dès le précédent et le courrier de Bordeaux l'y est allé trouver.

— Le lundi 10, avis que les ennemis se sont retirés d'auprès de Mouzon.

---

1. *A Bourg, le 3 octobre 1650.*

Monsieur, aussitôt que nous serons à Bordeaux je ferai mon possible pour exécuter ponctuellement ce que vous m'ordonnez, et je vous proteste que j'ai une si forte passion de vous rendre quelque service que j'ai joie quand vous m'en donnez les moyens. Brunet, gendarme de la Reine, est ici dans la compagnie et se porte fort bien. Je vous rends grâce de vos nouvelles; les nôtres sont consommées par la paix. J'en envoie les articles à Madame ; vous les pourrez voir.

On pensoit partir aujourd'hui pour aller à Bordeaux ; mais deux choses en ont empêché. L'une, que le bateau que les habitants de Bordeaux doivent envoyer pour Leurs Majestés, et qu'ils font accommoder richement, n'est pas encore arrivé. Ce doit être deux chambres garnies de velours en broderie d'or, de fleurs de lis et des armes de Leurs Majestés. L'autre est que M. le Cardinal va à Saint-André, village à deux lieues d'ici, à une entrevue que le marquis de Duras a moyennée entre le duc de Bouillon et Son Éminence.

La cour seroit partie demain pour Bordeaux, mais comme c'est saint François et que la Reine fait ses dévotions, elle ne partira que mercredi matin. Pour nous, pour éviter la foule et pour avoir la commodité d'un bateau, qui seront rares ce jour-là, nous partons demain et Monseigneur mène M. Jeannin et M. Morant.

Obligez-moi de faire rendre la lettre de M. d'Hozier. M. Bourdelot vous prie de faire tenir l'autre à monsieur son père et vous baise les mains. Il n'y a qu'à l'envoyer de ma part vis-à-vis de l'hôtel de Sens, à l'*Ours*, à Montbrizon. Le maître ou la maîtresse la feront tenir. MM. Dauphin et d'Hozier vous rendent grâce de votre souvenir et vous assurent de leurs services. Je vous prie de trouver bon que je proteste ici des miens à MM. Huguenot et de Mergey, et de croire que vous êtes une des personnes du monde que j'honore et estime le plus et à qui je suis avec plus de passion, monsieur, très humble et très obéissant serviteur,

A. FAUVELET DU TOC.

Un second combat de M. de Villequier contre eux, dans lequel on disoit qu'il auroit été blessé, ne se trouve pas confirmé.

Ce soir, M. le duc d'Orléans retourne de Limours à Paris et M. Fouquet, maître des Requêtes, le va trouver pour le prier de l'agréer en la charge de procureur général, dont M. Méliand lui a fait démission, acceptée en cour, moyennant sa charge de maître des Requêtes, estimée plus de cinquante mille écus, pour le fils dudit sieur Méliand, de longtemps conseiller en Parlement, et cent mille écus de plus en argent, desquels cent mille écus la Reine a fait expédier un brevet de réserve ou sûreté audit sieur Fouquet, au cas qu'il vint à mourir dans ladite charge. Il y a aussi paction que ledit sieur Méliand fils épousera une fille unique qui est restée audit sieur Fouquet de sa défunte femme, héritière en Bretagne, et ce, au dédit de vingt mille écus.

L'abbé de la Rivière retourne en son abbaye près Orléans, à Fleury-sur-Loire, dite Saint-Benoît, ayant passé tout l'été à Aurillac en Auvergne, où il étoit relégué.

— Mardi 11, la demoiselle de Vandy demeurant avec la comtesse de Maure, reçoit lettres de sa mère, datées du 7 et portant que ce jour, le prince (l'archiduc) étoit arrivé en son bourg et s'étoit logé en tente sous la halle, quoiqu'elle le fût allé prier de prendre sa chambre en son château. Vandy est à six lieues de Rethel, ou environ.

Bruit que le duc Charles a surpris la ville de Bar-le-Duc, l'a pillée et puis abandonnée; ne se confirme pas. — La duchesse et les demoiselles de Bouillon-Turenne, ses sœur et fille, font grande réjouissance en la Bastille et leurs femmes y dansent le soir sur la terrasse. On croit que de Visé, exempt de la Reine, venu courrier extraordinaire, parti du 8, leur apporte nouvelle ou espérance de prochaine liberté.

Doret, courrier de M. le duc d'Orléans, envoyé à Bordeaux, en cour, pour y témoigner le sentiment qu'a Son Altesse Royale que le Roi doit ici retourner, tout droit, au plus tôt.

— Mercredi 12, la déclaration du Roi, donnée à Bourg le 1er octobre, et imprimée à Bordeaux, a aussi paru, imprimée à Paris, premièrement seule et simple, puis la suite, qui est son enregistrement au Parlement de Bordeaux, avec les articles proposés par M. d'Orléans et passés au Parlement de Paris, puis portés par le sieur du Coudray-Montpensier à la cour et agréés par la Reine, et encore portés à Bordeaux par les députés de ce Parlement et de celui de Paris et enregistrés, homologués, contenant la révocation perpétuelle de M. d'Épernon, la sûreté de madame la Princesse, des ducs d'Enghien, son fils, de Bouillon et de la Rochefoucauld et autres de ce parti, avec l'amnistie générale et sauf-conduit, même pour le retour de ceux qui sont en Espagne.

Enfin la déclaration que ladite dame Princesse a baillée, signée d'elle, de son obéissance à l'avenir au service et volonté du Roi, avec serment de ne jamais adhérer à aucune levée d'armes ni traité, soit dans, soit hors le royaume.

Les ducs de Bouillon et de la Rochefoucauld ont baillé pareille déclaration et serment par écrit, signés d'eux.

Cette nuit précédente, les eaux sont décrues et abaissées de deux pieds.

— Samedi 14, au matin, la dame de Bouillon-La-Tour est sortie de la prison de la Bastille, ayant les demoiselles de Bouillon, sa belle-sœur, et de La Tour, sa fille; et sont, en carrosse de louage, allées de ce pas à Jouarre quérir ses autres filles et un de ses fils; pour, de là, être tous conduits à Orléans, où les gardes les laisseront, sur leur foi, pour s'embarquer sur Loire, et, à Amboise ou à Tours, prendre le carrosse qui a ramené de Bordeaux madame la Princesse, et s'en aller à Turenne trouver le duc son mari.

Avis que l'Archiduc en personne est encore à Vandy et que partie de son armée a repris le siège de Mouzon tout de bon, où ils ont mené leur canon.

Préparatif ou commencement de brouillerie entre les dames de Chevreuse et de Montbazon; celle-là voulant ravoir de celle-ci une promesse de cent mille livres que le duc de Chevreuse autrefois lui a faite.

Avis de la défaite des troupes lorraines, sous le comte de Ligneville, frère paternel de la dame de Menesser [sic], dame d'honneur de la duchesse Nicole de Lorraine, près de Ligny-en-Barrois, et reprise de ladite place de Ligny sur les Lorrains.

— Mardi 18, le Coadjuteur n'est plus bien avec le duc d'Orléans.

Avis que la cour est partie d'hier de Bordeaux. Richard, garde et courrier de M. le duc d'Orléans, en arrive, ayant vu embarquer sur Garonne plusieurs bagages, sur l'espoir de partir le samedi 15 ou lundi 17.

— Mercredi 19, au soir, le comte de Miossens arrive de la cour à Paris; il partit avec elle de Bordeaux (où aucun homme du

Parlement n'a été voir le cardinal Mazarin, et aucune femme de ceux du Parlement n'a voulu aller au bal qui y fut fait à la Reine par la ville).

— Samedi matin [22], alla coucher à Blaye, où le lendemain dimanche matin il la quitta, partant avant jour, et vint par poste, passant par la terre et maison du duc de la Rochefoucauld, qui est sur la main droite du chemin[1].

Lettres du 22, de Poitiers, arrivent à Paris le 27, jeudi, et portent que la cour séjourne là un jour, puis vient incessamment pour arriver à Pithiviers lundi soir, dernier jour d'octobre, et y passer la Toussaint; le jour des Morts gagner Fontainebleau où la Saint-Hubert se fera. Cela a changé par la maladie de la Reine, à Amboise, jusques au 3 novembre.

Divers bruits de la division ou abattement de la Fronde. Assemblées et délibérations par entr'eux.

Bruit que le siège de Mouzon est levé. — Faux encore et non sans apparence toutefois.

Que l'on va ramener les Princes, de Marcoussis à Vincennes. — Faux encore, et non sans apparence encore.

Que le sieur de Bar, qui garde lesdits Princes, est fait gouverneur de Doullens, au préjudice du marquis de Vardes, qui l'avoit été demander de la part de M. le duc d'Orléans, qui dit tout haut qu'il l'aura ou le premier vacant.

Que madame de Guise est fort malade. — Vrai.

Que le duc de Joyeuse, son fils, grand chambellan, est allé vers le comte d'Alais, son beau-père, à Toulon, pour le faire résoudre d'accepter le changement de son gouvernement en celui d'Auvergne, que l'on lui donnera, et à sondit gendre la survivance de colonel [-général] de la cavalerie légère de France; et le domaine d'Angoulême, reversible à la couronne faute d'hoirs mâles, par la mort dudit comte, assûré à sondit gendre.

— La nuit du samedi 29, à dix ou onze heures, le carrosse du duc de Beaufort, allant de l'hôtel de Vendôme à celui de Montbazon quérir ce duc qui y étoit, fut attaqué par environ douze ou quinze filous, qui tirèrent coups de mousqueton et de pistolet au cocher et valets, portant flambeaux, et aussi dans le carrosse qu'ils arrêtèrent. Le sieur de Brinville, qui étoit en une portière, s'étant jeté dehors, se sauva; le sieur de Saint-Aiglan-La Vigne, qui étoit

---

1. Verteuil, près Ruffec (Charente).

au dedans, sur un siège, reçut des coups de poignard dont il expira en l'hôtel de Montbazon, où il fut porté. Son corps, le lendemain, y demeura exposé, puis fut porté en terre, à Saint-Roch, église voisine et paroisse de l'hôtel de Vendôme; et y assista à son service le duc de Beaufort. Il étoit grand, bien fait et blond, portoit nom de La Vigne, fils du sieur de Tréauville, nourri page du duc de Vendôme, fils d'un autre Tréauville et d'une Tourlaville, et petit-fils du baron de Tubeuf près Laigle en Normandie. Saint-Aiglan est une maison seule, dans l'orée[1] de la forêt de Breteuil, en terres nouvelles, fieffées du Roi dans la paroisse de Neaufle. Le duc de Beaufort le retira, sortant du château de Vincennes.

— Dimanche 30, nouvelles d'Amboise du 27, que la Reine y est malade et y tardera encore au moins le 28. Depuis, on en a eu du 30, qui est ce jourd'hui, portant que la Reine n'en partiroit, pour aller à Blois, que le 3 novembre suivant.

— La nuit du 31 et dernier au premier novembre, l'un des assassins de Saint-Aiglan a été pris et exécuté en décembre.

Novembre.

M. de Brienne en mois de secrétaire d'État.

— Le premier jour mardi (*dindyma*) qui est de Toussaint, assassin du sieur de Saint-Aiglan, gentilhomme du duc de Beaufort, pris et depuis exécuté.

— Le mercredi 2, jour des Trépassés, autres assassins pris.

Grandes aumônes se font à Paris pour les pauvres gens de Champagne, ruinés par l'armée de l'Archiduc. Les dames de Lamoignon et de Hère, présidentes, et autres et les sieurs de Bernières, le Nain, etc. y opèrent journellement.

— Jeudi 3, jour de la fête saint Marceau, transférée du premier, auquel elle est marquée dans le martyrologe; n'est fête qu'à Paris. Mais ce jour est la vraie fête de saint Hubert pour les chasseurs.

— Vendredi 4, à la pointe du jour, se découvrent au bout du Pont-Neuf vers la Monnoie, et à la Croix du Tiroir, ès poteaux

---

1. Lisière.

à carcan qui y sont plantés à demeure, certains tableaux où l'image du cardinal Mazarin étoit peinte et représentée pendue et y avoit un grand écrit, comme si c'eût été un arrêt. Aucuns disent qu'il y en avoit aussi en la Grève et nullement aux Halles, mais oui bien sur le quai des Augustins et à l'embouchure de la rue Pavée, ou de Nemours, ce qui n'est pas constant.

C'étoit un tableau bien peint du cardinal Mazarin et à travers de la toile, à l'endroit du cou, une corde étoit passée des deux côtés et se relioit par derrière et de ses deux bouts au poteau, où le tableau étoit suspendu.

— Dimanche 6, M. le Tellier, secrétaire d'État, part pour aller à Orléans et fut coucher à Pithiviers, où il trouva la cour, de la part de M. le duc d'Orléans, qui demande que l'on s'explique de certaines choses.

Les duc et duchesse de Richelieu qui étoient au pays d'Iveline, à Sainte-Mesme, entre Dourdan et Rochefort, en la maison de l'un de leurs amis, le sieur Saint-Mesme de l'Hôpital, avec défense de s'éloigner, se sont échappés des gardes du duc d'Orléans, qui étoient près d'eux, et s'en sont allés à Brouage; le sieur du Vigean, père d'elle, à Toul.

M. du Plessis, secrétaire d'État, arrive ce soir à neuf heures.

— Mardi 8, au matin, retour de M. Le Tellier, secrétaire d'État, de la cour, qui est du soir précédent, à Fontainebleau.

Grand bruit que le siège de Mouzon est levé; les Archiduc et comte de Fuensaldagne étant retirés de leurs personnes, il y a déjà quelques jours, faute de blé, même de fourrage, au camp des ennemis.

Madame de Guise est fort malade; la nuit, lui ayant pris un grand frisson à deux heures après minuit, vers mercredi, et ensuite un redoublement.

Madame la princesse douairière de Condé se guérit d'une grosse maladie. Madame sa belle-fille, selon les lettres du sieur Bourdelot, son médecin, du 3, de Milly en Anjou, en doit être partie le 7 pour se rendre et demeurer à Monrond.

— Mercredi 9, le train de M. le duc d'Orléans part pour Essonne, ou autre gîte, vers Fontainebleau.

Bruit que les Princes prisonniers ont été transférés, la nuit précédente, de Marcoussis au château de Vincennes, où le président Perrault a été, il y a deux ou trois jours, ramené de la Bastille, où il avoit été mis il y a environ deux ou trois mois.

Billets sont jetés dans le Palais d'Orléans, portant que s'il alloit en cour à Fontainebleau, il y seroit arrêté. Ce qui ayant été su par le Roi, il a dit qu'il y avoit bien de méchantes gens à Paris qui vouloient mettre son oncle en défiance ; et Mademoiselle, l'ayant su, a dit hautement qu'il faudroit rouer ces gens-là.

Le sieur Le Beau, bourgeois du quartier de la Truanderie, ayant été pris prisonnier pour dettes, ceux qui le menoient alloient disant au peuple, par la rue, que c'étoit un complice de l'assassinat de M. de Beaufort, ce qui fit que le peuple le sauva.

— Jeudi 10, force gens vont à Fontainebleau : M. du Plessis de Guénégaud, secrétaire d'État, en carrosse de messieurs de Ruvigny et abbé Tallemant. M. le duc d'Orléans, accompagné de sa compagnie de gendarmes, jusques à Essonne, et de ses gardes à cheval au reste de son voyage.

Avis que le siège de Mouzon est levé. — Autre contraire que la place est prise ; et celui-ci vrai.

— Samedi 12, le Palais ouvre. Le Premier Président n'y fait point la cérémonie de la messe, qui fut célébrée dans la grande salle par l'évêque de Comminges, qui fit un compliment à la cour et eut sa séance avec elle en la Grande Chambre.

Le Premier Président, selon la coutume, donna à dîner à quelque douzaine de conseillers de la Grande Chambre, le président le Coigneux tenant la table en l'absence du maître du logis indisposé. La santé de ceux qui étoient ici l'an passé, en ces propres termes, fut bue, ayant été commencée par le conseiller Deslandes-Payen.

Ce jour, madame de Vendôme fut solliciter M. le Premier Président de recevoir les trois voleurs prisonniers au Châtelet, et ce jour même condamnés à la question, et ensuite à la mort par la roue, à l'appel qu'ils en ont interjeté au Parlement ; et il lui a fait réponse que cela ne se pouvoit, le cas étant purement prévôtal, eux étant voleurs convaincus et pris sur le fait, et, partant, justiciables, en premier et dernier ressort, des juges prévôtaux et présidiaux, suivant toutes les ordonnances des Rois.

— Dimanche, la nuit vers lundi 14, les trois Princes prisonniers à Marcoussis en ont été ôtés et conduits, par les gendarmes et chevaux-légers du Roi, vers le Hâvre-de-Grâce, sous l'escorte du comte d'Harcourt et de 500 autres chevaux.

Le cardinal Mazarin, passant de la cour Carrée ou de l'Étang en la cour de l'Ovale, à Fontainebleau, rencontre un anneau de fer, où les deux côtés et battants de la porte du passage se ferment, et y mettant le pied, tombe rudement, la poitrine et le visage contre le pavé. Aussitôt relevé, se met au lit et se fait saigner.

— Le lundi 14, les nommés Boulard, prisonnier au Châtelet et blessé du soir 29 octobre, qu'il assista au vol et assassinat du sieur de Saint-Aiglan, et deux siens compagnons nommés Saint-Brice et Petit-Champagne, depuis pris, jadis laquais des duchesse de Lesdiguières et duc de Retz, et depuis filous, après avoir été interrogés par le lieutenant criminel, le sieur Joly, conseiller au Châtelet, présent, avoué le vol sans préméditation ni dessein d'aucun assassinat, lequel ils auroient commis en la personne dudit sieur de Saint-Aiglan, sans le connoître, et seulement parce qu'il s'étoit mis en défense, et été, dès le samedi 12 condamnés à être rompus sur la roue, après avoir été mis à la question, retardés sur une lettre du duc d'Orléans jusques à ce jour, ont ce matin été mis à la question très rude et extraordinaire, et sur le soir exécutés à la Croix du Tiroir, quatre ou cinq cents hommes en armes y tenant la main. Deux ou trois de leurs camarades y furent reconnus et pris ; et l'un d'eux, depuis pendu, son corps porté chez le sieur Regnier, médecin, au haut de la rue de la Tixeranderie, et disséqué, a été trouvé avoir le foie au côté gauche, comme le pylore et la rate au droit[1], dont M. Mentel, médecin, a fait récit en son libelle latin, adressé aux sieurs Péquet, en 1651, et La Motte-Le Vayer, en quelques lettres qu'il a fait imprimer.

Bruit que M. de Châteauneuf n'a plus les sceaux et que c'est, selon aucuns, M. Servien, selon d'autres, M. le président de Bellièvre.

Les trois Princes prisonniers, que l'on avait su, le matin, devoir être emmenés hors de Marcoussis, ne le furent que le soir, qu'ils furent coucher à Versailles. Aucuns veulent que ce ne fut que le mardi.

Expéditions de la cour, pour l'évêché de Mâcon, délivrées à M. de Lingendes, jadis évêque de Sarlat.

Le soir, M. le duc d'Orléans retourne de Fontainebleau à Paris.

---

1. Il y a en l'ancienne copie manuscrite, dont nous nous servons, le contraire, c'est-à-dire *le foie au côté droit..., la rate au côté gauche* ; c'est évidemment une erreur de copiste, car cela n'eût pu donner lieu à observation. Ce fait est répété plus bas par Du Buisson à la date du 3 décembre 1650, et ce qu'il en dit justifie la correction que nous faisons ici.

— Mardi 15, à quatre heures du soir, le Roi, la Reine, le Cardinal et toute la cour arrivent de Fontainebleau à Paris. Le duc de Beaufort vit Leurs Majestés dès ce soir-là. M. le Coadjuteur, le lendemain, mercredi matin.

— Mercredi 16, au matin, avis, par les marchands de chevaux trafiquant en Hollande, que les ports avoient été quelques jours fermés à cause de la mort du prince d'Orange, à qui la petite vérole étoit rentrée. — Guillaume, prince d'Orange, fils, successeur de Henri-Frédéric.

M. Le Camus de Pontcarré, évêque de Séez, étant décédé en son diocèse, le père Alvarez, cordelier espagnol, octogénaire, confesseur de la Reine, insistant pour son fils spirituel et adoptif, son vicaire en sa charge près la Reine, M. d'Orléans d'autre part pour l'abbé de Basoche, et l'abbé de Poncarré, ou son frère, conseiller en la cour et frondeur, pour lui, demandant à succéder à son oncle, n'ont rien eu ; et l'a emporté l'abbé de Cormeilles, Médavy, en faveur de son frère, le comte de Grancey.

Avis du mariage de l'Empereur, pour la troisième fois, avec la sœur du duc de Mantoue, et de celui de son fils, le roi de Hongrie (à qui le roi d'Espagne a envoyé l'ordre de la Toison d'or et le propre collier de l'empereur Charles V), avec sa cousine germaine, l'Infante d'Espagne.

Bruit ès Carmes déchaussés du faubourg Saint-Germain, où il y a des factions, l'une pour le Père Maurice, provincial ou supérieur, dont étoit le père Macaire, homme en réputation de mérite, et l'autre contraire. Ce Père Macaire, désirant vivre en repos, n'a pas été marri ou a désiré se retirer à Lyon ; à quoi l'abbé d'Ainay et son frère, le maréchal de Villeroy, le favorisant, ont obtenu une lettre de cachet du Roi à Libourne, le Roi y étant, le.....[1], signée de Guénégaud, commençant en ces termes :

« Mon Reverend Père », — puis continuant en cette substance :
— « Ayant appris que votre demeure au couvent des pères Carmes
« déchaussés du faubourg Saint-Germain y apportoit du trouble,
« j'ai cru qu'il étoit à propos que vous vous retirassiez à Lyon.
« C'est pourquoi, par l'avis de la Reine, madame ma mère, je vous
« fais cette lettre pour vous dire de vous en aller au plus tôt en
« ladite ville de Lyon. A quoi, croyant bien que vous ne manque-

---

1. Blanc au manuscrit.

« rez pas, je ne vous la ferai plus longue, priant Dieu de vous
« avoir en sa sainte garde, etc. »

Ledit Père Maurice, malade, ayant par madame de Brienne fait prier M. du Plessis de Guénegaud de l'éclaircir si cette lettre, en vertu de laquelle ledit Père Macaire étoit sorti et mis sur le chemin de Lyon, où il s'est arrêté, étoit véritable, le sieur de Mergey y est allé

— jeudi 17, après dîner, de la part dudit sieur du Plessis, l'assurer en présence de quelques-uns de ses religieux de la vérité de ladite lettre.

La Reine continue sa purgation du jour précédent, pour obvier à la rechute de la maladie qu'elle a eue, au retour de son voyage, étant à Amboise.

Madame de Guise se guérit : son fils, le Grand Chambellan, retourné de Provence, apportant apparence et promesse d'accommodement de la part de son beau-père.

M. d'Avaux, bien malade, reçoit le Saint-Sacrement.

— Vendredi 18, la Reine ayant eu la fièvre, de nuit, fut saignée au matin.

Le Parlement, qui devoit recommencer lundi prochain, est différé à l'autre lundi, huitaine.

On parle du voyage de M. le Cardinal vers Rethel, où le comte d'Harcourt tirera avec les troupes qui conduisent les Princes prisonniers au Hâvre, au nombre de huit cents hommes, cavalerie et infanterie.

— Dimanche 20, au fin matin, M. d'Avaux, Claude de Mesmes, se trouve mort de la nuit précédente.

— Lundi 21, le corps dudit sieur d'Avaux se voit exposé tout enseveli, en linceuls blancs dessus son lit, en sa chambre; et le soir est porté aux Grands-Augustins.

La Reine se trouve toujours mal.

— La nuit du lundi au mardi 22, la demoiselle de Toucy est mariée au maréchal de la Mothe-Houdancourt, à Saint-Brice, près Écouen, en la maison du sieur de la Briffe, de Paris.

— Mardi 22, bruit que l'on n'a point voulu recevoir les Princes prisonniers au Hâvre, où Sainte-Maure est le plus fort, et que l'on les ramène vers Meulan. — Faux.

Avis de la mort du jeune et cadet La Moussaie, gouverneur dans Stenay pour le prince de Condé, dont il étoit confident.

— Mercredi 23, la Reine saignée au pied.

Lettres et avis de Hollande, portant que la princesse royale, veuve du dernier prince d'Orange, Guillaume, étoit accouchée d'un fils, que les états généraux étoient allés visiter et assurer de toutes les charges et emplois, que le défunt son père avoit en leur État.

— Vendredi 25, continuation de la maladie lente de la Reine qui est une fièvre de débilité. Elle garde le lit et les médecins lui défendent de parler. On commence d'être en peine d'elle. M. le duc d'Orléans en témoigne grande inquiétude.

Le soir, on découvre que ce sont des hémorrhoïdes internes. La Reine, qui ne prend jamais de lavement, en souffre un, après en avoir été priée par le Roi même.

Le soir du 25, les trois Princes prisonniers couchent à l'Orcher ou. . . . . .[1] près Harfleur et le lendemain sont mis en la citadelle du Hâvre : le 24ᵉ ils avoient couché à Saint-Jean près Bolbec ou à Bailleul, là auprès, le 23ᵉ à Yvetot, le 22ᵉ à Saint-Jean-du-Cardonnay, le 21ᵉ à Blainville-lez-Rys, sur Andelle, le 20ᵉ à Rouville-d'Alizay devant le Pont-de-l'Arche, le 19ᵉ à Ailly près Acquigny, le 18ᵉ à Notre-Dame-de-Grâce près la Croix-Saint-Leufroy[2].

Il y avoit un chariot qui marchoit chargé de portes, fenêtres, barres et verrouils, pour la sureté de leurs logis.

Étant le 25ᵉ à Saint-Jean, près Bolbec, on alla quérir pour eux de l'eau du puits de Raffetot, qui est proche et la meilleure des environs, où le seigneur du lieu en fit tirer et puis en fit boire à tous ceux qui étoient présents, afin que l'on ne le pût pas ci-après accuser ni de poison, ni de malignité.

— Dimanche 27, à la grand'messe, se fait par toutes les paroisses

---

1. Blanc au manuscrit.
2. *La marche de Messeigneurs les princes au Havre. — Leurs couchées.*
Sont partis de Marcoussis, le ....., à Versailles, maison du roi, près laquelle leur carrosse versa. Ce fut la première couchée le ...... à Garancières, à Dammartin, à Notre-Dame-de-Grâce, près la Croix de Saint-Leufroy, à Heudebouville, le 19 novembre; au Pont-de-l'Arche ou Alizay-Rouville, au bout du Pont-de-l'Arche; à Blainville-en-Lyons, au-dessus de Charleval ; à Saint-Jean-du-Cardonnay, à deux lieues de Rouen ; à Yvetot-en-Caux, à Saint-Jean-lès-Bolbec, le 24 novembre; à Courmoulins, près Harfleur ; à la citadelle du Hâvre, le 26 novembre 1650 ; par le sieur du Cormier, le jeune, maréchal-des-logis des gend'armes du roi, et conduisant la compagnie, en l'absence des hauts officiers. (Donné à madame la comtesse de Miossens.)

de Paris la recommandation de prières pour la maladie de la Reine. Cela n'a pas été oublié par les monastères.

Ce fut le premier dimanche de l'Avent cette année, comme plus proche de la saint André.

— La nuit d'entre dimanche et lundi, 27 et 28, la Reine se trouve fort mal. Voyage de M. le Cardinal différé.

Lettres du comte d'Harcourt du 24 à Lillebonne, conduisant les trois Princes prisonniers au Hâvre, distant de six lieues, pour y être le lendemain.

Un homme est enlevé prisonnier, de la rue Dauphine, pour avoir dit, quelques jours auparavant, en voyant passer le carrosse de M. le cardinal Mazarin, que « s'il y avoit cent bourgeois réso-« lus comme lui dans Paris, il empêcheroit bien ce faquin d'aller « par les rues. »

— Lundi 28, l'ouverture du Parlement, différée du lundi précédent, se fait. Le Premier Président harangue bien, admoneste les avocats et en général déclame contre ceux qui, par intérêt et pour tâcher d'accroître leur fortune, ou qui par légèreté ou faiblesse, en se laissant gagner par d'autres, excitent troubles et brouilleries en l'État.

L'archevêque de Paris y fut, au lieu de son neveu le Coadjuteur. L'archevêque de Reims y fut aussi, comme premier pair de France. M. l'évêque d'Agde, Fouquet, y étoit aussi, comme ayant été conseiller en ce Parlement-là, auparavant que d'être évêque. Il y alla pour être présent à la réception de M. Fouquet, son frère, ci-devant maître des Requêtes, et intendant de justice à Paris, et pourvu de la charge de procureur général, par la démission de M. Méliand.

Maladie de la Reine donne de la crainte. Ce sont hémorrhoïdes, provenant de l'extinction de ses mois, en sa quarante-neuvième année (qui est climatérique), accomplie la cinquantième, commencée en septembre dernier.

— Les 29 et 30, la Reine se porte tout à fait mieux.

La princesse de Condé, douairière, a donné la jouissance de Mello ou Merlou, sienne jolie maison à une journée de Paris, en ou vers le pays de Beauvaisis, à la jeune dame duchesse de Châtillon, sa cousine, à cause du grand soin qu'elle a eu d'elle en sa maladie, à Châtillon-sur-Loire, de laquelle maladie, ladite princesse est à peine guérissant et a, pour changer d'air, eu permission de venir en sa maison de Chantilly, près Senlis.

Requête de la jeune princesse de Condé, qui pourtant est à Monrond en Berry, comme paisible, dès avant le 22 novembre, selon les lettres que j'en ai du médecin Michon Bourdelot.

Le duc de Beaufort est fait marguillier à Saint-Nicolas-des-Champs, paroisse de la rue Quinquempoix (où depuis la Saint-Remy il demeure), en la place de feu M. d'Avaux.

La noblesse se remue en beaucoup de lieux et se va invitant à union, pour demander les États-généraux, particulièrement dans les Vexins françois et normand, où le sieur d'Anery, qui a ci-devant fort poursuivi la charge d'enseigne de la compagnie des gensd'armes du Roi, que le sieur de la Salle a emportée, à la faveur de M. le cardinal Mazarin, va sollicitant. — Il y en a eu même un imprimé d'union dans Paris.

Décembre.

M. de la Vrillière en mois de secrétaire d'État.

— Jeudi, premier jour, par la matinée pluvieuse, le cardinal Mazarin part pour la Champagne, ayant cent cinquante cavaliers et trois carrosses à six chevaux à sa suite. Il fut coucher à Meaux.

Le bruit commun est qu'il va traiter avec le duc Charles, etc., et qu'il porte cinq cent mille écus avec lui.

La Reine se porte bien.

Madame Gillier, morte d'une fièvre maligne cette nuit du mercredi au jeudi, enterrée le samedi en la paroisse de Saint-Louis, en l'île Notre-Dame. Melchior de Gillier, son mari, conseiller du Roi en ses conseils d'État et privé, et maître d'hôtel ordinaire. Elle... Joly. Son corps a, de Saint-Louis, après le service, été porté à Saint-Jean-en-Grève, inhumé, avec ceux de ses prédécesseurs, derrière la chaire du prédicateur.

Vendredi matin, la mercuriale grande et première (différée de mercredi, jour Saint-André 30 novembre, à cause de la fête) de ce Parlement, se tient ; où étoient les duc de Beaufort, Coadjuteur de l'archevêché, gouverneur de la ville de Paris, le duc de Brissac et l'évêque d'Agde.

Le Premier Président a fait l'admonition aux huissiers, comme il fit lundi, jour de l'ouverture, aux avocats : puis, après que les huissiers ont été retirés, il en a fait autant aux gens du Roi, lesquels ont ensuite harangué par l'organe de l'avocat général. Après quoi, le Premier Président a, pour la troisième fois, parlé à tout le Parlement.

Après tout, le conseiller Deslandes-Payen, de la Grande-Chambre, a rapporté la requête de la jeune princesse de Condé, retirée à Monrond, dès avant le 22 novembre, selon les lettres que j'en ai du médecin Bourdelot Michon; elle est bien faite et dès longtemps préparée, et demande, qu'attendu que deux Princes, premiers du sang, et M. de Longueville, troisième, leur beau-frère, ont, sans information précédente, et même sans sujet, été emprisonnés, et contre toutes les raisons de droit et formes de justice détenus, sans être ouis, depuis et durant le cours de cette année finissant; et tout nouvellement et depuis un mois enlevés et transportés des châteaux de Vincennes et Marcoussis en la citadelle du Hâvre, lieu très malsain, éloigné, et entre les mains de leurs ennemis, il plaise à la Cour ordonner qu'ils soient ramenés en deçà, dans une des maisons du Roi et mis entre les mains des gardes et officiers de Sa Majesté et gens non suspects. Il a été dit : « Soit monstrée aux gens du Roi, qui en sont saisis. »

Coup d'essai pour M. Fouquet, qui fut le lundi 28 novembre, à l'ouverture du Parlement, reçu procureur général.

— Samedi matin 3, requête présentée par M. le président de Nesmond, au nom et comme exécuteur nommé au testament de madame Charlotte de Montmorency, princesse douairière de Condé, décédée d'une fièvre avec abcès, en la cinquante-septième année de son âge, à Châtillon-sur-Loire, après y avoir été longtemps malade et à demi guérie.

Environ ce temps, furent, par sentence définitive du lieutenant de robe courte du prévôt de Paris, étranglés et rompus sur la roue, deux complices du meurtre fait en la personne de Saint-Aiglan, dans le carrosse du duc de Beaufort, dont il y en a eu trois exécutés dès le mois précédent, à la Croix du Tiroir. L'un de ces deux, petit homme trappu, d'environ vingt ans, parisien et filou, ayant été porté chez le sieur Regnier jeune, médecin anatomiste, au haut de la rue de la Tixeranderie, joignant le bout de celle des Mauvais-Garçons, et été mis au théâtre d'anatomie, qui y est dressé, fut trouvé avoir toutes les parties qui doivent être dextres, comme le poumon et le foie, changés et portant sur le côté senestre, et la base du cœur, le foie et vaisseaux en dépendant[1].

— Mercredi 7, le Parlement étant assemblé, les duc de Beaufort et Coadjuteur y étant, un homme vint à la porte de la Grande Chambre et dit à l'huissier qu'il se nommoit La Roche ou La Roque, capitaine des gardes de M. le Prince de Condé, et apportoit, de la part de Son Altesse, une lettre à messieurs du Parlement ; cette lettre fut baillée et lue écrite d'une page entière, et moitié de l'autre, en papier long et étroit, d'une main, que le comte de Béthune, à qui elle fut montrée, assura être de M. le Prince susdit, comme la connoissant bien et en ayant quelques-unes chez lui de la même main. Elle est signée de lui, du prince de Conti et de M. de Longueville, et d'encres différentes, aussi bien que de mains diverses, datée du 19 décembre, d'Oudeville[2]. Il y a Cudboville en l'imprimé qui en a été publié. Aucuns veulent que ce soit Heudebouville, non loin de Gaillon, et entre Notre-Dame de Grâce et le Pont-de-l'Arche, stations des Princes. C'est un village sur la rivière d'Eure près de Planches, au-dessus de Louviers, où lesdits trois Princes passèrent, étant conduits par le sieur de Bar.

On remit à délibérer dessus cette lettre à vendredi prochain.

Le chevalier des Essarts, arrivé à Paris, de la part de M. de Guise, dit qu'il a fait son traité en Espagne, et a sa liberté et retour en France, moyennant deux cent mille écus de rançon, dont il en a cent tout prêts et les autres cent, le grand-duc de Toscane les lui prêtera.

Avis que le duc de Bouillon est arrivé à Château-Thierry et qu'il a vu M. le Cardinal Mazarin, qui est à Reims.

— Vendredi 9, les chambres étant prêtes à s'assembler, il vint une lettre de cachet du Roi, portant que le Parlement députât pour aller, sur l'heure, au Palais-Royal, trouver la Reine indisposée et qui leur diroit son intention.

Ils ont voulu s'assembler nonobstant ce ; mais le Premier Président les en a empêchés, comme étant chose qui ne s'est jamais faite, que le Parlement ne soit pas allé vers le Roi quand il l'a mandé ; ils y sont donc allés et ont vu la Reine en petit particu-

---

1. Voyez le même fait, déjà reproduit plus haut, au 14 novembre 1650, page 339.
2. Hondouville, ou plutôt Heudreville-sur-Eure, canton de Louviers (Eure).

lier. Elle les a priés de surseoir toute délibération et assemblée sur telles requêtes, jusques à ce que Sa Majesté se porte mieux qu'elle fait.

Les comte d'Alais, duc d'Angoulême, et sa femme, partis de Toulon pour quitter Provence et se rendre à Paris, près du Roi.

Démission du duc d'Épernon pour le gouvernement de Guyenne, qui est donné à Monsieur, duc d'Anjou, frère unique du Roi. Il y a néanmoins des villes particulières, comme Montauban, Agen, etc., qui intercèdent, pour ledit duc d'Épernon, à ce qu'il soit rétabli en son gouvernement.

L'assemblée journalière des raffineurs nouvellants de la cour se tient toujours chez la comtesse de Fiesque.

— Le samedi 10, au Parlement assemblé, il est dit que la délibération sur les requêtes et lettres des Princes, sera remise au mercredi prochain, suivant le désir de la Reine.

Le président de Novion ayant été voir, il y a quelques jours, M. le duc d'Orléans et s'offrir à lui pour être intendant de la maison de Mademoiselle, sa fille aînée, à qui Son Altesse Royale a donné depuis cette année la jouissance de ses biens maternels, et Son Altesse Royale lui ayant dit qu'il étoit fort content et en parleroit à sa fille, ledit président la fut voir au bout de quatre ou cinq jours, mais elle lui dit qu'il étoit trop grand monsieur pour elle et qu'elle ne vouloit qu'un avocat. Elle a pris depuis un parent de M. de Longueil pour intendant, et pour son avocat, le sieur Langlois, avocat au Parlement.

Le maréchal de Gramont, qui est en Béarn, en est mandé et ici attendu en cour.

— Lundi 12 au matin, aux Augustins, service funèbre pour feu madame la princesse douairière de Condé, Charlotte-Marguerite de Montmorency, duquel faut se rapporter à l'imprimé du gazetier.

— Mercredi 14, assemblée du Parlement, où le conseiller Deslandes-Payen, par une longue harangue étudiée, allégua les punitions que les anciens prenoient des mauvais gouverneurs, puis conclut à ce que les Princes fussent ramenés du Hâvre en cette ville et mis dans le Louvre, entre les mains d'un officier du Roi, qui eût caractère pour cela et qui en répondît au Parlement.

On opina après lui, et un de la compagnie dit que la chose étoit d'assez grande conséquence pour y appeler M. le duc d'Orléans. Là-dessus tumulte, les uns disant qu'il ne se falloit pas arrêter à cette ouverture, ains passer outre et délibérer sur le fond ; et le conseiller Coulon dit qu'il falloit aller au Cardinal Mazarin qui étoit la source et origine de tous les maux.

Enfin, le Premier Président ayant dit qu'il falloit délibérer sur l'invitation de M. d'Orléans, cela fut fait et les conseillers Doujat et Ménardeau députés vers Son Altesse Royale, pour la prier de venir au Palais le lendemain. Il répondit que l'affaire étoit fort commencée et que l'on la pouvoit achever sans lui ; toutefois qu'il aviseroit et en rendroit réponse le lendemain.

— Jeudi 15, au matin, sur les neuf heures, le Parlement n'ayant nouvelles de M. d'Orléans, envoie vers lui. Il dormoit encore, n'étant retourné du Palais-Royal, la nuit, qu'à une heure ; on l'éveilla et il dit aux députés qu'il avoit résolu de ne point aller au Palais, tant par ce que l'on y faisoit des huées qui lui déplaisoient fort, que même on y répliquoit et faisoit-on des réponses hors du respect qui lui étoit dû, outre les propositions que l'on y pouvoit faire, aussi qu'il ne lui étoit séant d'entendre. Il envoya même quelqu'un des siens dire les mêmes choses à l'assemblée, et pour l'informer de son sentiment, qui étoit que, du commencement, il avoit trouvé à redire que l'on eût transféré les Princes au Hâvre, pouvant être mis plus près ; mais depuis, considérant comme ils avoient été en danger des entreprises du maréchal de Turenne et de l'Archiduc, dans le château de Vincennes, et que dans celui de Marcoussis ils n'étoient pas encore trop sûrement, et de plus étoient cause que tout ce quartier, avec les grands chemins qui y sont, étoient très incommodés par les garnisons, il étoit revenu et avoit cru qu'ils étoient mieux au Hâvre.

L'assemblée l'ayant ouï, s'est séparée ; mais à la sortie il y eut des épées tirées, même contre le Premier Président comme à l'entrée, près du passage du maréchal de l'Hôpital et des cris ouïs : « *Au Mazarin* » et « *Point de Mazarin.* »

Avis des abois de Tortose, assiégée par les Castillans.

Défaite de la cavalerie des ennemis près de Bapaume, par nos troupes, conduites du Hâvre, après l'arrivée des trois Princes prisonniers, par le milord Digby, à l'armée de Champagne.

Le soir, au conseil chez la Reine, qui se va mieux portant, le baron de Pennacors arrive de Rethel, rendu à nos troupes le jour précédent 14 au matin, le Cardinal Mazarin y étant en personne et se promettant d'être ici de retour pour les fêtes de la fin de ce mois.

— Samedi 17, au matin, le sieur de Bautournus qui commande le régiment de M. le duc d'Orléans arrive à Paris et fait éveiller Son Altesse Royale pour lui dire que, le jour d'hier, bataille, où il avoit été, seroit gagnée le 15 à Sommepy ou Sommeny, sept lieues tant de Rethel que de Sainte-Menehould, par le maréchal du Plessis sur le maréchal de Turenne, que l'on y croyoit tué; don Estevan de Gamarra, qui y commandoit les Espagnols, prisonnier, et les sieurs de Bouteville et de Haucourt, prisonniers, avec cinq mille soldats et deux mille tués sur place, le reste en route. Le cardinal Mazarin malade de la goutte à Rethel.

En ce même temps, se tenoit l'assemblée du Parlement, où, après que le rapporteur de la requête de madame la Princesse, le sieur Deslandes-Payen, a repris ses propos et conclusions de mercredi dernier, 14 du mois, les cinq ou six conseillers premiers de la Grande Chambre ont opiné à la translation des Princes du Hâvre ici à Paris. Mais le sieur Coquelay a rapporté le fait de Timoléon de Corinthe qui, selon Plutarque, en la vie des Hommes Illustres, haït tellement les tyrans qu'il conspira et aida à faire mourir son frère Timophanes, qui tyrannisoit sa ville de Corinthe, en la gouvernant; et puis, comme on l'élut pour être général de la guerre en Sicile, on lui dit que l'on verroit bien, par ce qu'il feroit et de la manière qu'il agiroit, s'il avoit en Timophanes tué un tyran ou son frère, et n'en a ledit sieur Coquelay dit plus avant, laissant à faire l'application de cela à qui la voudroit faire.

L'heure de dix venant à sonner, le Premier Président s'est levé et sortit, disant qu'il se trouvoit mal; nonobstant quoi, le duc de Beaufort et autres vouloient poursuivre et achever la délibération qui pourtant a été remise à lundi prochain; et lors a été sue et publiée la nouvelle de la bataille gagnée.

Ce même matin, les soldats du régiment des gardes attroupés, ayant dès les jours précédents détroussé en tous les environs de Paris les boulangers apportant du pain des villages à vendre au marché, ont arrêté ceux de Gonesse, hors la porte et faubourg Saint-Martin, vers le Bourget, et les ont détroussés; tellement qu'il n'est point venu de pain de Gonesse au marché, dont force gens se sont trouvés incommodés et fâchés.

Le bruit est qu'aucuns d'eux ont été gagnés par les frondeurs, pour faire ce désordre, afin de tâcher à faire sédition.

— Lundi 19, au matin, le Parlement assemblé, où étoient les maréchaux de l'Hôpital et de la Mothe, le duc de Beaufort et le

Coadjuteur de l'archevêque de Paris, il n'y en a eu que six qui aient opiné, la lettre de cachet du Roi y étant survenue pour les inviter au *Te Deum* pour la victoire obtenue le 15 de ce mois en Champagne. Le sieur Laisné, conseiller, a dit qu'opiner à libérer les Princes ou les transférer étoit chose vaine, pour n'avoir pas la compagnie en main les forces nécessaires à faire exécuter son arrêt; mais que sachant comme le Cardinal Mazarin ne les avoit fait emprisonner que parce qu'ils s'étoient opposés aux alliances et avancements que le Cardinal Mazarin vouloit faire de ses neveu et nièces, il étoit d'avis que l'on donnât arrêt portant que le Cardinal ne pourroit marier ni avancer, en quelque sorte que ce fût, sesdits parents que six mois après que les Princes seroient tout à fait en liberté.

Grâce et abolition accordée par la Reine à M. le duc d'Orléans pour M. de Bouteville qui est blessé et prisonnier à Reims, où la dame sa mère l'est allé voir et soigner.

— Mardi 20, le Parlement et autres cours souveraines furent au *Te Deum* chanté dans Notre-Dame pour la victoire obtenue en Champagne le 15 de ce mois, où le Roi arriva en personne, et la Reine, quoique se portant mieux et guérissant, garda le lit. (Voyez la *Gazette* du samedi 24.)

Le sieur d'Herbigny jeune, conseiller, neveu du président de Mesmes, frère de la dame de Fouqueroles, confidente de Mademoiselle, est pourvu par elle et par M. le duc d'Orléans de la charge de chef du conseil et surintendant de la maison de madite demoiselle et chancelier de Dombes.

— Mercredi 21, le corps de madame la princesse douairière de Condé, qui, de Châtillon-sur-Loire, où elle est morte, avoit été amené à Saint-Maur-les-Fossés, en arriva à Paris sur le soir, et fut déposé en l'église de Saint-Louis des Jésuites, rue Saint-Antoine, où force dames, des plus grandes de la cour et de la ville, se trouvèrent, et force princes de Lorraine et Savoie et autres grands seigneurs. (Voyez la pompe funèbre, etc., par le gazetier, n° 195, le lendemain.)

— Jeudi 22, le service y fut fait le matin, avec grande assistance; le corps, en son cercueil, couvert d'un drap de velours noir à une grande croix de satin ou tocte d'argent blanc, un oreiller de velours noir au chef, la couronne de Princesse du sang à fleurons de lis d'or, couverte d'un crêpe, le tout élevé sous une courtine ou poêle de velours noir environné de flambeaux sous la coupole ou dôme de l'église, fait en forme de lit, ou courtine (pourtant sans rideaux), carré et armorié sur ses quatre pans des armes de la défunte qui sont de Bourbon parti de Montmorency.

Sur les quatre à cinq heures, à la pointe de la nuit, après une psalmodie, le corps est enlevé aux flambeaux, hors l'église, tendue de drap noir, par toutes ses parois et images, même tout le grand autel, avec larmes blanches. Et y avoit en la nef une bande ou largeur de velours et par le circuit du dôme et du sanctuaire deux largeurs chargées des armes de la défunte.

Hors l'église et au-dessous des degrés de la porte, un grand chariot l'attendoit et le reçut, couvert d'un grand drap de velours noir à une croix de satin, aux armes de la défunte par les quatre coins. Six chevaux caparaçonnés et armoriés de même le tiroient. Tous les officiers d'elle et des princes ses enfants à cheval et en deuil précédoient, deux à deux, par ordre de Sainctot, maître des cérémonies; son aumônier avec son bonnet carré et surplis aussi à cheval, et son écuyer, le sieur Delmas, capitaine de Chantilly, suivoient immédiatement le chariot qui étoit cotoyé de pages, laquais et valets de pied en deuil, un flambeau de cire blanche en main, et fut conduit aux Carmélites du faubourg Saint-Jacques.

Ce matin, le Parlement assemblé, on a opiné sur la requête de madame la Princesse; les opinions ont été jusqu'à 25 et les Enquêtes n'ayant point encore commencé, le reste a été remis après les fêtes.

— Vendredi 23, service de madame la Princesse défunte, sur la représentation de son corps aux Cordeliers, où le corps du Clergé de France assista, et le Parlement, avec toutes les cours souveraines, après avoir été traités aux dépens de la défunte et par ordre de messieurs les Princes ses fils et gendre, lesquels, par leur propre main, confirmée par celle de Bar, envoyée à M. Le Tellier, secrétaire d'État, portent qu'ils prient M. le président de Nesmond d'avoir soin et surintendance de leurs affaires, comme il avoit eu du vivant de feu M. le Prince, leur père; et veulent que le sieur Ladvocat, ayant épousé la demoiselle Petit, confidente de la défunte, et eu l'intendance de sa maison, la continue, et le sieur Ferrand, celle de la maison du prince de Condé, qu'il a eue par son choix, depuis la prison du président Perrault. Cet ordre est daté du 6 de ce mois, au Hâvre.

Messieurs du Parlement furent traités dans la salle de Saint-Louis et, dit-on, que pour cela et pour le déjeûner-dîner des autres cours, il y a eu dix mille livres de dépensées par les Princes. M. le Prince a écrit à madame sa femme, sur la mort de madame sa mère, avec consentement et présence du sieur de Bar, comme il est porté au bas de l'ordre ci-dessus, du sixième du mois.

Le corps fut, dès le 22, porté inhumer au couvent des Grandes Carmélites, rue Saint-Jacques, où la princesse avoit fait bâtir et y faisoit ses retraites de dévotion. (Voyez l'extraordinaire de la pompe funèbre, fait par le gazetier, numéro 195.)

L'après-dîner, l'assemblée du Clergé chanta en son particulier un *Te Deum* pour la victoire de Sommepy.

— La nuit du vendredi 23 au 24 samedi, furent affichés certains placards d'un pied ou près en longueur et de trois quarts de pied en hauteur, imprimés avec ce titre : « *Avis aux Parisienes* » (pour Parisiens), contenant que le temps étoit venu et l'occasion belle de se défaire du méchant ministre, qu'il appelle étranger, Sicilien, barbare, auteur de tous les maux de la France; que le Parlement le condamne et que la Fronde fait effort pour en venir à bout; ce qu'elle fera, si les généreux François se veulent aider et se joindre à elle, ou la seconder pour empêcher qu'il ne rentre à Paris, l'occasion n'ayant jamais été si belle, qu'elle est, de l'empêcher de rejoindre le Roi. Et à la fin il y a en lettre différente, et italique : « *Criez donc tous : Vive le Roy et point de Mazarin,* » et puis encore plus bas en une ligne à part de même italique : « *Par les amis des pauvres ennemis de Mazarin.* » J'en ai vu un affiché, à peu plus de hauteur d'homme, au piéfort ou pillier de pierre d'une boutique d'épicier, faisant le coin des rues de la Harpe, de Mâcon et de la Vieille-Boucherie et regardant en opposite la rue Saint-Séverin, la foule du monde passant s'arrêtoit à le lire, depuis le matin jusques à midi.

— Lundi 26, le maréchal du Plessis-Praslin arriva en cette ville. Avis que le Cardinal Mazarin demeure en l'armée et la conduit vers Bar-le-Duc; le sieur de Navailles aussi de retour à Paris.

Ce même jour furent apportés 28 drapeaux pris en la bataille de Sommepy sur l'ennemi, et furent mis au cabinet du Roi, où, entrant, il y en eut un qui fut reconnu être du régiment du prince de Conti, et aussitôt soustrait et emporté, sans que l'on pût savoir par qui, quelque perquisition que l'on en ait faite. Il a été rapporté le jeudi matin, sans que l'on sache par qui.

— Mardi 27, se dut faire l'attaque du fort tracé par le Roi dans le parc du Palais-Royal.

M. de Mesmes, deuxième président en Parlement, malade depuis huit jours, reçoit l'extrême-onction, après avoir fait son testament. Il a fait une démission de sa charge à M. d'Irval, son frère, jadis maître des Requêtes. Il est mort jeudi, à huit heures du soir, 29 décembre. Dès le lendemain, les lettres de M. d'Irval, conseiller d'État ordinaire, pour la présidence au mortier, ont été expédiées au sceau.

— Jeudi matin, 29, les drapeaux et étendards gagnés en la bataille de Sommepy furent portés en cérémonie par la ville, depuis le Palais-Cardinal jusques à Notre-Dame, où ils furent posés. Les canons tirèrent en la Grève et dans l'Arsenal. (Voyez la *Gazette* ou nouvelles du gazetier.)

Ce jour, fut l'assemblée du Parlement, où les Enquêtes opinèrent avec apparat et harangue, tendant à faire ramener les Princes du Hâvre à Paris; la plupart, pourtant, ne vont qu'aux remontrances là-dessus, quelques-uns ajoutent auxdites remontrances celles des désordres de l'État, causés par le Cardinal Mazarin; le reste a été remis à demain.

— Vendredi 30 décembre, le corps du président de Mesmes a été exposé en sa chambre, dans son lit, lui couché entre deux linceuls, son bonnet de nuit dans la tête, comme s'il eût dormi. Au pied du lit une table portant un bénitier d'argent, d'où les survenants lui jetoient de l'eau bénite, entre trois ou quatre chandeliers d'argent, garnis de hauts cierges, semblables à ceux qui étoient des deux côtés du lit, ès deux ruelles, où étoient assis prêtres de la paroisse et religieux.

Ce jour au matin, les Chambres assemblées en la Grande, après que toutes les opinions ont été rapportées à une seule, arrêt a été donné, que remontrances très humbles, et avec toutes les décences et soumissions possibles, seroient faites au Roi pour la liberté des Princes prisonniers au Hâvre.

— Samedi 31 décembre, toute la cour va au devant du Cardinal Mazarin, qui arrive le soir en grande compagnie, les gens d'armes et chevau-légers du Roi même, l'escortant et demeurant comme en garde et faction tout le soir. au Palais-Royal, ce qu'on croit avoir donné quelque ombrage à M. le duc d'Orléans, qui ne vint point ce soir au Palais-Royal, comme il avoit fait les soirs précédents.

Le Cardinal ne fut pas mal reçu du peuple; aucuns des plus bas l'ayant accueilli de bienvenue, il leur fait donner quelques pistoles.

FIN DU PREMIER VOLUME.

Imprimerie DAUPELEY-GOUVERNEUR, à Nogent-le-Rotrou.